초보자를 위한
SQL
200제

유연수 지음

PL/SQL

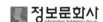
정보문화사
Information Publishing Group

초보자를 위한
SQL 200제

초판 1쇄 발행 | 2020년 5월 20일
초판 3쇄 발행 | 2023년 6월 20일

지 은 이 | 유연수
발 행 인 | 이상만
발 행 처 | 정보문화사

편집진행 | 노미라

주   소 | 서울시 종로구 동숭길 113
전   화 | (02)3673-0037(편집부) / (02)3673-0114(代)
팩   스 | (02)3673-0260
등   록 | 1990년 2월 14일 제1-1013호
홈 페 이 지 | www.infopub.co.kr

I S B N | 978-89-5674-850-4

머리말

필자가 SQL을 시작한 지도 벌써 20년이 되었습니다. 그동안 수없이 많은 프로그래밍 관련 기술들이 나왔지만 데이터를 검색하고 다루는 기술은 SQL(Structure Query Language)로 한결같이 같은 자리를 지키고 있습니다. 기업 운영에 필요한 데이터는 매일 테라급으로 쌓여가고 있고, 이 빅데이터에서 인사이트(insight)를 발견하고자 애를 쓰고 있습니다. 비단 기업뿐만 아니라 스마트폰의 영향으로 개인에게도 매일 데이터가 쌓이고 있어 데이터에서 개인의 건강과 생활 패턴을 알 수 있는 시대가 되었습니다.

최근 전염병 코로나19의 확산을 막는데도 데이터의 힘이 크게 작용하고 있습니다. 질병관리본부에서는 매일 확진자 데이터를 수집하고 분석합니다. 분석 결과를 보고하여 전염병 확산 방지에 최선을 다하고 있습니다. 또한 개인들도 코로나19 상황 사이트에서 정보를 얻고 있습니다. 이렇게 데이터는 그 어느 때보다 우리의 실생활과 아주 밀접한 존재가 되었습니다. 이런 사회현상에 대해서 생각하고 답을 찾기 위해서 SQL이 사용되고 있습니다. SQL은 질문을 던지고 생각하게 만드는 힘이 있습니다. 데이터를 검색하다 보면 생각하지도 못했던 답을 찾게 되기도 합니다. 질문은 여러 종류일 수 있습니다. 현 사회현상일 수 있고, 미래를 예측하는 것일 수도 있습니다. 이 책은 SQL을 알려주기도 하지만 데이터를 직접 찾고 모아 정보를 찾는 방법을 알려줍니다.

이 책은 기초 SQL부터 머신러닝을 구현하는 부분까지 누구나 쉽게 접근할 수 있게 되어 있습니다. 또한 데이터베이스에서 수행하는 수많은 단순 작업을 자동화할 수 있게 해주는 PL/SQL도 다루게 됩니다. 여러 알고리즘 문제를 풀면서 자연스럽게 이해할 수 있도록 구성하였습니다. 이 책의 SQL과 PL/SQL 파트는 오라클 매뉴얼(docs.oracle.com)을 참고하였으며, 머신러닝 파트는 Machine Learning with R(by Brett Lantz), 오라클 DBMS_DATA_MINING 패키지 사용 파트를 참고하였습니다.

마지막으로 도움을 주신 정보문화사 편집부에 깊은 감사를 드립니다. 부족하지만 항상 사랑으로 응원해주신 부모님과 아내, 두 딸 들에게도 고맙다는 말을 전합니다. 그리고 하나님께 진심으로 감사드립니다.

저자 유연수

이 책의 구성

예제 제목

해당 예제의 번호와 제목을 가장
핵심적인 내용으로 나타냅니다.

학습 내용

해당 예제에서 배울 학습 내용을
설명합니다.

힌트 내용

예제에 대한 힌트나 시간을 절약할
수 있는 방법과 숨겨진 기능을 설
명합니다.

소스

예제 파일은 정보문화사 홈페이지
(www.infopub.co.kr) 자료실에서
다운로드 받을 수 있습니다.

결과 화면

설명한 예제의 입력, 컴파일, 링크
과정을 거쳐 예제의 실행 결과를 보
여줍니다. 이 결과와 다르게 나온다
면 다시 한 번 확인해 보는 것이 좋
습니다.

입문
003
❶ 컬럼 별칭을 사용하여 출력되는 컬럼명 변경하기

❷ **학습 내용** : 출력되는 컬럼명을 변경하는 방법을 배웁니다.
❸ **힌트 내용** : 컬럼명 바로 옆에 출력하고 싶은 컬럼명을 입력하여 컬럼명을 변경합니다.

사원 테이블의 사원 번호와 이름과 월급을 출력하는데 컬럼명을 한글로 **'사원 번호'**, **'사원 이름'**
으로 출력해 보겠습니다.

File: 예제_003.txt

❹
```
1  SELECT empno as 사원 번호, ename as 사원 이름, sal as "Salary"
2    FROM emp;
```

❺ **출력 결과**

사원 번호	이름	Salary
7839	KING	5000
7698	BLAKE	2850
7782	CLARK	2450
7566	JONES	2975
:	:	:

사원 번호와 이름, 월급, 부서 번호를 출력하는데 컬럼 별칭을 주어 출력되는 컬럼명을 변경
하는 SQL입니다. 출력되는 컬럼명을 변경하고자 할 때는 컬럼명 다음에 as를 작성하고 출
력하고 싶은 컬럼명을 기술하면 됩니다. 이것을 **컬럼 별칭**(column alias)이라고 합니다. 컬럼
명 empno는 한글로 **'사원 번호'**로 출력되고, enname은 **'사원 이름'**으로 출력되었습니다. Sal은
'Salary'로 대소문자가 구분되어 출력되었습니다. 대소문자를 구분하여 컬럼 별칭을 출력하고
자 할 때는 컬럼 별칭 양쪽에 더블 쿼테이션 마크를 감싸 줘야합니다. 컬럼 별칭에 더블 쿼테
이션 마크를 감싸줘야 하는 경우는 다음과 같습니다.

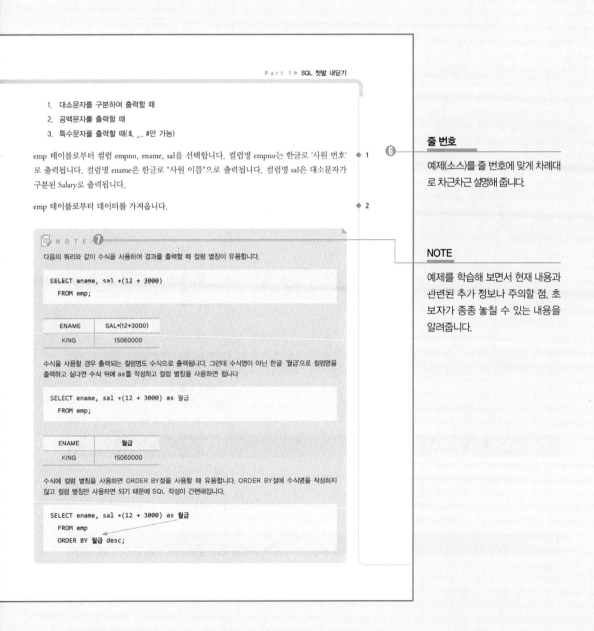

1. 대소문자를 구분하여 출력할 때
2. 공백문자를 출력할 때
3. 특수문자를 출력할 때($, _, #만 가능)

emp 테이블로부터 컬럼 empno, ename, sal을 선택합니다. 컬럼명 empno는 한글로 '사원 번호'
로 출력됩니다. 컬럼명 ename은 한글로 "사원 이름"으로 출력됩니다. 컬럼명 sal은 대소문자가
구분된 Salary로 출력됩니다.

◆ 1

emp 테이블로부터 데이터를 가져옵니다.

◆ 2

줄 번호

예제(소스)를 줄 번호에 맞게 차례대
로 차근차근 설명해 줍니다.

NOTE ❼

다음의 쿼리와 같이 수식을 사용하여 결과를 출력할 때 컬럼 별칭이 유용합니다.

```sql
SELECT ename, sal *(12 + 3000)
   FROM emp;
```

ENAME	SAL*(12+3000)
KING	15060000

수식을 사용할 경우 출력되는 컬럼명도 수식으로 출력됩니다. 그런데 수식명이 아닌 한글 '월급'으로 컬럼명을
출력하고 싶다면 수식 뒤에 as를 작성하고 컬럼 별칭을 사용하면 됩니다

```sql
SELECT ename, sal *(12 + 3000) as 월급
   FROM emp;
```

ENAME	월급
KING	15060000

수식에 컬럼 별칭을 사용하면 ORDER BY절을 사용할 때 유용합니다. ORDER BY절에 수식명을 작성하지
않고 컬럼 별칭만 사용하면 되기 때문에 SQL 작성이 간편해집니다.

```sql
SELECT ename, sal *(12 + 3000) as 월급
   FROM emp
   ORDER BY 월급 desc;
```

NOTE

예제를 학습해 보면서 현재 내용과
관련된 추가 정보나 주의할 점, 초
보자가 종종 놓칠 수 있는 내용을
알려줍니다.

Scheduler 한 달에 책 한 권 끝내기!

공부하고자 마음먹고 책은 샀는데,
어떻게 학습 계획을 세워야 할지 막막한가요?

정보문화사가 스케줄러까지 꼼꼼하게 책임지겠습니다. 난이도별로 날짜에 맞춰 차근차근 공부
하다보면 어느새 한 달에 한 권 뚝딱 끝내는 마법이 벌어집니다.

이 스케줄러를 기본으로 학습자의 진도에 맞춰 수정하며 연습하여 실력이 향상되길 바랍니다.

1일	2일	3일
PART 1 입문 ● 001~003	● 004~010	● 011~015
4일	**5일**	**6일**
PART 2 초급 ● 016~023	● 024~031	● 032~040
7일	**8일**	**9일**
● 041~048	● 049~055	**PART 3 중급** ● 056~062
10일	**11일**	**12일**
● 063~069	● 070~078	● 079~085
13일	**14일**	**15일**
● 086~092	● 093~099	● 100~107

- ● **PART 1** 입문 예제
- ● **PART 2** 초급 예제
- ● **PART 3** 중급 예제
- ● **PART 4** 활용 예제
- ● **PART 5** 실무 예제

16일	17일	18일
● 108~115	● 116~125	**PART 4 활용** ● 126~132

19일	20일	21일
● 133~140	● 141~149	● 150~159

22일	23일	24일
● 160~165	● 166~170	● 171~174

25일	26일	27일
● 175~178	**PART 5 실무** ● 179~186	● 187~192

28일	29일	30일
● 193~196	● 197~198	● 199~200

차례

PART 1 입문 SQL 첫발 내딛기

PART 2 초급 SQL 기초 다지기

PART 3 중급 SQL 실력 다지기

PART 4 활용 SQL 응용 다지기

PART 5 실무 SQL 실무 다지기

개발 환경 준비하기

오라클을 이용해 프로그래밍 입문을 하기 위해 가장 먼저 해야 할 일은 컴퓨터에 오라클 데이터베이스를 설치하는 일입니다. 이 책에서 다루는 모든 코드는 **오라클 19c** 버전으로 작성되었습니다.

오라클 19c 데이터베이스 설치하기

오라클로 데이터를 저장하고 검색하기 위해서는 컴퓨터에 오라클 데이터베이스를 설치해야 합니다. 오라클 19c를 설치하면 SQL 개발에 필요한 프로그램인 SQL*PLUS가 설치됩니다. 오라클 공식 홈페이지는 https://www.oracle.com/index.html입니다.

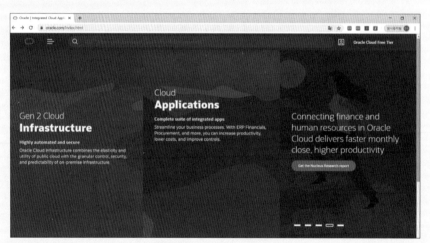

[그림 1] 오라클 공식 홈페이지

1. 오라클 설치 파일 다운로드

오라클 공식 홈페이지 상단 메뉴를 보면 검색 창 왼쪽으로 두 개의 탭이 있습니다. 두 번째 탭을 누르면 Product Help에 Downloads가 있습니다. 컴퓨터의 OS가 윈도우인 경우 다음과 같은 화면을 볼 수 있습니다.

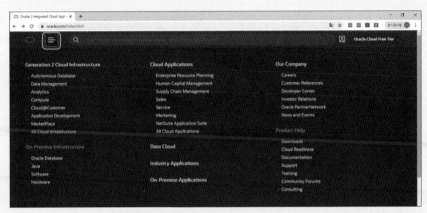

[그림 2] 오라클 홈페이지 전체 메뉴 페이지

Downloads 탭을 누르고 조금만 아래로 내려오면 다음과 같은 화면을 볼 수 있습니다. Database 19c Enterprise/Standard Editions를 클릭합니다.

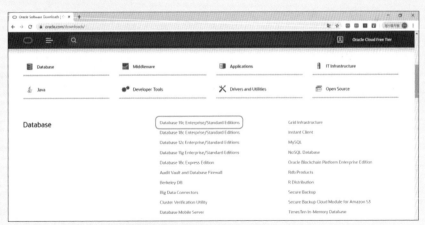

[그림 3] 오라클 설치 파일 다운로드 페이지

Microsoft Windows x64 (64-bit)의 ZIP 파일을 Download합니다.

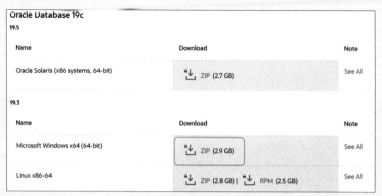

[그림 4] ZIP 파일 다운로드

윈도우 탐색기를 열고 C드라이브 또는 D드라이브 아래에 oracleinstall이라는 이름으로 새폴더를 생성하고 그 폴더에 다운로드 받은 압축 파일을 저장합니다. 그리고 다음과 같이 압축을 해제합니다.

[그림 5] 오라클 데이터베이스 19c 설치 파일 폴더

압축을 해제한 WIDOWS_X64_193000_db_home 폴더 안에 다음과 같이 setup.exe가 있습니다. setup.exe를 실행하여 오라클 프로그램을 설치합니다.

[그림 6] 오라클 데이터베이스 19c 설치 파일

2. 오라클 설치

단일 인스턴스 데이터베이스 생성 및 구성을 선택합니다.

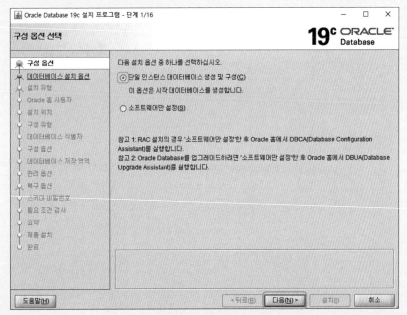

[그림 7] 구성 옵션 선택

데스크톱 클래스를 선택합니다.

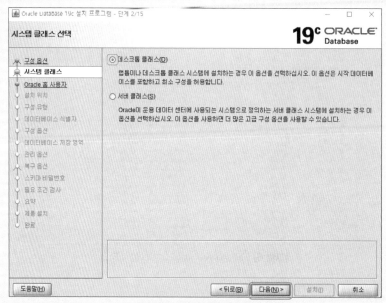

[그림 8] 시스템 클래스 선택

가상 계정 사용을 선택합니다.

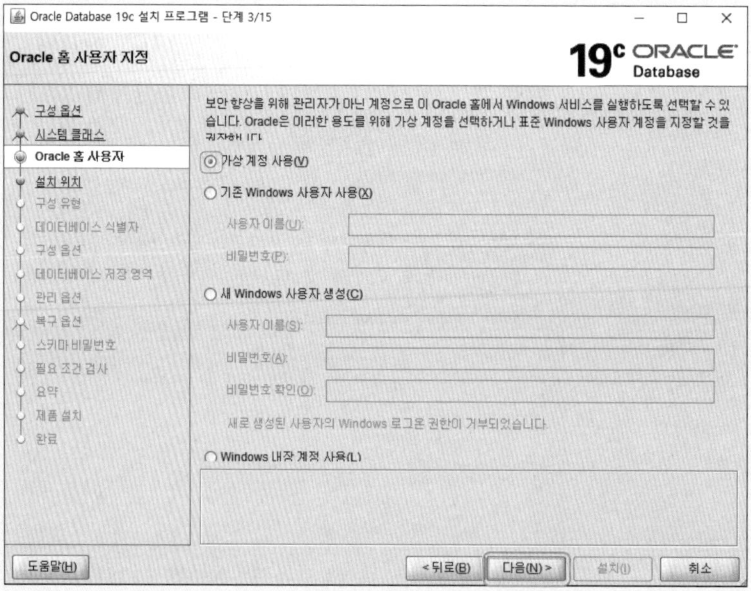

[그림 9] 홈 사용자 지정

비밀번호는 **oracle_4U**라고 지정합니다. 컨테이너 데이터베이스 생성 박스는 체크를 해제합니다.
매우 중요하므로 꼭 체크 해제해야 합니다.

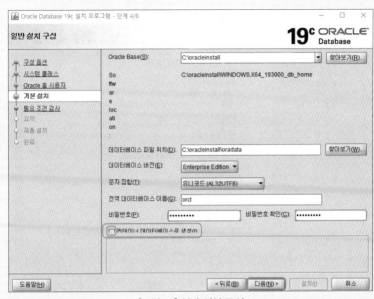

[그림 10] 일반 설치 구성

오라클 설치가 충분한 컴퓨터 사양인지를 체크하는 화면입니다.

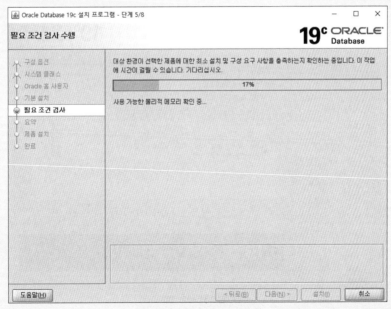

[그림 11] 필요 조건 검사 수행

오라클 19c를 설치하기 충분한 조건인 경우 다음과 같은 화면이 출력됩니다. [설치] 버튼을 눌러 설치를 진행합니다.

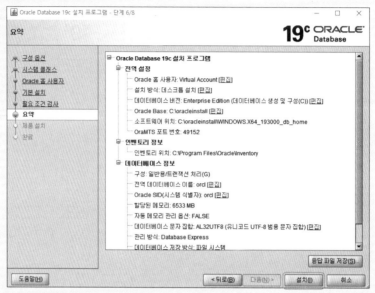

[그림 12] 충분 조건 확인

오라클 설치가 진행 중입니다.

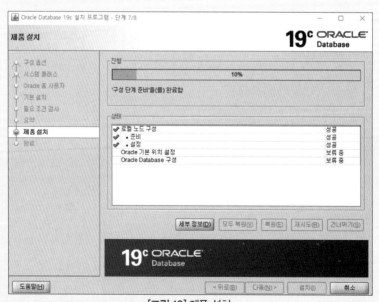

[그림 13] 제품 설치

설치 도중에 다음과 같이 방화벽 사용에 대한 액세스 허용 요구 화면이 출력됩니다. [액세스 허용] 버튼을 누릅니다.

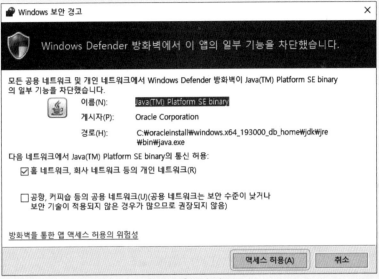
[그림 14] 보안 경고

설치가 완료되었습니다.

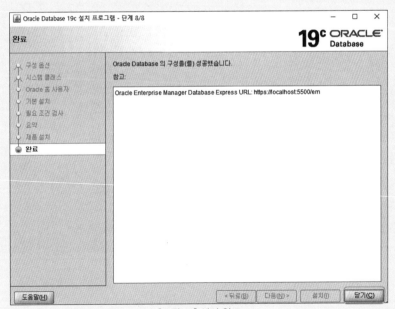
[그림 15] 설치 완료

3. 오라클 접속하기

윈도우 시작 버튼을 누르고 검색창에 cmd를 입력하면 명령 프롬프트가 나옵니다. 명령 프롬프트를 실행합니다.

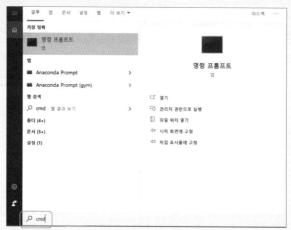

[그림 16] 명령 프롬프트 실행

명령 프롬프트 창에 다음과 같이 적고 오라클에 접속합니다.

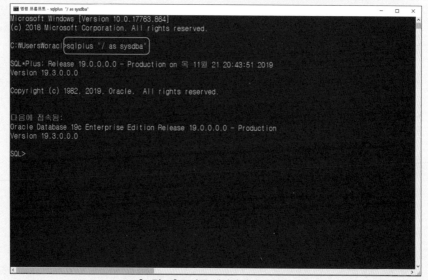

[그림 17] 오라클 데이터베이스 접속

위와 같이 접속한 유저는 SYS입니다. SYS 유저는 오라클에서 모든 권한을 소유하고 있는 최고 권한 유저이므로 SYS 유저에서 작업하지 않고, 다음과 같이 일반 유저를 소문자 scott이라는 이름으로 생성해서 scott 유저에서 실습하겠습니다.

1. 유저 이름 scott, 비밀번호 tiger로 유저를 생성합니다.

```
SQL> create user scott
       identified by tiger;
```

만약 앞에서 오라클 19c 설치 시 21페이지에서 컨테이너 데이터베이스 생성 박스를 체크 해제하지 않고 설치하면 유저 생성 시 오류가 발생합니다. 그럴 때는 다음과 같이 유저 이름 앞에 c##을 붙여줍니다.

```
SQL> create  user  c##scott
       identified by tiger;
```

2. scott 유저에 dba 롤(role)을 부여합니다.

```
SQL> grant dba to scott;
```

3. scott 유저로 접속합니다.

```
SQL> connect scott/tiger
```

4. 접속한 유저가 scott인지 확인합니다.

```
SQL> show user
```

4. SQL Deverloper 설치

다음의 URL(Https://www.oracle.com/kr/database/technologies/appdev/sql-developer.html)로 접속하여 오라클 SQL Deverloer를 다운로드 받습니다.

[그림 18] SQL Developer 다운로드

Windows 64-bit with JDK 8 included를 다운로드 받습니다.

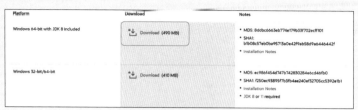

[그림 19] ZIP 파일 다운로드

다운로드가 완료되면 압축을 해제하고 압축 해제한 폴더를 열어 sqldeveroper.exe를 실행합니다.

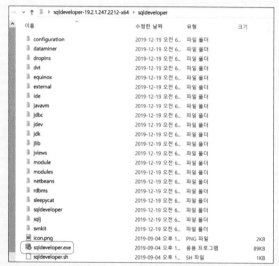

[그림 20] SQL Developer 실행 파일

SQL Developer가 실행되는 중입니다.

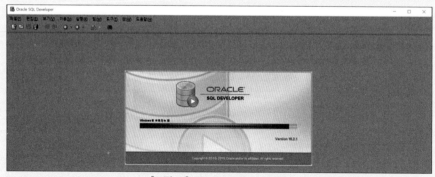

[그림 21] SQL Developer 실행

메뉴의 첫 번째 파일 모양을 클릭하여 새 갤러리를 오픈합니다.

[그림 22] SQL Developer 메인 화면

범주 영역에서 접속을 클릭하고 데이터베이스 접속을 클릭합니다.

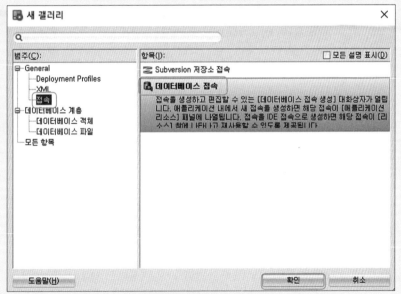

[그림 23] 데이터베이스 접속

다음의 화면이 출력되면 Name은 orcl로 하고 사용자 이름은 scott, 패스워드는 tiger로 입력합니다. 호스트 이름은 localhost로 하고 포트는 1521, SID는 orcl로 적고 [접속] 버튼을 누릅니다.

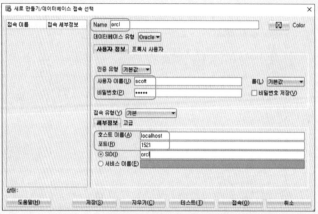

[그림 24] 사용자 이름 입력

접속하면 다음과 같은 창이 출력됩니다.

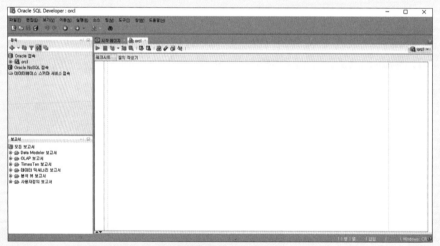

[그림 25] 접속 성공

실습 스크립트 중 SQL200제_실습스크립트.txt를 열어 전체 선택한 후 복사하여 SQL*Developer의 워크시트 창에 붙여 넣습니다. 그리고 전체 선택한 후 상단 ▷를 눌러 명령문 실행을 수행합니다. 실습 스크립트는 정보문화사 홈페이지(infopub.co.kr) 자료실 또는 cafe.daum.net/oracleoracle의 SQL200제 게시판에서 다운로드 받을 수 있습니다.

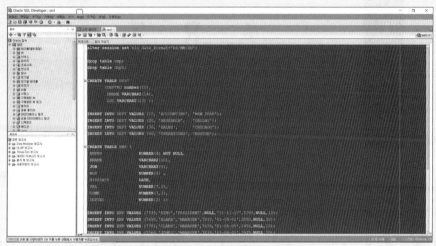

[그림 26] 실습 스크립트 실행

select * from emp; 입력하고 Ctrl + Enter를 눌러 실행하면 emp 테이블의 결과가 출력됩니다.

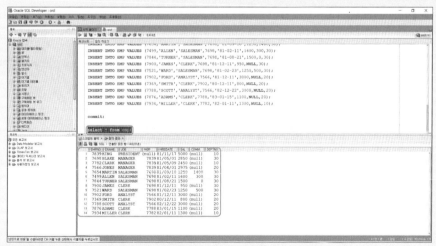

[그림 27] emp 테이블 검색

1 PART 입문

SQL 첫발 내딛기

초보자를 위한

SQL

200제

테이블에서 특정 열(COLUMN) 선택하기

입문 001

- **학습 내용:** 테이블에서 특정 열(column)을 선택해서 출력하는 방법을 배웁니다.
- **힌트 내용:** 특정 열(column)을 선택하려면 select절에 열(column)을 콤마(,)로 구분하여 기술합니다.

사원 테이블에서 사원 번호와 이름과 월급을 출력해 보겠습니다.

📁 File: 예제_001.txt

```
1  SELECT empno, ename, sal
2    FROM emp;
```

출력 결과

EMPNO	ENAME	SAL
7839	KING	5000
7698	BLAKE	2850
7782	CLARK	2450
:	:	:

위의 SQL은 "EMPNO(사원 번호), ENAME(사원 이름), SAL(월급)을 EMP 테이블로부터 선택해서 화면에 출력하라"는 SQL입니다. SELECT는 선택하라는 뜻의 SQL입니다. SELECT절에는 테이블로부터 출력하고 싶은 열(column) 이름을 콤마(,)로 구분하여 작성합니다.

FROM절 다음에는 데이터를 저장하고 있는 테이블명을 작성합니다. FROM EMP는 EMP 테이블로부터 데이터를 가져오라는 뜻입니다.

1 ◆ empno(사원 번호), ename(사원 이름), sal(월급)을 선택해서 출력합니다.

2 ◆ emp 테이블로부터 데이터를 가져옵니다.

SQL 문장을 작성할 때는 대문자, 소문자 상관없이 수행됩니다.

대문자 작성	소문자 작성
SELECT EMPNO, ENAME, SAL 　　FROM EMP;	SELECT empno, ename, sal 　　FROM emp;

가독성을 높이기 위해 SQL은 대문자로 작성하고 컬럼명과 테이블명은 소문자로 작성하기를 권장합니다.

권장하는 SQL 작성법
SELECT empno, ename, sal **FROM** emp;

SELECT절과 FROM절을 한 줄로 작성해도 되고 여러 줄로 나누어 작성해도 수행됩니다. 그런데 SQL이 점점 길어지게 되므로 가급적 SELECT절과 FROM절을 각각 별도의 라인에 작성해주기를 권장합니다.

한 줄로 작성	여러 줄로 나눠서 작성
SELECT empno, ename ,sal FROM emp;	SELECT empno, ename, sal 　　FROM emp;

SELECT절 다음 라인에 FROM절을 작성할 때는 2칸에서 3칸 정도 공백을 주어 들여쓰기를 해주면 가독성이 좋아지므로 권장합니다.

들여쓰기 안 했을 때	들여쓰기 했을 때
SELECT empno, ename, sal, deptno FROM emp;	SELECT empno, ename, sal, deptno 　　FROM emp;

SQL을 작성할 때는 코딩 순서를 지켜줘야 합니다. SELECT를 먼저 쓰고 그 다음에 FROM절을 써야 합니다. 순서를 바꿔서 FROM절을 먼저 기술하면 다음과 같이 에러가 발생합니다.

```
SQL> from emp
SP2-0042: 알 수 없는 명령어 "from emp" - 나머지 줄 무시
```

테이블에서 모든 열(COLUMN) 출력하기

- **학습 내용 :** 테이블의 모든 열(column)을 결과 화면에 출력하는 방법을 배웁니다.
- **힌트 내용 :** 테이블의 모든 열(column)을 선택할 때는 *(별표)를 사용합니다.

사원 테이블을 모든 열(column)들을 전부 출력해 보겠습니다.

📁 File: 예제_002.txt

```
1  SELECT *
2    FROM emp;
```

출력 결과

EMPNO	ENAME	JOB	MGR	HIREDATE	SAL	COMM	DEPTNO
7839	KING	PRESIDENT		81/11/17	5000		10
7698	BLAKE	MANAGER	7839	81/05/01	2850		30
7782	CLARK	MANAGER	7839	81/05/09	2450		10
7566	JONES	MANAGER	7839	81/04/01	2975		20
7694	MARTIN	SALESMAN	7698	81/09/10	1250	1400	30
7499	ALLEN	SALESMAN	7698	81/02/11	1600	300	30
7844	TURNER	SALESMAN	7698	81/08/21	1500	0	30
7900	JAMES	CLERK	7698	81/12/11	950		30
7521	WARD	SALESMAN	7698	81/02/23	1250	500	30
7902	FORD	ANALYST	7566	81/12/11	3000		20
7369	SMITH	CLERK	7902	80/12/11	800		20
7788	SCOTT	ANALYST	7566	82/12/22	3000		20
7876	ADAMS	CLERK	7788	83/01/15	1100		20
7934	MILLER	CLERK	7782	82/01/11	1300		10

사원 테이블의 모든 열(column)과 모든 행(row)을 출력하는 SQL입니다. 테이블의 전체 열(column)들을 모두 결과 화면에 표시하고 싶을 때가 있습니다. 이럴 때는 SELECT 바로 다음에 *(별표)를 작성하면 전체 열(column)들을 전부 조회할 수 있습니다.

모든 열(column)을 검색합니다.　　　　　　　　　　　　　　　　　　　◆ 1

emp 테이블로부터 데이터를 가져옵니다. 문장 맨 끝에 세미콜론(;)은 SQL을 종료하고 실행하　◆ 2
겠다는 표시입니다.

만약 *(별표)를 사용하시 않는다면 다음의 쿼리와 같이 emp 테이블의 전체 열(column)들을 SELECT절에 일일이 나열해줘야 합니다.

📁 File: 예제_002-2.txt

```
1  SELECT empno, ename, job, mgr, hiredate, sal, comm, deptno
2    FROM emp;
```

emp 테이블의 모든 컬럼을 작성하지 않고 *(별표)를 사용하여 출력하면 간편하게 모든 컬럼을 조회할 수 있습니다.

emp 테이블의 모든 컬럼을 출력하고 맨 끝에 다시 한번 특정 컬럼을 한번 더 출력해야 하는 경우가 있습니다. 이 경우 *(별표) 앞에 '*테이블명*.'을 붙여 주여 작성하고 그 다음 한번 더 출력하고자 하는 컬럼명을 작성합니다.

```
SQL> SELECT dept.*, deptno from dept;
```

DEPTNO	DNAME	LOC	DEPTNO
10	ACCOUNTING	NEW YORK	10
20	RESEARCH	DALLAS	20
30	SALES	CHICAGO	30
40	OPERATIONS	BOSTON	40

입문

003

컬럼 별칭을 사용하여 출력되는 컬럼명 변경하기

- **학습 내용:** 출력되는 컬럼명을 변경하는 방법을 배웁니다.
- **힌트 내용:** 컬럼명 바로 옆에 출력하고 싶은 컬럼명을 입력하여 컬럼명을 변경합니다.

사원 테이블의 사원 번호와 이름과 월급을 출력하는데 컬럼명을 한글로 '**사원 번호**', '**사원 이름**'으로 출력해 보겠습니다.

📁 File: 예제_003.txt

```
1  SELECT empno as 사원번호, ename as 사원이름, sal as "Salary"
2    FROM emp;
```

출력 결과

사원번호	사원이름	Salary
7839	KING	5000
7698	BLAKE	2850
7782	CLARK	2450
7566	JONES	2975
:	:	:

사원 번호와 이름, 월급, 부서 번호를 출력하는데 컬럼 별칭을 주어 출력되는 컬럼명을 변경하는 SQL입니다. 출력되는 컬럼명을 변경하고자 할 때는 컬럼명 다음에 **as**를 작성하고 출력하고 싶은 컬럼명을 기술하면 됩니다. 이것을 **컬럼 별칭**(column alias)이라고 합니다. 컬럼명 empno는 한글로 '**사원 번호**'로 출력되고, enname은 '**사원 이름**'으로 출력되었습니다. sal은 '**Salary**'로 대소문자가 구분되어 출력되었습니다. 대소문자를 구분하여 컬럼 별칭을 출력하고자 할 때는 컬럼 별칭 양쪽에 더블 쿼테이션 마크를 감싸 줘야합니다. 컬럼 별칭에 더블 쿼테이션 마크를 감싸줘야 하는 경우는 다음과 같습니다.

1. 대소문자를 구분하여 출력할 때
2. 공백문자를 출력할 때
3. 특수문자를 출력할 때($, _, #만 가능)

emp 테이블로부터 컬럼 empno, ename, sal을 선택합니다. 컬럼명 empno는 한글로 '사원 번호'
로 출력됩니다. 컬럼명 ename은 한글로 "사원 이름"으로 출력됩니다. 컬럼명 sal은 대소문자가
구분된 Salary로 출력됩니다.   ◆ 1

emp 테이블로부터 데이터를 가져옵니다.   ◆ 2

📝 N O T E

다음의 쿼리와 같이 수식을 사용하여 결과를 출력할 때 컬럼 별칭이 유용합니다.

```
SELECT ename, sal *(12 + 3000)
   FROM emp;
```

ENAME	SAL*(12+3000)
KING	15060000

수식을 사용할 경우 출력되는 컬럼명도 수식으로 출력됩니다. 그런데 수식명이 아닌 한글 '월급'으로 컬럼명을 출력하고
싶다면 수식 뒤에 as를 작성하고 컬럼 별칭을 사용하면 됩니다

```
SELECT ename, sal *(12 + 3000) as 월급
   FROM emp;
```

ENAME	월급
KING	15060000

수식에 컬럼 별칭을 사용하면 ORDER BY절을 사용할 때 유용합니다. ORDER BY절에 수식명을 작성하지 않고 컬럼
별칭만 사용하면 되기 때문에 SQL 작성이 간편해집니다.

```
SELECT ename, sal *(12 + 3000) as 월급
   FROM emp
   ORDER BY 월급 desc;
```

연결 연산자 사용하기(||)

- **학습 내용:** 컬럼과 컬럼을 서로 연결하여 출력하는 방법을 배웁니다.
- **힌트 내용:** 연결 연산자 ||를 이용하여 컬럼과 컬럼을 연결해서 출력합니다.

사원 테이블의 이름과 월급을 서로 붙여서 출력해 보겠습니다.

📁 File: 예제_004.txt

```
1 SELECT ename || sal
2   FROM emp;
```

출력 결과

ENAME‖SAL
KING5000
BLAKE2850
CLARK2450
JONES2975
:

연결 연산자(concatenation operator)를 이용하면 컬럼과 컬럼을 서로 연결해서 출력할 수 있습니다.

1~2 ◆ emp 테이블로부터 이름과 월급과 선택하여 연결 연산자로 연결하여 출력합니다.

다음의 쿼리와 같이 문자열과 연결해서 출력하면 연결 연산자를 사용한 의미가 있어집니다.

📁 File: 예제_004-2.txt

```
1 SELECT ename || '의 월급은 ' || sal || '입니다 ' as 월급정보
2   FROM emp;
```

출력 결과

월급정보
KING의 월급은 5000입니다.
BLAKE의 월급은 2850입니다.
CLARK의 월급은 2450입니다.
JONES의 월급은 2975입니다.
:

연결 연산자(concatenation operator)를 이용하면 컬럼과 컬럼을 연결해서 출력할 수 있고 위와 같이 컬럼과 문자열을 연결해서 출력할 수도 있습니다. 연결 연산자를 이용하여 컬럼들을 서로 연결하였다면 컬럼 별칭은 맨 마지막에 사용해야 합니다.

File: 예제_004-3.txt

```
1 SELECT ename || '의 직업은 ' ||  job ||  '입니다 '  as   직업정보
2   FROM emp;
```

출력 결과

직업정보
KING 의 직업은 PRESIDENT 입니다
BLAKE 의 직업은 MANAGER 입니다
CLARK 의 직업은 MANAGER 입니다
JONES 의 직업은 MANAGER 입니다
MARTIN 의 직업은 SALESMAN 입니다
ALLEN 의 직업은 SALESMAN 입니다
TURNER 의 직업은 SALESMAN 입니다
JAMES 의 직업은 CLERK 입니다
:

중복된 데이터를 제거해서 출력하기(DISTINCT)

- **학습 내용:** 중복된 데이터를 제거해서 출력하는 방법에 대해 배웁니다.
- **힌트 내용:** 컬럼명 앞에 distinct키워드를 기술하여 중복된 데이터를 제거하여 출력합니다.

사원 테이블에서 직업을 출력하는데 중복된 데이터를 제외하고 출력해 보겠습니다.

📁 File: 예제_005.txt

```
1  SELECT DISTINCT job
2    FROM emp;
```

출력 결과

JOB
SALESMAN
CLERK
ANALYST
MANAGER
PRESIDENT

사원 테이블의 데이터 중에 직업과 부서 번호는 데이터가 중복되어 있습니다. 이런 컬럼의 데이터를 출력할 때 중복된 데이터를 제거하고 출력하려면 DISTINCT 키워드를 이용하면 됩니다. 컬럼명 앞에 DISTINCT를 작성하고 실행하면 중복행이 제거되고 UNIQUE한 값만 출력됩니다. DISTINCT 대신 UNIQUE를 사용해도 됩니다.

📁 File: 예제_005-2.txt

```
1  SELECT UNIQUE job
2    FROM emp;
```

데이터를 정렬해서 출력하기 (ORDER BY)

- **학습 내용:** 데이터를 정렬해서 출력하는 방법을 배웁니다.
- **힌트 내용:** ORDER BY절은 데이터를 오름차순으로 또는 내림차순으로 정렬해줍니다.

이름과 월급을 출력하는데 월급이 낮은 사원부터 출력해 보겠습니다.

File: 예제_006.txt

```
1  SELECT ename, sal
2      FROM emp
3      ORDER BY sal asc;
```

출력 결과

ENAME	SAL
SMITH	800
JAMES	950
ADAMS	1100
WARD	1250
MARTIN	1250
MILLER	1300
TURNER	1500
ALLEN	1600
CLARK	2450
BLAKE	2850
JONES	2975
FORD	3000
SCOTT	3000
KING	5000

월급이 오름차순으로 정렬되어
출력되었습니다.

사원 테이블에서 이름과 월급을 출력하는데 월급이 낮은 사원부터 높은 사원 순으로 출력하는 SQL입니다. 데이터를 정렬해서 출력하려면 ORDER BY절을 사용하면 됩니다. ORDER BY절 다음에 정렬하고자 하는 데이터의 컬럼명을 기술합니다. 그리고 내림차순으로 정렬할지 오름차순으로 정렬할지 정렬 방식에 대한 옵션을 컬럼명 다음에 작성합니다.

정렬 방식	정렬 옵션	축약
오름차순	ASCENDING	ASC
내림차순	DESCENDING	DESC

ORDER BY절에 ORDER BY sal ascending이라고 해도 실행되고, ascending을 ORDER BY sal asc로 축약된 키워드로 작성해도 실행이 됩니다. 월급이 큰 수부터 작은 수 순으로 출력하고 싶다면 ORDER BY sal desc로 작성하고 실행합니다.

1~2 ◆ EMP 테이블로부터 이름과 월급을 선택합니다.

3 ◆ 월급을 낮은 값부터 높은 값 순으로 정렬합니다.

ORDER BY절은 SQL 작성 시에도 맨 마지막에 작성하고 오라클이 실행할 때도 맨 마지막에 실행합니다.

코딩 순서	SQL	실행 순서	SQL
1	SELECT ename, sal	2	SELECT ename, sal
2	FROM emp	1	FROM emp
3	ORDER BY sal asc;	3	ORDER BY sal asc;

ORDER BY절은 맨 마지막에 실행되기 때문에 SELECT절에 사용한 컬럼 별칭을 ORDER BY 절에 사용할 수 있습니다.

File: 예제_006-2.txt

```
1 SELECT ename, sal as 월급
2    FROM emp
3    ORDER BY 월급 asc;
```

ORDER BY절에는 다음과 같이 컬럼을 여러 개 작성할 수도 있습니다.

File: 예제_006-3.txt

```
1 SELECT ename, deptno, sal
2    FROM emp
3    ORDER BY deptno asc, sal desc ;
```

출력 결과

ENAME	DEPTNO	SAL
KING	10	5000
CLARK	10	2450
MILLER	10	1300
SCOTT	20	3000
FORD	20	3000
JONES	20	2975
ADAMS	20	1100
SMITH	20	800
BLAKE	30	2850
ALLEN	30	1600
TURNER	30	1500
MARTIN	30	1250
WARD	30	1250
JAMES	30	950

◀ 부서 번호를 ascending하게 정렬된 것을 기준으로 월급을 높은 순서대로 정렬하고 있습니다.

◀ 30번 부서 번호도 월급이 높은 사원부터 출력되고 있습니다.

부서 번호를 먼저 ascending하게 정렬하고 부서 번호를 ascending하게 정렬된 것을 기준으로 월급을 descending하게 정렬하고 있습니다. ORDER BY절에 컬럼명 대신 숫자를 적어줄 수도 있습니다. ORDER BY절에 작성한 숫자는 SELECT절 컬럼의 순서입니다.

File: 예제_006-4.txt

```
1 SELECT ename, deptno, sal
2    FROM emp
3    ORDER BY 2 asc, 3 desc ;
```

WHERE절 배우기 ①
(숫자 데이터 검색)

- **학습 내용:** 검색을 원하는 숫자 데이터를 찾아 출력하는 방법을 배웁니다.
- **힌트 내용:** 검색을 원하는 숫자 데이터를 찾으려면 WHERE절을 사용합니다.

월급이 3000인 사원들의 이름, 월급, 직업을 출력해 보겠습니다.

📂 File: 예제_007.txt

```
1  SELECT ename, sal, job
2    FROM emp
3   WHERE sal = 3000;
```

출력 결과

ENAME	SAL	JOB
FORD	3000	ANALYST
SCOTT	3000	ANALYST

월급이 3000인 사원의 이름과 월급, 직업을 출력하는 SQL입니다. 검색하기 원하는 조건을 WHERE절에 작성하여 데이터를 검색합니다. WHERE절은 FROM절 다음에 작성합니다.

1~2 ◆ emp 테이블로부터 이름과 월급과 직업 컬럼을 선택합니다.

3 ◆ 월급이 3000인 사원들의 데이터로만 행을 제한합니다.

WHERE절의 검색 조건으로 사용하는 비교 연산자는 다음과 같습니다.

비교 연산자

연산자	의미
〉	크다
〈	작다

기타 비교 연산자

연산자	의미
BETWEEN AND	~ 사이에 있는
LIKE	일치하는 문자 패턴 검색

연산자	의미
>=	크거나 같다
<=	작거나 같다
=	같다
!=	같지 않다
^=	같지 않다
<>	같지 않다

연산자	의미
IS NULL	NULL 값인지 여부
IN	값 리스트 중 일치하는 값 검색

위의 비교 연산자를 사용하여 월급이 3000 이상인 사원들의 이름과 월급을 출력하는 SQL 문장을 작성하면 다음과 같습니다.

📁 File: 예제_007-2.txt

```
1  SELECT ename as 이름, sal as 월급
2    FROM emp
3   WHERE sal >= 3000;
```

출력 결과

이름	월급
KING	5000
FORD	3000
SCOTT	3000

WHERE절에서 sal >= 3000이라는 검색 조건을 주어 월급이 3000 이상인 사원들의 데이터만 검색해서 출력되었습니다. 위의 SQL에서 SELECT절에 컬럼 별칭을 사용했습니다. 그리고 출력 결과로 컬럼명을 한글로 '이름', 한글로 '월급'으로 출력되었습니다.

다음과 같이 컬럼 별칭인 월급을 WHERE절 검색 조건에 사용하면 실행되는지 확인해 보겠습니다.

```
1  SELECT ename as 이름, sal as 월급
2    FROM emp
3   WHERE 월급 >= 3000;
```

출력 결과

3행 오류:
ORA-00904: "월급": 부적합한 식별자

실행해보면 위와 같이 월급이 부적합한 식별자라면서 에러가 발생합니다. 이유는 오라클이 SQL을 실행하는 실행 순서 때문입니다.

코딩 순서	SQL	실행 순서	SQL
1	SELECT ename as 이름 sal as 월급	3	SELECT ename as 이름, sal as 월급
2	FROM emp	1	FROM emp
3	WHERE 월급 >= 3000;	2	WHERE 월급 >= 3000;

오라클은 FROM절을 실행하고 나서 WHERE절을 실행하기 때문에 에러가 발생합니다. FROM 절을 실행하면서 데이터베이스에서 emp 테이블을 가져오고 WHERE절을 실행하면서 emp 테이블에서 한글로 된 '월급' 컬럼을 찾아보았지만 없기 때문에 부적합한 식별자라고 수행되면서 에러가 발생했습니다.

WHERE절 배우기 ②
(문자와 날짜 검색)

입문 008

- **학습 내용:** 검색을 원하는 문자 데이터를 검색하는 방법을 배웁니다.
- **힌트 내용:** 검색을 원하는 문자 데이터를 찾으려면 WHERE절을 사용합니다.

이름이 SCOTT인 사원의 이름, 월급, 직업, 입사일, 부서 번호를 출력해 보겠습니다.

📂 File: 예제_008.txt

```
1 SELECT ename, sal, job, hiredate, deptno
2   FROM emp
3   WHERE ename='SCOTT';
```

출력 결과

ENAME	SAL	JOB	HIREDATE	DEPTNO
SCOTT	3000	ANALYST	82/12/22	20

이름이 SCOTT인 사원의 이름과 월급, 직업, 입사일, 부서 번호를 출력하는 SQL입니다. 숫자와는 다르게 문자를 검색할 때는 문자 양쪽에 싱글 쿼테이션 마크를 둘러 감싸 주어야 합니다. 싱글 쿼테이션 마크 안에 있는 것이 숫자가 아니라 문자라고 오라클에게 알려주는 것입니다.

emp 테이블로부터 이름과 월급, 직업, 입사일, 부서 번호 컬럼을 선택합니다.　◆ 1~2

이름이 SCOTT인 사원의 데이터로만 행을 제한합니다.　◆ 3

다음의 쿼리는 81년 11월 17일에 입사한 사원의 이름과 입사일을 출력합니다.

📂 File: 예제_008-2.txt

```
1 SELECT ename, hiredate
2   FROM emp
3   WHERE hiredate ='81/11/17';
```

문자뿐만 아니라 날짜도 양쪽에 싱글 쿼테이션 마크를 감싸 주어야 합니다. 날짜 데이터 검색의 경우 현재 접속한 세션(session)의 날짜 형식에 맞춰 작성해 주어야 합니다. 81/11/17은 '연도/월/일'로 된 날짜 형식입니다. 우리나라와는 다르게 미국이나 영국의 날짜 형식은 '일/월/연도'입니다. 그럼 17/11/81로 날짜를 검색해야 합니다. 나라마다 날짜 형식이 다르기 때문에 날짜 검색을 하기 전에 현재 접속한 세션(session)의 날짜 형식을 확인하는 것이 필요합니다.

현재 접속한 세션(session)의 날짜 형식은 NSL_SESSION_PARAMETERS를 조회하여 확인합니다.

File: 예제_008-3.txt

```
1 SELECT *
2   FROM NLS_SESSION_PARAMETERS
3   WHERE PARAMETER ='NLS_DATE_FORMAT';
```

출력 결과

PARAMETER	VALUE
NLS_DATE_FORMAT	RR/MM/DD

RR/MM/DD에서 RR은 년도이고 MM은 달이며 DD는 일입니다. 날짜 형식에 대한 정의는 다음과 같습니다.

형식	정의	형식	정의
YYYY	연도 4자리	HH24	시간 (0~24)
YY 또는 RR	연도 2자리	MI	분(0~59)
MM	달의 2자리값	SS	초(0~59)
MON	달의 영문 약어	WW	연의 주
DD	숫자 형식의 일	IW	ISO 표준에 따른 년의 주
DAY	요일	W	월의 주
DY	요일 약어	YEAR	영어 철자로 표기된 년도
D	요일의 숫자	MONTH	영어 철자로 표기된 달

연도 2자리 형식인 RR과 YY는 서로 다릅니다. 만약 현재 세션의 날짜 형식을 YY/MM/DD로 변경하고 81년도 11월 17일에 입사한 사원을 조회한다면 조회가 되지 않을 것입니다.

File: 예제_008-4.txt

```
1   ALTER SESSION SET NLS_DATE_FORMAT='YY/MM/DD';
```

File: 예제_008-5.txt

```
1 SELECT ename, sal
2   FROM emp
3   WHERE hiredate='81/11/17';
```

출력 결과

선택된 레코드가 없습니다.

선택된 레코드가 없다고 나오는 이유는 YY로 검색을 하게 되면 81년을 2081년으로 인식하고 검색하기 때문입니다. RR은 81년을 1981년도로 검색합니다. RR은 현재 세기를 기준으로 81년노를 이전 세기로 인식하고 1981년도로 인식합니다. 그러나 YY는 81년도를 현재 세기의 연도로 인식해서 2081년도로 인식을 합니다.

ALTER SESSION SET 명령어는 현재 내가 접속한 세션의 파라미터를 변경하는 명령어입니다. 세션이란 데이터베이스 유저로 로그인해서 로그아웃할 때까지의 한 단위를 말합니다. SCOTT 유저로 접속해서 SCOTT 유저로 로그아웃할 때까지 하나의 단위가 세션입니다. 바로 이 세션의 파라미터인 NLS_DATE_FORMAT은 현재 세션에서만 유효한 파라미터입니다. SCOTT으로 접속한 상태라면 다시 로그아웃을 했다가 접속하면 NLS_DATE_FORAMT은 RR/MM/DD인 기본값으로 복귀되어 세팅됩니다.

다시 날짜 형식을 RR/MM/DD로 변경합니다.

File: 예제_008-6.txt

```
1   ALTER SESSION SET NLS_DATE_FORMAT='RR/MM/DD';
```

산술 연산자 배우기(*, /, +, −)

- **학습 내용:** 산술 연산자를 이용하여 데이터를 검색하거나 처리하는 방법을 배웁니다.
- **힌트 내용:** 산술 연산을 위해 더하기(+), 빼기(−), 곱하기(*), 나누기(/)를 사용합니다.

연봉이 36000 이상인 사원들의 이름과 연봉을 출력해 보겠습니다.

📁 **File: 예제_009.txt**

```
1 SELECT ename, sal*12 as 연봉
2     FROM emp
3     WHERE sal*12 >= 36000;
```

출력 결과

ENAME	연봉
KING	60000
FORD	36000
SCOTT	36000

sal*12가 36000 이상인 사원들의 이름과 연봉을 출력하는 SQL입니다. sal*12는 컬럼 별칭을 주어 연봉으로 출력했습니다. 산술 연산자에는 우선순위가 있어서 곱하기와 더하기가 같은 식에 있으면 곱하기부터 실행합니다. 만약 더하기부터 실행하고 싶다면 괄호를 사용하면 됩니다.

	곱하기부터 실행됨	더하기부터 실행됨
SQL	SELECT 300+200*2 FROM DUAL;	SELECT (300+200) * 2 FROM DUAL;
결과	700	1000

다음의 쿼리는 부서 번호가 10번인 사원들의 이름, 월급, 커미션, 월급 + 커미션을 출력하는 SQL입니다.

📁 File: 예제_009-2.txt

```
1 SELECT ename, sal, comm, sal + comm
2   FROM emp
3   WHERE deptno = 10;
```

출력 결과

ENAME	SAL	COMM	SAL+COMM
KING	5000		
CLERK	2450		
MILLER	1300		

커미션에 데이터가 없습니다. 이 상태를 NULL 값이라고 합니다. NULL 값은 데이터가 없는 상태, 즉 **데이터가 할당되지 않은 상태** 또는 **알 수 없는 값**이라고 합니다. 그래서 커미션이 NULL인 사원들은 월급+커미션의 결과도 NULL 값이 출력되었습니다. NULL이 알 수 없는 값이므로 5000 더하기 NULL은 알 수 없는 값인 NULL이어서 NULL로 출력되는 것입니다. 산술식의 컬럼값이 NULL인 경우 결과도 NULL입니다. 이 경우는 NULL이 아닌 숫자로 변경해 주어야 월급+커미션 값이 출력될 수 있습니다.

	NVL 함수를 사용하지 않았을 때	NVL 함수를 사용했을 때
SQL	SELECT sal + comm FROM emp WHERE ename='KING';	SELECT sal + NVL(comm,0) FROM emp WHERE ename='KING';
결과	NULL이 출력됨	5000

NVL 함수는 NULL 데이터를 처리하는 함수입니다. NVL(comm,0)은 comm을 출력할 때 comm이 NULL이면 0으로 출력하는 함수입니다. NVL을 사용하지 않았을 때는 5000 + NULL 로 연산되었습니다. NULL은 알 수 없는 값(UNKNOWN)입니다. 5000 더하기 알 수 없는 값은 알 수 없는 값이어서 NULL로 출력됩니다. NVL 함수를 이용해서 NULL을 0으로 변경하면 5000 + 0으로 수행되어 5000이 결과로 출력될 수 있게 됩니다.

비교 연산자 배우기 ①
(〉, 〈, 〉=, 〈=, =, !=, 〈〉, ^=)

- **학습 내용:** 비교 연산자를 사용하여 데이터를 검색하는 방법을 배웁니다.
- **힌트 내용:** 비교 연산자는 〉, 〈 〉=, 〈=, =, 〈〉, !=, ^=를 사용하여 조건에 맞는 데이터를 검색합니다.

월급이 1200 이하인 사원들의 이름과 월급, 직업, 부서 번호를 출력해 보겠습니다.

📁 File: 예제_010.txt

```
1 SELECT ename, sal, job, deptno
2   FROM emp
3   WHERE sal <= 1200;
```

출력 결과

ENAME	SAL	JOB	DEPTNO
JAMES	950	CLERK	30
SMITH	800	CLERK	20
ADAMS	100	CLERK	20

1~2 emp 테이블로부터 이름과 월급, 직업, 부서 번호 컬럼을 선택합니다.

3 월급이 1200 이하인 사원들의 데이터로만 행을 제한합니다.

WHERE절의 검색 조건으로 사용하는 비교 연산자

연산자	의미	연산자	의미
〉	크다	=	같다
〈	작다	!=	같지 않다
〉=	크거나 같다	〈〉	같지 않다
〈=	작거나 같다	^=	같지 않다

비교 연산자 배우기 ②
(BETWEEN AND)

- **학습 내용:** 두 값 사이의 값들을 검색하는 방법을 배웁니다.
- **힌트 내용:** between and 비교 연산자를 이용하여 두 값 사이의 값들을 검색합니다.

월급이 1000에서 3000 사이인 사원들의 이름과 월급을 출력해 보겠습니다.

📁 File: 예제_011.txt

```
1 SELECT ename, sal
2    FROM emp
3    WHERE sal BETWEEN 1000 AND 3000;
```

출력 결과

ENAME	SAL
BLAKE	2850
CLARK	2450
:	:
ADAMS	1100
MILLER	1300

위 SQL은 다음의 SQL과 동일합니다. 월급 1000과 3000이 포함됩니다.

📁 File: 예제_011-2.txt

```
1 SELECT ename, sal
2    FROM emp
3    WHERE (sal >= 1000 AND sal <= 3000);
```

BETWEEN AND 사용 시 주의사항은 "BETWEEN **하한값** AND **상한값**"순으로 작성해야 검색이 됩니다. "BETWENN **상한값** AND **하한값**"으로 작성하면 검색되지 않습니다.

BETWEEN 하한값 AND 상한값	BETWEEN 상한값 AND 하한값

`SELECT ename, sal`
`  FROM emp`
`  WHERE sal BETWEEN 1000 AND 3000;`
	`SELECT ename, sal`
	`  FROM emp`
	`  WHERE sal BETWEEN 3000 AND 1000;`

결과 출력 됨	결과 출력 안 됨

다음의 쿼리는 월급이 1000에서 3000 사이가 아닌 사원들의 이름과 월급을 조회합니다.

📂 File: 예제_011-3.txt

```
1 SELECT ename, sal
2   FROM emp
3   WHERE sal NOT BETWEEN 1000 AND 3000;
```

위의 예제는 1000과 3000을 포함하지 않는 다음의 SQL과 동일합니다. 이퀄(=)이 붙지 않습니다.

📂 File: 예제_011-4.txt

```
1 SELECT ename, sal
2   FROM emp
3   WHERE (sal < 1000 OR sal > 3000);
```

BETWEEN .. AND 연산자를 사용하는 것이 훨씬 가독성이 있고 코드가 심플합니다. 다음의
예제는 1982년도에 입사한 사원들의 이름과 입사일을 조회하는 쿼리입니다.

📂 File: 예제_011-5.txt

```
1 SELECT ename, hiredate
2   FROM emp
3   WHERE hiredate BETWEEN '1982/01/01' AND '1982/12/31'
```

출력 결과

ENAME	HIREDATE
SCOTT	82/12/22
MILLER	82/01/11

비교 연산자 배우기 ③(LIKE)

- **학습 내용:** 문자 패턴이 일치하는 행을 검색하는 방법을 배웁니다.
- **힌트 내용:** like 연산자를 이용하여 문자 패턴이 일치하는 데이터를 검색합니다.

이름의 첫 글자가 S로 시작하는 사원들의 이름과 월급을 출력해 보겠습니다.

📁 File: 예제_012.txt

```
1 SELECT ename, sal
2   FROM emp
3   WHERE ename LIKE 'S%';
```

출력 결과

ENAME	SAL
SMITH	800
SCOTT	3000

%는 와일드 카드(Wild Card)라고 합니다. 와일드 카드는 이 자리에 어떠한 철자가 와도 상관없고 철자의 개수가 몇 개가 되든 관계없다는 뜻입니다. 첫 철자가 S로 시작하면 검색 대상이 됩니다. WHERE ename='S%'는 첫 번째 철자가 S이고 두 번째 철자가 %인 데이터를 검색하겠다는 것입니다. %가 특수문자 퍼센트가 아니라 와일드 카드가 되려면 이�퀄 연산자(=)가 아닌 LIKE 연산자를 사용해야 합니다.

다음의 쿼리는 이름의 두 번째 철자가 M인 사원의 이름을 출력합니다.

📁 File: 예제_012-2.txt

```
1 SELECT ename
2   FROM emp
3   WHERE ename LIKE '_M%';
```

출력 결과

ENAME
SMITH

◆ 3

LIKE와 같이 쓰이는 기호는 와일드 카드(%)와 언더바(_)가 있습니다. 와일드 카드(%)는 와일드 카드가 있는 자리에 어떠한 철자가 와도 관계없고 그 철자의 개수가 몇 개이든 관계없다는 것인 반면, 언더바(_)는 어떠한 철자가 와도 관계없으나 자리수는 한 자리여야 된다는 의미입니다.

기호	설명
%	0개 이상의 임의 문자와 일치
_	하나의 문자와 일치

다음의 쿼리는 이름의 끝 글자가 T로 끝나는 사원들의 이름을 출력합니다. 와일드 카드를 앞에 기술하고 알파벳 T를 맨 뒤에 작성합니다.

📁 File: 예제_012-3.txt

```
1 SELECT ename
2   FROM emp
3   WHERE ename LIKE '%T';
```

출력 결과

ENAME
SCOTT

다음의 쿼리는 이름에 A를 포함하고 있는 사원들의 이름을 출력합니다. 와일드카드를 알파벳 A를 양쪽으로 기술하게 되면 이름이 A가 포함된 사원들을 전부 검색하게 됩니다.

📁 File: 예제_012-4.txt

```
1 SELECT ename
2   FROM emp
3   WHERE ename LIKE '%A%';
```

비교 연산자 배우기 ④(IS NULL)

- **학습 내용:** NULL 값을 검색하는 방법을 배웁니다.
- **힌트 내용:** NULL 값을 검색하기 위해서는 is null 연산자를 사용해야 합니다.

커미션이 NULL인 사원들의 이름과 커미션을 출력해 보겠습니다.

📁 File: 예제_013.txt

```
1 SELECT ename, comm
2    FROM emp
3    WHERE comm is null;
```

출력 결과

ENAME	COMM
KING	
:	:
MILLER	

NULL 값은 **데이터가 할당되지 않은 상태**라고도 하고 **알 수 없는 값**이라고도 합니다. 알 수 없는 값이기 때문에 이퀄 연산자(=)로는 비교할 수 없습니다. NULL 값을 검색하기 위해서는 is null 연산자를 사용해야 합니다.

NULL이 아닌 데이터를 검색할 때도 COMM != NULL을 사용하여 검색할 수 없습니다. NULL은 데이터가 없는 상태이고 알 수 없는 값이기 때문입니다.

비교 연산자 배우기 ⑤(IN)

- **학습 내용 :** 여러 개의 리스트 값을 검색하는 방법을 배웁니다.
- **힌트 내용 :** 여러 개의 리스트 값을 조회할 때는 in 연산자를 사용합니다.

직업이 SALESMAN, ANALYST, MANAGER인 사원들의 이름, 월급, 직업을 출력해 보겠습니다.

📁 File: 예제_014.txt

```
1 SELECT ename, sal, job
2   FROM emp
3   WHERE job in ('SALESMAN','ANALYST','MANAGER');
```

출력 결과

ENAME	SAL	JOB
BLAKE	2850	MANAGER
CLARK	2450	MANAGER
JONES	2975	MANAGER
MARTIN	1250	SALESMAN
ALLEN	1600	SALESMAN
TURNER	1500	SALESMAN
WARD	1250	SALESMAN
FORD	3000	ANALYST
SCOTT	3000	ANALYST

3 ◆ in 연산자를 이용하여 직업이 SALESMAN, ANALYST, MANAGER인 사원들을 한 번에 조회합
니다. 이퀄 연산자(=)는 하나의 값만 조회할 수 있는 반면 IN 연산자는 여러 리스트의 값을 조
회할 수 있습니다.

다음의 쿼리는 위 예제와 동일한 결과를 출력하는 SQL입니다.

File: 예제_014-2.txt

```
1  SELECT ename, sal, job
2    FROM emp
3   WHERE (job ='SALESMAN' or job='ANALYST' or job='MANAGER');
```

다음의 쿼리는 직업이 SALESMAN, ANALYST, MANAGER가 아닌 사원들의 이름과 월급과 직업을 검색합니다.

File: 예제_014-3.txt

```
1 SELECT ename, sal, job
2   FROM emp
3  WHERE job NOT in ('SALESMAN','ANALYST','MANAGER');
```

출력 결과

ENAME	SAL	JOB
KING	5000	PRESIDENT
JAMES	950	CLERK
SMITH	800	CLERK
ADAMS	1100	CLERK
MILLER	1300	CLERK

위의 쿼리는 다음의 쿼리와 동일한 결과를 반환합니다.

File: 예제_014-4.txt

```
1 SELECT ename, sal, job
2   FROM emp
3  WHERE (job != 'SALESMAN and job !='ANALYST' and job !='MANAGER') ;
```

논리 연산자 배우기
(AND, OR, NOT)

- **학습 내용**: 논리 연산자를 이용하여 WHERE절에 여러 개의 조건을 사용하는 방법을 배웁니다.
- **힌트 내용**: WHERE절에 여개 개의 조건을 AND 또는 OR를 이용하여 결합합니다.

직업이 SALESMAN이고 월급이 1200 이상인 사원들의 이름, 월급, 직업을 출력해 보겠습니다.

📁 File: 예제_015.txt

```
1 SELECT ename, sal, job
2   FROM emp
3  WHERE job='SALESMAN' AND sal >= 1200;
```

출력 결과

ENAME	SAL	JOB
MARTIN	1250	SALESMAN
ALLEN	1600	SALESMAN
TURNER	1500	SALESMAN
WARD	1250	SALESMAN

3 ◆ 직업 SALESMAN이 검색되어 조건이 TRUE이고, 월급이 1200 이상인 데이터도 EMP 테이블에서 검색이 되는 맞는 조건입니다. WHERE TRUE 조건 AND TRUE 조건이어서 데이터가 잘 검색되어 출력되었습니다. 둘 중에 하나라도 조건이 FALSE이면 데이터는 반환되지 않습니다.

📁 File: 예제_015-2.txt

```
1 SELECT ename, sal, job
2   FROM emp
3  WHERE job='ABCDEFG' AND sal >= 1200;
```

출력 결과

선택된 레코드가 없습니다.

TRUE AND TRUE는 결과가 TRUE입니다. TRUE AND FALSE는 결과가 FALSE입니다. AND는 둘 다 TRUE여야 TRUE가 반환됩니다. 반면 OR는 둘 중에 하나만 TRUE여도 TRUE를 반환합니다. TRUE AND NULL은 NULL이 반환됩니다. NULL은 알 수 없는 값이기 때문에 TRUE인지 FALSE인지 알 수 없습니다. 만약 NULL이 TRUE라면 TRUE AND TRUE는 TRUE가 반환되고 FALSE라면 TRUE AND FALSE는 FALSE가 반환되므로 TRUE인지 FALSE인지 알 수 없으므로 NULL이 반환됩니다.

질문	TRUE AND NULL → ?	TRUE OR NULL → ?
해설	TRUE AND TRUE → TRUE TRUE AND FALSE → FALSE	TRUE OR TRUE → TRUE TRUE OR FALSE → TRUE
답	TRUE AND NULL → NULL	TRUE OR NULL → TRUE

AND 연산자 진리 연산표

AND	TRUE	FALSE	NULL
TRUE	TRUE	FALSE	NULL
FALSE	FALSE	FALSE	FALSE
NULL	NULL	FALSE	NULL

OR 연산자 진리 연산표

OR	TRUE	FALSE	NULL
TRUE	TRUE	TRUE	TRUE
FALSE	TRUE	FALSE	NULL
NULL	TRUE	NULL	NULL

NOT 연산자 진리 연산표

NOT	TRUE	FALSE	NULL
TRUE	FALSE	TRUE	NULL

2

SQL 기초 다지기

초보자를 위한
SQL
200제

대소문자 변환 함수 배우기 (UPPER, LOWER, INITCAP)

- **학습 내용:** 철자를 대문자, 소문자로 변환하여 출력하는 방법을 배웁니다.
- **힌트 내용:** 철자의 대소문자를 변환하기 위해서는 upper, lower, initcap 함수를 사용합니다.

사원 테이블의 이름을 출력하는데 첫 번째 컬럼은 이름을 대문자로 출력하고 두 번째 컬럼은 이름을 소문자로 출력하고 세 번째 컬럼은 이름의 첫 번째 철자는 대문자로 하고 나머지는 소문자로 출력해 보겠습니다.

📁 File: 예제_016.txt

```
1  SELECT UPPER(ename), LOWER(ename), INITCAP(ename)
2      FROM emp;
```

출력 결과

UPPER(ENAME)	LOWER(ENAME)	INITCAP(ENAME)
KING	king	King
BLAKE	blake	Blake
:	:	:
ADAMS	adams	Adams
MILLER	miller	Miller

1 ◆ upper 함수는 대문자로 출력, lower 함수는 소문자로 출력, initcap 함수는 첫 번째 철자만 대문자로 출력하고 나머지는 소문자로 출력하는 함수입니다.

함수(function)는 다양한 데이터 검색을 위해 필요한 기능입니다. 예를 들어, 사원 테이블의 월급 평균값은 얼마인지, 사원 테이블에서 평균 월급 이상을 받는 사원들은 누구인지 출력하려면 함수를 알아야 합니다.

함수의 종류		설명
단일행 함수	정의	하나의 행을 입력받아 하나의 행을 반환하는 함수
	종류	문자함수, 숫자함수, 날짜함수, 변환 함수, 일반함수
다중 행 함수	정의	여러 개의 행을 입력받아 하나의 행을 반환하는 함수
	종류	그룹 함수

단일행 함수	함수
문자 함수	UPPER, LOWER, INICAP, SUBSTR, LENGTH, CONCAT, INSTR, TRIM, LPAD, RPAD 등

upper 함수와 lower 함수는 테이블 내 특정 문자 데이터를 검색하고자 할 때 데이터가 대문자인지 소문자로 저장되어 있는지 확실하지 않을 때 정확한 데이터 검색을 위해 필요합니다.

다음의 쿼리는 이름이 scott인 사원의 이름과 월급을 조회하는 쿼리입니다.

📁 File: 예제_016-2.txt

```
1 SELECT ENAME, SAL
2   FROM emp
3  WHERE LOWER(ename)='scott';
```

출력 결과

ENAME	SAL
SCOTT	3000

LOWER(ename)을 사용했기 때문에 대문자였던 사원 이름이 모두 소문자로 변환되어 소문자 scott을 확실하게 검색할 수 있게 됩니다. 우리는 사원 테이블의 사원 이름이 모두 대문자로 되어 있다는 것을 이미 알고 있습니다. 그런데 사원 테이블이 1억건이 넘는 대용량 테이블이라고 가정해보고 사원 이름이 대문자로 되어 있는지 소문자로 되어 있는지 모른다고 하면 LOWER(eanme)='scott' 또는 UPPER(ename)='SCOTT'이라고 작성해야 데이터를 확실하게 반환할 수 있게 됩니다.

◆ 3

문자에서 특정 철자 추출하기 (SUBSTR)

- **학습 내용:** 문자에서 지정된 길이의 문자열을 추출하는 방법을 배웁니다.
- **힌트 내용:** 문자에서 특정 길이의 문자를 추출하려면 SUBSTR 함수를 사용합니다.

영어 단어 SMITH에서 SMI만 잘라내서 출력해 보겠습니다.

📂 File: 예제_017.txt

```
1 SELECT SUBSTR('SMITH',1,3)
2   FROM DUAL;
```

출력 결과

SUBSTR('SMITH',1,3)
SMI

1 ◆ SUBSTR 함수는 문자에서 특정 위치의 문자열을 추출합니다. SUBSTR('SMITH',1,3)에서 1은 추출할 철자의 시작 위치 번호입니다. 3은 시작 위치로부터 몇 개의 철자를 추출할지를 정하는 숫자입니다. 1의 위치는 S입니다. S 철자부터 3개를 추출하여 SMI가 출력됩니다.

S	M	I	T	H
1	2	3	4	5

SELECT SUBSTR('SMITH',2,2) 쿼리는 SMITH 문자에서 두 번째 철자인 M부터 두 개의 철자를 추출하여 MI를 반환합니다.

SELECT SUBSTR('SMITH',-2,2) 쿼리는 SMITH 문자에서 -2 자리인 T부터 두 개의 철자를 추출하여 TH를 반환합니다.

SELECT SUBSTR('SMITH',2) 쿼리는 SMITH 문자 M부터 끝까지 추출하여 MITH를 반환합니다.

문자열의 길이를 출력하기 (LENGTH)

- **학습 내용 :** 문자열의 길이를 출력하는 방법을 배웁니다.
- **힌트 내용 :** 문자열의 길이를 출력하기 위해 length 함수를 사용합니다.

이름을 출력하고 그 옆에 이름의 철자 개수를 출력해 보겠습니다.

📁 File: 예제_018.txt

```
1 SELECT ename, LENGTH(ename)
2    FROM emp;
```

출력 결과

ENAME	LENGTH(ENAME)
KING	4
BLAKE	5
:	:
ADAMS	5
MILLER	6

LENGTH 함수는 문자열의 길이를 출력하는 함수입니다. LENGH(ename)는 이름 철자의 개수 ◆ 1
가 출력됩니다.

한글도 마찬가지로 문자의 길이가 출력됩니다

📁 File: 예제_018-2.txt

```
1 SELECT LENGTH('가나다라마')
2    FROM DUAL;
```

LENGTH('가나나라마')
5

다음의 쿼리는 숫자 15를 반환합니다. LENGTHB는 바이트의 길이를 반환합니다. 한글이 한글자에 3바이트이므로 15를 반환합니다.

File: 예제_018-3.txt

```
1  SELECT LENGTHB('가나다라마')
2    FROM DUAL;
```

출력 결과

LENGTHB('가나다라마')
15

문자에서 특정 철자의 위치 출력하기(INSTR)

- **학습 내용:** 문자에서 특정 철자의 위치를 출력하는 방법을 배웁니다.
- **힌트 내용:** 문자에서 특정 철자의 위치를 출력하기 위해 INSTR 함수를 사용합니다.

사원 이름 SMITH에서 알파벳 철자 M이 몇 번째 자리에 있는지 출력해 보겠습니다.

📁 File: 예제_019.txt

```
1 SELECT INSTR('SMITH','M')
2   FROM DUAL;
```

출력 결과

INSTR('SMITH', 'M')
2

INSTR 함수는 문자에서 특정 철자의 위치를 출력하는 함수입니다. SMITH에서 M은 두 번째 철자이므로 2를 출력합니다.

abcdefgh@naver.com 이메일에서 naver.com만 추출하고 싶다면 INSTR과 SUBSTR을 이용하면 추출할 수 있습니다. 먼저 @의 위치를 INSTR로 추출합니다.

📁 File: 예제_019-2.txt

```
1 SELECT INSTR('abcdefg@naver.com','@')
2   FROM DUAL;
```

출력 결과

INSTR('ABCDEFG@NAVER.COM','@')
8

SUBSTR에 INSTR 함수로 추출한 @의 자리 숫자 다음 철자를 시작 숫자로 사용하여 다음과 같이 쿼리로 NAVER.COM을 추출합니다.

a	b	c	d	e	f	g	@	n	a	v	e	r	.	c	o	m
1	2	3	4	5	6	7	8	9	10	11	12	13	14	15	16	17

📁 File: 예제_019-3.txt

```
1  SELECT SUBSTR('abcdefgh@naver.com',INSTR('abcdefgh@naver.com','@')+1)
2     FROM DUAL;
```

출력 결과

SUBSTR('ABCDEFGH@NAVER.COM',INSTR('ABCDEFGH@NAVER.COM','@')+1)
naver.com

이번에는 오른쪽에 .com을 잘라내고 naver만 출력해보겠습니다.

n	a	v	e	r	.	c	o	m
9	10	11	12	13	14	15	16	17

📁 File: 예제_019-4.txt

```
1  SELECT RTRIM( SUBSTR('abcdefgh@naver.com',INSTR('abcdefgh@naver.
2              com','@') +1 ) ,'.com')
3     FROM DUAL;
```

출력 결과

RTRIM(SUBSTR('ABCDEFGH@NAVER.COM',INSTR('ABCDEFGH@NAVER.COM','@')+1) ,'.COM')
naver

예제 22번에서 학습할 RTRIM 함수를 이용하여 오른쪽에 있는 .com을 잘라내어 출력합니다.

특정 철자를 다른 철자로 변경하기(REPLACE)

- **학습 내용:** 문자에서 특정 철자를 다른 철자로 변경하는 방법을 배웁니다.
- **힌트 내용:** 문자에서 특정 철자를 다른 철자로 변경하기 위해 replace 함수를 사용합니다.

이름과 월급을 출력하는데, 월급을 출력할 때 숫자 0을 *(별표)로 출력해 보겠습니다.

📁 File: 예제_020.txt

```
1  SELECT ename, REPLACE(sal, 0, '*')
2    FROM emp;
```

출력 결과

ENAME	REPLACE(SAL,0,'*')
KING	5***
BLAKE	285*
:	:
ADAMS	11**
MILLER	13**

REPLACE 함수는 특정 철자를 다른 철자로 변경하는 문자 함수입니다.

이름과 월급을 출력하는데 월급의 숫자 0을 *로 변경해서 출력합니다.

다음의 쿼리는 월급의 숫자 0~3까지를 *로 출력합니다.

📁 File: 예제_020-2.txt

```
1  SELECT ename, REGEXP_REPLACE(sal, '[0-3]', '*') as SALARY
2    FROM emp;
```

◆ 1

출력 결과

ENAME	3ALARY
KING	5***
BLAKE	*85*
:	:
ADAMS	****
MILLER	****

REGEXP_REPLACE 함수는 정규식(Regular Expression) 함수입니다. 정규식 함수는 일반함수보다 더 복잡한 형태의 검색패턴으로 데이터를 조회할 수 있게 해주는 함수입니다. 예제를 위해 다음의 테이블 생성 스크립트를 실행합니다.

```
CREATE TABLE TEST_ENAME
(ENAME   VARCHAR2(10));

INSERT INTO TEST_ENAME VALUES('김인호');
INSERT INTO TEST_ENAME VALUES('안상수');
INSERT INTO TEST_ENAME VALUES('최영희');
COMMIT;
```

다음의 쿼리는 이름의 두 번째 자리의 한글을 *로 출력합니다.

📁 File: 예제_020-3.txt

```
1 SELECT REPLACE(ENAME, SUBSTR(ENAME,2,1), '*') as "전광판_이름"
2    FROM test_ename;
```

출력 결과

전광판_이름
김*호
안*수
최*희

특정 철자를 N개 만큼 채우기
(LPAD, RPAD)

- **학습 내용:** 문자 출력 시 특정 철자를 N개 만큼 채워서 출력합니다.
- **힌트 내용:** 문자 출력 시 특정 철자를 N개 만큼 채워서 출력하려면 LPAD, RPAD를 사용합니다.

이름과 월급을 출력하는데 월급 컬럼의 자릿수를 10자리로 하고, 월급을 출력하고 남은 나머지 자리에 별표(*)를 채워서 출력해 보겠습니다.

> File: 예제_021.txt

```
1 SELECT ename, LPAD(sal,10,'*') as salary1, RPAD(sal,10,'*') as salary2
2    FROM emp;
```

출력 결과

ENAME	SALARY1	SALARY2
KING	******5000	5000******
BLAKE	******2850	2850******
CLARK	******2450	2450******
:	:	:
SCOTT	******3000	3000******
ADAMS	******1100	1100******
MILLER	******1300	1300******

KING의 월급을 보면 5000은 4자리여서 나머지 6자리에 별표(*)를 채워서 출력하고 있습니다. LPAD의 뜻이 왼쪽(Left)으로 채워 넣다(PAD)여서 왼쪽으로 별표(*)를 채우고 있습니다.

*	*	*	*	*	*	5	0	0	0

RPAD(sal, 10, '*')는 오른쪽으로 별표(*)를 채워서 출력합니다.

5	0	0	0	*	*	*	*	*	*

LPAD나 RPAD를 이용하면 SQL로 데이터를 시각화하기 유용합니다. 다음의 쿼리는 이름과 월급을 출력하는데 월급 100을 네모(■) 하나로 출력하는 예제입니다.

📂 File: 예제_021-2.txt

```
1  SELECT ename, sal, lpad('■', round(sal/100) ,'■') as bar_chart
2     FROM emp;
```

출력 결과

ENAME	SAL	BAR_CHART
BLAKE	2850	■■■■■■■■■■■■■■■■■■■■■■■■■■■■
CLARK	2450	■■■■■■■■■■■■■■■■■■■■■■■■
JONES	2975	■■■■■■■■■■■■■■■■■■■■■■■■■■■■■
MARTIN	1250	■■■■■■■■■■■■
ALLEN	1600	■■■■■■■■■■■■■■■■
:	:	:

막대 그래프처럼 사원 테이블의 월급을 시각화하여 출력하였습니다.

1 ◆ lpad('■', round(sal/100) ,'■')에서 round(sal/100)이 16이라면 전체 16자리를 확보합니다. 16자리 중 ■를 하나 출력하고 나머지 15자리에 ■를 채워서 출력하여 ■가 16개 출력됩니다.

특정 철자 잘라내기
(TRIM, RTRIM, LTRIM)

초급

022

- **학습 내용:** 문자 출력 시 특정 철자를 잘라내어 출력하는 방법을 배웁니다.
- **힌트 내용:** 문자 출력 시 특정 철자를 잘라내어 출력하려면 TRIM, RTRIM, LTRIM을 사용합니다.

첫 번째 컬럼은 영어 단어 smith 철자를 출력하고, 두 번째 컬럼은 영어 단어 smith에서 s를 잘라서 출력하고, 세 번째 컬럼은 영어 단어 smith에서 h를 잘라서 출력하고, 네 번째 컬럼은 영어 단어 smiths의 양쪽에 s를 잘라서 출력해 보겠습니다.

📁 File: 예제_022.txt

```
1 SELECT 'smith', LTRIM('smith','s'), RTRIM('smith','h'), TRIM('s' from
2               'smiths')
3   FROM dual;
```

출력 결과

'SMITH'	LTRIM('SMITH','S')	RTRIM('SMITH','H')	TRIM('S' FROM 'SMITHS')
smith	mith	smit	mith

LTRIM('smith','s')는 smith를 출력하는데 왼쪽 철자인 s를 잘라서 출력합니다. ◆ 1~2
RTRIM('smith','h')는 smith를 출력하는데 오른쪽 철자인 h를 잘라서 출력합니다. TRIM('s' from 'smiths')는 smiths를 출력하는데 양쪽의 s를 잘라서 출력합니다.

INSERT 문장으로 사원(EMP) 테이블에 사원 데이터를 입력합니다. JACK 사원 데이터를 입력할 때 JACK 오른쪽에 공백을 하나 넣어서 입력합니다.

📁 File: 예제_022-2.txt

```
1 insert into emp(empno,ename,sal,job,deptno) values(8291, 'JACK ', 3000,
2               'SALESMAN', 30);
3 commit
```

공백 추가

다음의 쿼리는 이름이 JACK인 사원의 이름과 월급을 조회하는 쿼리입니다.

```
1  SELECT ename, sal
2    FROM emp
3    WHERE ename='JACK';
```

출력 결과

선택된 레코드가 없습니다.

위의 쿼리의 결과로 아무것도 출력되지 않습니다. 아무것도 출력되지 않는 이유는 JACK 데이터를 입력할 때 오른쪽에 공백을 추가해서 입력했는데 WHERE절의 ename='JACK'으로 비교할 때 공백없이 비교했기 때문입니다. 우리는 공백을 하나만 입력하고 저장했습니다. 그래서 공백이 하나만 있다는 것을 알고 있지만, 공백을 하나만 입력했는지 여러 개를 입력했는지 모른다고 가정하면 JACK 데이터를 검색하기가 어렵습니다. 이럴 때는 다음과 같이 쿼리를 작성합니다.

```
1  SELECT ename, sal
2    FROM emp
3    WHERE RTRIM(ename)='JACK';
```

출력 결과

ENAME	SAL
JACK	3000

3 ◆ RTRIM(ename)='JACK'으로 JACK 데이터를 검색할 때 사원 이름(ename) 오른쪽에 있는 공백을 제거하고 검색합니다.

다음 실습을 위하여 입력한 데이터를 삭제합니다.

```
1  DELETE FROM EMP WHERE TRIM(ENAME)='JACK';
2  COMMIT;
```

반올림해서 출력하기(ROUND)

- **학습 내용:** 숫자 출력 시 반올림하여 출력하는 방법을 배웁니다.
- **힌트 내용:** 숫자 출력 시 반올림을 하기 위해서는 ROUND 함수를 사용합니다.

876.567 숫자를 출력하는데 소수점 두 번째 자리인 6에서 반올림해서 출력해 보겠습니다.

📁 File: 예제_023.txt

```
1 SELECT '876.567' as 숫자, ROUND(876.567,1)
2    FROM dual;
```

출력 결과

숫자	ROUND(876.567,1)
876.567	876.6

ROUND(876.567,1)는 876.567을 출력할 때 소수점 이후 두 번째 자리에서 반올림합니다.

숫자	8	7	6	.	5	6	7
자리	-3	-2	-1	0	1	2	3

숫자	8	7	6	.	6
자리	-3	-2	-1	0	1

ROUND(876.567,2)는 876.567을 출력할 때 소수점 이후 세 번째 자리에서 반올림합니다.

♦ 1

숫자	8	7	6	.	5	6	7
자리	−3	−2	−1	0	1	2	3

숫자	8	7	6	.	5	**7**
자리	−3	−2	−1	0	1	2

ROUND(876.567,−1)는 876.567을 출력할 때 소수점 이전 일의 자리에서 바로 반올림합니다.

숫자	8	7	6	.	5	6	7
자리	−3	−2	−1	0	1	2	3

숫자	8	**8**	**0**
자리	−3	−2	−1

ROUND(876.567,−2)는 876.567을 출력할 때 소수점 이전 십의 자리에서 바로 반올림합니다.

숫자	8	7	6	.	5	6	7
자리	−3	−2	−1	0	1	2	3

숫자	9	0	0
자리	−3	−2	−1

ROUND(876.567,0)과 ROUND(876.567)의 결과는 동일합니다. 0의 자리는 소수점 자리고 0의 자리를 기준으로 두고 소수점 이후 첫 번째 자리에서 반올림합니다.

숫자	9	7	6	.	5	6	7
자리	−3	−2	−1	0	1	2	3

숫자	8	7	7
자리	−3	−2	−1

숫자를 버리고 출력하기(TRUNC)

- **학습 내용:** 숫자 출력 시 특정 자리의 숫자를 버리고 출력하는 방법을 배웁니다.
- **힌트 내용:** 숫자 출력 시 특정 자리의 숫자를 버리고 출력하기 위해 TRUNC 함수를 사용합니다.

876.567 숫자를 출력하는데 소수점 두 번째 자리인 6과 그 이후의 숫자들을 모두 버리고 출력해보겠습니다.

📁 File: 예제_024.txt

```
1  SELECT '876.567' as 숫자, TRUNC(876.567,1)
2    FROM dual;
```

출력 결과

숫자	TRUNC(876.567,1)
876.567	876.5

TURNC(876.567,1)는 876.567을 출력할 때 소수점 이후 첫 번째 자리 이후 두 번째 자리부터 버리고 출력합니다.

♦ 1

숫자	8	7	6	.	5	6	7
자리	−3	−2	−1	0	1	2	3

⬇

숫자	8	7	6	.	5
자리	−3	−2	−1	0	1

TRUNC(876.567,2)는 876.567을 출력할 때 소수점 이후 두 번째 자리 이후 세 번째 자리부터 버리고 출력합니다.

숫자	8	7	6	.	5	6	7
자리	−3	−2	−1	0	1	2	3

⬇

숫자	8	7	6	.	5	6
자리	−3	−2	−1	0	1	2

TRUNC(876.567,−1)는 876.567을 출력할 때 소수점 이전 일의 자리부터 바로 버리고 출력합니다.

숫자	8	7	6	.	5	6	7
자리	−3	−2	−1	0	1	2	3

⬇

숫자	8	7	0
자리	−3	−2	−1

TRUNC(876.567,−2)는 876.567을 출력할 때 소수점 이전 십의 자리에서 바로 버리고 출력합니다.

숫자	8	7	6	.	5	6	7
자리	−3	−2	−1	0	1	2	3

⬇

숫자	8	0	0
자리	−3	−2	−1

TRUNC(876.567,0)과 TRNC(876.567)의 결과는 동일합니다. 0의 자리는 소수점 자리고 0의 자리를 기준으로 두고 소수점 이후를 전부 버리고 출력합니다.

숫자	8	7	6	.	5	6	7
자리	−3	−2	−1	0	1	2	3

⬇

숫자	8	7	6
자리	−3	−2	−1

나눈 나머지 값 출력하기(MOD)

- **학습 내용:** 숫자 값을 나눈 나머지 값을 출력하는 방법을 배웁니다.
- **힌트 내용:** 숫자 값을 나눈 나머지 값을 출력하려면 MOD 함수를 사용합니다.

숫자 10을 3으로 나눈 나머지값이 어떻게 되는지 출력해 보겠습니다.

File: 예제_025.txt

```
1  SELECT MOD(10,3)
2     FROM DUAL;
```

출력 결과

MOD(10,3)
1

10을 3으로 나눈 나머지 값인 1이 출력됩니다.

다음의 쿼리는 사원 번호와 사원 번호가 홀수이면 1, 짝수이면 0을 출력하는 쿼리입니다.

File: 예제_025-2.txt

```
1  SELECT empno, MOD(empno,2)
2     FROM emp;
```

출력 결과

EMPNO	MOD(EMPNO,2)
7839	1
7698	0
7782	0
:	:

다음의 쿼리는 사원 번호가 짝수인 사원들의 사원 번호와 이름을 출력하는 쿼리입니다.

```
1  SELECT empno, ename
2     FROM emp
3     WHERE MOD(empno,2) = 0;
```

출력 결과

EMPNO	ENAME
7698	BLAKE
7782	CLARK
7566	JONES
7654	MARTIN
:	:

다음의 쿼리는 10을 3으로 나눈 몫을 출력하는 쿼리입니다.

```
1  SELECT FLOOR(10/3)
2     FROM DUAL;
```

출력 결과

FLOOR(10/3)
3

1 ◆ 10을 3으로 나눈 몫은 3.33333333으로 출력됩니다. FLOOR는 3과 4 사이에서의 제일 바닥에 해당하는 값인 3을 출력합니다.

날짜 간 개월 수 출력하기 (MONTHS_BETWEEN)

초급
026

- **학습 내용:** 날짜와 날짜 사이의 개월 수를 출력하는 방법을 배웁니다.
- **힌트 내용:** 날짜와 날짜 사이의 개월 수를 출력하려면 MONTHS_BETWEEN 함수를 사용합니다.

이름을 출력하고 입사한 날짜부터 오늘까지 총 몇 달을 근무했는지 출력해 보겠습니다.

File: 예제_026.txt

```
1  SELECT ename, MONTHS_BETWEEN(sysdate,hiredate)
2     FROM emp;
```

출력 결과

ENAME	MONTHS_BETWEEN(SYSDATE,HIREDATE)
KING	450.42668
BLAKE	456.94281
CLARK	456.684745
:	:
SCOTT	437.26539
ADAMS	436.491197
MILLER	448.620229

SYSDATE는 오늘 날짜를 확인하는 함수로 2019년 5월 30일 기준으로 출력된 결과입니다. ◆ 1
MONTHS_BETWEEN 함수는 날짜를 다루는 함수입니다. 날짜 값을 입력받아 숫자 값을 출력
합니다. MONTHS_BETWEEN 함수에 날짜 값을 입력할 때는 MONTHS_BETWEEN(**최신 날
짜, 예전 날짜**)로 입력해야 합니다.

MONTHS_BETWEEN 함수를 이용하지 않고 날짜만 가지고 연산을 해야 한다면 다음과 같이
날짜와 산술 연산만을 이용해서 산술식을 작성해야 합니다.

다음의 쿼리는 2018년 10월 1일에서 2019년 6월 1일 사이의 총 일수를 출력합니다.

```
1 SELECT TO_DATE('2019-06-01','RRRR-MM-DD') - TO_DATE('2018-10-01','RRRR-MM-DD')
2   FROM dual;
```

출력 결과

TO_DATE('2019-06-01','RRRR-MM-DD') - TO_DATE('2018-10-01','RRRR-MM-DD')
243

TO_DATE 함수는 '2019-06-01'에서 2019년의 연도(RRRR), 06은 달(MM), 01은 일(DD)이라고 명시해줍니다.

다음의 쿼리는 2018년 10월 1일에서 2019년 6월 1일 사이의 총 주(week)수를 출력합니다.

```
1 SELECT ROUND((TO_DATE('2019-06-01','RRRR-MM-DD') -
2              TO_DATE('2018-10-01','RRRR-MM-DD')) / 7 )  AS "총 주수"
3   FROM dual;
```

출력 결과

총 주수
35

35주의 결과가 출력됩니다. 그럼 2018년 10월 1일부터 2019년 6월 1일까지의 총 개월 수를 출력하려면 어떻게 해야 할까요? 주(WEEK)는 7로 나누었지만 달(MONTH)은 30으로 나누어야 할지 31로 나누어야 할지 정하기 어렵습니다. 이럴 때 MONTHS_BETWEEN 함수를 사용합니다. MONTHS_BETWEEN 함수는 날짜와 날짜 사이의 개월 수를 정확하게 계산해 줍니다.

개월 수 더한 날짜 출력하기 (ADD_MONTHS)

- **학습 내용:** 특정 날짜에서 개월 수를 더한 날짜를 출력하는 방법을 배웁니다.
- **힌트 내용:** 특정 날짜에서 개월 수를 더한 날짜를 출력하면 ADD_MONTHS 함수를 사용합니다.

2019년 5월 1일로부터 100달 뒤의 날짜는 어떻게 되는지 출력해 보겠습니다.

📁 File: 예제_027.txt

```
1 SELECT ADD_MONTHS(TO_DATE('2019-05-01','RRRR-MM-DD'), 100)
2    FROM DUAL;
```

출력 결과

ADD_MONTHS(TO_DATE('2019–05–01','RRRR–MM–DD'), 100)
27/09/01

2019년 5월 1일에서 100달을 더하기 위해서 ADD_MONTHS를 사용했습니다. ◆ 1

다음의 예제는 2019년 5월 1일부터 100일 후에 돌아오는 날짜를 출력하는 쿼리문입니다.

📁 File: 예제_027-2.txt

```
1 SELECT TO_DATE('2019-05-01','RRRR-MM-DD') + 100
2    FROM DUAL;
```

출력 결과

TO_DATE('2019–05–01','RRRR–MM–DD') + 100
19/08/09

그런데 일(DD)이 아니라 달이 되면 달의 기준을 30일로 해야 할지 31로 해야 할지 정하기 어렵습니다. 그래서 ADD_MONTHS 함수를 이용하거나 다음과 같이 쿼리를 작성해도 됩니다.

```
1 SELECT TO_DATE('2019-05-01','RRRR-MM-DD') + interval '100' month
2   FROM DUAL;
```

출력 결과

TO_DATE('2019-05-01','RRRR-MM-DD') + interval '100' month
27/09/01

interval 함수를 활용하면 좀더 섬세하게 날짜 산술 연산을 구현할 수 있습니다. 예를 들면 2019년 5월 1일부터 1년 3개월 후의 날짜를 출력하는 쿼리는 다음과 같습니다.

```
1 SELECT TO_DATE('2019-05-01','RRRR-MM-DD') + interval '1-3' year(1) to month
2   FROM DUAL;
```

출력 결과

TO_DATE('2019-05-01','RRRR-MM-DD') + interval '1-3' year(1) to month
20/08/01

연도(year), 달(month), 일(day), 시간(hour), 분(minute), 초(second)까지 다양하게 지정할 수 있습니다.

INTERVAL 표현식	설명
INTERVAL '4' YEAR	An interval of 4 years 0 months
INTERVAL '123' YEAR(3)	An interval of 123 years 0 months
INTERVAL '6' MONTHS	An interval of 6 months
INTERVAL '600' MONTHS(3)	An interval of 600 months
INTERVAL '400' DAY(3)	400 days

INTERVAL 표현식	설명
INTERVAL '10' HOUR	10 hours
INTERVAL '10' MINUTE	10 minutes
INTERVAL '4' DAY	4 days
INTERVAL '25' HOUR	25 hours
INTERVAL '40' MINUTE	40 minutes
INTERVAL '120' HOUR(3)	120 hours

INTERVAL 사용 시 연도가 한 자리인 경우는 YEAR를 사용하고 연도가 3자리인 경우는 YEAR(3)을 사용합니다. 다음의 쿼리는 2019년 5월 01일에서 3년 후의 날짜를 반환합니다.

📁 File: 예제_027-5.txt

```
1  SELECT TO_DATE('2019-05-01','RRRR-MM-DD') + interval '3' year
2    FROM DUAL;
```

출력 결과

TO_DATE('2019–05 01','RRRR–MM–DD') + INTERVAL '3' YEAR
22/05/01

TO_YMINTERVAL 함수를 이용하면 2019년 5월 1일부터 3년 5개월 후의 날짜를 출력할 수 있습니다.

📁 File: 예제_027-6.txt

```
1  SELECT TO_DATE('2019-05-01','RRRR-MM-DD') + TO_YMINTERVAL('03-05') as 날짜
2    FROM dual;
```

출력 결과

날짜
22/10/01

특정 날짜 뒤에 오는 요일 날짜 출력하기(NEXT_DAY)

- **학습 내용**: 특정 날짜 다음에 돌아오는 특정 요일의 날짜를 출력하는 방법을 배웁니다.
- **힌트 내용**: 특정 날짜 다음에 돌아오는 특정 요일의 날짜를 출력하기 위해서는 NEXT_DAY 함수를 사용합니다.

2019년 5월 22일로부터 바로 돌아올 월요일의 날짜가 어떻게 되는지 출력해 보겠습니다.

📁 File: 예제_028.txt

```
1  SELECT '2019/05/22' as 날짜, NEXT_DAY('2019/05/22', '월요일')
2    FROM DUAL;
```

출력 결과

날짜	NEXT_DAY('2019/05/22', '월요일')
2019/05/22	19/05/27

5월 22일이후에 바로 돌아오는 월요일은 5월 27일입니다.

2019년 5월 달력

일	월	화	수	목	금	토
19	20	21	22	23	24	25
26	27	28	29	30	31	

다음의 쿼리는 오늘 날짜를 출력하는 쿼리입니다.

📁 File: 예제_028-2.txt

```
1  SELECT SYSDATE as 오늘 날짜
2    FROM DUAL;
```

출력 결과

오늘 날짜
19/05/22

오늘부터 앞으로 돌아올 화요일의 날짜를 출력하는 쿼리는 다음과 같습니다.

📁 File: 예제_028-3.txt

```
1  SELECT NEXT_DAY(SYSDATE, '화요일') as "다음 날짜"
2    FROM DUAL;
```

출력 결과

다음 날짜
19/05/28

다음의 쿼리는 2019년 5월 22일부터 100달 뒤에 돌아오는 화요일의 날짜를 출력합니다.

📁 File: 예제_028-4.txt

```
1  SELECT NEXT_DAY(ADD_MONTHS('2019/05/22',100), '화요일') as "다음 날짜"
2    FROM DUAL;
```

출력 결과

다음 날짜
27/09/28

위와 같이 함수를 중첩해서 사용할 수 있습니다.

다음의 예제는 오늘부터 100달 뒤에 돌아오는 월요일의 날짜를 출력하는 쿼리입니다.

📁 File: 예제_028-5.txt

```
1  SELECT NEXT_DAY(ADD_MONTHS(sysdate,100), '월요일') as "다음 날짜"
2    FROM DUAL;
```

출력 결과

다음 날짜
27/09/27

위의 예제에서 오늘 날짜는 2019/05/22입니다. 오늘 날짜가 다르므로 결과가 다를 수 있습니다.

특정 날짜가 있는 달의 마지막 날짜 출력하기(LAST_DAY)

- **학습 내용:** 특정 날짜가 있는 달의 마지막 날짜를 출력하는 방법을 배웁니다.
- **힌트 내용:** 특정 날짜가 있는 달의 마지막 날짜를 출력하려면 LAST_DAY 함수를 사용합니다.

2019년 5월 22일 해당 달의 마지막 날짜가 어떻게 되는지 출력해 보겠습니다.

📁 File: 예제_029.txt

```
1 SELECT '2019/05/22' as 날짜, LAST_DAY('2019/05/22') as "마지막 날짜"
2   FROM DUAL;
```

출력 결과

날짜	마지막 날짜
19/05/22	19/05/31

LAST_DAY 함수에 2019년 5월 22일 날짜를 지정하면 2019년 5월의 말일 날짜인 2019/05/31일을 출력합니다.

2019년 5월 달력

일	월	화	수	목	금	토
19	20	21	22	23	24	25
26	27	28	29	30	31	

다음의 쿼리는 오늘부터 이번달 말일까지 총 며칠 남았는지 출력하는 쿼리입니다.

📁 File: 예제_029-2.txt

```
1 SELECT LAST_DAY(SYSDATE) - SYSDATE as "남은 날짜"
2   FROM DUAL;
```

출력 결과

남은 날짜
9

만약 오늘 날짜가 2019년 5월 22일이라면 2019년 5월 31일에서 2019년 5월 22일을 뺀 숫자인 9가 출력됩니다. 수행하는 오늘 날짜가 다르므로 결과 값이 다를 수 있습니다.

다음은 이름이 KING인 사원의 이름, 입사일, 입사한 달의 마지막 날짜를 출력하는 쿼리입니다.

File: 예제_029-3.txt

```
1   SELECT ename, hiredate, LAST_DAY(hiredate)
2     FROM emp
3    WHERE ename='KING';
```

출력 결과

ENAME	HIREDATE	LAST_DAY(HIREDATE)
KING	81/11/17	81/11/30

문자형으로 데이터 유형 변환하기 (TO_CHAR)

- **학습 내용:** 날짜형, 숫자형 데이터를 문자형 데이터로 변환하여 출력하는 방법을 배웁니다.
- **힌트 내용:** 날짜형, 숫자형 데이터를 문자형으로 변환하기 위해서는 TO_CHAR 함수를 사용합니다.

이름이 SCOTT인 사원의 이름과 입사한 요일을 출력하고 SCOTT의 월급에 천 단위를 구분할 수 있는 콤마(,)를 붙여 출력해 보겠습니다.

📁 File: 예제_030.txt

```
1 SELECT ename, TO_CHAR(hiredate,'DAY') as 요일, TO_CHAR(sal,'999,999') as 월급
2   FROM emp
3   WHERE ename='SCOTT';
```

출력 결과

ENAME	요일	월급
SCOTT	수요일	3,000

1 ◆ TO_CHAR(hiredate,'DAY')는 입사일을 요일로 출력합니다. TO_CHAR(sal,'999,999')는 월급을 출력할 때 천 단위를 표시하여 출력합니다.

숫자형 데이터 유형을 문자형으로 변환하거나 날짜형 데이터 유형을 문자형으로 변환할 때 TO_CHAR 함수를 사용합니다.

```
            TO_CHAR              TO_CHAR
┌─────────┬──────────┬──────────┐
│  숫자형  ──────▶  문자형  ◀──────  날짜형  │
└─────────┴──────────┴──────────┘
```

날짜를 문자로 변환해서 출력하면 날짜에서 년, 월, 일, 요일 등을 추출해서 출력할 수 있습니다.

📁 File: 예제_030-2.txt

```
1  SELECT hiredate, TO_CHAR(hiredate,'RRRR') as 연도, TO_CHAR(hiredate,'MM') as 달,
2              TO_CHAR(hiredate,'DD') as 일, TO_CHAR(hiredate,'DAY') as 요일
3  FROM emp
4  WHERE ename='KING';
```

출력 결과

HIREDATE	연도	달	일	요일
81/11/17	1981	11	17	화요일

날짜를 문자로 출력할 때 사용할 수 있는 날짜 포맷은 다음과 같습니다.

연도	RRRR, YYYY, RR, YY	주	WW, IW, W
월	MM, MON	시간	HH, HH24
일	DD	분	MI
요일	DAY, DY	초	SS

다음은 1981년도에 입사한 사원의 이름과 입사일을 출력하는 쿼리입니다.

📁 File: 예제_030-3.txt

```
1  SELECT ename, hiredate
2  FROM emp
3  WHERE TO_CHAR(hiredate,'RRRR') = '1981';
```

출력 결과

ENAME	HIREDATE
KING	81/11/17
BLAKE	81/05/01
CLARK	81/05/09
:	:

JAMES	81/12/11
WARD	81/02/23
FORD	81/12/11

날짜 컬럼에서 연도/월/일/시간/분/초를 추출하기 위해 EXTRACT 함수를 사용해도 됩니다.

📁 File: 예제_030-4.txt

```
1 SELECT ename as 이름, EXTRACT(year from hiredate) as 연도,
2                       EXTRACT(month from hiredate) as 달,
3                       EXTRACT(day from hiredate) as 요일
4    FROM emp;
```

출력 결과

이름	연도	달	요일
KING	1981	11	17
BLAKE	1981	5	1
CLARK	1981	5	9
:	:	:	:

다음의 쿼리는 이름과 월급을 출력하는데, 월급을 출력할 때 천 단위를 표시해서 출력합니다.

📁 File: 예제_030-5.txt

```
1 SELECT ename as 이름, to_char(sal, '999,999') as 월급
2    FROM emp
```

출력 결과

이름	월급
KING	5,000
BLAKE	2,850
CLARK	2,450
:	:
SCOTT	3,000
ADAMS	1,100
MILLER	1,300

숫자 9는 자릿수이고 이 자리에 0~9까지 어떠한 숫자가 와도 관계없다는 뜻입니다. 쉼표(,)는 ◆ 1
천 단위를 나타내는 표시입니다.

다음의 쿼리는 천 단위와 백만 단위를 표시하는 예제입니다.

📁 File: 예제_030-6.txt

```
1 SELECT ename as 이름, TO_CHAR(sal*200, '999,999,999') as 월급
2   FROM emp;
```

출력 결과

이름	월급
KING	1,000,000
BLAKE	570,000
CLARK	490,000
:	:
SCOTT	600,000
ADAMS	220,000
MILLER	260,000

알파벳 L을 사용하면 화폐 단위 \(원화)를 붙여 출력할 수 있습니다.

```
1  SELECT ename as 이름, TO_CHAR(sal*200, 'L999,999,999') as 월급
2    FROM emp
```

출력 결과

이름	월급
KING	₩₩1,000,000
BLAKE	₩570,000
CLARK	₩490,000
:	:
SCOTT	₩600,000
ADAMS	₩220,000
MILLER	₩260,000

날짜형으로 데이터 유형 변환하기 (TO_DATE)

초급

031

- **학습 내용:** 문자를 날짜형으로 변환해서 출력하는 방법을 배웁니다.
- **힌트 내용:** 문자를 날짜형으로 출력할 때는 TO_DATE 함수를 사용합니다.

81년 11월 17일에 입사한 사원의 이름과 입사일을 출력해 보겠습니다.

📁 File: 예제_031.txt

```
1  SELECT ename, hiredate
2    FROM emp
3    WHERE hiredate = TO_DATE('81/11/17','RR/MM/DD');
```

출력 결과

ENAME	HIREDATE
KING	81/11/17

TO_DATE 함수를 이용하여 81은 연도, 11은 달, 17은 일이라고 지정합니다. 날짜 데이터를 검색할 때는 접속한 세션의 날짜 형식을 확인해야 에러(Error) 없이 검색할 수 있습니다. 현재 접속한 세션의 날짜 형식을 확인하는 쿼리는 다음과 같습니다.

📁 File: 예제_031-2.txt

```
1  SELECT *
2    FROM NLS_SESSION_PARAMETERS
3    WHERE parameter ='NLS_DATE_FORMAT';
```

PARAMETER	VALUE
NLS_DATE_FORMAT	RR/MM/DD

결과가 RR/MM/DD라고 한다면 날짜를 검색할 때 다음과 같이 해야 합니다.

File: 예제_031-3.txt

```
1 SELECT ename, hiredate
2    FROM emp
3    WHERE hiredate ='81/11/17';
```

출력 결과

ENAME	HIREDATE
KING	81/11/17

날짜 형식이 DD/MM/RR이라면 다음과 같이 검색해야 합니다.

```
1 SELECT ename, hiredate
2    FROM emp
3    WHERE hiredate ='17/11/81';
```

여기서 17은 연도가 아니라 일(DD)입니다. 현재 내가 접속한 세션의 날짜 형식을 DD/MM/ RR로 변경해보고 검색을 해봅니다.

File: 예제_031-4.txt

```
1 ALTER SESSION SET NLS_DATE_FORMAT='DD/MM/RR';
2
3 SELECT ename, hiredate
4    FROM emp
5    WHERE hiredate ='17/11/81';
```

출력 결과

ENAME	HIREDATE
KING	17/11/81

현재 내가 접속한 세션의 날짜 포맷을 DD/MM/RR 형식으로 변경하는 명령어입니다. 세션이란 지금 SCOTT으로 오라클에 접속한 창을 의미합니다. ALTER SESSION 명령어로 NLS_DATE_FORAMT 파라미터 설정을 변경했습니다. 이 ALTER SESSION 명령어로 변경한 파라미터 설정은 지금 접속한 세션에서만 유효합니다. SCOTT 창에서 로그아웃하고 다시 새로 접속하게 되면 ALTER SESSION으로 설정한 파라미터 설정 값은 사라지게 됩니다. 그런데 나라마다 또는 접속하는 세션마다 날짜 형식이 다를 수 있으므로 일관되게 날짜를 검색할 수 있는 방법이 필요합니다. 그래서 다음과 같이 TO_DATE를 이용해서 81은 연도(RR)이고 11은 달(MM)이고 17은 일(DD)이라고 명시해 검색하면 접속한 세션의 날짜 형식과 관계없이 검색할 수 있습니다.

◆ 1

📁 File: 예제_031-5.txt

```
1 SELECT ename, hiredate
2   FROM emp
3  WHERE hiredate =TO_DATE('81/11/17','RR/MM/DD');
```

출력 결과

ENAME	HIREDATE
KING	17/11/81

다시 날짜 포맷을 RR/MM/DD 형식으로 변환합니다.

📁 File: 예제_031-6.txt

```
1 ALTER SESSION SET NLS_DATE_FORMAT='RR/MM/DD';
```

암시적 형 변환 이해하기

- **학습 내용 :** 문자형 데이터를 숫자형 데이터로 암시적으로 형 변환하는 방법을 배웁니다.
- **힌트 내용 :** 암시적 형 변환은 오라클 프로그램에서 자동으로 변환됩니다.

📁 File: 예제_032.txt

```
1  SELECT ename, sal
2    FROM emp
3   WHERE sal = '3000';
```

출력 결과

ENAME	SAL
FORD	3000
SCOTT	3000

3 ◆ sal은 숫자형 데이터 컬럼인데 "3000"을 문자형으로 비교하고 있습니다. 그러면 **'숫자형=문자형'** 비교하여 데이터 검색이 안 될 것 같은데 결과가 나옵니다. SAL='3000'으로 잘못 비교해서 실행 했지만 오라클이 알아서 **'숫자형=숫자형'**으로 암시적으로 형 변환을 하기 때문에 에러가 발생하 지 않고 검색됩니다. 오라클은 문자형과 숫자형 두 개를 비교할 때는 문자형을 숫자형으로 변환 합니다.

다음의 스크립트는 SAL을 일부러 문자형으로 만들어 생성하는 스크립트입니다.

```
   File: 예제_032-2.txt
1  CREATE TABLE EMP32
2  (ENAME  VARCHAR2(10),
3   SAL    VARCHAR2(10));
4
5  INSERT INTO EMP32 VALUES('SCOTT','3000');
6  INSERT INTO EMP32 VALUES('SMITH','1200');
7  COMMIT;
```

EMP32 테이블의 SAL 데이터는 문자형으로 만들어 저장했습니다. 그러면 다음과 같이 WHERE절에서 SAL ='3000'으로 쿼리를 작성하고 실행해야 됩니다.

```
   File: 예제_032-3.txt
1  SELECT ename, sal
2    FROM emp32
3    WHERE sal = '3000';
                   ↑
           ┌──────────────┐
           │ 문자형=문자형 │
           └──────────────┘
```

출력 결과

ENAME	SAL
FORD	3000
SCOTT	3000

그런데 다음과 같이 3000을 숫자형으로 비교하면 검색되는지 확인해 봅니다.

```
   File: 예제_032-4.txt
1  SELECT ename, sal
2    FROM emp32
3    WHERE sal = 3000;
                  ↑
          ┌──────────────┐
          │ 문자형=숫자형 │
          └──────────────┘
```

ENAME	SAL
SCOTT	3000

검색이 잘 됩니다. 검색이 잘되는 이유는 오라클이 내부적으로 숫자형=숫자형으로 비교해서 데이터를 검색했기 때문입니다. 오라클은 사용자가 수행한 SQL과는 달리 다음과 같이 쿼리를 변환해서 실행합니다.

```
1   SELECT ename, sal
2     FROM emp32
3     WHERE TO_NUMBER(SAL) = 3000;
```

오라클이 SAL을 TO_NUMBER(SAL)로 변환하였습니다. 오라클이 내부적으로 실행하는 SQL을 확인하려면 다음과 같이 수행합니다. SET AUTOT ON 명령어는 SQL을 실행할 때 출력되는 결과와 SQL을 실행하는 실행 계획을 한 번에 보여 달라는 SQLPLUS 명령어입니다. 실행 계획이란, 오라클이 SQL을 실행할 때 어떠한 방법으로 데이터를 검색하겠다는 계획서입니다. 실행 계획 아래쪽에 내부적으로 실행한 SQL이 나옵니다.

File: 예제_032-5.txt

```
1 SET AUTOT ON
2
3 SELECT ename, sal
4   FROM emp32
5   WHERE SAL = 3000;
```

출력 결과

```
ENAME                 SAL
-------------------- --------------------
SCOTT                 3000

Execution Plan
```

```
---------------------------------------------------------------------
Plan hash value: 4161066290
---------------------------------------------------------------------
| Id  | Operation          | Name  | Rows  | Bytes | Cost (%CPU)| Time     |
---------------------------------------------------------------------
|   0 | SELECT STATEMENT   |       |     1 |    14 |    3   (0)| 00:00:01 |
|*  1 |   TABLE ACCESS FULL| EMP32 |     1 |    14 |    3   (0)| 00:00:01 |
---------------------------------------------------------------------

Predicate Information (identified by operation id):
---------------------------------------------------
   1 - filter(TO_NUMBER("SAL")=3000)
```

위와 같이 오라클이 암시적으로 문자형을 숫자형으로 형변환하였습니다. 위의 결과는 결과 창의 스크립트 출력 탭에서 확인할 수 있습니다.

033

NULL 값 대신 다른 데이터 출력하기(NVL, NVL2)

- **학습 내용:** NULL 값 대신에 다른 값을 출력하는 방법을 배웁니다.
- **힌트 내용:** NULL 값 대신에 다른 값을 출력하기 위해서는 NVL 함수를 사용합니다.

이름과 커미션을 출력하는데, 커미션이 NULL인 사원들은 0으로 출력해 보겠습니다.

📁 File: 예제_033.txt

```
1 SELECT ename, comm, NVL(comm,0)
2   FROM emp;
```

출력 결과

ENAME	COMM	NVL(COMM,0)
KING		0
BLAKE		0
CLARK		0
JONES		0
MARTIN	1400	1400
ALLEN	300	300
:	:	:

NULL 대신 0으로 출력되고 있습니다.

1 ◆ 커미션이 NULL이 아닌 사원들은 자신의 커미션이 출력되고 커미션이 NULL인 사원들은 NULL 대신 0이 출력됩니다. 실제로 데이터가 0으로 변경되는 것은 아니고 출력되는 쿼리에서 만 0으로 출력되어 보이는 것입니다.

다음은 이름, 월급, 커미션, 월급 + 커미션을 출력하는 쿼리입니다.

📂 File: 예제_033-2.txt

```
1 SELECT ename, sal, comm, sal+comm
2   FROM emp
3   WHERE job IN ('SALESMAN','ANALYST');
```

출력 결과

ENAME	SAL	COMM	SAL + COMM
MARTIN	1250	1400	2650
ALLEN	1600	300	1900
TURNER	1500	0	1500
WARD	1250	500	1750
FORD	3000		
SCOTT	3000		

NULL은 알 수 없는 값이므로 커미션이 NULL인 사원들은 월급+커미션도 NULL로 출력되었습니다. 다음의 쿼리는 커미션 NULL을 0으로 치환하여 월급+커미션을 출력하는 쿼리입니다.

📂 File: 예제_033-3.txt

```
1 SELECT ename, sal, comm, NVL(comm,0), sal+NVL(comm,0)
2   FROM emp
3   WHERE job IN ('SALESMAN','ANALYST');
```

출력 결과

ENAME	SAL	COMM	NVL(COMM,0)	SAL +NVL(COMM,0)
MARTIN	1250	1400	1400	2650
ALLEN	1600	300	300	1900
TURNER	1500	0	0	1500
WARD	1250	500	500	1750

FORD	3000		0	3000
SCOTT	3000		0	3000

커미션 NULL이 0으로 치환되어 FORD와 SCOTT의 커미션이 NULL 대신에 0으로 출력되었습니다. 그리고 3000 + 0이 연산되어 3000으로 출력되었습니다.

다음의 쿼리는 NVL2 함수를 이용하여 커미션이 NULL이 아닌 사원들은 sal+comm을 출력하고, NULL인 사원들은 sal을 출력하는 예제입니다.

```
1 SELECT ename, sal, comm, NVL2(comm, sal+comm, sal)
2   FROM emp
3   WHERE job IN ('SALESMAN','ANALYST');
```

출력 결과

ENAME	SAL	COMM	NVL2(comm, sal+comm, sal)
MARTIN	1250	1400	2650
ALLEN	1600	300	1900
TURNER	1500	0	1500
WARD	1250	500	1750
FORD	3000		3000
SCOTT	3000		3000

IF문을 SQL로 구현하기 ① (DECODE)

- **학습 내용**: IF문을 SQL로 구현하는 방법을 배웁니다.
- **힌트 내용**: IF문을 SQL로 구현하기 위해서는 DECODE를 사용합니다.

File: 예제_034.txt

```
1  SELECT ename, deptno, DECODE(deptno,10,300,20,400,0) as 보너스
2    FROM emp;
```

출력 결과

ENAME	DEPTNO	보너스
KING	10	300
BLAKE	30	0
CLARK	10	300
JONES	20	400
MARTIN	30	0
ALLEN	30	0
TURNER	30	0
JAMES	30	0
WARD	30	0
FORD	20	400
SMITH	20	400
SCOTI	20	400
ADAMS	20	400
MILLER	10	300

부서 번호가 10번이면 300
부서 번호가 20번이면 400
부서 번호가 10번, 20번이
아니면 0으로 출력됩니다.

107

위의 예제는 이름과 부서 번호와 보너스를 출력하는 쿼리입니다. 보너스는 DECODE 함수를 이용해서 생성한 컬럼입니다. DECODE(deptno, 10, 300, 20, 400, 0)는 부서 번호가 10번이면 300을, 부서 번호가 20번이면 400을, 나머지 부서 번호는 0을 출력합니다. 맨 끝에 0은 default 값으로 앞의 값에 만족하지 않은 데이터이면 즉, 부서 번호가 10번, 20번이 아니면 출력되는 값입니다. IF문으로 표현하면 다음과 같습니다.

IF문	설명
IF DEPTNO = 10 THEN 300	부서 번호가 10번이면 300 출력
ELSE IF DETNO = 20 THEN 400	그렇지 않고 부서 번호가 20번이면 400 출력
ELSE 0	위의 조건에 다 해당되지 않는다면 0 출력

다음의 쿼리는 사원 번호와 사원 번호가 짝수인지 홀수 인지를 출력하는 쿼리입니다.

File: 예제_034-2.txt

```
1 SELECT empno, mod(empno,2), DECODE(mod(empno,2),0,'짝수',1,'홀수') as 보너스
2   FROM emp;
```

출력 결과

EMPNO	MOD(EMPNO,2)	보너스
7839	1	홀수
7698	0	짝수
7782	0	짝수
7566	0	짝수
:	:	:

위의 쿼리는 예제 34와는 달리 default 값이 없습니다. 짝수와 홀수가 아닌 숫자는 없기 때문에 따로 default 값을 지정하지 않았습니다. default 값은 생략 가능합니다.

IF문	설명
IF mod(empno,2) = 0 THEN '짝수'	mod(empno,2)가 0이면 '짝수' 출력
ELSE IF mod(empno,2) =1 THEN '홀수'	그렇지 않고 mod(empno,2)가 1이면 '홀수' 출력
ELSE 0	위의 조건에 다 해당되지 않는다면 0 출력

다음의 쿼리는 이름과 직업과 보너스를 출력하는데 직업이 SALESMAN이면 보너스 5000을 출력하고 나머지 직업은 보너스 2000을 출력하는 예제입니다.

📁 File: 예제_034-3.txt

```
1 SELECT ename, job, DECODE(job, 'SALESMAN', 5000, 2000) as 보너스
2   FROM emp;
```

출력 결과

ENAME	JOB	보너스
KING	PRESIDENT	2000
BLAKE	MANAGER	2000
CLARK	MANAGER	2000
JONES	MANAGER	2000
MARTIN	SALESMAN	5000
ALLEN	SALESMAN	5000
TURNER	SALESMAN	5000
:	:	:

이번에는 else if 조건이 없고 if 다음에 바로 else가 실행되었습니다.

IF문	설명
IF JOB = 'SALESMAN' THEN 5000	직업이 SALESMAN이면 5000 출력
ELSE 2000	그렇지 않다면 2000 출력

IF문을 SQL로 구현하기 ②
(CASE)

• **학습 내용:** IF문을 SQL로 구현하는 방법을 배웁니다.
• **힌트 내용:** IF문을 SQL로 구현하기 위해서는 CASE문을 사용합니다.

📁 File: 예제_035.txt

```
1  SELECT ename, job,sal, CASE WHEN sal >= 3000 THEN 500
2                              WHEN sal >= 2000 THEN 300
3                              WHEN sal >= 1000 THEN 200
4                              ELSE  0 END AS BONUS
5    FROM emp
6    WHERE job IN ('SALESMAN','ANALYST');
```

출력 결과

ENAME	JOB	SAL	BONUS
MARTIN	SALESMAN	1250	200
ALLEN	SALESMAN	1600	200
TURNER	SALESMAN	1500	200
WARD	SALESMAN	1250	200
FORD	ANALYST	3000	500
SCOTT	ANALYST	3000	500

위의 예제는 이름, 직업, 월급, 보너스를 출력하는 쿼리입니다. 보너스는 월급이 3000 이상이면 500을 출력, 월급이 2000 이상이고 3000보다 작으면 300을 출력, 월급이 1000 이상이고 2000보다 작으면 200을 출력, 나머지 사원들은 0을 출력합니다.

IF문	설명
IF sal >= 3000 THEN 500	월급이 3000 이상이면 500 출력
ELSE IF sal >= 2000 THEN 300	그렇지 않고 월급이 2000 이상이면 300 출력
ELSE IF sal >= 1000 THEN 200	그렇지 않고 월급이 1000 이상이면 200 출력
ELSE 0	위의 조건들이 다 아니라면 0 출력

CASE문이 DECODE와 다른 점은 DECODE는 등호(=) 비교만 가능하지만, CASE는 등호(=) 비교와 부등호(>=, <=, >, <) 둘 다 가능합니다.

다음의 예제는 이름, 직업, 커미션, 보너스를 출력합니다. 보너스는 커미션이 NULL이면 500을 출력하고 NULL이 아니면 0을 출력합니다.

File: 예제_035-2.txt

```
1   SELECT ename, job, comm, CASE WHEN comm is null THEN 500
2                            ELSE  0 END BONUS
3      FROM emp
4      WHERE job IN ('SALESMAN','ANALYST');
```

출력 결과

ENAME	JOB	COMM	BONUS
MARTIN	SALESMAN	1400	0
ALLEN	SALESMAN	300	0
TURNER	SALESMAN	0	0
WARD	SALESMAN	500	0
FORD	ANALYST		500
SCOTT	ANALYST		500

IF문	설명
IF comm is null THEN 500	커미션이 null이면 500 출력
ELSE 0	그렇지 않다면 0을 출력

다음의 쿼리는 보너스를 출력할 때 직업이 SALESMAN, ANALYST이면 500을 출력하고, 직업이 CLERK, MANAGER이면 400을 출력하고, 나머지 직업은 0을 출력하는 쿼리입니다.

File: 예제_035-3.txt

```
1  SELECT ename, job, CASE WHEN job in ('SALESMAN','ANALYST') THEN 500
2                          WHEN job in ('CLERK','MANAGER') THEN 400
3                     ELSE 0 END as 보너스
4    FROM emp;
```

출력 결과

ENAME	JOB	보너스
KING	PRESIDENT	0
BLAKE	MANAGER	400
CLARK	MANAGER	400
JONES	MANAGER	400
MARTIN	SALESMAN	500
ALLEN	SALESMAN	500
TURNER	SALESMAN	500
JAMES	CLERK	400
WARD	SALESMAN	500
FORD	ANALYST	500
SMITH	CLERK	400
SCOTT	ANALYST	500
ADAMS	CLERK	400
MILLER	CLERK	400

IF문	설명
IF job in ('SALESMAN','ANALYST') THEN 500	직업이 SALESMAN, ANALYST면 500 출력
ELSE IF job in ('CLERK','MANAGER') THEN 400	직업이 CLERK, MANAGER면 400 출력
ELSE 0	위의 조건이 아니라면 0 출력

최대값 출력하기(MAX)

- **학습 내용 :** 데이터에서 최대값을 출력하는 방법을 배웁니다.
- **힌트 내용 :** 데이터에서 최대값을 출력하려면 MAX 함수를 사용합니다.

사원 테이블에서 최대 월급을 출력해 보겠습니다.

📂 File: 예제_036.txt

```
1  SELECT MAX(sal)
2    FROM emp;
```

출력 결과

MAX(SAL)
5000

MAX 함수를 이용하면 최대값을 출력할 수 있습니다. 이번에는 직업이 SALESMAN인 사원들 중 최대 월급을 출력해 보겠습니다.

📂 File: 예제_036-2.txt

```
1  SELECT MAX(sal)
2    FROM emp
3    WHERE job='SALESMAN';
```

출력 결과

MAX(SAL)
1600

WHERE절을 사용하여 직업이 SALESMAN으로 데이터를 제한합니다.

나음과 같이 직업이 SALESMAN인 사원들 중에서 최대 월급을 직업과 같이 출력하기 위해 예제_36-2 쿼리문에 JOB 컬럼도 같이 추가해 보겠습니다.

📁 File: 예제_036-3.txt

```
1  SELECT job, MAX(sal)
2    FROM emp
3    WHERE job='SALESMAN';
```

출력 결과

```
SELECT job, MAX(sal)
       *
1행 오류:
ORA-00937: 단일 그룹의 그룹 함수가 아닙니다.
```

이렇게 에러가 발생한 이유는 job 컬럼의 값은 여러 개의 행이 출력되려고 하는데 MAX(SAL) 값은 하나가 출력되려 하기 때문입니다. 그래서 GROUP BY절이 필요합니다. GROUP BY절은 데이터를 GROUPING합니다. GROUP BY JOB으로 직업을 그룹핑하면 결과가 잘 출력됩니다.

📁 File: 예제_036-4.txt

```
1  SELECT job, MAX(sal)
2    FROM emp
3    WHERE job='SALESMAN'
4    GROUP BY job;
```

출력 결과

JOB	MAX(SAL)
SALESMAN	1600

위의 SQL 실행 순서는 다음과 같습니다.

코딩 순서	SQL	실행 순서	SQL
1	SELECT job, MAX(SAL)	4	SELECT job, MAX(SAL)
2	FROM emp	1	FROM emp
3	WHERE job='SALESMAN'	2	WHERE job='SALESMAN'
4	GROUP BY job;	3	GROUP BY job;

다음 예제는 부서 번호와 부서 번호별 최대 월급을 출력하는 쿼리입니다.

File: 예제_036-5.txt

```
1 SELECT deptno, MAX(sal)
2   FROM emp
3   GROUP BY deptno;
```

출력 결과

DEPTNO	MAX(SAL)
30	2850
10	5000
20	3000

최소값 출력하기(MIN)

- **학습 내용:** 데이터에서 최소값을 출력하는 방법을 배웁니다.
- **힌트 내용:** 데이터에서 최소값을 출력하려면 MIN 함수를 사용합니다.

직업이 SALESMAN인 사원들 중 최소 월급을 출력해 보겠습니다.

📁 File: 예제_037.txt

```
1  SELECT MIN(sal)
2    FROM emp
3   WHERE job='SALESMAN';
```

출력 결과

MIN(SAL)
1250

위 SQL의 실행 순서는 다음과 같습니다. FROM절에서 사원 테이블을 가져오고 WHERE절을
실행하며 직업이 SALESMAN인 사원들로 데이터를 제한합니다. 마지막으로 SELECT절을 실행
하면서 그 중 최소 월급을 출력합니다.

코딩 순서	SQL	실행 순서	SQL
1	SELECT MIN(sal)	3	SELECT MIN(sal)
2	FROM emp	1	FROM emp
3	WHERE job='SALESMAN'	2	WHERE job='SALESMAN'

다음은 직업과 직업별 최소 월급을 출력하는데, ORDER BY절을 사용하여 최소 월급이 높은 것부터 출력해보겠습니다.

📁 **File: 예제_037-2.txt**

```
1  SELECT job, MIN(sal) 최소값
2    FROM emp
3    GROUP BY job
4    ORDER BY 최소값 DESC;
```

출력 결과

JOB	최소값
PRESIDENT	5000
ANALYST	3000
MANAGER	2450
SALESMAN	1250
CLARK	800

ORDER BY절은 항상 맨 마지막에 작성하고 실행 또한 맨 마지막에 실행됩니다.

◆ 4

그룹 함수의 특징은 WHERE절의 조건이 거짓이어도 결과를 항상 출력한다는 것입니다. 다음의 SQL이 실행되는지 생각해보겠습니다.

📁 **File: 예제_037-3.txt**

```
1  SELECT MIN(sal)
2    FROM emp
3    WHERE 1 = 2;
```

WHERE절에 1 = 2는 조건이 거짓이지만 실행됩니다. 결과는 NULL로 출력됩니다. NULL로 출력되었는지는 다음과 같이 NVL 함수를 사용해보면 알 수 있습니다.

```
1 SELECT NVL(MIN(sal),0))
2   FROM emp
3   WHERE 1 = 2;
```

출력 결과

NVL(MIN(SAL),0)
0

NVL 함수에 의해 NULL이 0으로 출력되었습니다. 함수는 항상 결과를 리턴합니다. WHERE 절의 조건이 거짓이어도 no row select라고 출력되지 않고 NULL 값을 리턴합니다.

다음의 예제는 직업, 직업별 최소 월급을 출력하는데, 직업에서 SAELSMAN은 제외하고 출력하고 직업별 최소 월급이 높은 것부터 출력하는 쿼리입니다.

```
1 SELECT job, MIN(sal)
2   FROM emp
3   WHERE job != 'SALESMAN'
4   GROUP BY job
5   ORDER BY MIN(sal) DESC;
```

출력 결과

JOB	MIN(SAL)
PRESIDENT	5000
ANALYST	3000
MANAGER	2450
CLARK	800

평균값 출력하기(AVG)

초급

038

- **학습 내용:** 데이터의 평균값을 출력하는 방법을 배웁니다.
- **힌트 내용:** 데이터의 평균값을 출력하려면 AVG 함수를 사용하면 됩니다.

사원 테이블의 평균 월급을 출력해 보겠습니다.

📁 File: 예제_038.txt

```
1  SELECT AVG(comm)
2    FROM emp;
```

출력 결과

AVG(COMM)
550

위의 결과는 커미션을 다 더한 후에 4로 나눈 값입니다.

ENAME	COMM
KING	
BLAKE	
CLARK	
JONES	
MARTIN	1400
ALLEN	300
TURNER	0
JAMES	
WARD	500
FORD	

NULL 값이 10개이고
NULL이 아닌 값이 4개가 있습니다.

SMITH	
SCOTT	
ADAMS	
MILLER	

그룹 함수는 NULL 값을 무시합니다. NULL을 제외한 나머지 4개의 데이터인 1400, 300, 0, 500을 더한 값을 4로 나누어 평균값을 출력합니다. 다음과 같이 NULL 값 대신 0으로 치환해주고 평균값을 출력하면 결과값이 달라집니다.

```
1  SELECT ROUND(AVG(NVL(comm,0)))
2    FROM emp;
```

출력 결과

ROUND(AVG(NVL(comm,0)))
157

157로 출력되는 이유는 커미션을 다 더한 후에 14로 나누었기 때문입니다.
그룹 함수가 NULL 값을 무시하는 특성을 살려 성능을 높이는 예제를 보겠습니다. 다음 두 개의 SQL 중 성능이 더 좋은 SQL은 무엇일까요?

	NVL 함수 사용하지 않았을 때	NVL 함수 사용했을 때

SQL	SELECT SUM(comm)
	  FROM emp;
		SELECT SUM(NVL(comm,0))
		  FROM emp;

결과	2200	2200

그룹 함수는 NULL 값을 무시하므로 NVL 함수를 사용 안 한 쿼리는 커미션을 더 할 때 NULL은 제외하고 NULL이 아닌 숫자들만 합계합니다. 그러나 NVL 함수를 사용해서 커미션의 NULL을 0으로 변경하면 SUM 합계를 수행할 때 0이 합계 연산에 포함되어 시간이 더 걸리게 됩니다.

토탈값 출력하기(SUM)

- **학습 내용 :** 숫자 데이터의 합계를 출력하는 방법을 배웁니다.
- **힌트 내용 :** 숫자 데이터의 합계를 출력하려면 SUM 함수를 사용합니다.

부서 번호와 부서 번호별 토탈 월급을 출력해 보겠습니다.

📁 File: 예제_039.txt

```
1 SELECT deptno, SUM(sal)
2   FROM emp
3   GROUP by deptno;
```

출력 결과

DEPTNO	SUM(SAL)
30	9400
10	8750
20	10875

SUM 함수를 이용하여 다음의 질문에 답을 스스로 코딩해 봅니다. 직업과 직업별 토탈 월급을 출력하는데 직업별 토탈 월급이 높은 것부터 출력해 보겠습니다.

📁 File: 예제_039-2.txt

```
1 SELECT job, SUM(sal)
2   FROM emp
3   GROUP BY job
4   ORDER BY sum(sal) DESC;
```

JOB	SUM(SAL)
MANAGER	8275
ANALYST	6000
SALESMAN	5600
PRESIDENT	5000
CLERK	4150

위의 SQL의 코딩 순서와 실행 순서는 다음과 같습니다.

코딩 순서	SQL	실행 순서	SQL
1	SELECT job, SUM(SAL)	3	SELECT job, SUM(SAL)
2	FROM emp	1	FROM emp
3	GROUP BY job	2	GROUP BY job
4	ORDER BY sum(sal) DESC;	4	ORDER BY sum(sal) DESC;

직업과 직업별 토탈 월급을 출력하는데, 직업별 토탈 월급이 4000 이상인 것만 출력해 보겠습니다.

📁 File: 예제_039-3.txt

```
1 SELECT job, SUM(sal)
2    FROM emp
3    WHERE sum(sal) >= 4000
4    GROUP BY job;
```

출력 결과

```
WHERE sum(sal) >= 4000
      *
3행 오류:
ORA-00934: 그룹 함수는 허가되지 않습니다.
```

위와 같이 WHERE절에 그룹 함수를 사용해 조건을 주면 그룹 함수는 허가되지 않는다고 하며 에러가 발생합니다. 그룹 함수로 조건을 줄 때는 WHERE절 대신 HAVING절을 사용해야 합니다.

📁 File: 예제_039-4.txt

```
1  SELECT job, SUM(sal)
2    FROM emp
3    GROUP BY job
4    HAVING sum(sal) >= 4000;
```

출력 결과

JOB	SUM(SAL)
SALESMAN	5600
CLERK	4150
ANALYST	6000
MANAGER	8275
PRESIDENT	5000

직업과 직업별 토탈 월급을 출력하는데 직업에서 SALESMAN은 제외하고, 직업별 토탈 월급이 4000 이상인 사원들만 출력해 보겠습니다.

📁 File: 예제_039-5.txt

```
1  SELECT job, SUM(sal)
2    FROM emp
3    WHERE job !='SALESMAN'
4    GROUP BY job
5    HAVING sum(sal) >= 4000;
```

출력 결과

JOB	SUM(SAL)
CLERK	4150

ANALYST	6000
MANAGER	8275
PRESIDENT	5000

SELECT문의 6가지 절을 다 사용해서 SQL을 작성하면 코딩 순서와 실행 순서가 다음과 같습니다.

코딩 순서	SQL	실행 순서	SQL
1	SELECT job, SUM(SAL)	5	SELECT job, SUM(SAL)
2	FROM emp	1	FROM emp
3	WHERE job !='SALESMAN'	2	WHERE job !='SALESMAN'
4	GROUP BY job	3	GROUP BY job
5	HAVING sum(sal) >= 4000	4	HAVING sum(sal) >= 4000
6	ORDER BY sum(sal) DESC;	6	ORDER BY sum(sal) DESC;

실행 순서가 위와 같으므로 다음과 같이 GROUP BY절에 컬럼 별칭을 사용하면 에러가 발생하며 실행되지 않습니다. FROM절을 제일 먼저 실행하고 그 다음 WHERE절, 그리고 GROUP BY절을 실행합니다. 그래서 EMP 테이블에서 컬럼 별칭인 '직업'을 찾을 수 없기 때문에 실행되지 않습니다.

File: 예제_039-6.txt

```
1   SELECT job as 직업, SUM(sal)
2     FROM emp
3     WHERE job !='SALESMAN'
4     GROUP BY 직업
5     HAVING sum(sal) >= 4000;
```

출력 결과

```
GROUP BY 직업
              *
4행 오류:
ORA-00904: "직업": 부적합한 식별자
```

건수 출력하기(COUNT)

- **학습 내용 :** 데이터의 건수를 출력하는 방법을 배웁니다.
- **힌트 내용 :** 데이터의 건수를 출력하기 위해서는 COUNT 함수를 사용합니다.

📁 File: 예제_040.txt

```
1  SELECT COUNT(empno)
2     FROM emp;
```

출력 결과

COUNT(EMPNO)
14

위의 예제는 사원 테이블 전체 사원수를 출력하는 쿼리입니다. COUNT 함수는 건수를 세는 함수입니다. 사원수를 카운트하는 방법은 다음 두 개의 SQL 중 어느 SQL로 작성해도 결과는 같습니다.

	EMPNO를 카운트 했을 때	별표(*)로 카운트 했을 때
SQL	SELECT COUNT(empno) 　　FROM emp;	SELECT COUNT(*) 　　FROM emp;
결과	14	14

EMPNO	ENAME	JOB	MGR	HIREDATE	SAL	COMM	DEPTNO
7839	KING	PRESIDENT		81/11/17	5000		10
7698	BLAKE	MANAGER	7839	81/05/01	2850		30
7782	CLARK	MANAGER	7839	81/05/09	2450		10
7566	JONES	MANAGER	7839	81/04/01	2975		20
7694	MARTIN	SALESMAN	7698	81/09/10	1250	1400	30
7499	ALLEN	SALESMAN	7698	81/02/11	1600	300	30
7844	TURNER	SALESMAN	7698	81/08/21	1500	0	30
7900	JAMES	CLERK	7698	81/12/11	950		30
7521	WARD	SALESMAN	7698	81/02/23	1250	500	30

7902	FORD	ANALYST	7566	81/12/11	3000		20
7369	SMITH	CLERK	7902	80/12/11	800		20
7788	SCOTT	ANALYST	7566	82/12/22	3000		20
7876	ADAMS	CLERK	7788	83/01/15	1100		20
7934	MILLER	CLERK	7782	82/01/11	1300		10

COUNT(empno)는 empno만 카운트하고 COUNT(*)는 전체 행을 하나씩 카운트합니다. 그러나 커미션을 카운트하면 다음과 같이 4가 출력됩니다. 그룹 함수는 NULL 값을 무시하기 때문입니다.

 File: 예제_040-2.txt

```
1  SELECT COUNT(COMM)
2     FROM emp;
```

출력 결과

COUNT(COMM)
4

커미션이 NULL이 아닌 사원들 4명만 카운트하고 결과를 출력합니다. 그룹 함수 COUNT는 NULL 값을 COUNT하지 않습니다. 그러므로 그룹 함수로 SQL을 작성할 때는 NULL 값을 연산에 포함시키지 않는다는 사실을 염두하여 작성해야 합니다. 잘못 작성하면 다음과 같이 결과가 달라질 수 있기 때문입니다. 평균값을 출력할 때는 특히 NULL 값을 생각하면서 작성해야 합니다.

	NVL 함수를 사용하지 않았을 때	NVL 함수를 사용했을 때

SQL	SELECT AVG(comm)
	   FROM emp;
		SELECT ROUND(AVG(NVL(comm,0)))
		   FROM emp;

결과	550	157

NVL 함수를 사용하지 않았을 때는 NULL 값을 무시하고 평균값을 계산하였기 때문에 NVL을 사용했을 때와 결과값의 차이가 발생했습니다.

데이터 분석 함수로 순위 출력하기 ①(RANK)

- **학습 내용:** 데이터의 순위를 출력하는 방법을 배웁니다.
- **힌트 내용:** 데이터의 순위를 출력하기 위해서는 RANK 함수를 사용합니다.

직업이 ANALYST, MANAGER인 사원들의 이름, 직업, 월급, 월급의 순위를 출력해 보겠습니다.

📁 File: 예제_041.txt

```
1  SELECT ename, job, sal, RANK() over (ORDER BY sal DESC) 순위
2      FROM emp
3      WHERE job in ('ANALYST','MANAGER');
```

출력 결과

ENAME	JOB	SAL	순위
FORD	ANALYST	3000	1
SCOTT	ANALYST	3000	1
JONES	MANAGER	2975	3
BLAKE	MANAGER	2850	4
CLARK	MANAGER	2450	5

RANK()는 순위를 출력하는 데이터 분석 함수입니다. RANK() 뒤에 OVER 다음에 나오는 괄호 안에 출력하고 싶은 데이터를 정렬하는 SQL 문장을 넣으면 그 컬럼 값에 대한 데이터의 순위가 출력됩니다. 위의 예제에서는 월급이 높은 사원부터 출력되게 ORDER BY절을 사용하였으므로 월급이 높은 순서부터 순위가 부여되어 출력되었습니다. 출력된 순위는 1등이 두 명이어서 2등이 출력되지 않고 바로 3등이 출력되었습니다. 바로 2등을 출력하고자 할 때는 다음 예제에서 배울 DENSE_RANK 함수를 이용하면 됩니다.

이번에는 직업별로 월급이 높은 순서대로 순위를 부여해서 각각 출력해 보겠습니다.

```
1 SELECT ename, sal, job, RANK() over (PARTITION BY job
2                                          ORDER BY sal DESC) as 순위
3    FROM emp;
```

출력 결과

ENAME	SAL	JOB	순위
SCOTT	3000	ANALYST	1
FORD	3000	ANALYST	1
MILLER	1300	CLERK	1
ADAMS	1100	CLERK	2
JAMES	950	CLERK	3
SMITH	800	CLERK	4
JONES	2975	MANAGER	1
BLAKE	2850	MANAGER	2
CLARK	2450	MANAGER	3
KING	5000	PRESIDENT	1
ALLEN	1600	SALESMAN	1
TURNER	1500	SALESMAN	2
MARTIN	1250	SALESMAN	3
WARD	1250	SALESMAN	3

직업별로 묶어서 순위를 부여하기 위해 ORDER BY 앞에 PARTITION BY JOB을 사용했습니다.

데이터 분석 함수로 순위
출력하기 ②(DENSE_RANK)

- **학습 내용 :** 데이터의 순위를 상세하게 출력하는 방법을 배웁니다.
- **힌트 내용 :** 데이터의 순위를 상세하게 출력하기 위해서는 DENSE_RANK 함수를 사용합니다.

직업이 ANALYST, MANAGER인 사원들의 이름, 직업, 월급, 월급의 순위를 출력하는데 순위 1위인 사원이 두 명이 있을 경우 다음 순위가 3위로 출력되지 않고 2위로 출력해 보겠습니다.

📁 File: 예제_042.txt

```
1  SELECT ename, job, sal, RANK() over (ORDER BY sal DESC) AS RANK,
2                    DENSE_RANK() over (ORDER BY sal DESC) AS DENSE_RANK
3    FROM emp
4    WHERE job in ('ANALYST','MANAGER');
```

출력 결과

ENAME	JOB	SAL	RANK	DENSE_RANK
FORD	ANALYST	3000	1	1
SCOTT	ANALYST	3000	1	1
JONES	MANAGER	2975	3	2
BLAKE	MANAGER	2850	4	3
CLARK	MANAGER	2450	5	4

RANK 함수는 순위 1위가 두 명이어서 다음에 바로 3위를 출력했지만, DENSE_RANK는 2위 로 출력했습니다. ◆ 1~2

다음의 예제는 81년도에 입사한 사원들의 직업, 이름, 월급, 순위를 출력하는데, 직업별로 월급 이 높은 순서대로 순위를 부여한 쿼리입니다.

```
1 SELECT job, ename, sal, DENSE_RANK() OVER (PARTITION BY job
2                                   ORDER BY sal DESC) 순위
3  FROM emp
4  WHERE hiredate BETWEEN to_date('1981/01/01','RRRR/MM/DD')
5                 AND to_date('1981/12/31','RRRR/MM/DD');
```

출력 결과

JOB	ENAME	SAL	순위
ANALYST	FORD	3000	1
CLERK	JAMES	950	1
MANAGER	JONES	2975	1
MANAGER	BLAKE	2850	2
MANAGER	CLARK	2450	3
PRESIDENT	KING	5000	1
SALESMAN	ALLEN	1600	1
SALESMAN	TURNER	1500	2
SALESMAN	WARD	1250	3
SALESMAN	MARTIN	1250	3

DENSE_RANK 바로 다음에 나오는 괄호에도 다음과 같이 데이터를 넣고 사용할 수 있습니다.

```
1 SELECT DENSE_RANK(2975) within group (ORDER BY sal DESC) 순위
2  FROM emp;
```

출력 결과

순위
3

위의 예제는 월급이 2975인 사원은 사원 테이블에서 월급의 순위가 어떻게 되는지 출력하는 쿼리입니다. DENSE_RANK 바로 다음에 나오는 괄호 안에 값을 입력하고 그 값이 데이터 전체에서의 순위가 어떻게 되는지 출력하는 쿼리입니다. WITHIN은 '~ 이내'라는 뜻입니다. WITHIN GROUP 즉, 어느 그룹 이내에서 2975의 순위가 어떻게 되는지 보겠다는 것입니다. 어느 그룹이 바로 group 바로 다음에 나오는 괄호 안의 문법입니다. 월급이 높은 순서대로 정렬해 놓은 데이터의 그룹 안에서 2975의 순위를 출력하는 것입니다.

다음의 예제는 입사일 81년 11월 17일인 사원 테이블 전체 사원들 중 몇 번째로 입사한 것인지 출력하는 쿼리입니다.

📁 File: 예제_042-4.txt

```
1 SELECT DENSE_RANK('81/11/17') within group (ORDER BY hiredate ASC) 순위
2   FROM emp;
```

출력 결과

순위
9

초급

043

데이터 분석 함수로 등급 출력하기 (NTILE)

- **학습 내용:** 데이터의 등급을 출력하는 방법을 배웁니다.
- **힌트 내용:** 데이터의 등급을 출력하기 위해서는 NTILE 함수를 사용합니다.

이름과 월급, 직업, 월급의 등급을 출력해 보겠습니다. 월급의 등급은 4등급으로 나눠 1등급 (0~25%), 2등급 (25~50%), 3등급 (50~75%), 4등급 (75~100%)으로 출력해 보겠습니다.

📂 File: 예제_043.txt

```
1  SELECT ename, job, sal,
2         NTILE(4) over (order by sal desc nulls last) 등급
3    FROM emp
4   WHERE job in ('ANALYST','MANAGER','CLERK');
```

출력 결과

ENAME	JOB	SAL	등급
FORD	ANALYST	3000	1
SCOTT	ANALYST	3000	1
JONES	MANAGER	2975	1
BLAKE	MANAGER	2850	2
CLARK	MANAGER	2450	2
MILLER	CLERK	1300	3
ADAMS	CLERK	1100	3
JAMES	CLERK	950	4
SMITH	CLERK	800	4

2 ◆ 월급이 높은 순서대로 정렬한 결과로 4등분하여 등급을 부여합니다.

1등급	2등급	3등급	4등급

0%　　　25%　　　50%　　　75%　　　100%

NTILE 함수에 숫자 4를 사용하면 4등급으로 나눠지고 숫자 5를 사용하면 다음과 같이 5등급으로 나눠집니다.

1등급	2등급	3등급	4등급	5등급

0%　　20%　　40%　　60%　　80%　　100%

ORDER BY SAL DESC에서 NULLS LAST는 월급을 높은 것부터 출력되도록 정렬하는데, NULL을 맨 아래에 출력하겠다는 의미입니다. 다음의 두 쿼리 결과를 비교해봅니다.

NULLS LAST를 사용 안 했을 때	NULLS LAST를 사용했을 때

``
SELECT ename, comm
  FROM emp
  WHERE deptno = 30
  ORDER BY comm DESC;
``
	``
	SELECT ename, comm
	  FROM emp
	  WHERE deptno = 30
	  ORDER BY comm DESC NULLS LAST;
	``

ENAME	COMM
BLAKE	
JAMES	
MARTIN	1400
WARD	500
ALLEN	300
TURNER	0

ENAME	COMM
BLAKE	1400
JAMES	500
MARTIN	300
WARD	0
ALLEN	
TURNER	

NULLS LAST를 사용했을 때는 NULL 값이 마지막으로 정렬됩니다.

데이터 분석 함수로 순위의 비율 출력하기(CUME_DIST)

- **학습 내용:** 전체 데이터에서 특정 데이터 순위의 비율을 출력하는 방법을 배웁니다.
- **힌트 내용:** 전체 데이터에서 특정 데이터 순위의 비율을 출력하기 위해서는 CUME_DIST 함수를 사용합니다.

이름과 월급, 월급의 순위, 월급의 순위 비율을 출력해 보겠습니다.

📁 File: 예제_044.txt

```
1  SELECT ename, sal, RANK() over (order by sal desc) as RANK ,
2              DENSE_RANK() over (order by sal desc) as DENSE_RANK,
3              CUME_DIST()  over (order by sal desc) as CUM_DIST
4  FROM emp;
```

출력 결과

ENAME	SAL	RANK	DENSE_RANK	CUM_DIST
KING	5000	1	1	.071428571
SCOTT	3000	2	2	.214285714
FORD	3000	2	2	.214285714
JONES	2975	4	3	.285714286
BLAKE	2850	5	4	.357142857
CLARK	2450	6	5	.428571429
ALLEN	1600	7	6	.5
TURNER	1500	8	7	.571428571
MILLER	1300	9	8	.642857143
WARD	1250	10	9	.785714286
MARTIN	1250	10	9	.785714286
ADAMS	1100	12	10	.857142857
JAMES	950	13	11	.928571429
SMITH	800	14	12	1

위의 결과에서 순위는 1등부터 14등까지 있습니다. 사원 KING의 CUME_DIST 열의 첫번째 행 0.071428571인 것은 1/14로 계산된 결과입니다. 전체 14등 중 1등의 비율인 0.07로 출력되었습니다. 2등은 2명이어서 3/14로 계산되어 0.214285714로 출력되었습니다. 같은 등수가 없고 그 등수에 해당하는 사원이 한 명이면 전체 등수로 해당 등수를 나눠서 계산하고, 같은 등수가 여러 명 있으면 여러 명 중 마지막 등수로 계산합니다. 위의 결과처럼 2등이 2명이므로 3을 14로 나눈 것입니다. 2등이 3명이었다면 4를 14로 나눠서 출력합니다.

다음은 PARTITION BY JOB을 사용해 직업별로 CUME_DIST를 출력하는 예제입니다.

File: 예제_044-2.txt

```
1  SELECT job, ename, sal, RANK() over (partition by job
2                                 order by sal desc) as RANK ,
3         CUME_DIST() over (partition by job
4                                 order by sal desc) as CUM_DIST
5  FROM emp;
```

출력 결과

JOB	ENAME	SAL	RNAK	CUM_DIST
ANALYST	SCOTT	3000	1	1
ANALYST	FORD	3000	1	1
CLERK	MILLER	1300	1	.25
CLERK	ADAMS	1100	2	.5
CLERK	JAMES	950	3	.75
CLERK	SMITH	800	4	1
MANAGER	JONES	2975	1	.333333333
MANAGER	BLAKE	2850	2	.666666667
MANAGER	CLARK	2450	3	1
PRESIDENT	KING	5000	1	1
SALESMAN	ALLEN	1600	1	.25
SALESMAN	TURNER	1500	2	.5
SALESMAN	MARTIN	1250	3	1
SALESMAN	WARD	1250	3	1

데이터 분석 함수로 데이터를 가로로 출력하기(LISTAGG)

- **학습 내용:** 특정 컬럼에 속한 데이터를 가로로 출력하는 방법을 배웁니다.
- **힌트 내용:** 특정 컬럼에 속한 데이터를 가로로 출력하기 위해서는 LISTAGG 함수를 사용합니다.

부서 번호를 출력하고, 부서 번호 옆에 해당 부서에 속하는 사원들의 이름을 가로로 출력해 보 겠습니다.

📁 **File: 예제_045.txt**

```
1  SELECT deptno, LISTAGG(ename,',') within group (order by ename) as EMPLOYEE
2    FROM emp
3    GROUP BY deptno;
```

출력 결과

DEPTNO	EMPLOYEE
10	CLARK, KING, MILLER
20	ADAMS, FORD, JONES, SCOTT, SMITH
30	ALLEN, BLAKE, JAMES, MARTIN, TURNER, WARD

1 ◆ LISTAGG 함수는 데이터를 가로로 출력하는 함수입니다. LISTAGG에 구분자로 콤마(,)를 사용하여 이름이 콤마(,)로 구분되었습니다. 만약 콤마(,)가 아니라 슬래쉬(/)로 구분하고자 하면 슬래쉬(/)를 사용하여 구분할 수 있습니다. WITHIN GROUP은 '~이내의'라는 뜻으로 group 다음에 나오는 괄호에 속한 그룹의 데이터를 출력하겠다는 것입니다. order by ename으로 이름이 A, B, C, D 순으로 정렬되어 출력되었습니다.

3 ◆ GROUP BY절은 LISTAGG 함수를 사용하려면 필수로 기술해야 하는 절입니다.

다음의 예제는 직업과 그 직업에 속한 사원들의 이름을 가로로 출력하는 예제입니다.

```
1 SELECT job, LISTAGG(ename,',') within group (ORDER BY ename asc) as employee
2   FROM emp
3   GROUP BY job;
```

출력 결과

JOB	EMPLOYEE
ANALYST	FORD, SCOTT
CLERK	ADAMS, JAMES, MILLER, SMITH
MANAGER	BLAKE, CLARK, JONES
PRESIDENT	KING
SALESMAN	ALLEN, MARTIN, TURNER, WARD

이름 옆에 월급도 같이 출력하려면 연결 연산자를 사용하여 작성합니다. 각 직업별로 월급의 분포가 어떻게 되는지 한눈에 확인할 수 있게 되었습니다.

```
1 SELECT job,
2 LISTAGG(ename||'('||sal||')',',') within group (ORDER BY ename asc) as employee
3   FROM emp
4   GROUP BY job;
```

출력 결과

JOB	EMPLOYEE
ANALYST	FORD(3000),SCOTT(3000)
CLERK	ADAMS(1100),JAMES(950),MILLER(1300),SMITH(800)
MANAGER	BLAKE(2850),CLARK(2450),JONES(2975)
PRESIDENT	KING(5000)
SALESMAN	ALLEN(1600),MARTIN(1250),TURNER(1500),WARD(1250)

데이터 분석 함수로 바로 전 행과 다음 행 출력하기(LAG, LEAD)

- **학습 내용**: 데이터의 바로 전 행과 바로 다음 행을 출력하는 방법을 배웁니다.
- **힌트 내용**: 데이터의 바로 전 행과 바로 다음 행을 출력하기 위해서는 LAG와 LEAD 함수를 사용합니다.

사원 번호, 이름, 월급을 출력하고 그 옆에 바로 전 행의 월급을 출력하고, 또 옆에 바로 다음 행의 월급을 출력해 보겠습니다.

📁 File: 예제_046.txt

```
1  SELECT empno, ename, sal,
2         LAG(sal,1) over (order by sal asc) "전 행",
3         LEAD(sal,1) over (order by sal asc) "다음 행"
4  FROM emp
5  WHERE job in ('ANALYST','MANAGER');
```

출력 결과

EMPNO	ENAME	SAL	전 행	다음 행
7782	CLARK	2450		2850
7698	BLAKE	2850	2450	2975
7566	JONES	2975	2850	3000
7902	FORD	3000	2975	3000
7788	SCOTT	3000	3000	

2 ◆ LAG 함수는 바로 전 행의 데이터를 출력하는 함수입니다. 숫자 1을 사용하면 바로 전 행이 출력됩니다. 숫자 2를 사용하면 바로 전 전 행이 출력됩니다.

3 ◆ LEAD 함수는 바로 다음 행의 데이터를 출력하는 함수입니다. 숫자 1을 사용하면 바로 다음 행이 출력됩니다. 숫자 2를 사용하면 바로 다음 다음 행이 출력됩니다.

직업이 ANALYST 또는 MANAGER인 사원들의 사원 번호, 이름, 입사일, 바로 전에 입사한 사원의 입사일, 바로 다음에 입사한 사원의 입사일을 출력해 보겠습니다.

📁 File: 예제_046-2.txt

```
1  SELECT empno, ename, hiredate,
2          LAG(hiredate,1) over (order by hiredate asc) "전 행",
3          LEAD(hiredate,1) over (order by hiredate asc) "다음 행"
4  FROM emp
5  WHERE job in ('ANALYST','MANAGER');
```

출력 결과

EMPNO	ENAME	HIREDATE	전 행	다음 행
7566	JONES	81/04/01		81/05/01
7698	BLAKE	81/05/01	81/04/01	81/05/09
7782	CLARK	81/05/09	81/05/01	81/12/11
7902	FORD	81/12/11	81/05/09	82/12/22
7788	SCOTT	82/12/22	81/12/11	

다음의 예제는 부서 번호, 사원 번호, 이름, 입사일, 바로 전에 입사한 사원의 입사일을 출력하고 바로 다음에 입사한 사원의 입사일을 출력하는데, **부서 번호별로 구분해서** 출력하는 쿼리입니다.

📁 File: 예제_046-3.txt

```
1  SELECT deptno, empno, ename, hiredate,
2          LAG(hiredate,1) over (partition by deptno
3                                order by hiredate asc) "전 행",
4          LEAD(hiredate,1) over (partition by deptno
5                                 order by hiredate asc) "다음 행"
6  FROM emp;
```

출력 결과

DEPTNO	EMPNO	ENAME	HIREDATE	전 행	다음 행
10	7782	CLARK	81/05/09		81/11/17
10	7839	KING	81/11/17	81/05/09	82/01/11
10	7934	MILLER	82/01/11	81/11/17	
20	7369	SMITH	80/12/09		81/04/01
20	7566	JONES	81/04/01	80/12/09	81/12/11
20	7902	FORD	81/12/11	81/04/01	82/12/22
20	7788	SCOTT	82/12/22	81/12/11	83/01/15
20	7876	ADAMS	83/01/15	82/12/22	
30	7499	ALLEN	81/02/11		81/02/23
30	7521	WARD	81/02/23	81/02/11	81/05/01
30	7698	BLAKE	81/05/01	81/02/23	81/08/21
30	7844	TURNER	81/08/21	81/05/01	81/09/10
30	7654	MARTIN	81/09/10	81/08/21	81/12/11
30	7900	JAMES	81/12/11	81/09/10	

ROW를 COLUMN으로 출력하기 ① (SUM+DECODE)

- **학습 내용 :** 테이블의 행(ROW)을 컬럼으로 출력하는 방법을 배웁니다.
- **힌트 내용 :** 테이블의 행(ROW)을 컬럼으로 출력하려면 SUM 함수와 DECODE 함수를 사용합니다.

부서 번호, 부서 번호별 토탈 월급을 출력하는데, 다음과 같이 가로로 출력해 보겠습니다.

File: 예제_047.txt

```
1  SELECT SUM(DECODE(deptno, 10, sal)) as "10",
2         SUM(DECODE(deptno, 20, sal)) as "20",
3         SUM(DECODE(deptno, 30, sal)) as "30"
4    FROM emp;
```

출력 결과

10	20	30
8750	10875	9400

어떻게 가로로 출력했는지 하나씩 살펴보겠습니다. 먼저 다음의 쿼리는 부서 번호가 10번이면 월급이 출력되고 아니면 NULL이 출력되는 예제입니다.

File: 예제_047-2.txt

```
1  SELECT deptno, DECODE(deptno,10, sal) as "10"
2    FROM emp;
```

DEPTNO	10
10	5000
30	
10	2450
20	
30	
30	
30	
30	
30	
20	
20	
20	
20	
10	1300

> 부서 번호가 10번이면
> 월급이 출력되고 아니면
> NULL로 출력되고 있습니다.

위의 결과에서 DEPTNO 컬럼을 제외하고 DECODE(deptno,10, sal)만 출력한 다음 출력된 결과 값을 다 더해서 출력해 보겠습니다.

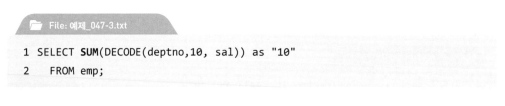

File: 예제_047-3.txt

```
1 SELECT SUM(DECODE(deptno,10, sal)) as "10"
2   FROM emp;
```

출력 결과

10
8750

142

여기에 20번과 30번도 같이 출력하면 다음의 쿼리가 됩니다.

📁 File: 예제_047-4.txt

```
1  SELECT SUM(DECODE(deptno, 10, sal)) as "10",
2         SUM(DECODE(deptno, 20, sal)) as "20",
3         SUM(DECODE(deptno, 30, sal)) as "30"
4    FROM emp;
```

출력 결과

10	20	30
8750	10875	9400

다음 쿼리는 직업, 직업별 토탈 월급을 출력하는데 아래처럼 가로로 출력하는 예제입니다.

📁 File: 예제_047-5.txt

```
1  SELECT SUM(DECODE(job,'ANALYST',sal)) as "ANALYST",
2         SUM(DECODE(job,'CLERK',sal))  as "CLERK",
3         SUM(DECODE(job,'MANAGER',sal)) as "MANAGER",
4         SUM(DECODE(job,'SALESMAN',sal)) as "SALESMAN"
5    FROM emp;
```

출력 결과

ANALYST	CLERK	MANAGER	SALESMAN
6000	4150	8275	5600

직업이 ANALYST이면 월급을 출력하고 그 월급을 SUM 함수로 합산하면 하나의 값이 출력됩니다. 나머지 직업도 같은 방법으로 합산하여 결과를 출력합니다. 위의 쿼리는 사원 테이블에 직업이 ANALYST, CLERK, MANAGER, SALESMAN이 있다는 것을 안다는 가정 하에 작성된 쿼리입니다. 모른다고 가정하고 출력되게 하려면 PL/SQL을 사용해야 합니다.

다음의 예제는 위의 예제의 SELECT 절에 DEPTNO를 추가하였습니다. DEPTNO를 추가한 이유는 부서 번호별로 각각 직업의 토탈 월급의 분포를 보기 위함입니다. DEPTNO를 그룹 함수와 같이 나열하였으므로 GROUP BY deptno를 추가하어 실행합니다.

File: 예제_047-6.txt

```
1 SELECT DEPTNO, SUM(DECODE(job,'ANALYST',sal)) as "ANALYST",
2              SUM(DECODE(job,'CLERK',sal))  as "CLERK",
3              SUM(DECODE(job,'MANAGER',sal)) as "MANAGER",
4              SUM(DECODE(job,'SALESMAN',sal)) as "SALESMAN"
5   FROM emp
6   GROUP BY deptno;
```

출력 결과

DEPTNO	ANALYST	CLERK	MANAGER	SALESMAN
30		950	2850	5600
10		1300	2450	
20	6000	1900	2975	

위의 결과를 보면 CLERK과 MANAGER는 모든 부서에 존재하지만, ANALYST는 20번에만 존재하고, SALESMAN은 30번에만 존재한다는 것을 알 수 있습니다.

ROW를 COLUMN으로 출력하기 ②
(PIVOT)

- **학습 내용:** 테이블의 행(ROW)을 컬럼으로 출력하는 방법을 배웁니다.
- **힌트 내용:** 테이블의 행(ROW)을 컬럼으로 출력하기 위해서는 PIVOT 함수를 사용합니다.

부서 번호, 부서 번호별 토탈 월급을 Pivot문을 사용하여 가로로 출력해 보겠습니다.

File: 예제_048.txt

```
1  SELECT *
2    FROM (select deptno, sal from emp)
3    PIVOT (sum(sal) for deptno in (10,20,30));
```

출력 결과

10	20	30
8750	10875	9400

예제 47에서 SUM과 DECODE를 이용해 출력한 결과를 PIVOT문을 이용하면 좀더 간단한 쿼리문으로 출력할 수 있습니다.

부서 번호와 부서 번호별 토탈 월급을 출력하기 위해 필요한 데이터는 부서 번호와 월급뿐입니다. 그래서 FROM절에 EMP 테이블만 쓰지 않고 쿼리문을 사용하여 EMP 테이블에서 부서 번호와 월급만 조회해 왔습니다. 위의 출력 결과를 위해 직업이나 입사일은 필요하지 않습니다. 오직 부서 번호와 월급만 필요합니다. 그래서 FROM절에 괄호를 쓰고 괄호 안에 부서 번호와 월급만 조회하는 쿼리문을 넣었습니다. 그리고 출력되는 부서 번호와 월급은 이 전체 쿼리문에서 마치 테이블처럼 사용됩니다.

◆ 2

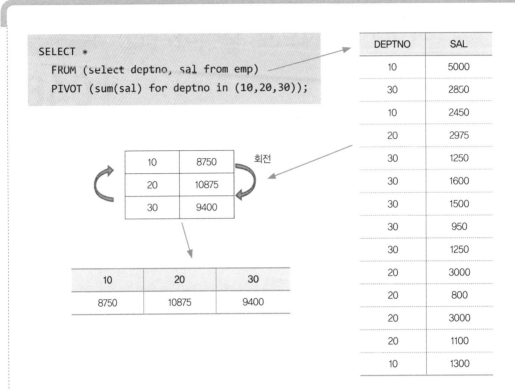

```
SELECT *
  FROM (select deptno, sal from emp)
  PIVOT (sum(sal) for deptno in (10,20,30));
```

DEPTNO	SAL
10	5000
30	2850
10	2450
20	2975
30	1250
30	1600
30	1500
30	950
30	1250
20	3000
20	800
20	3000
20	1100
10	1300

회전

10	8750
20	10875
30	9400

10	20	30
8750	10875	9400

3 ◆ FROM절에서 추출한 부서 번호와 월급을 가지고 부서 번호별 토탈 월급을 출력합니다. 부서 번호는 10번, 20번, 30번에 대한 것을 출력합니다.

이번에는 문자형 데이터를 다뤄보겠습니다. 다음의 쿼리는 PIVOT문을 이용해서 직업과 직업별 토탈 월급을 가로로 출력하는 예제입니다.

📁 File: 예제_048-2.txt

```
1 SELECT *
2   FROM (select job, sal from emp)
3   PIVOT (sum(sal) for job in ('ANALYST', 'CLERK','MANAGER', 'SALESMAN'));
```

출력 결과

'ANALYST'	'CLERK'	'MANAGER'	'SALESMAN'
6000	4150	8275	5600

출력되는 결과에 필요한 데이터가 있는 컬럼인 직업과 월급을 선택합니다. 위의 결과에서 필요한 컬럼은 직업과 월급뿐입니다. PIVOT문을 사용할 때는 FROM절에 괄호를 사용해서 특정 컬럼만 선택해야 합니다. FROM emp라고 작성하면 에러가 발생합니다. 반드시 괄호 안에 결과에 필요한 컬럼만 선택하는 쿼리문을 작성해야 합니다.

PIVOT문을 이용해서 토탈 월급을 출력합니다. in 다음에 토탈 월급을 출력할 직업 리스트를 나열합니다. 그런데 컬럼명에 싱글 쿼테이션 마크가 붙어서 출력되었습니다. 싱글 쿼테이션 마크가 출력되지 않게 하려면 다음과 같이 as 뒤에 해당 직업을 더블 쿼테이션으로 둘러서 작성하게 되면 싱글 쿼테이션 마크 없이 출력될 수 있게 됩니다.

📁 File: 예제_048-3.txt

```
1 SELECT *
2    FROM (select job, sal from emp)
3    PIVOT (sum(sal) for job in ('ANALYST' as "ANALYST", 'CLERK' as "CLERK",
4                     'MANAGER' as "MANAGER", 'SALESMAN' as "SALESMAN"));
```

출력 결과

ANALYST	CLERK	MANAGER	SALESMAN
6000	4150	8275	5600

초급

049

COLUMN을 ROW로 출력하기 (UNPIVOT)

- **학습 내용:** 테이블의 열을 행(ROW)으로 출력하는 방법을 배웁니다.
- **힌트 내용:** 테이블의 열을 행(ROW)으로 출력하려면 UNPIVOT 함수를 사용합니다.

UNPIVOT문을 사용하여 컬럼을 로우로 출력해 보겠습니다.

📁 File: 예제_049.txt

```
1  SELECT *
2    FROM order2
3    UNPIVOT (건수 for 아이템 in (BICYCLE, CAMERA, NOTEBOOK));
```

출력 결과

ENAME	아이템	건수
SMITH	BICYCLE	2
SMITH	CAMERA	3
SMITH	NOTEBOOK	1
ALLEN	BICYCLE	1
ALLEN	CAMERA	2
ALLEN	NOTEBOOK	3
KING	BICYCLE	3
KING	CAMERA	2
KING	NOTEBOOK	2

UNPIVOT문은 PIVOT문과는 반대로 열을 행으로 출력합니다. 테이블 order2의 열인 BICYCLE, CAMERA, NOTEBOOK이 출력 결과에서 행으로 출력되고 있습니다. order2 테이블 생성 스크립트는 예제_049.txt에 있습니다.

결과

ENAME	아이템	건수
SMITH	BICYCLE	2
SMITH	CAMERA	3
SMITH	NOTEBOOK	1
ALLEN	BICYCLE	1
ALLEN	CAMERA	2
ALLEN	NOTEBOOK	3
KING	BICYCLE	3
KING	CAMERA	2
KING	NOTEBOOK	2

ORDER2 테이블

ENAME	BICYCLE	CAMERA	NOTEBOOK
SMITH	2	3	1
ALLEN	1	2	3
KING	3	2	2

'**건수**'는 가로로 저장되어 있는 데이터를 세로로 unpivot시킬 출력 열 이름입니다. 이 열 이름 ◆ 3
은 임의로 지정하면 됩니다. for 다음에 '**아이템**'은 가로로 되어 있는 order2 테이블의 컬럼명을
unpivot시켜 세로로 출력할 열 이름입니다. 이 열 이름도 임의로 지정하면 됩니다. 다음과 같이
AS절을 사용하여 값을 변경할 수 있습니다.

📁 File: 예제_049-2.txt

```
1 SELECT *
2   FROM order2
3   UNPIVOT (건수 for 아이템 in (BICYCLE as 'B', CAMERA as 'C', NOTEBOOK as 'N'))
```

결과

ENAME	아이템	건수
SMITH	B	2
SMITH	C	3
ALLEN	B	1
ALLEN	C	2
ALLEN	N	3
KING	B	3
KING	C	2

ORDER2 테이블

ENAME	BICYCLE	CAMERA	NOTEBOOK
SMITH	2	3	1
ALLEN	1	2	3
KING	3	2	2

order2 테이블의 데이터에 NULL이 포함되어 있었다면 UNPIVOT된 결과에서 출력이 되지 않습니다. 다음의 UPDATE문을 실행하여 SMITH의 NOTEBOOK을 NULL로 변경하고 UNPIVOT문을 다시 실행해 봅니다.

```
UPDATE ORDER2 SET NOTEBOOK=NULL WHERE ENAME='SMITH';
```

결과

ENAME	아이템	건수
SMITH	B	2
SMITH	C	3
ALLEN	B	1
ALLEN	C	2
ALLEN	N	3
KING	B	3
KING	C	2
KING	N	2

ORDER2 테이블

NULL로 변경되었습니다.

ENAME	BICYCLE	CAMERA	NOTEBOOK
SMITH	2	3	
ALLEN	1	2	3
KING	3	2	2

SMITH의 NOTEBOOK 정보가 출력되지 않았습니다. 이럴 때 NULL 값인 행도 결과에 포함
시키려면 다음과 같이 INCLUDE NULLS를 사용합니다.

📁 File: 예제_049-3.txt

```
1   SELECT *
2     FROM order2
3     UNPIVOT INCLUDE NULLS (건수 for 아이템 in (BICYCLE as 'B', CAMERA as 'C',
4                                             NOTEBOOK as 'N'));
```

출력 결과

ENAME	아이템	건수
SMITH	B	2
SMITH	C	3
SMITH	N	
ALLEN	B	1
ALLEN	C	2
ALLEN	N	3
KING	B	3
KING	C	2

NULL 값인 행도 결과가
출력되었습니다.

데이터 분석 함수로 누적 데이터 출력하기(SUM OVER)

- **학습 내용 :** 데이터를 누적해서 출력하는 방법을 배웁니다.
- **힌트 내용 :** 데이터를 누적해서 출력하기 위해서는 SUM OVER 함수를 사용합니다.

File: 예제_050.txt

```
1  SELECT empno, ename, sal, SUM(SAL) OVER (ORDER BY empno ROWS
2                                  BETWEEN UNBOUNDED PRECEDING
3                                  AND CURRENT ROW) 누적치
4      FROM emp
5      WHERE job in ('ANALYST','MANAGER');
```

출력 결과

EMPNO	ENAME	SAL	누적치
7566	JONES	2975	2975
7698	BLAKE	2850	5825
7782	CLARK	2450	8275
7788	SCOTT	3000	11275
7902	FORD	3000	14275

위의 예제는 직업이 ANALYST, MANAGER인 사원들의 사원 번호, 이름, 월급, 월급의 누적치를 출력하는 쿼리입니다.

1~3 ◆ OVER 다음의 괄호 안에는 값을 누적할 윈도우를 지정할 수 있습니다. ORDER BY empno를 통해 사원 번호를 오름차순으로 정렬을 하고 정렬된 것을 기준으로 월급의 누적치를 출력합니다.

윈도우 기준	윈도우 방식	설명
ROWS	UNBOUNDED PRECEDING	맨 첫 번째 행을 가리킵니다.
	UNBOUNDED FOLLOWING	맨 마지막 행을 가리킵니다.
	CURRENT ROW	현재 행을 가리킵니다.

EMPNO	ENAME	SAL	누적치
7566	JONES	2975	2450
7698	BLAKE	2850	5825
7782	CLARK	2450	8275
7788	SCOTT	3000	11275
7902	FORD	3000	14275

UNBOUNDED PRECEDING은 제일 첫 번째 행을 가리킵니다. 제일 첫 번째 행의 값은 2975입니다. BETWEEN UNBOUNDED AND CURRENT ROW는 제일 첫 번째 행부터 현재 행까지의 값을 말합니다. 두 번째 행의 누적치 5825는 제일 첫 번째 행의 값인 2975와 현재 행의 값인 2850을 합계한 결과입니다.

데이터 분석 함수로 비율 출력하기 (RATIO_TO_REPORT)

- **학습 내용 :** 특정 컬럼의 데이터의 합을 기준으로 각 로우의 상대적 비율을 구하는 방법을 배웁니다.
- **힌트 내용 :** 특정 컬럼의 데이터의 합을 기준으로 각 로우의 상대적 비율을 구하려면 RATIO_TO_REPORT 함수를 사용합니다.

부서 번호가 20번인 사원들의 사원 번호, 이름, 월급을 출력하고, 20번 부서 번호 내에서 자신의 월급 비율이 어떻게 되는지 출력해 보겠습니다.

📁 File: 예제_051.txt

```
1 SELECT empno, ename, sal, RATIO_TO_REPORT(sal) OVER () as 비율
2     FROM emp
3     WHERE deptno = 20;
```

출력 결과

EMPNO	ENAME	SAL	비율
7566	JONES	2975	.273563218
7902	FORD	3000	.275862069
7369	SMITH	800	.073563218
7788	SCOTT	3000	.275862069
7876	ADAMS	1100	.101149425

20번인 사원들의 월급의 합계는 10875입니다. 첫 번째 행인 JONES의 월급이 20번 전체 월급에서 차지하는 비율은 2975/10875인 0.273563218입니다. 다음의 쿼리로 확인해 보겠습니다.

File: 예제_051-2.txt

```
1 SELECT empno, ename, sal, RATIO_TO_REPORT(sal) OVER () as 비율,
2                       SAL/SUM(sal) OVER () as "비교 비율"
3     FROM emp
4     WHERE deptno = 20;
```

출력 결과

EMPNO	ENAME	SAL	비율	비교 비율
7566	JONES	2975	.273563218	.273563218
7902	FORD	3000	.275862069	.275862069
7369	SMITH	800	.073563218	.073563218
7788	SCOTT	3000	.275862069	.275862069
7876	ADAMS	1100	.101149425	.101149425

20번 부서 번호인 사원들의 월급을 20번 부서 번호인 사원들의 전체 월급으로 나누어 출력합니다. RATIO_TO_REPORT(sal)의 결과와 동일하게 출력됩니다.

◆ 2

데이터 분석 함수로 집계 결과 출력하기 ①(ROLLUP)

- **학습 내용 :** 데이터를 집계한 결과에 추가적으로 전체 집계를 출력하는 방법을 배웁니다.
- **힌트 내용 :** 데이터를 집계한 결과에 추가적으로 전체 집계하려면 ROLLUP 함수를 이용합니다.

직업과 직업별 토탈 월급을 출력하는데, 맨 마지막 행에 토탈 월급을 출력해 보겠습니다.

📁 File: 예제_052.txt

```
1  SELECT job, sum(sal)
2    FROM emp
3   GROUP BY ROLLUP(job);
```

출력 결과

JOB	SUM(SAL)
ANALYST	6000
CLERK	4150
MANAGER	8275
PRESIDENT	5000
SALESMAN	5600
	29025

위의 예제는 ROLLUP을 이용하여 직업과 직업별 토탈 월급을 출력하고 맨 아래쪽에 전체 토탈 월급을 추가적으로 출력하는 쿼리입니다.

3 ◆ 직업과 직업별 토탈 월급을 출력하는 쿼리에 ROLLUP만 붙여주면 전체 토탈 월급을 추가적으로 볼 수 있습니다.

156

ROLLUP을 추가하지 않았을 때	ROLLUP을 추가했을 때

SELECT job, sum(sal)
  FROM emp
  GROUP BY job;
	SELECT job, sum(sal)
	  FROM emp
	  GROUP BY **ROLLUP**(job);

JOB	SUM(SAL)
SALESMAN	5600
CLERK	4150
ANALYST	6000
MANAGER	8275
PRESIDENT	5000

JOB	SUM(SAL)
ANALYST	6000
CLERK	4150
MANAGER	8275
PRESIDENT	5000
SALESMAN	5600
	29025

ROLLUP을 사용하면 맨 아래에 토탈 월급도 출력되고 JOB 컬럼의 데이터도 오름차순으로 정렬되어 출력됩니다. 다음의 쿼리는 ROLLUP에 컬럼을 두 개를 사용한 경우입니다.

📂 File: 예제_052-2.txt

```
1  SELECT deptno, job, sum(sal)
2    FROM emp
3    GROUP BY ROLLUP(deptno, job);
```

출력 결과

DEPTNO	JOB	SUM(SAL)
10	CLERK	1300
10	MANAGER	2450
10	PRESIDENT	5000
10		8750
20	CLERK	1900
20	ANALYST	6000
20	MANAGER	2975
20		10875

부서 번호별 직업별 토탈 월급이 출력되고 있습니다.

◀── 부서 번호별 토탈 월급이 출력되고 있습니다.

부서 번호별 직업별 토탈 월급이 출력되고 있습니다.

◀── 부서 번호별 토탈 월급이 출력되고 있습니다.

30	CLERK	950
30	MANAGER	2850
30	SALESMAN	5600
		9400
		29025

부서 번호별 직업별 토탈 월급이
출력되고 있습니다.

← 부서 번호별 토탈 월급이 출력되고 있습니다.

← 전체 토탈 월급이 출력되고 있습니다.

세 가지 집계 결과가 출력되었습니다. ROLLUP(deptno, job)으로 ROLLUP에 컬럼을 2개 사용하면 집계 결과는 컬럼의 개수(2개) + 1로 3개가 출력됩니다.

GROUP BY ROLLUP(deptno,job)

집계 결과	1	deptno, job	부서 번호별 직업별 토탈 월급
	2	deptno	부서 번호별 토탈 월급
	3	()	전체 토탈 월급

집계된 결과가 왜 세 가지가 되는지 쉽게 이해하는 방법은 다음과 같습니다. 먼저 ROLLUP 안에 있는 컬럼들을 그대로 적고 뒤에서부터 하나씩 제거해 나갑니다.

집계 결과	1	deptno, job ——►	deptno, job
	2	deptno ——►	deptno
	3	()	

위와 같이 ROLLUP 함수 안에 컬럼명을 전부 기술하고 뒤에 있는 컬럼부터 하나씩 지워 나가면 예상되는 집계 결과의 개수를 예측할 수 있습니다. 다음의 컬럼 3개 집계 결과를 예상해 보겠습니다.

GROUP BY ROLLUP(deptno, job, mgr)

집계 결과	1	deptno, job, mgr ——►	deptno, job, mgr
	2	deptno, job ——►	deptno, job
	3	deptno ——►	deptno
	4	()	

ROLLUP 함수 안에 컬럼이 3개이므로 4개의 집계 결과가 출력됩니다.

데이터 분석 함수로 집계 결과 출력하기 ②(CUBE)

- **학습 내용 :** 데이터를 집계한 결과에 추가적으로 전체 집계를 위쪽에 출력하는 방법을 배웁니다.
- **힌트 내용 :** 데이터를 집계한 결과에 추가적으로 전체 집계를 위쪽에 출력하려면 CUBE 함수를 사용합니다.

직업, 직업별 토탈 월급을 출력하는데, 첫 번째 행에 토탈 월급을 출력해 보겠습니다.

File: 예제_053.txt

```
1  SELECT job, sum(sal)
2    FROM emp
3    GROUP BY CUBE(job);
```

출력 결과

JOB	SUM(SAL)
	29025
CLERK	4150
ANALYST	6000
MANAGER	8275
SALESMAN	5600
PRESIDENT	5000

CUBE를 사용했을 때와 사용하지 않았을 때의 차이는 다음과 같습니다.

CUBE를 추가하지 않았을 때	CUBE를 추가했을 때

SELECT deptno, sum(sal)
  FROM emp
  GROUP BY deptno;
	SELECT deptno, sum(sal)
	  FROM emp
	  GROUP BY CUBE(deptno);

3

CUBE를 추가하지 않았을 때		CUBE를 추가했을 때	
DEPTNO	SUM(SAL)	DEPTNO	SUM(SAL)
30	9400		29025
10	8750	10	8750
20	10875	20	10875
		30	9400

CUBE를 추가했을 때 맨 위쪽에 전체 토탈 월급이 추가가 되었고 부서 번호도 오름차순으로 정렬이 되어 출력되었습니다.

다음은 CUBE에 컬럼 2개를 사용한 쿼리입니다.

📁 File: 예제_053-2.txt

```
1  SELECT deptno, job, sum(sal)
2    FROM emp
3    GROUP BY CUBE(deptno,job);
```

출력 결과

DEPTNO	JOB	SUM(SAL)	
		29025	◀— 토탈 월급이 출력되고 있습니다.
	CLERK	4150	
	ANALYST	6000	
	MANAGER	8275	직업별 토탈 월급이 출력되고 있습니다.
	SALESMAN	5600	
	PRESIDENT	5000	
10		8750	◀— 부서 번호별 토탈 월급이 출력되고 있습니다.
10	CLERK	1300	
10	MANAGER	2450	직업별 부서 번호별 토탈 월급이 출력되고 있습니다.
10	PRESIDENT	5000	
20		10875	◀— 부서 번호별 토탈 월급이 출력되고 있습니다.

20	CLERK	1900
20	ANALYST	6000
20	MANAGER	2975
30		9400
30	CLERK	950
30	MANAGER	2850
30	SALESMAN	5600

부서 번호별 직업별 토탈 월급이
출력되고 있습니다.

◀── 부서 번호별 토탈 월급이 출력되고 있습니다.

부서 번호별 직업별 토탈 월급이
출력되고 있습니다.

GROUP BY CUBE(deptno, job)는 총 4가지 경우 집계 결과가 나옵니다. 전체 토탈 월급이 맨 위에 출력되고 그 다음으로 직업별 토탈 월급이 출력됩니다. 부서 번호별 토탈 월급과 부서 번호별 직업별 토탈 월급이 그 다음으로 출력되면서 총 4가지 집계 결과가 출력되었습니다. 정리하면 다음과 같습니다.

	1	deptno, job	부서 번호별 직업별 토탈 월급
집계 결과	2	deptno	부서 번호별 토탈 월급
	3	job	직업별 토탈 월급
	4	()	전체 토탈 월급

GROUP BY ROLLUP(deptno, job)과 비교하면 job에 대한 집계 한 가지가 더 출력되었습니다.

데이터 분석 함수로 집계 결과 출력하기 ③(GROUPING SETS)

- **학습 내용:** 집계할 컬럼을 직접 선택하여 추가 집계하는 방법을 배웁니다.
- **힌트 내용:** 집계할 컬럼을 직접 선택하여 추가 집계하기 위해서는 GROUPING SETS 함수를 사용합니다.

부서 번호와 직업, 부서 번호별 토탈 월급과 직업별 토탈 월급, 전체 토탈 월급을 출력해 보겠습니다.

📁 File: 예제_054.txt

```
1  SELECT deptno, job, sum(sal)
2    FROM emp
3    GROUP BY GROUPING SETS((deptno), (job), ());
```

출력 결과

DEPTNO	JOB	SUM(SAL)
30		9400
10		8750
20		10875
	ANALYST	6000
	CLERK	4150
	MANAGER	8275
	PRESIDENT	5000
	SALESMAN	5600
		29025

GROUPING SETS는 앞에서 배웠던 ROLLUP과 CUBE보다 집계된 결과를 예상하기 더 쉽습니다. 왜냐하면 GROUPING SETS에 집계하고 싶은 컬럼들을 기술하면 그대로 출력되기 때문입니다.

GROUPING SETS 괄호 안에 다음과 같이 집계하고 싶은 컬럼명을 기술하면, 기술한대로 결과를 출력해주면 됩니다.

GROUPING SETS	출력 결과
GROUPING SETS((deptno), (job), ())	부서 번호별 집계, 직업별 집계, 전체 집계
GROUPING SETS((deptno), (job))	부서 번호별 집계, 직업별 집계
GROUPING SETS((deptno,job),())	부서 번호와 직업별 집계, 전체 집계
GROUPING SETS((deptno,job))	부서 번호와 직업별 집계

위의 문법에 따라 다음의 ROLLUP문을 GROUPING SETS로 변경하면 다음과 같습니다.

ROLLUP을 사용했을 때	GROUPING SETS를 사용했을 때

```SELECT deptno, sum(sal)```
 ```FROM emp```
 ```GROUP BY ROLLUP(deptno);```
	```SELECT deptno, sum(sal)```
	 ```FROM emp```
	 ```GROUP BY GROUPING```
	 ```SETS((deptno), ());```

DEPTNO	SUM(SAL)
10	8750
20	10875
30	9400
	29025

DEPTNO	SUM(SAL)
10	9400
20	10875
30	9400
	29025

괄호 ()는 전체를 말합니다. 전체를 대상으로 월급을 집계합니다. 두 가지 모두 결과는 동일하지만, GROUPING SETS가 결과를 예측하기가 더 쉽습니다.

데이터 분석 함수로 출력 결과 넘버링 하기(ROW_NUMBER)

- **학습 내용:** 출력되는 순서대로 순위를 부여하는 방법을 배웁니다.
- **힌트 내용:** 출력되는 순서대로 순위를 부여하기 위해서는 ROW_NUMBER 함수를 사용합니다.

📁 File: 예제_055.txt

```
1  SELECT empno, ename, sal, RANK() OVER (ORDER BY sal DESC) RANK,
2                  DENSE_RANK() OVER (ORDER BY sal DESC) DENSE_RANK,
3                  ROW_NUMBER() OVER (ORDER BY sal DESC) 번호
4     FROM emp
5     WHERE deptno = 20;
```

출력 결과

EMPNO	ENAME	SAL	RANK	DENSE_RANK	번호
7902	FORD	3000	1	1	1
7788	SCOTT	3000	1	1	2
7566	JONES	2975	3	2	3
7876	ADAMS	1100	4	3	4
7369	SMITH	800	5	4	5

ROW_NUMBER()는 출력되는 각 행에 고유한 숫자 값을 부여하는 데이터 분석 함수입니다. PSEUDOCOLUMN인 ROWNUM과 유사하며 RANK와 DENSE_RANK 분석 함수와는 다릅니다. 위의 결과를 보면 첫 번째 행인 FORD와 두 번째 행인 SCOTT의 월급이 서로 같아 RANK와 DENSE_RANK는 순위를 둘 다 1로 출력하고 있으나, ROW_NUMBER는 1, 2로 출력하고 있습니다. ROW_NUMBER()는 출력되는 결과에 번호를 순서대로 부여해서 출력합니다. ROW_NUMBER() 함수는 OVER 다음 괄호 안에 반드시 ORDER BY절을 기술해야 합니다. 그렇지 않으면 다음과 같이 에러가 발생합니다.

File: 예제_055-2.txt

```
1 SELECT empno, ename, sal, ROW_NUMBER() OVER () 번호
2     FROM emp
3     WHERE deptno = 20;
```

출력 결과

```
SELECT empno, ename, sal, ROW_NUMBER() OVER () 번호
                          *
```

1행 오류:

ORA-30485: 윈도우 지정에 ORDER BY 표현식이 없습니다.

다음의 쿼리는 부서 번호별로 월급에 대한 순위를 출력하는 쿼리입니다. PARTITION BY를 사용하여 부서 번호별로 파티션해서 순위를 부여합니다.

File: 예제_055-3.txt

```
1 SELECT deptno, ename, sal, ROW_NUMBER() OVER(PARTITION BY deptno
2                                          ORDER BY sal DESC) 번호
3     FROM emp
4     WHERE deptno in (10,20);
```

출력 결과

DEPTNO	ENAME	SAL	번호
10	KING	5000	1
10	CLARK	2450	2
10	MILLER	1300	3
20	FORD	3000	1
20	SCOTT	3000	2
20	JONES	2975	3
20	ADAMS	1100	4
20	SMITH	800	5

3

SQL 실력 다지기

초보자를 위한

SQL

200제

출력되는 행 제한하기 ①
(ROWNUM)

- **학습 내용 :** 출력되는 데이터에 번호를 부여하는 방법을 배웁니다.
- **힌트 내용 :** 출력되는 데이터에 번호를 부여하기 위해서는 ROWNUM 함수를 사용합니다.

사원 테이블에서 사원 번호, 이름, 직업, 월급을 상단 5개의 행만 출력해 보겠습니다.

📁 **File: 예제_056.txt**

```
1 SELECT ROWNUM, empno, ename, job, sal
2   FROM emp
3   WHERE ROWNUM <= 5;
```

출력 결과

ROWNUM	EMPNO	ENAME	JOB	SAL
1	7839	KING	PRESIDENT	5000
2	7698	BLAKE	MANAGER	2850
3	7782	CLARK	MANAGER	2450
4	7566	JONES	MANAGER	2975
5	7654	MARTIN	SALESMAN	1250

위의 예제는 사원 테이블에서 사원 번호, 사원 이름, 직업, 월급을 출력하는데, 맨 위쪽 5개의 행만 출력하는 쿼리입니다. ROWNUM은 PSEUDO COLUMN으로 '가짜의'라는 뜻 그대로 별표(*)로 검색해서는 출력되지 않는 감춰진 컬럼입니다. 가짜 컬럼인 ROWNUM을 WHERE절에 사용하여 위의 예제와 같이 5개의 행으로 제한하면, 사원 테이블 전체를 다 읽지 않고 5개의 행만 읽어 출력합니다. 그래서 대용량 테이블의 데이터 상단 행만 잠깐 살펴볼 때 유용하게 사용할 수 있습니다.

- **학습 내용** : 출력되는 데이터의 건수를 제한하는 방법을 배웁니다.
- **힌트 내용** : 출력되는 데이터의 건수를 제한하기 위해서는 ROW_LIMITING절을 사용합니다.

월급이 높은 사원순으로 사원 번호, 이름, 직업, 월급을 4개의 행으로 제한해서 출력해 보겠습니다.

📁 File: 예제_057.txt

```
1  SELECT empno, ename, job, sal
2    FROM emp
3    ORDER BY sal DESC FETCH FIRST 4 ROWS ONLY;
```

출력 결과

EMPNO	ENAME	JOB	SAL
7839	KING	PRESIDENT	5000
7902	FORD	ANALYST	3000
7788	SCOTT	ANALYST	3000
7566	JONES	MANAGER	2975

위의 SQL을 TOP-N Query라고 합니다. 정렬된 결과로부터 위쪽 또는 아래쪽의 N개의 행을 반환하는 쿼리입니다. 56번 예제의 ROWNUM을 이용해 같은 출력 결과를 보려면 뒤에서 배울 FROM절의 서브 쿼리를 사용해야 하므로 SQL이 다소 복잡해집니다. 그런데 FETCH FIRST N ROWS ONLY는 단순하게 위의 결과를 출력할 수 있습니다.

다음의 예제는 월급이 높은 사원들 중 20%에 해당하는 사원들만 출력하는 쿼리입니다.

```
1 SELECT empno, ename, job, sal
2   FROM emp
3   ORDER BY sal desc
4   FETCH FIRST 20 PERCENT ROWS ONLY;
```

출력 결과

EMPNO	ENAME	JOB	SAL
7839	KING	PRESIDENT	5000
7788	SCOTT	ANALYST	3000
7902	FORD	ANALYST	3000

WITH TIES 옵션을 이용하면 여러 행이 N번째 행의 값과 동일하다면 같이 출력해 줍니다. 다음의 예제를 보면 2 ROWS를 사용해서 2개의 행이 출력될 거라 예상했지만, 실제로는 3개의 행이 출력되고 있습니다. 세 번째 행의 월급 3000이 세 번째 행의 3000과 동일하기 때문입니다.

```
1 SELECT empno, ename, job, sal
2   FROM emp
3   ORDER BY sal DESC FETCH FIRST 2 ROWS WITH TIES;
```

출력 결과

EMPNO	ENAME	JOB	SAL
7839	KING	PRESIDENT	5000
7902	FORD	ANALYST	3000
7788	SCOTT	ANALYST	3000

OFFSET 옵션을 이용하면 출력이 시작되는 행의 위치를 지정할 수 있습니다.

📁 File: 예제_057-4.txt

```
1  SELECT empno, ename, job, sal
2    FROM emp
3    ORDER BY sal DESC OFFSET 9 ROWS;
```

출력 결과

EMPNO	ENAME	JOB	SAL
7521	WARD	SALESMAN	1250
7654	MARTIN	SALESMAN	1250
7876	ADAMS	CLERK	1100
7900	JAMES	CLERK	950
7369	SMITH	CLERK	800

위의 결과에서 시작 행인 사원 번호 7521는 월급이 1250으로 사원 테이블 전체 사원 중에 월급이 10번째(9+1)로 높은 사원입니다. 10번째 행부터 끝까지 결과를 출력합니다. OFFSET과 FETCH를 다음과 같이 서로 조합해서 사용할 수 있습니다.

📁 File: 예제_057-5.txt

```
1  SELECT empno, ename, job, sal
2    FROM emp
3    ORDER BY sal DESC OFFSET 9 ROWS
4    FETCH FIRST 2 ROWS ONLY;
```

출력 결과

EMPNO	ENAME	JOB	SAL
7654	MARTIN	SALESMAN	1250
7521	WARD	SALESMAN	1250

OFFSET 9로 출력된 5개의 행 중에서 2개의 행만 출력하고 있습니다.

여러 테이블의 데이터를 조인해서 출력하기 ①(EQUI JOIN)

- **학습 내용:** 서로 다른 테이블의 있는 컬럼들을 하나의 결과로 출력하는 방법을 배웁니다.
- **힌트 내용:** 서로 다른 테이블에 있는 컬럼들의 데이터를 하나의 결과로 조인해서 출력하려면 EQUI JOIN을 사용합니다.

사원(EMP) 테이블과 부서(DEPT) 테이블을 조인하여 이름과 부서 위치를 출력해 보겠습니다.

📁 File: 예제_058.txt

```
1  SELECT ename, loc
2    FROM emp, dept
3   WHERE emp.deptno = dept.deptno ;
```

출력 결과

ENAME	LOC
KING	NEW YORK
BLAKE	CHICAGO
CLARK	NEW YORK
:	:
SCOTT	DALLAS
ADAMS	DALLAS
MILLER	NEW YORK

서로 다른 테이블에 있는 컬럼들을 하나의 결과로 출력하려면 조인(JOIN)을 사용해야 합니다.

1~2 ename은 emp 테이블에 있고 loc는 dept 테이블에 존재하므로 ename과 loc를 하나의 결과로 출력하기 위해서는 from절에 emp와 dept 둘 다 기술합니다.

3 emp와 dept를 조인하기 위해서는 조인 조건이 있어야 합니다. 조인 조건은 두 개의 테이블을 연결하기 위한 연결고리입니다. emp 테이블에도 deptno가 존재하고 dept 테이블에도 deptno가 존재하므로 **emp 테이블의 부서 번호는 dept 테이블의 부서 번호와 같다**라는 조건 emp.deptno=dept.

deptno를 주어 조인을 수행합니다. 만약 이 조인 조건을 주지 않고 다음과 같이 조인을 하게 되면 전부다 조인이 되어 56개(14 × 4)의 행이 출력됩니다.

File: 예제_058-2.txt

```
1 SELECT ename, loc
2   FROM emp, dept ;
```

WHERE절에 조인 조건을 정확하게 작성하고 조인을 하게 되면 14개의 행만 출력됩니다. 조인이 되어 14개의 행이 출력되는 원리는 다음과 같습니다. 먼저 사원 테이블에서 첫 번째 이름 KING을 가져옵니다. 그리고 KING의 부서 위치를 출력하기 위해 KING의 부서 번호 10번으로 dept 테이블에서 해당 부서 번호인 10번의 부서 위치인 NEW YORK 찾아서 출력합니다. KING 부터 시작해 맨 아래 ADAMS까지 이 작업을 반복하여 조인합니다.

File: 예제_058-3.txt

```
1 SELECT ename, loc
2   FROM emp, dept
3   WHERE emp.deptno = dept.deptno ;
```

ENAME	JOB	SAL	DEPTNO
KING	PRESIDENT	5000	10
BLAKE	MANAGER	2850	30
CLARK	MANAGER	2450	10
JONES	MANAGER	2975	20
MARTIN	SALESMAN	1250	30
ALLEN	SALESMAN	1600	30
TURNER	SALESMAN	1500	30
JAMES	CLERK	950	30
WARD	SALESMAN	1250	30
FORD	ANALYST	3000	20
SMITH	CLERK	800	20
SCOTT	ANALYST	3000	20
ADAMS	CLERK	1100	20
MILLER	CLERK	1300	10

DEPTNO	DNAME	LOC
10	ACCOUNTING	NEW YORK
20	RESEARCH	DALLAS
30	SALES	CHICAGO
40	OPERATIONS	BOSTON

결과

ENAME	LOC
KING	NEW YORK
BLAKE	CHICAGO
CLARK	NEW YORK
JONES	DALLAS
⋮	⋮

이 문법을 EQUI JOIN이라고 합니다. 조인 조건이 이퀄(=)이면 EQUI JOIN입니다. 위의 결과에서 직업이 ANALYST인 사원들만 출력합니다.

📁 File: 예제_058-4.txt

```
1  SELECT ename, loc, job
2    FROM emp, dept
3   WHERE emp.deptno = dept.deptno  and emp.job='ANALYST';
```

출력 결과

ENAME	LOC	JOB
FORD	DALLAS	ANALYST
SCOTT	DALLAS	ANALYST

3 ◆ emp.deptno = dept.deptno는 조인 조건이고 emp.job='ANALYST'는 검색 조건입니다. 조인 조건은 두 테이블을 조인하기 위해 필요한 조건이고, 검색 조건은 전체 데이터 중에 특정 데이터만 제한해서 보기 위한 조건입니다. 조인 조건과 검색 조건을 and 연산자로 연결하여 작성합니다.

위 예제의 SELECT절에 deptno도 추가하여 출력해 봅니다.

📁 File: 예제_058-5.txt

```
1 SELECT ename, loc, job, deptno
2    FROM emp, dept
3   WHERE emp.deptno = dept.deptno  and emp.job='ANALYST';
```

출력 결과

```
SELECT ename, loc, job, deptno
                      *
1행 오류:
ORA-00918: 열의 정의가 애매합니다.
```

deptno에 별표(*)를 가리키며 deptno 열의 정의가 애매하다라는 에러가 나고 있습니다. deptno 는 emp 테이블에도 존재하고 dept 테이블에도 존재하는 컬럼이기 때문에 어느 테이블에 있는 컬럼을 출력할지 몰라 에러가 나는 것입니다. 이럴 때는 열 이름 앞에 테이블명을 접두어로 붙여줍니다.

```
File: 예제_058-6.txt
1  SELECT ename, loc, job, emp.deptno
2    FROM emp, dept
3    WHERE emp.deptno = dept.deptno  and emp.job='ANALYST';
```

ename과 loc 컬럼 앞에 테이블명을 붙이지 않아도 출력이 될 수 있었던 것은 ename은 emp 테이블에만 존재하고 loc는 dept 테이블에만 존재하는 열이기 때문입니다. 검색 속도 향상을 위해 가급적 열 이름 앞에 테이블명을 붙여서 작성하는 것을 권장합니다.

```
File: 예제_058-7.txt
1  SELECT emp.ename, dept.loc, emp.job
2    FROM emp, dept
3    WHERE emp.deptno = dept.deptno  and emp.job='ANALYST';
```

컬럼명 앞에 테이블명을 일일이 붙이다 보니 테이블명이 반복되면서 코드가 길어지게 됩니다. 그래서 다음과 같이 테이블명 뒤에 테이블 별칭을 사용하여 조인 코드를 더 간결하게 작성합니다.

```
File: 예제_058-8.txt
1  SELECT e.ename, d.loc, e.job
2    FROM emp e, dept d
3    WHERE e.deptno = d.deptno  and e.job='ANALYST';
```

위의 조인문에서 emp는 e로 변경되고, dept는 d로 변경되어 실행됩니다. 그래서 emp.ename으로 실행하면 에러가 발생합니다.

```
1  SELECT emp.ename, d.loc, e.job
2    FROM emp e, dept d
3   WHERE e.deptno = d.deptno  and e.job='ANALYST';
```

출력 결과

```
SELECT emp.ename, d.loc, e.job
          *
1행  오류:
ORA-00904: "EMP"."ENAME": 부적합한 식별자
```

조인문이 from절부터 실행되면서 emp는 테이블 별칭인 e로 변경되었고 dept도 d로 변경되었습니다. 그러므로 emp.ename이라고 사용할 수 없고, e.ename이라고 작성해야 합니다.

여러 테이블의 데이터를 조인해서 출력하기 ②(NON EQUI JOIN)

- **학습 내용 :** 조인하려는 컬럼들 간의 연결고리가 이퀄(=) 조건이 아닐 때의 방법을 배웁니다.
- **힌트 내용 :** 조인하려는 테이블들 사이의 연결 조건이 이퀄(=) 조건이 아닌 경우에는 BETWEEN .. AND 연산자를 이용한 NON EQUI JOIN을 이용합니다.

사원(EMP) 테이블과 급여 등급(SALGRADE) 테이블을 조인하여 이름, 월급, 급여 등급을 출력해 보겠습니다.

📁 File: 예제_059.txt

```
1 SELECT e.ename, e.sal, s.grade
2   FROM emp e, salgrade s
3   WHERE e.sal between s.losal and s.hisal;
```

출력 결과

ENAME	SAL	GRADE
SMITH	800	1
JAMES	950	1
ADAMS	1100	1
:	:	:
FORD	3000	4
SCOTT	3000	4
KING	5000	5

sagrade 테이블은 급여 등급 테이블입니다. grade는 등급이고 losal은 등급을 나누는 월급 범위의 하단, hisal은 월급 범위의 상단을 나타냅니다. 5등급이 제일 높은 등급입니다.

📁 File: 예제_059-2.txt

```
1 SELECT * FROM salgrade;
```

GRADE	LOSAL	HI3AL
1	700	1200
2	1201	1400
3	1401	2000
4	2001	3000
5	3001	9999

emp 테이블과 salgrade 테이블을 조인해서 이름(ename)과 급여 등급(grade)을 하나의 결과로 출력하고자 합니다. 그런데 emp와 dept 사이의 deptno처럼 동일한 컬럼이 없습니다. 그래서 예제 58번처럼 조인 조건에 equal(=)을 사용하여 equi join을 할 수 없게 되었습니다. 이렇게 조인 조건에 equal 조건을 줄 수 없을 때 사용하는 조인이 non equi join입니다.

두 테이블 사이에 동일한 컬럼은 없지만 비슷한 컬럼이 있습니다. 바로 emp 테이블의 sal 컬럼과 salgrade 테이블의 losal과 hisal 컬럼입니다. **emp 테이블의 월급은 salgrade 테이블의 losal과 hisal 사이에 있습니다.** 이 말을 영작하여 다음과 같이 where절에 조인 조건을 작성하여 두 테이블을 조인합니다.

> File: 예제_059-3.txt

```
1  SELECT e.ename, e.sal, s.grade
2    FROM emp e, salgrade s
3   WHERE e.sal between s.losal and s.hisal;
```

NTILE 분석 함수의 경우 등급을 출력할 때 범위를 더 상세하게 지정할 수 없었습니다. NTILE(5)의 등급이 각각 20%로 지정됩니다. 그러나 SALGRADE 테이블과 EMP 테이블을 조인하게 되면 등급의 범위를 SALGRADE 테이블의 losal과 hisal 컬럼의 데이터에 따라 자유롭게 지정할 수 있습니다.

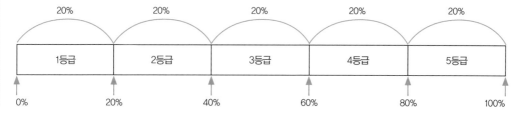

여러 테이블의 데이터를 조인해서 출력하기 ③(OUTER JOIN)

- **학습 내용:** EQUI JOIN으로는 볼 수 없는 결과 데이터를 출력하는 방법을 배웁니다.
- **힌트 내용:** EQUI JOIN으로는 볼 수 없는 결과 데이터를 출력하기 위해서는 OUTER JOIN을 사용합니다.

사원(EMP) 테이블과 부서(DEPT) 테이블을 조인하여 이름과 부서 위치를 출력하는데, BOSTON도 같이 출력되게 해 보겠습니다.

📁 **File: 예제_060.txt**

```
1  SELECT e.ename, d.loc
2    FROM emp e, dept d
3    WHERE e.deptno (+) = d.deptno;
```

출력 결과

ENAME	LOC
KING	NEW YORK
BLAKE	CHICAGO
CLARK	NEW YORK
JONES	DALLAS
MARTIN	CHICAGO
ALLEN	CHICAGO
TURNER	CHICAGO
JAMES	CHICAGO
WARD	CHICAGO
FORD	DALLAS
SMITH	DALLAS
SCOTT	DALLAS
ADAMS	DALLAS
MILLER	NEW YORK
	BOSTON

DEPT 테이블

DEPTNO	DNAME	LOC
10	ACCOUNTING	NEW YORK
20	RESEARCH	DALLAS
30	SALES	CHICAGO
40	OPERATIONS	BOSTON

EQUI JOIN과는 다르게 BOSTON이 출력되고 있습니다.

EQUI JOIN 시 EMP와 DEPT 테이블과의 조인 결과에서는 BOSTON이 출력되지 않았습니다. BOSTON이 출력되지 않은 이유는 EMP 테이블에 40번 부서 번호가 없어서 DEPT 테이블과 조인이 되지 않았기 때문입니다. 그런데 위의 결과와 같이 **"BOSTON에는 사원이 배치되지 않았다"**는 정보를 한눈에 확인하려면 OUTER JOIN을 사용해야 합니다. OUTER JOIN은 기존 EQUI JOIN 문법에 OUTER 조인 사인 (+)만 추가한 것입니다.

OUTER 조인 사인 (+)는 EMP와 DEPT 테이블 중 결과가 덜 나오는 쪽에 붙여줍니다.

```
WHERE e.deptno (+) = d.deptno;
```

위의 결과에서는 EMP 테이블의 ENAME 데이터가 DEPT 테이블의 LOC 데이터보다 모자라게 출력되고 있으므로 EMP 테이블 쪽에 (+)를 붙여줍니다.

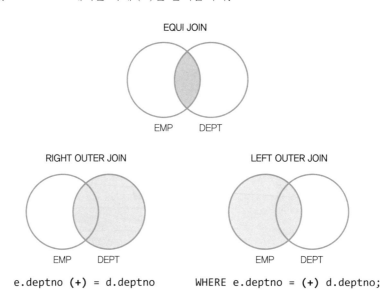

EQUI JOIN

EMP   DEPT

RIGHT OUTER JOIN

EMP   DEPT

e.deptno (+) = d.deptno

LEFT OUTER JOIN

EMP   DEPT

WHERE e.deptno = (+) d.deptno;

EQUI JOIN은 양쪽에 다 존재하는 데이터만 출력합니다. 그러나 RIGHT OUTER JOIN은 DEPT 테이블에는 존재하고 EMP 테이블에 존재하지 않는 데이터도 출력합니다. 그리고 LEFT OUTER JOIN은 EMP 테이블에는 존재하는데 DEPT 테이블에는 존재하지 않는 데이터도 출력합니다.

여러 테이블의 데이터를 조인해서 출력하기 ④(SELF JOIN)

중급
061

- **학습 내용:** 자기 자신의 테이블과 조인하는 방법을 배웁니다.
- **힌트 내용:** 자기 자신의 테이블과 조인하기 위해서는 SELF JOIN을 사용합니다.

사원(EMP) 테이블 자기 자신의 테이블과 조인하여 이름, 직업, 해당 사원의 관리자 이름과 관리자의 직업을 출력해 보겠습니다.

📁 File: 예제_061.txt

```
1  SELECT e.ename as 사원, e.job as 직업, m.ename as 관리자, m.job as 직업
2    FROM emp e, emp m
3   WHERE e.mgr = m.empno and e.job='SALESMAN';
```

출력 결과

사원	직업	관리자	직업
MARTIN	SALESMAN	BLAKE	MANAGER
ALLEN	SALESMAN	BLAKE	MANAGER
TURNER	SALESMAN	BLAKE	MANAGER
WARD	SALESMAN	BLAKE	MANAGER

MARTIN, ALLEN, TURNER, WARD의 관리자는 BLAKE입니다.

다음의 그림을 보면 사장인 KING이 가운데에 있고 KING을 관리자로 두고 있는 KING의 직속 부하 사원들이 BLAKE, JONES, CLARK입니다. 그리고 BLAKE 밑에 직속 부하 사원들이 MARTIN, TURNER, WARD, JAMES, ALLEN입니다. 이를 정하는 기준은 MGR 컬럼입니다. MGR은 해당 사원의 직속 상사의 사원 번호입니다. 직속 상사는 바로 해당 사원의 관리자입니다. KING의 사원 번호인 7839를 MGR번호로 하고 있는 사원들은 BLAKE, CLARK, JONES입니다.

BLAKE의 사원 번호 7698을 MGR 번호로 하고 있는 사원들은 MARTIN, TURNER, WARD, JAMES, ALLEN입니다. 그래서 조인할 때 사원 번호(empno)와 관리자 번호(mgr)가 필요합니다.

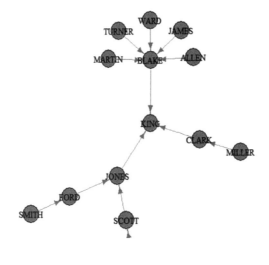

EMPNO	ENAME	MGR
7839	KING	
7698	BLAKE	7839
7782	CLARK	7839
7566	JONES	7839
7654	MARTIN	7698
7499	ALLEN	7698
7844	TURNER	7698
7900	JAMES	7698
7521	WARD	7698
7902	FORD	7566
7369	SMITH	7902
7788	SCOTT	7566
7876	ADAMS	7788
7934	MILLER	7782

FROM절에 사원 테이블을 2개 기술하고 하나는 e로 별칭을 주고 다른 하나는 m으로 별칭을 줍니다. emp 테이블은 사원과 관리자가 섞여서 구성되어 있으므로 emp 테이블은 사원 테이블이라고 할 수 있고 관리자 테이블이라고도 할 수 있습니다. 그래서 사원 테이블을 "e"라고 하고 관리자 테이블을 "m"이라고 별칭을 주었습니다.

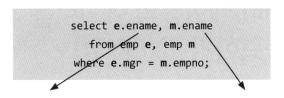

```
select e.ename, m.ename
from emp e, emp m
where e.mgr = m.empno;
```

EMPNO	ENAME	MGR
7839	KING	
7698	BLAKE	7839
7782	CLARK	7839
7566	JONES	7839
7654	MARTIN	7698
7499	ALLEN	7698
7844	TURNER	7698
7900	JAMES	7698
7521	WARD	7698
7902	FORD	7566
7369	SMITH	7902
7788	SCOTT	7566
7876	ADAMS	7788
7934	MILLER	7782

EMPNO	ENAME	MGR
7839	KING	
7698	BLAKE	7839
7782	CLARK	7839
7566	JONES	7839
7654	MARTIN	7698
7499	ALLEN	7698
7844	TURNER	7698
7900	JAMES	7698
7521	WARD	7698
7902	FORD	7566
7369	SMITH	7902
7788	SCOTT	7566
7876	ADAMS	7788
7934	MILLER	7782

사원 테이블 "e"에서 이름(ename)과 관리자 테이블 "m"에서의 이름(ename)을 출력하였습니다.
사원 테이블 emp와 관리자 테이블 emp의 연결고리로는 e.mgr = m.empno가 사용되었습니다.

- **학습 내용:** WHERE절 대신 ON절을 사용하여 조인하는 방법을 배웁니다.
- **힌트 내용:** WHERE절 대신 ON절을 사용하여 조인을 하려면 1999 ANSI 조인 문법을 사용합니다.

ON절을 사용한 조인 방법으로 이름과 직업, 월급, 부서 위치를 출력해 보겠습니다.

📁 File: 예제_062.txt

```
1  SELECT e.ename as 이름, e.job as 직업, e.sal as 월급, d.loc as 부서 위치
2    FROM emp e JOIN dept d
3    ON (e.deptno = d.deptno)
4    WHERE e.job='SALESMAN';
```

출력 결과

이름	직업	월급	부서 위치
MARTIN	SALESMAN	1250	CHICAGO
ALLEN	SALESMAN	1600	CHICAGO
TURNER	SALESMAN	1500	CHICAGO
WARD	SALESMAN	1250	CHICAGO

조인 작성법은 크게 오라클 조인 작성법과 ANSI/ISO SQL:1999 standards 조인 작성법 두 가지로 나뉩니다. 지금까지는 오라클 조인 작성법 4가지를 보았습니다. 예제 62번부터 66번까지는 1999 ANSI 조인 작성법을 소개합니다.

조인 문법의 종류	조인의 종류
오라클 조인	EQUI JOIN
	NON EQUI JOIN
	OUTER JOIN
	SELF JOIN

조인 문법의 종류	조인의 종류
ANSI/ISO SQL:1999 standards	ON절을 사용한 JOIN
	LEFT/RIGHT/FULL OUTER JOIN
	USING절을 사용한 JOIN
	NATURAL JOIN
	CROSS JOIN

ANSI/ISO SQL:1999 standards 조인 작성법은 오라클 9i 버전부터 지원되기 시작했습니다. 오라클 조인과 ANSI/ISO SQL:1999 standards 조인은 작성 SQL의 차이만 있을 뿐 성능의 차이는 없습니다. 일반적으로는 오라클 조인 작성법이 많이 쓰입니다.

EQUI JOIN에서는 WHERE절에 작성했던 조인 조건을 ON절에 작성합니다.   ◆ 3

직업이 SALESMAN인 사원들만 제한하는 검색 조건은 WHERE절에 작성합니다.   ◆ 4

오라클 EQUI JOIN과 ON절을 사용한 조인 작성법의 차이는 다음과 같습니다.

오라클 EQUI JOIN	ON절을 사용한 조인

`SELECT e.ename, d.loc`
`  FROM emp e, dept d`
`  WHERE e.deptno = d.deptno;`
	`SELECT c.ename, d.loc`
	`  FROM emp e JOIN dept d`
	`  ON (e.deptno = d.deptno);`

WHERE절에 작성했던 조인 조건을 ON절에 작성했습니다. 여러 개의 테이블을 조인할 때 조인 작성법의 차이는 다음과 같습니다.

오라클 EQUI JOIN	ON절을 사용한 조인

`SELECT e.ename, d.loc`
`  FROM emp e, dept d, salgrade s`
`  WHERE e.deptno = d.deptno`
`  AND e.sal between s.losal and s.hisal;`
	`SELECT e.ename, d.loc, s.grade`
	`  FROM emp e`
	`  JOIN dept d ON (e.deptno = d.deptno)`
	`  JOIN salgrade s ON (e.sal between s.losal`
	`                        And s.hisal);`

위와 같이 여러 개의 테이블을 조인할 때는 연결고리가 되는 조인 조건을 테이블의 개수에서 하나를 차감해서 기술합니다. (조인 조건의 개수 = 테이블 개수 - 1) 위의 예제에서는 테이블이 3개이므로 조인 조건을 2개 작성하였습니다.

여러 테이블의 데이터를 조인해서 출력하기 ⑥(USING절)

- **학습 내용:** USING절을 사용하여 두 테이블을 조인하여 데이터를 출력하는 방법을 배웁니다.
- **힌트 내용:** WHERE절 대신 USING절을 사용하여 조인하려면 1999 ANSI 문법을 사용합니다.

USING절을 사용한 조인 방법으로 이름, 직업, 월급, 부서 위치를 출력해 보겠습니다.

📁 File: 예제_063.txt

```
1  SELECT e.ename as 이름, e.job as 직업, e.sal as 월급, d.loc as 부서 위치
2    FROM emp e join dept d
3    USING (deptno)
4    WHERE e.job='SALESMAN';
```

출력 결과

이름	직업	월급	부서 위치
MARTIN	SALESMAN	1250	CHICAGO
ALLEN	SALESMAN	1600	CHICAGO
TURNER	SALESMAN	1500	CHICAGO
WARD	SALESMAN	1250	CHICAGO

위의 예제는 WHERE절 대신 USING절을 사용하여 EMP와 DEPT 테이블을 조인하는 쿼리입니다. USING절에는 조인 조건 대신 두 테이블을 연결할 때 사용할 컬럼인 DEPTNO만 기술하면 됩니다. DEPTNO 앞에는 테이블명이나 테이블 별칭을 사용할 수 없습니다. 사용하게 되면 다음과 같이 오류가 발생합니다.

```
SQL> SELECT e.ename as 이름, e.job as 직업, e.sal as 월급, d.loc as 부서 위치
         FROM emp e join dept d
         USING (e.deptno)
```

```
      WHERE e.job='SALESMAN';
      WHERE e.job='SALESMAN'
         *
ORA-01748: 열명 그 자체만 사용할 수 있습니다.
```

오라클 EQUI JOIN과 USING절을 사용한 작성법의 차이는 다음과 같습니다.

오라클 EQUI JOIN	USING절을 사용한 조인

SELECT e.ename, d.loc
  FROM emp e, dept d
  WHERE e.deptno = d.deptno;
	SELECT e.ename, d.loc
	  FROM emp e JOIN dept d
	  USING (deptno);

USING절에는 반드시 괄호를 사용해야 합니다. 괄호를 사용하지 않으면 다음과 같이 에러가 발생합니다.

```
SQL> SELECT e.ename as 이름, e.job as 직업, e.sal as 월급, d.loc as 부서 위치
     FROM emp e join dept d
     USING deptno
     WHERE e.job='SALESMAN';
     WHERE e.job='SALESMAN'
          *
4행 오류:
ORA-00906: 누락된 좌괄호
```

USING절을 사용하여 여러 개의 테이블을 조인하려면 다음과 같이 emp와 조인하는 테이블명 다음에 USING절을 사용하면 됩니다.

오라클 EQUI JOIN	USING절을 사용한 조인

SELECT e.ename, d.loc
  FROM emp e, dept d, salgrade s
  WHERE e.deptno = d.deptno
  AND e.sal between s.losal and s.hisal;
	SELECT e.ename, d.loc, s.grade
	  FROM emp e
	  JOIN dept d USING (deptno)
	  JOIN salgrade s ON (e.sal between s.losal
	                          and s.hisal);

여러 테이블의 데이터를 조인해서 출력하기 ⑦(NATURAL JOIN)

- **학습 내용:** 조인 조건을 주지 않고 EQUI 조인하는 방법을 학습합니다.
- **힌트 내용:** 조인 조건을 주지 않고 EQUI 조인을 하려면 NATURAL 조인을 사용합니다.

NATURAL 조인 방법으로 이름, 직업, 월급과 부서 위치를 출력해 보겠습니다.

📂 File: 예제_064.txt

```
1  SELECT e.ename as 이름, e.job as 직업, e.sal as 월급, d.loc as 부서 위치
2    FROM emp e natural join dept d
3   WHERE e.job='SALESMAN';
```

출력 결과

이름	직업	월급	부서 위치
MARTIN	SALESMAN	1250	CHICAGO
ALLEN	SALESMAN	1600	CHICAGO
TURNER	SALESMAN	1500	CHICAGO
WARD	SALESMAN	1250	CHICAGO

위의 예제는 조인 조건을 명시적으로 작성하지 않아도 FROM절에 EMP와 DEPT 사이에 NATURAL JOIN하겠다고 기술하면 조인이 되는 쿼리입니다. 두 테이블에 둘 다 존재하는 동일한 컬럼을 기반으로 암시적인 조인을 수행합니다. 둘 다 존재하는 동일한 컬럼인 DPETNO를 오라클이 알아서 찾아 이를 이용하여 조인을 수행합니다. 이때 다음과 같이 WHERE절에 조건을 기술할 때 조인의 연결고리가 되는 컬럼인 DEPTNO는 테이블명을 테이블 별칭 없이 기술해야 합니다. 테이블 별칭을 사용하게 되면 다음과 같이 오류가 발생합니다.

```
SQL> SELECT e.ename as 이름, e.job as 직업, e.sal as 월급, d.loc as 부서 위치
      FROM emp e natural join dept d
      WHERE e.job='SALESMAN' and e.deptno = 30;
      WHERE e.job='SALESMAN' and e.deptno= 30
                                  *
3행 오류:
ORA-25155: NATURAL 조인에 사용된 열은 식별자를 가질 수 없음
```

다음과 같이 테이블 별칭 없이 작성해야 에러 없이 수행됩니다.

📁 File: 예제_064-2.txt

```
1 SELECT e.ename as 이름, e.job as 직업, e.sal as 월급, d.loc as 부서 위치
2    FROM emp e natural join dept d
3    WHERE e.job='SALESMAN' and deptno = 30;
```

출력 결과

이름	직업	월급	부서 위치
MARTIN	SALESMAN	1250	CHICAGO
ALLEN	SALESMAN	1600	CHICAGO
TURNER	SALESMAN	1500	CHICAGO
WARD	SALESMAN	1250	CHICAGO

여러 테이블의 데이터를 조인해서 출력하기 ⑧(LEFT/RIGHT OUTER JOIN)

- **학습 내용:** EQUI JOIN으로 조인이 안 되는 데이터를 출력하는 방법을 배웁니다.
- **힌트 내용:** EQUI JOIN으로 조인이 안 되는 결과를 출력하기 위해서는 left/right/full outer join을 사용합니다.

RIGHT OUTER 조인 방법으로 이름, 직업, 월급, 부서 위치를 출력해 보겠습니다.

File: 예제_065.txt

```
1 SELECT e.ename as 이름, e.job as 직업, e.sal as 월급, d.loc as 부서 위치
2   FROM emp e RIGHT OUTER JOIN dept d
3   ON (e.deptno = d.deptno);
```

출력 결과

이름	직업	월급	부서 위치
KING	PRESIDENT	5000	NEW YORK
BLAKE	MANAGER	2850	CHICAGO
CLARK	MANAGER	2450	NEW YORK
JONES	MANAGER	2975	DALLAS
MARTIN	SALESMAN	1250	CHICAGO
ALLEN	SALESMAN	1600	CHICAGO
TURNER	SALESMAN	1500	CHICAGO
JAMES	CLERK	950	CHICAGO
WARD	SALESMAN	1250	CHICAGO
FORD	ANALYST	3000	DALLAS
SMITH	CLERK	800	DALLAS
SCOTT	ANALYST	3000	DALLAS
ADAMS	CLERK	1100	DALLAS
MILLER	CLERK	1300	NEW YORK
			BOSTON

위의 예제는 오라클 조인 작성법 중 OUTER 조인을 1999 ANSI/ISO JOIN의 RIGHT OUTER JOIN으로 작성한 SQL입니다. RIGHT OUTER JOIN을 그래프로 시각화하면 다음과 같습니다.

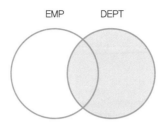

EMP와 DPET를 조인할 때 오른쪽의 DEPT 테이블의 데이터는 전부 출력됩니다.

오라클 아우터 조인과 1999 ANSI/ISO 조인 SQL 작성법 차이는 다음과 같습니다.

오라클 OUTER JOIN	1999 ANSI/ISO RIGHT OUTER JOIN

SELECT e.ename, d.loc
  FROM emp e, dept d
  WHERE e.deptno (+) = d.deptno;
	SELECT e.ename, d.loc
	  FROM emp e RIGHT OUTER JOIN dept d
	  ON (e.deptno = d.deptno);

LEFT OUTER JOIN을 수행하기 위해 DEPT 테이블에는 없는 부서 번호 50번을 다음과 같이 사원 테이블에 입력합니다.

```
SQL> INSERT INTO emp(empno, ename, sal, job, deptno)
        VALUES(8282, 'JACK', 3000, 'ANALYST', 50) ;
1개의 행이 만들어졌습니다.
```

다음과 같이 1999 ANSI/ISO의 LEFT OUTER JOIN을 수행합니다.

📁 File: 예제_065-2.txt

```
1 SELECT e.ename as 이름, e.job as 직업, e.sal as 월급, d.loc as 부서 위치
2   FROM emp e LEFT OUTER JOIN dept d
3   ON (e.deptno = d.deptno);
```

이름	직업	월급	부서 위치
KING	PRESIDENT	5000	NEW YORK
CLARK	MANAGER	2450	NEW YORK
⋮	⋮	⋮	⋮
JAMES	CLERK	950	CHICAGO
WARD	SALESMAN	1250	CHICAGO
JACK	ANALYST	3000	

15개의 행이 출력되었습니다.

EMP 테이블에 데이터는 전부 출력되었습니다. DPET 테이블에는 70번이 존재하지 않아 부서 위치가 NULL로 출력되었습니다.

오라클 OUTER 조인과 1999 ANSI/ISO SQL의 LEFT OUTER JOIN 작성법 차이는 다음과 같습니다.

오라클 OUTER JOIN	1999 ANSI/ISO LEFT OUTER JOIN
| ```
SELECT e.ename, d.loc
  FROM emp e, dept d
  WHERE e.deptno =d.deptno (+);
``` | ```
SELECT e.ename, d.loc
  FROM emp e LEFT OUTER JOIN dept d
  ON (e.deptno = d.deptno);
``` |

오라클 OUTER 조인의 아우터 조인 사인 (+)는 데이터가 덜 출력되는 쪽에 붙여줍니다. 다음의 벤다이어그램 그래프는 LEFT OUTER JOIN을 시각화한 것입니다. EMP 테이블에 존재하는 데이터는 전부 출력되고 있습니다.

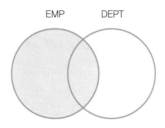

여러 테이블의 데이터를 조인해서 출력하기 ⑨(FULL OUTER JOIN)

• **학습 내용:** LEFT OUTER JOIN과 RIGHT OUTER JOIN을 한 번에 수행하는 방법을 배웁니다.
• **힌트 내용:** LEFT OUTER JOIN과 RIGHT OUTER JOIN을 한 번에 수행하기 위해서는 FULL OUTER JOIN을 사용합니다.

FULL OUTER 조인 방법으로 이름, 직업, 월급, 부서 위치를 출력해 보겠습니다.

📁 File: 예제_066.txt

```
1  SELECT e.ename as 이름, e.job as 직업, e.sal as 월급, d.loc as 부서 위치
2    FROM emp e FULL OUTER JOIN dept d
3    ON (e.deptno = d.deptno);
```

출력 결과

이름	직업	월급	부서 위치
KING	PRESIDENT	5000	NEW YORK
BLAKE	MANAGER	2850	CHICAGO
CLARK	MANAGER	2450	NEW YORK
JONES	MANAGER	2975	DALLAS
MARTIN	SALESMAN	1250	CHICAGO
ALLEN	SALESMAN	1600	CHICAGO
TURNER	SALESMAN	1500	CHICAGO
JAMES	CLERK	950	CHICAGO
WARD	SALESMAN	1250	CHICAGO
FORD	ANALYST	3000	DALLAS
SMITH	CLERK	800	DALLAS
SCOTT	ANALYST	3000	DALLAS
ADAMS	CLERK	1100	DALLAS
MILLER	CLERK	1300	NEW YORK
JACK	ANALYST	3000	
			BOSTON

위의 예제는 RIGHT OUTER JOIN과 LEFT OUTER JOIN을 한 번에 수행하여 출력하는 쿼리입니다. EMP 테이블에만 있는 부서 번호 50번인 JACK 데이터와 DEPT 테이블에만 있는 부서 번호 40번에 대한 데이터인 BOSTON을 출력하며 조인하고 있습니다.

오라클 조인 작성법으로 아우터 조인을 작성할 때 다음과 같이 아우터 조인 사인 (+)를 양쪽에 작성하여 수행하면 다음과 같은 에러가 발생합니다.

```
SQL> SELECT e.ename, d.loc
        FROM emp e, dept d
        WHERE e.deptno (+)=d.deptno (+);
                     *
3행 오류:
ORA-01468: outer-join된 테이블은 1개만 지정할 수 있습니다.
```

이런 경우에는 1999 ANSI/ISO 조인 작성법 중 FULL OUTER JOIN을 사용하면 됩니다. FULL OUTER JOIN을 벤다이어그램 그래프로 시각화하면 다음과 같습니다.

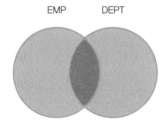

FULL OUTER JOIN을 사용하지 않고 동일한 결과를 출력하려면 다음과 같이 쿼리를 작성해야 합니다.

File: 예제_066-2.txt

```
1 SELECT e.ename as 이름, e.job as 직업, e.sal as 월급, d.loc as 부서 위치
2   FROM emp e LEFT OUTER JOIN dept d
3   ON (e.deptno = d.deptno)
4 UNION
5 SELECT e.ename, e.job,  e.sal, d.loc
6   FROM emp e RIGHT OUTER JOIN dept d
7   ON (e.deptno = d.deptno);
```

집합 연산자로 데이터를 위아래로 연결하기 ①(UNION ALL)

- **학습 내용:** 여러 개의 쿼리 결과 데이터를 위아래로 하나의 결과로 출력하는 방법을 배웁니다.
- **힌트 내용:** 여러 개의 쿼리 결과 데이터를 위아래로 하나의 결과로 출력하려면 집합 연산자인 UNION ALL을 사용합니다.

부서 번호와 부서 번호별 토탈 월급을 출력하는데, 맨 아래쪽 행에 토탈 월급을 출력해 보겠습니다.

📁 File: 예제_067.txt

```
1  SELECT deptno, sum(sal)
2    FROM emp
3    GROUP BY deptno
4  UNION ALL
5  SELECT TO_NUMBER(null) as deptno, sum(sal)
6    FROM emp;
```

출력 결과

DEPTNO	SUM(SAL)
30	9400
10	8750
20	10875
	29025

UNION ALLL 연산자는 위아래의 쿼리 결과를 하나의 결과로 출력하는 집합 연산자입니다. 위의 예제는 UNION ALL 집합 연산자를 이용하여 부서 번호와 부서 번호별 토탈 월급을 출력하는 **위쪽 쿼리**의 결과와 전체 토탈 월급을 출력하는 **아래쪽 쿼리**의 결과를 하나의 결과로 출력하는 예제입니다. 집합 연산자를 작성할 때 주의사항은 다음과 같습니다.

집합 연산자 작성 시 주의사항
UNION ALL 위쪽 쿼리와 아래쪽 쿼리 컬럼의 개수가 동일해야 합니다.
UNION ALL 위쪽 쿼리와 아래쪽 쿼리 컬럼의 데이터 타입이 동일해야 합니다.
결과로 출력되는 컬럼명은 위쪽 쿼리의 컬럼명으로 출력됩니다.
ORDER BY절은 제일 아래쪽 쿼리에만 작성할 수 있습니다.

TO_NUMBER(null)은 UNION ALL 위쪽 쿼리 DEPTNO의 데이터 유형이 숫자이기 때문에 TO_NUMBER를 사용하여 숫자형으로 동일하게 맞춰 주었습니다.

195

UNION ALL은 위쪽 쿼리의 결과와 아래쪽 쿼리의 결과를 그대로 출력하며 위아래를 붙여 출력해 줍니다. 위쪽 쿼리의 결과 데이터와 아래쪽 쿼리의 결과 데이터 중 동일한 데이터가 있어도 중복을 제거하지 않고 그대로 출력합니다. 예를 들어, 다음과 같이 A 집합과 B 집합이 있으면 A 집합과 B 집합의 합집합을 출력하는 집합 연산자는 UNION ALL입니다.

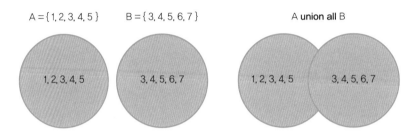

다음과 같이 A 테이블과 B 테이블을 생성하고 A 테이블과 B테이블의 합집합을 출력합니다.

📁 File: 예제_067-2.txt

TABLE A 생성 스크립트	TABLE B 생성 스크립트
CREATE TABLE A (COL1 NUMBER(10)); INSERT INTO A VALUES(1); INSERT INTO A VALUES(2); INSERT INTO A VALUES(3); INSERT INTO A VALUES(4); INSERT INTO A VALUES(5);	CREATE TABLE B (COL1 NUMBER(10)); INSERT INTO A VALUES(3); INSERT INTO A VALUES(4); INSERT INTO A VALUES(5); INSERT INTO A VALUES(6); INSERT INTO A VALUES(7);

UNION ALL	결과
SELECT COL1 FROM A UNION ALL SELECT COL1 FROM B;	DEPTNO
	1
	2
	3
	4
	5
	3
	4
	5
	6
	7

집합 연산자로 데이터를 위아래로 연결하기 ②(UNION)

- **학습 내용 :** 여러 개의 쿼리 결과 데이터를 위아래 하나의 결과로 출력하는 방법을 배웁니다.
- **힌트 내용 :** 여러 개의 쿼리 결과 데이터를 위아래 하나의 결과로 출력하면서 중복된 데이터를 제거하려면 집합 연산자인 UNION을 사용합니다.

부서 번호와 부서 번호별 토탈 월급을 출력하는데, 맨 아래 행에 토탈 월급을 출력해 보겠습니다.

📁 File: 예제_068.txt

```
1  SELECT deptno, sum(sal)
2    FROM emp
3    GROUP BY deptno
4  UNION
5  SELECT null as deptno, sum(sal)
6    FROM emp;
```

출력 결과

DEPTNO	SUM(SAL)
10	9400
20	8750
30	10875
	29025

위의 예제는 UNION 연산자를 이용하여 두 개의 쿼리를 결과를 위아래로 이어 붙여 출력하는 쿼리입니다. 출력된 결과를 보면 UNION ALL과는 다르게 부서 번호가 내림차순으로 정렬되었습니다. UNION 연산자가 UNION ALL과 다른 점은 두 가지입니다.

UNION 연산자가 UNION ALL과 다른 점
중복된 데이터를 하나의 고유한 값으로 출력합니다.
첫 번째 컬럼의 데이터를 기준으로 내림차순으로 정렬하여 출력합니다.

UNION 집합 연산자를 벤다이어그램 그래프로 표현하면 다음과 같습니다.

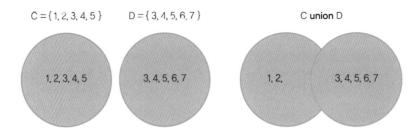

C = { 1, 2, 3, 4, 5 }   D = { 3, 4, 5, 6, 7 }   C union D

1, 2, 3, 4, 5   3, 4, 5, 6, 7   1, 2,   3, 4, 5, 6, 7

UNION ALL과는 다르게 C 집합과 D 집합의 중복된 데이터인 3, 4, 5가 한 번만 출력됩니다.

테이블 C와 테이블 D를 생성하여 UNION 합집합을 한 결과는 다음과 같습니다.

File: 예제_068-2.txt

TABLE C 생성 스크립트	TABLE D 생성 스크립트
| ```
CREATE TABLE C (COL1 NUMBER(10));
INSERT INTO C VALUES(1);
INSERT INTO C VALUES(2);
INSERT INTO C VALUES(3);
INSERT INTO C VALUES(4);
INSERT INTO C VALUES(5);
``` | ```
CREATE TABLE D (COL1 NUMBER(10));
INSERT INTO D VALUES(3);
INSERT INTO D VALUES(4);
INSERT INTO D VALUES(5);
INSERT INTO D VALUES(6);
INSERT INTO D VALUES(7);
``` |

UNION	결과
| ```
SELECT COL1 FROM C
UNION
SELECT COL1 FROM D;
``` | COL1 |
	1
	2
	3
	4
	5
	6
	7

중복된 데이터가 제거되고 결과 데이터가 내림차순으로 정렬되어 출력되었습니다.
```

집합 연산자로 데이터의 교집합을 출력하기(INTERSECT)

- **학습 내용**: 두 테이블 간에 교집합 데이터를 출력하는 방법을 배웁니다.
- **힌트 내용**: 두 테이블 간에 교집합 데이터를 출력하기 위해서는 INTERSECT를 사용합니다.

부서 번호 10번, 20번인 사원들을 출력하는 쿼리의 결과와 부서 번호 20번, 30번을 출력하는 쿼리 결과의 교집합을 출력해 보겠습니다.

File: 예제_069.txt

```
1 SELECT ename, sal, job, deptno
2   FROM emp
3  WHERE deptno in (10,20)
4 INTERSECT
5 SELECT ename, sal, job, deptno
6   FROM emp
7  WHERE deptno in (20,30);
```

출력 결과

ENAME	SAL	JOB	DEPTNO
ADAMS	1100	CLERK	20
FORD	3000	ANALYST	20
JONES	2975	MANAGER	20
SCOTT	3000	ANALYST	20
SMITH	800	CLERK	20

위의 예제는 INTERSECT 위쪽 쿼리인 부서 번호 10번과 20번인 사원들에 대한 데이터와 INTERSECT 아래쪽 쿼리의 부서 번호 20번과 30번에 대한 데이터 간의 교집합인 20번 데이터를 출력하는 쿼리입니다.

INTERSECT를 벤다이어그램 그래프로 표현하면 다음과 같습니다.

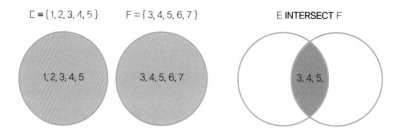

테이블 E와 테이블 F를 생성하여 INTERSECT 교집합을 한 결과는 다음과 같습니다.

File: 예제_069-2.txt

TABLE E 생성 스크립트	TABLE F 생성 스크립트
CREATE TABLE E (COL1 NUMBER(10)); INSERT INTO E VALUES(1); INSERT INTO E VALUES(2); INSERT INTO E VALUES(3); INSERT INTO E VALUES(4); INSERT INTO E VALUES(5);	CREATE TABLE F (COL1 NUMBER(10)); INSERT INTO F VALUES(3); INSERT INTO F VALUES(4); INSERT INTO F VALUES(5); INSERT INTO F VALUES(6); INSERT INTO F VALUES(7);

INTERSECT	결과
SELECT COL1 FROM E INTERSECT SELECT COL1 FROM F;	COL1
	3
	4
	5

INTERSECT 연산자도 UNION 연산자처럼 중복된 데이터를 제거하고 결과 데이터를 내림차순으로 정렬해서 출력했습니다.

집합 연산자로 데이터의 차이를 출력하기(MINUS)

중급

070

- **학습 내용:** 두 테이블 간의 데이터 차이를 출력하는 방법을 배웁니다.
- **힌트 내용:** 두 테이블 간의 데이터 차이를 출력하려면 MINUS 연산자를 사용합니다.

부서 번호 10번, 20번을 출력하는 쿼리의 결과에서 부서 번호 20번, 30번을 출력하는 쿼리의 결과 차이를 출력해 보겠습니다.

📁 File: 예제_070.txt

```
1  SELECT ename, sal, job, deptno
2    FROM emp
3    WHERE deptno in (10,20)
4  MINUS
5  SELECT ename, sal, job, deptno
6    FROM emp
7    WHERE deptno in (20,30);
```

출력 결과

ENAME	SAL	JOB	DEPTNO
CLARK	2450	MANAGER	10
KING	5000	PRESIDENT	10
MILLER	1300	CLERK	10

위의 예제는 MINUS 연산자를 이용하여 MINUS 연산자 위쪽 쿼리의 결과 데이터에서 MINUS 아래쪽 쿼리의 결과 데이터의 차이를 출력하는 쿼리입니다.

MINUS를 벤다이어그램 그래프로 표현하면 다음과 같습니다.

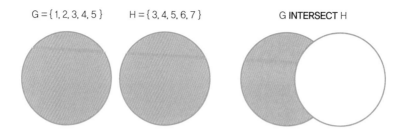

$G = \{1, 2, 3, 4, 5\}$　　　$H = \{3, 4, 5, 6, 7\}$　　　G INTERSECT H

G 집합에서 H 집합의 차집합은 1, 2입니다. 반대로 H 집합에서 G 집합의 차집합은 6, 7입니다. 테이블 G와 테이블 H를 생성하여 MINUS 차집합을 한 결과는 다음과 같습니다.

📁 File: 예제_070-2.txt

TABLE G 생성 스크립트	TABLE H 생성 스크립트
| ```
CREATE TABLE G (COL1 NUMBER(10));
INSERT INTO G VALUES(1);
INSERT INTO G VALUES(2);
INSERT INTO G VALUES(3);
INSERT INTO G VALUES(4);
INSERT INTO G VALUES(5);
``` | ```
CREATE TABLE H (COL1 NUMBER(10));
INSERT INTO H VALUES(3);
INSERT INTO H VALUES(4);
INSERT INTO H VALUES(5);
INSERT INTO H VALUES(6);
INSERT INTO H VALUES(7);
``` |

MINUS	결과
| ```
SELECT COL1 FROM G
MINUS
SELECT COL1 FROM H;
``` | COL1<br>1<br>2 |

MINUS 연산자도 결과 데이터를 내림차순으로 정렬해서 출력합니다. 집합 연산자에 결과 데이터의 정렬 유무와 중복 제거 유무를 정리하면 다음과 같습니다. 합집합의 결과를 출력할 경우 군이 데이터를 정렬할 필요가 없고, 중복을 제거해서 출력할 필요가 없다면 UNION ALL을 사용하는 것이 검색 성능을 더 높일 수 있습니다.

집합 연산자	결과 데이터 정렬	중복 제거
UNION ALL	X	X
UNION	O	O
INTERSECT	O	O
MINUS	O	O

O : 수행함, X : 수행 안 함
```

- **학습 내용:** 특정 쿼리에서 검색한 값을 다른 쿼리에서 받아 검색하는 방법을 배웁니다.
- **힌트 내용:** 특정 쿼리에서 검색한 값을 다른 쿼리에서 받아 검색하려면 서브 쿼리를 사용해야 합니다.

JONES보다 더 많은 월급을 받는 사원들의 이름과 월급을 출력해 보겠습니다.

📂 File: 예제_071.txt

```
1 SELECT ename, sal
2   FROM emp
3   WHERE sal > (SELECT sal
4                   FROM EMP
5                   WHERE ename='JONES');
```

출력 결과

ENAME	SAL
KING	5000
FORD	3000
SCOTT	3000

JONES보다 더 많은 월급을 받는 사원들을 검색하려면 먼저 JONES의 월급이 얼마인지를 알아
야 합니다. JONES이 월급을 검색히는 쿼리는 다음과 같습니다.

```
SQL> SELECT sal
       FROM emp                                           2975
       WHERE ename='JONES';
```

JONES의 월급인 2975를 가지고 이 보다 높은 사원들의 이름과 월급을 출력합니다.

```
SQL> SELECT ename, sal
       FROM emp
       WHERE sal > 2975;
```

ENAME	SAL
KING	5000
FORD	3000
SCOTT	3000

위와 같이 쿼리를 두 번을 수행해야 결과를 볼 수 있습니다. 그런데 서브쿼리문을 사용하면 다음과 같이 한 번에 결과를 출력할 수 있습니다.

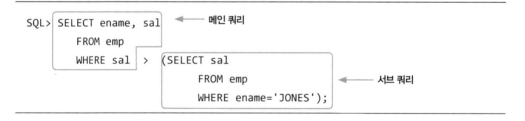

```
SQL> SELECT ename, sal          ◄── 메인 쿼리
       FROM emp
       WHERE sal  >  (SELECT sal
                        FROM emp        ◄── 서브 쿼리
                        WHERE ename='JONES');
```

괄호로 감싸준 쿼리문이 서브(sub) 쿼리입니다. JONES의 월급을 출력하는 쿼리문을 메인 쿼리 다음에 작성하여 한 번에 수행합니다.

다음은 SCOTT과 같은 월급을 받는 사원들의 이름과 월급을 출력하는 쿼리입니다.

```
SQL> SELECT ename, sal
       FROM emp
       WHERE sal = (SELECT sal
                      FROM emp
                      WHERE ename='SCOTT');
```

ENAME	SAL
FORD	3000
SCOTT	3000

결과를 보면 SCOTT도 같이 출력되었습니다. SCOTT이 출력되지 않게 하려면 다음과 같이 메인 쿼리에 조건을 주면 됩니다.

```
SQL> SELECT ename, sal
     FROM emp
     WHERE sal = (SELECT sal
                  FROM emp
                  WHERE ename='SCOTT')
     AND ename !='SCOTT';
```

ENAME	SAL
FORD	3000

AND ename !='SCOTT' 조건은 메인 쿼리입니다. 서브 쿼리는 괄호 안이 서브 쿼리입니다.

서브 쿼리 사용하기 ②
(다중 행 서브쿼리)

- **학습 내용 :** 특정 쿼리에서 검색한 여러 개의 값을 다른 쿼리에서 받아 검색하는 방법을 배웁니다.
- **힌트 내용 :** 특정 쿼리에서 검색한 여러 개의 값을 다른 쿼리에서 받아 검색하려면 다중 행 서브 쿼리를
  사용해야합니다.

직업이 SALESMAN인 사원들과 같은 월급을 받는 사원들의 이름과 월급을 출력해 보겠습니다.

📂 File: 예제_072.txt

```
1 SELECT ename, sal
2   FROM emp
3   WHERE sal in (SELECT sal
4                   FROM emp
5                   WHERE job='SALESMAN');
```

출력 결과

ENAME	SAL
MARTIN	1250
WARD	1250
ALLEN	1600
TURNER	1500

직업이 SALESMAN인 사원들이 한 명이 아니라 여러 명이기 때문에 이퀄(=)을 사용하면 에러
가 발생합니다.

```
SQL> SELECT ename, sal
       FROM emp
       WHERE sal = (SELECT sal
                     FROM emp
```

```
                    WHERE job='SALESMAN');
    WHERE sal = (SELECT sal
                    *
    3행 오류:
    ORA-01427: 단일 행 하위 질의에 2개 이상의 행이 리턴되었습니다.
```

이럴 때는 in 연산자를 사용해야 합니다. 서브 쿼리에서 메인 쿼리로 하나의 값이 아니라 여러 개의 값이 반환되는 것을 다중 행 서브 쿼리라고 합니다.

종류	설명
단일 행 서브 쿼리	서브 쿼리에서 메인 쿼리로 하나의 값이 반환됨
다중 행 서브 쿼리	서브 쿼리에서 메인 쿼리로 여러 개의 값이 반환됨
다중 컬럼 서브 쿼리	서브 쿼리에서 메인 쿼리로 여러 개의 컬럼 값이 반환됨

서브 쿼리의 종류에 따라 사용되는 연산자도 다릅니다.

종류	연산자
단일 행 서브 쿼리	=, !=, ⟩, ⟨ ⟩=, ⟨=
다중 행 서브 쿼리	In, not in, ⟩any, ⟨any, ⟩all, ⟨all

다중 행 서브 쿼리의 연산자에 대한 상세한 정의는 다음과 같습니다.

연산자	설명
In	리스트의 값과 동일하다.
Not in	리스트의 값과 동일 하지 않다.
⟩all	리스트에서 가장 큰 값보다 크다
⟩any	리스트에서 가장 작은 값보다 크다
⟨all	리스트에서 가장 작은 값보다 작다
⟨any	리스트에서 가장 큰 값보다 작다.

서브 쿼리 사용하기 ③(NOT IN)

- **학습 내용:** 특정 쿼리에서 검색한 데이터 중 다른 쿼리에 없는 데이터를 검색하는 방법을 배웁니다.
- **힌트 내용:** 특정 쿼리에서 검색한 데이터 중 다른 쿼리에 없는 데이터를 검색하려면 NOT IN 연산자를 사용합니다.

관리자가 아닌 사원들의 이름과 월급과 직업을 출력해 보겠습니다.

📂 File: 예제_073.txt

```
1  SELECT ename, sal, job
2    FROM emp
3    WHERE empno not in (SELECT mgr
4                          FROM emp
5                          WHERE mgr is not null);
```

출력 결과

ENAME	SAL	JOB
ADAMS	1100	CLERK
WARD	1250	SALESMAN
ALLEN	1600	SALESMAN
JAMES	950	CLERK
SMITH	800	CLERK
MILLER	1300	CLERK
MARTIN	1250	SALESMAN
TURNER	1500	SALESMAN

위의 예제는 자기 밑에 직속 부하 사원이 한 명도 없는 사원들을 출력하는 쿼리입니다. 자기 밑에 직속 부하가 한 명도 없는 사원은 사원 번호(EMPNO)가 관리자 번호(MGR)가 아닌 사원들입니다.

NOT IN 연산자를 사용하여 관리자 번호가 아닌 사원들을 검색합니다. 서브 쿼리문이 먼저 실 ◆ 3
행되었다고 가정하고 위의 쿼리문을 작성하면 다음과 같습니다.

```
SQL> SELECT ename, sal, job
        FROM emp
        WHERE empno not in (7839, 7698, 7902, 7566, 7788, 7782);
```

서브 쿼리문의 WHERE절에 mgr is not null을 사용하지 않고 실행하면 다음과 같이 결과가 출 ◆ 5
력되지 않습니다.

```
SQL> SELECT ename, sal, job
        FROM emp
        WHERE empno not in (SELECT mgr
                                    FROM emp);
선택된 레코드가 없습니다.
```

선택된 레코드가 없다고 나오는 이유는 mgr 컬럼에 NULL 값이 있기 때문입니다. NOT IN을
사용할 경우 서브 쿼리에서 메인 쿼리로 NULL 값이 하나라도 리턴되면 결과가 출력되지 않습
니다. 왜냐하면 NOT IN으로 작성한 서브 쿼리문은 다음의 SQL과 같기 때문입니다.

```
SQL> SELECT ename, sal, job
        FROM emp
        WHERE empno != 7839 AND empno != 7698 AND empno != 7902
        AND empno != 7566 AND empno != 7566 AND empno != 7788
        AND empno != 7782 AND empno != NULL;
```

WHERE절을 논리 연산자를 사용하여 고쳐 쓰면 다음과 같습니다.

TRUE AND TRUE AND TRUE AND TRUE AND TRUE AND TRUE AND TRUE AND **NULL**

위의 결과는 NULL입니다. 전체가 NULL이 되어버려 결과가 출력되지 않았습니다. 그래서 서
브 쿼리문에서 NOT IN을 사용할 때는 반드시 서브 쿼리문에서 메인 쿼리문으로 NULL 값이
리턴되지 않게 해야 합니다.

서브 쿼리 사용하기 ④ (EXISTS와 NOT EXISTS)

- **학습 내용 :** 특정 테이블의 데이터가 다른 테이블에도 존재하는지 여부를 확인하는 방법을 배웁니다.
- **힌트 내용 :** exists와 not exists문을 사용합니다.

부서 테이블에 있는 부서 번호 중에서 사원 테이블에도 존재하는 부서 번호의 부서 번호, 부서 명, 부서 위치를 출력해 보겠습니다.

📁 File: 예제_074.txt

```
1  SELECT *
2    FROM dept d
3    WHERE EXISTS (SELECT *
4                    FROM emp e
5                   WHERE e.deptno = d.deptno);
```

출력 결과

DEPTNO	DNAME	LOC
10	ACCOUNTING	NEW YORK
30	SALES	CHICAGO
20	RESEARCH	DALLAS

테이블 A에 존재하는 데이터가 테이블 B에 존재하는지 여부를 확인할 때 EXISTS 또는 NOT EXISTS를 사용합니다. 위의 예제는 DEPT 테이블에 존재하는 부서 번호가 EMP 테이블에도 존재하는지 검색하는 쿼리입니다.

3 ◆ WHERE절 바로 다음에 EXISTS문을 작성합니다. 따로 컬럼명을 기술하지 않습니다.

5 ◆ e.deptno = d.deptno 조건에 의하여 emp 테이블의 부서 번호가 dept 테이블에도 존재하는지 검색하게 됩니다.

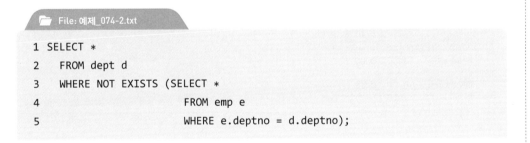

DEPT 테이블의 10번이 EMP 테이블에도 존재하는지 처음부터 검색합니다. 존재하면 10번 CLARK 뒤로 더 이상 스캔하지 않습니다. 존재하는지 확인되었으므로 더 이상 읽지 않습니다. 그 다음 DEPT 테이블에서 20번이 EMP 테이블에 존재하는지 확인합니다. 첫 번째 행에서 확인되었습니다. 이렇게 30번, 40번을 똑같이 검색하여 존재 여부를 확인합니다. 존재 여부만 확인하면 되기 때문에 EMP 테이블의 데이터가 아무리 많아도 처음부터 스캔하다가 부서 번호가 존재하기만 하면 스캔을 멈춥니다.

DEPT 테이블에는 존재하는 부서 번호인데 EMP 테이블에 존재하지 않는 데이터를 검색할 때는 다음과 같이 NOT EXISTS문을 사용합니다.

📂 File: 예제_074-2.txt

```
1  SELECT *
2    FROM dept d
3   WHERE NOT EXISTS (SELECT *
4                       FROM emp e
5                      WHERE e.deptno = d.deptno);
```

출력 결과

DEPTNO	DNAME	LOC
40	OPERATIONS	BOSTON

서브 쿼리 사용하기 ⑤ (HAVING절의 서브 쿼리)

- **학습 내용:** 그룹 함수로 검색된 데이터 간의 비교 방법을 학습합니다.
- **힌트 내용:** HAVING절에 서브 쿼리문을 사용합니다.

직업과 직업별 토탈 월급을 출력하는데, 직업이 SALESMAN인 사원들의 토탈 월급보다 더 큰 값 들만 출력해 보겠습니다.

📁 File: 예제_075.txt

```
1 SELECT job, sum(sal)
2   FROM emp
3   GROUP BY job
4   HAVING sum(sal) > (SELECT sum(sal)
5                        FROM emp
6                        WHERE job='SALESMAN');
```

출력 결과

JOB	SUM(SAL)
ANALYST	6000
MANAGER	8275

1~3 ◆ 직업과 직업별 토탈 월급을 출력하는 메인 쿼리문입니다.

4 ◆ 그룹 함수로 검색 조건을 작성할 때는 WHERE절을 사용할 수 없어 HAVING절을 사용했습니다. HAVING절이 아닌 WHERE절을 사용하게 되면 다음과 같이 에러가 발생합니다.

```
SQL> SELECT job, sum(sal)
        FROM emp
        WHERE sum(sal) > (SELECT sum(sal)
                                FROM emp
                                WHERE job='SALESMAN')
        GROUP BY job;
WHERE sum(sal) > (SELECT sum(sal)
      *
3행 오류:
ORA-00934: 그룹 함수는 허가되지 않습니다.
```

그룹 함수를 이용한 데이터 검색은 WHERE절이 아닌 HAVING절에 작성해야 합니다.

SELECT문에서 서브 쿼리문을 사용할 수 있는 절은 다음과 같습니다.

SELECT문의 6가지 절	서브 쿼리 사용 여부	서브 쿼리 이름
SELECT	가능	스칼라(Scalar) 서브 쿼리
FROM	가능	IN LINE VIEW
WHERE	가능	서브 쿼리
GROUP BY	불가능	
HAVING	가능	서브 쿼리
ORDER BY	가능	스칼라(Scalar) 서브 쿼리

SELECT문 6가지 절 중에서 GROUP BY절만 빼고 전부 서브 쿼리를 사용할 수 있습니다.

서브 쿼리 사용하기 ⑥
(FROM절의 서브 쿼리)

- **학습 내용:** 쿼리의 결과로 새로운 결과 집합을 만드는 방법을 학습합니다.
- **힌트 내용:** FROM절의 서브 쿼리인 IN LINE VIEW를 사용합니다.

이름과 월급과 순위를 출력하는데 순위가 1위인 사원만 출력해 보겠습니다.

📁 File: 예제_076.txt

```
1  SELECT v.ename, v.sal, v.순위
2    FROM (SELECT ename, sal, rank() over (order by sal desc) 순위
3            FROM emp) v
4   WHERE v.순위 =1;
```

출력 결과

ENAME	SAL	순위
KING	5000	1

위와 같이 FROM절의 서브 쿼리를 in line view라고 합니다. FROM절에 이름과 월급, 월급이 높은 순서로 순위를 출력하는 쿼리를 서브 쿼리로 사용했습니다. 서브 쿼리의 별칭을 v로 지정 했습니다. 서브 쿼리를 사용하지 않고 다음과 같이 SQL을 작성한다면 에러가 발생합니다.

```
SQL> SELECT ename, sal, rank() over (order by sal desc) 순위
       FROM emp
       WHERE rank() over (order by sal desc) = 1;
       WHERE rank() over (order by sal desc) = 1
              *
3행 오류:
ORA-30483: 윈도우 함수를 여기에 사용할 수 없습니다.
```

WHERE절에는 분석 함수를 사용할 수 없습니다. 그래서 FROM절에 서브 쿼리문을 사용하여 서브 쿼리문이 먼저 실행되게 하고 출력된 결과 데이터를 하나의 집합으로 만듭니다.

FROM절에서 만든 결과 집합은 사원 테이블의 모든 이름과 월급과 월급에 대한 순위입니다. 이 중에서 순위가 1위인 사원의 데이터만 골라냅니다.

♦ 4

서브 쿼리 사용하기 ⑦
(SELECT절의 서브 쿼리)

- **학습 내용 :** 서브 쿼리로 단일 값을 조회하는 방법을 학습합니다.
- **힌트 내용 :** SELECT절에 서브 쿼리를 사용합니다.

직업이 SALESMAN인 사원들의 이름과 월급을 출력하는데, 직업이 SALESMAN인 사원들의 최대 월급과 최소 월급도 같이 출력해 보겠습니다.

📁 **File: 예제_077.txt**

```
1 SELECT ename, sal, (select max(sal) from emp where job='SALESMAN') as 최대 월급,
2                    (select min(sal) from emp where job='SALESMAN') as 최소 월급
3   FROM emp
4   WHERE job='SALESMAN';
```

출력 결과

ENAME	SAL	최대 월급	최소 월급
MARTIN	1250	1600	1250
ALLEN	1600	1600	1250
TURNER	1500	1600	1250
WARD	1250	1600	1250

1~2 ◆ SELECT절에 서브 쿼리를 사용하여 직업이 SALESMAN인 사원의 최대 월급과 최소 월급을 각각 출력하고 있습니다. SELECT절에 서브 쿼리를 사용하지 않고 출력하면 다음과 같은 에러가 발생합니다.

```
SQL> SELECT ename, sal, max(sal), min(sal)
        FROM emp
        WHERE job='SALESMAN';
```

```
SELECT ename, sal, max(sal), min(sal)
        *
1행 오류:
ORA-00937: 단일 그룹의 그룹 함수가 아닙니다.
```

SELECT절의 서브 쿼리는 서브 쿼리가 SELECT절로 확장되었다고 해서 스칼라(scalar) 서브 쿼리로 불립니다. 스칼라 서브 쿼리는 출력되는 행 수만큼 반복되어 실행됩니다.

직업이 SALESMAN이 4명이어서 스칼라(scalar) 서브 쿼리도 각각 4번 수행되었습니다.

◆ 4

이름	스칼라 서브 쿼리	최대	스칼라 서브 쿼리	최소
MARTIN	Select max(sal) from emp where job='SALESMAN'	1600	Select min(sal) from emp where job='SALESMAN'	1250
ALLEN	Select max(sal) from emp where job='SALESMAN'	1600	Select min(sal) from emp where job='SALESMAN'	1250
TURNER	Select max(sal) from emp where job='SALESMAN'	1600	Select min(sal) from emp where job='SALESMAN'	1250
WARD	Select max(sal) from emp where job='SALESMAN'	1600	Select min(sal) from emp where job='SALESMAN'	1250

같은 SQL이 반복되어 4번이나 실행되면서 같은 데이터를 반복해서 출력하므로 성능을 위해 첫 번째 행인 MARTIN 행을 출력할 때 직업이 SALESMAN인 사원의 최대 월급과 최소 월급을 메모리에 올려 놓고 두 번째 행인 ALLEN부터는 메모리에 올려놓은 데이터를 출력합니다. 이것을 **서브 쿼리 캐싱(CACHING)**이라고 합니다.

메모리

1600		1250	

이름	스칼라 서브 쿼리	최대	스칼라 서브 쿼리	최소
MARTIN	Select max(sal) from emp where job='SALESMAN'	1600	Select min(sal) from emp where job='SALESMAN'	1250
ALLEN		1600		1250
TURNER		1600		1250
WARD		1600		1250

중급

078

데이터 입력하기(INSERT)

● **학습 내용 :** 테이블에 새로운 데이터를 입력하는 방법을 학습합니다.
● **힌트 내용 :** INSERT문을 사용합니다.

사원 테이블에 데이터를 입력하는데 사원 번호 2812, 사원 이름 JACK, 월급 3500, 입사일 2019년 6월 5일, 직업 ANALYST로 해 보겠습니다.

📁 File: 예제_078.txt

```
1  INSERT INTO emp (empno, ename, sal, hiredate, job)
2    VALUES(2812, 'JACK', 3500, TO_DATE('2019/06/05','RRRR/MM/DD'), 'ANALYST');
```

출력 결과

1개의 행이 만들어졌습니다.

1 ◆ INSERT INTO 다음에 입력하고자 하는 테이블명을 작성합니다. 그리고 괄호를 열어 데이터를 컬럼명 순서대로 기술합니다. 만약 괄호를 쓰지 않는다면 다음과 같이 전체 컬럼에 모두 데이터를 입력해야 합니다. 입력할 때는 테이블의 컬럼의 순서를 맞춰야 합니다.

```
INSERT INTO emp
  VALUES(1234,'JAMES','ANALYST',7566, TO_DATE('2019/06/22','RRRR/MM/DD'),
           3500, null, 20);
1개의 행이 만들어졌습니다.
```

2 ◆ VALUES 다음에 입력하고자 하는 데이터 값을 1번 라인에서 괄호에 작성했던 컬럼 순서대로 기술합니다. 이때 숫자는 그대로 기술하면 되지만, 문자와 날짜는 양쪽에 싱글 쿼테이션마크(')를 둘러줘야 합니다. 날짜를 입력할 때는 TO_DATE 변환 함수를 사용하여 2019는 '연도 4자리'이고 06은 '달'이며 05는 '일'임을 명시합니다.

테이블에 NULL 값을 입력하는 방법은 크게 두 가지가 있습니다.

NULL 입력 방법	값	INSERT문 예제
암시적으로 입력하는 방법		`INSERT INTO EMP(empno,ename,sal)` `  VALUES(2912,'JANE',4500);`
명시적으로 입력하는 방법	NULL	`INSERT INTO EMP(empno, ename, sal, job)` `  VALUES(8381, 'JACK', `**`NULL`**`, NULL);`
	`''`	`INSERT INTO EMP(empno, ename, sal, job)` `  VALUES(8381, 'JACK', '', '');`

EMPNO, ENAME, SAL에만 데이터를 입력하면 나머지 컬럼에는 자동으로 NULL이 입력되어지는 것이 암시적으로 NULL을 입력하는 방법입니다. 명시적으로 입력하는 방법은 INSERT문의 VALUES절에 입력하고 싶은 컬럼의 값에 NULL을 직접 기술하거나, 싱글 쿼테이션 마크를 공백 없이 붙여주어 입력하는 것을 말합니다.

이렇게 테이블에 데이터를 입력하고 수정하고 삭제하는 SQL문을 DML문이라고 합니다. DML(Data Manipulation Language)문의 종류는 다음과 같습니다.

종류	설명
INSERT	데이터 입력
UPDATE	데이터 수정
DELETE	데이터 삭제
MERGE	데이터 입력, 수정, 삭제를 한 번에 수행

데이터 수정하기(UPDATE)

SCOTT의 월급을 3200으로 수정해 보겠습니다.

> File: 예제_079.txt

```
1  UPDATE emp
2    SET sal = 3200
3    WHERE ename='SCOTT';
```

출력 결과

1행이 업데이트 되었습니다.

1 ◆ UPDATE할 테이블명을 기술합니다.

2 ◆ SET절에는 변경할 데이터를 설정합니다. 월급을 3200으로 변경합니다.

3 ◆ WHERE절에는 변경할 대상 데이터를 제한하는 조건을 기술합니다. WHERE절이 없으면 다음과 같이 EMP 테이블의 모든 월급이 3200으로 갱신됩니다.

```
SQL> UPDATE emp
        SET sal = 3200;
14행이 업데이트 되었습니다.
```

하나의 UPDATE문으로 여러 개의 열 값을 수정할 수 있습니다. 다음의 예제는 SCOTT의 월급과 커미션을 동시에 변경하는 UPDATE문입니다.

```
SQL> UPDATE emp
      SET sal=5000, comm=200
      WHERE ename='SCOTT';
1행이 업데이트 되었습니다.
```

SET절에 변경할 컬럼을 콤마(,)로 구분하여 작성하여 월급과 커미션을 동시에 변경합니다.

UPDATE문에서도 서브 쿼리를 사용할 수 있습니다. 다음은 SET절에 서브 쿼리를 사용한 예제입니다.

```
SQL> UPDATE emp
      SET sal = (SELECT sal FROM emp WHERE ename='KING')
      WHERE ename='SCOTT';
1행이 업데이트 되었습니다.
```

SET절에 서브 쿼리를 사용하여 SCOTT의 월급을 KING의 월급으로 변경합니다.

UPDATE문은 모든 절에서 서브 쿼리 작성이 가능합니다.

UPDATE문	가능 여부
UPDATE	서브 쿼리 가능
SET	서브 쿼리 가능
WHERE	서브 쿼리 가능

데이터 삭제하기
(DELETE, TRUNCATE, DROP)

- **학습 내용:** 테이블의 데이터를 삭제하는 방법을 학습합니다.
- **힌트 내용:** DELETE문을 사용합니다.

사원 테이블에서 SCOTT의 행 데이터를 삭제해 보겠습니다.

📁 File: 예제_080.txt

```
1 DELETE FROM emp
2 WHERE ename='SCOTT';
```

1 ◆ DELETE FROM 다음에 데이터를 지울 테이블명을 작성합니다.

2 ◆ WHERE절에 삭제할 행을 제한합니다. WHERE절을 작성하지 않으면 다음과 같이 모든 행이 삭제됩니다.

```
SQL> DELETE FROM emp;
14행이 삭제되었습니다.
```

오라클에서 데이터를 삭제하는 명령어는 세 가지가 있습니다.

	DELETE	TRUNCATE	DROP
데이터	삭제	삭제	삭제
저장 공간	남김	삭제	삭제
저장 구조	남김	남김	삭제
취소 여부	가능	불가능	불가능
플래쉬백 여부	가능	불가능	가능

TRUNCATE 명령어는 모든 데이터를 한 번에 삭제합니다. 데이터 삭제 후에는 취소가 불가능하기 때문에 DELETE보다는 삭제되는 속도가 빠릅니다. 데이터를 모두 지우고 테이블 구조만 남겨두는 것이 TRUNCATE 명령어입니다.

```
SQL> TRUNCATE TABLE emp;
테이블이 잘렸습니다.
```

DROP 명령어는 테이블 전체를 한 번에 삭제하는 명령어입니다. 삭제 후에 취소(ROLLBACK) 는 불가능하지만 플래쉬백(FLASHBACK)으로 테이블을 복구할 수는 있습니다.

```
SQL> DROP TABLE emp;
테이블이 삭제되었습니다.
```

DELETE는 DML(Data Manipulation Language)문이고 TRUCATE와 DROP은 DDL문입니다. DDL은 Data Definition Language의 약자입니다. DML문과는 다르게 DDL문은 수행되면서 암 시적인 COMMIT이 발생합니다. DDL문의 종류는 다음과 같습니다

종류	설명
CREATE	객체를 생성합니다.
ALTER	객체를 수정합니다.
DROP	객체를 삭제합니다.
TRUNCATE	객체를 삭제합니다.
RENAME	객체의 이름을 변경합니다.

데이터 저장 및 취소하기 (COMMIT, ROLLBACK)

중급 081

- **학습 내용 :** 변경한 데이터를 데이터베이스에 저장하거나 취소하는 방법을 학습합니다.
- **힌트 내용 :** COMMIT 또는 ROLLBACK을 사용합니다.

사원 테이블에 사원 테이블에 입력한 데이터가 데이터베이스에 저장되도록 해보겠습니다.

File: 예제_081.txt

```
1 INSERT INTO emp(empno, ename, sal, deptno)
2  VALUES(1122,'JACK',3000, 20) ;
3
4 COMMIT;
5
6 UPDATE emp
7   SET sal = 4000
8  WHERE ename='SCOTT';
9
10 ROLLBACK;
```

> COMMIT 이후까지 ROLLBACK됨

4 ◆ COMMIT 명령어는 COMMIT 이전에 수행했던 DML 작업들을 데이터베이스에 영구히 반영하는 TCL(Transaction Control Language)입니다.

10 ◆ ROLLBACK 명령어는 마지막 COMMIT 명령어를 수행한 이후 DML문을 취소하는 TCL(Transaction Control Language)입니다. 위의 예제에서 SCOTT의 월급을 4000으로 변경한 UPDATE문이 취소됩니다.

TCL(Transaction Control Language)문의 종류는 다음과 같습니다.

종류	설명
COMMIT	모든 변경 사항을 데이터베이스에 반영합니다.
ROLLBACK	모든 변경 사항을 취소합니다.
SAVEPOINT	특정 지점까지의 변경을 취소합니다.

데이터 입력, 수정, 삭제 한번에 하기(MERGE)

- **학습 내용:** 테이블의 데이터를 입력, 수정, 삭제를 한 번에 수행하는 방법을 학습합니다.
- **힌트 내용:** MERGE문을 사용합니다.

사원 테이블에 부서 위치 컬럼을 추가하고, 부서 테이블을 이용하여 해당 사원의 부서 위치로 값이 갱신되도록 해보겠습니다. 만약 부서 테이블에는 존재하는 부서인데 사원 테이블에 없는 부서 번호라면 새롭게 사원 테이블에 입력되도록 해 보겠습니다.

📁 File: 예제_082.txt

```
1  MERGE INTO emp e
2  USING dept d
3  ON (e.deptno = d.deptno)
4  WHEN MATCHED THEN      → MERGE UPDATE절
5  UPDATE set e.loc = d.loc
6  WHEN NOT MATCHED THEN  → MERGE INSERT절
7  INSERT (e.empno, e.deptno, e.loc) VALUES (1111,d.deptno, d.loc) ;
```

출력 결과

15행이 병합되었습니다.

MERGE문은 데이터 입력과 수정과 삭제를 한 번에 수행할 수 있게 해주는 명령어입니다. 위의 예제는 emp 테이블에 부서 위치(loc) 컬럼에 해당 사원의 부서 위치로 값을 갱신해주는 MERGE문입니다. 위의 작업을 수행하기 전에 다음의 명령어를 실행해서 emp 테이블에 LOC 킬럼을 추가합니다.

```
SQL> ALTER TABLE emp
     ADD loc varchar2(10);
테이블이 변경되었습니다.
```

1 ◆ MERGE INTO 다음에 MERGE 대상이 되는 TARGET 테이블명을 작성합니다.

2 ◆ USING절 다음에는 SOURCE 테이블명을 작성합니다. SOURCE 테이블인 DEPT로부터 데이터를 읽어와 DEPT 테이블의 데이터로 EMP 테이블을 MERGE합니다.

3 ◆ TARGET 테이블과 SOURCE 테이블을 조인하는 구문입니다. 조인에 성공하면 MERGE UPDATE절을 실행하고 실패하면 MERGT INSERT절을 실행합니다.

4~5 ◆ 조인에 성공하면 수행되는 절입니다. 조인에 성공하면 사원 테이블의 부서 위치 컬럼을 부서 테이블의 부서 위치로 갱신합니다.

6~7 ◆ 조인에 실패하면 수행되는 절입니다. 조인에 실패하면 실패한 부서 테이블의 데이터를 사원 테이블에 입력합니다. MERGE INSERT절을 수행하지 않고 MERGE UPDATE절만 수행하고 싶다면 다음과 같이 수행하면 됩니다.

```
SQL> MERGE INTO emp e
     USING dept d
     ON (e.deptno = d.deptno)
     WHEN MATCHED THEN
     UPDATE set e.loc = d.loc;
15행이 병합되었습니다.
```

Merge문을 사용하지 않는다면 다음과 같이 수행해야 합니다.

```
SQL> UPDATE EMP e
     SET loc = (SELECT loc
                FROM dept d
                WHERE d.deptno = e.deptno);
15행이 업데이트 되었습니다.
```

락(LOCK) 이해하기

같은 데이터를 동시에 갱신할 수 없도록 하는 락(Lock)을 이해해 보겠습니다.

📁 File: 예제_083.txt

순서	SCOTT으로 접속한 터미널창 1	SCOTT으로 접속한 터미널창 2
1	UPDATE emp SET sal = 3000 WHERE ename='JONES'; 1행이 업데이트되었습니다.	
2		UPDATE emp SET sal = 9000 WHERE ename='JONES'; ◀── 멈춤
3	COMMIT; 커밋이 완료되었습니다.	
4		1행이 업데이트 되었습니다.

터미널 창 1에서 JONES의 월급을 3000으로 변경합니다. ◆ 1

터미널 창 2에서 JONES의 월급을 9000으로 변경합니다. 그러나 변경되지 않고 UPDATE문이 ◆ 2
멈춰 있습니다. 터미널 창 1에 접속한 SCOTT 세션이 JONES의 행을 갱신하고 아직 COMMIT
이나 롤백을 수행하지 않았기 때문에 해당 행이 잠겨 있기 때문입니다.

UPDATE문을 수행하면 UPDATE 대상이 되는 행(ROW)을 잠가(LOCK)버립니다.

7782	CLARK	MANAGER	7839	81/05/09	2450		10
7566	JONES	MANAGER	7839	81/04/01	2975		20
7654	MARTIN	SALESMAN	7698	81/09/10	1250	1400	30

UPDATE는 행 전체를 잠그기 때문에 JONES 월급뿐만 아니라 다른 컬럼들의 데이터도 변경할 수 없고 WAITING하게 됩니다.

3 ◆ 터미널 창 1에서 COMMIT을 수행하게 되면 JONES의 월급은 3000으로 저장되고 행에 걸렸던 잠금은 해제됩니다.

4 ◆ 터미널 창 1에서 행에 걸린 잠금을 해제하였기 때문에 터미널 창 2는 JONES의 월급을 9000으로 수정할 수 있게 됩니다.

이렇게 UPDATE를 할 때 락(LOCK)을 거는 이유는 데이터의 일관성을 보장하기 위함입니다. 락이 걸리지 않았다면 순서 2에서 JONES의 월급이 9000으로 변경되었을 것이고 JONES의 월급을 3000으로 변경한 터미널창 1에서는 그 사실을 모르고 있을 것입니다. 그렇게 되면 데이터의 일관성이 깨지게 됩니다.

터미널 창 1은 자기가 변경한 데이터를 커밋하기 전까지 일관되게 유지해야 합니다. 그런데 락이 없으면 이 일관성이 깨지게 됩니다. 커밋하기 전까지는 자기가 변경한 데이터에 대해 일관성이 보장되어야 합니다. 그래서 오라클에서는 LOCK을 사용하여 UPDATE문을 수행하면 해당 행에 LOCK을 겁니다.

SELECT FOR UPDATE절
이해하기

- **학습 내용:** 검색하는 행에 락(LOCK)을 거는 방법을 학습합니다.
- **힌트 내용:** SELECT FOR UPDATE문을 사용합니다.

JONES의 이름과 월급과 부서 번호를 조회하는 동안 다른 세션에서 JONES의 데이터를 갱신하지 못하도록 해보겠습니다.

📁 File: 예제_084.txt

순서	SCOTT으로 접속한 터미널창 1	SCOTT으로 접속한 터미널창 2

1	`SELECT ename, sal, deptno`
	`  FROM emp`
	`  WHERE ename='JONES'`
	`  FOR UPDATE;`	

2		`UPDATE emp`
		`SET sal = 9000`
		`WHERE ename='JONES';`
		◀── 멈춤

3	`COMMIT;` 커밋이 완료되었습니다.	
4		1행이 업데이트 되었습니다.

SELECT .. FOR UPDATE문은 검색하는 행에 락(LOCK)을 거는 SQL문입니다.

터미널창 1에서 SELECT FOR UPDATE문으로 JONES의 데이터를 검색합니다. JONES의 행에 자동으로 락(LOCK)이 걸립니다. ◆ 1

터미널창 2에서 JONES의 월급을 9000으로 변경하면 변경이 안 되고 WAITING하게 됩니다. ◆ 2

터미널창 1에서 COMMIT을 수행하면 LOCK이 해제되면서 터미널창 2의 UPDATE문이 수행됩니다. ◆ 3~4

서브 쿼리를 사용하여 데이터 입력하기

- **학습 내용:** 여러 개의 행을 한 번에 테이블에 입력하는 방법을 학습합니다.
- **힌트 내용:** SUBQUERY를 사용한 INSERT문을 사용합니다.

EMP 테이블의 구조를 그대로 복제한 EMP2 테이블에 부서 번호가 10번인 사원들의 사원 번호, 이름, 월급, 부서 번호를 한 번에 입력해 보겠습니다.

📁 File: 예제_085.txt

```
1  INSERT INTO emp2(empno, ename, sal, deptno)
2   SELECT empno, ename, sal, deptno
3     FROM emp
4     WHERE deptno = 10;
```

2 ◆ VALUES절에 VALUES 대신 입력하고자 하는 서브 쿼리문을 기술합니다. 서브 쿼리문의 컬럼 순서는 INSERT절 괄호 안의 컬럼 순서대로 작성합니다.

기본 INSERT문은 한 번에 하나의 행만 입력됩니다. 서브 쿼리를 사용하여 INSERT를 수행하면 여러 개의 행을 한 번에 테이블에 입력할 수 있습니다. 위의 예제는 부서 번호 10번인 사원들의 데이터를 EMP2 테이블에 입력하는 INSERT문입니다. 위의 INSERT문을 수행하기 전에 다음의 EMP2 테이블을 생성하고 수행합니다. 다음의 명령어는 EMP 테이블의 구조만 가져와서 EMP2 테이블을 생성하는 SQL문입니다. 구조만 가져오기 때문에 데이터는 없습니다.

```
SQL> CREATE TABLE emp2
     as
       SELECT *
         FROM emp
         WHERE 1 = 2;
테이블이 생성되었습니다.
```

서브 쿼리를 사용하여 데이터 수정하기

- **학습 내용** : 서브 쿼리를 사용하여 데이터를 수정하는 방법을 이해합니다.
- **힌트 내용** : UPDATE문에 서브 쿼리를 사용합니다.

직업이 SALESMAN인 사원들의 월급을 ALLEN의 월급으로 변경해보겠습니다.

📁 File: 예제_086.txt

```
1 UPDATE emp
2   SET sal = (SELECT sal
3               FROM emp
4               WHERE ename='ALLEN')
5 WHERE job='SALESMAN';
```

SET절에 서브 쿼리를 사용하여 직업이 SALESMAN인 사원들의 월급을 ALLEN의 월급으로 갱신합니다. UPDATE문은 모든 절에서 서브 쿼리를 사용할 수 있습니다.   ◆ 2~4

UPDATE문	서브 쿼리 가능 여부
UPDATE절	서브 쿼리 사용 가능
SET절	서브 쿼리 사용 가능
WHER절	서브 쿼리 사용 가능

SET절에 여러 개의 컬럼들을 기술하여 한 번에 갱신할 수도 있습니다.

```
SQL> UPDATE emp
      SET (sal,comm) = (SELECT sal, comm
                        FROM emp
                        WHERE ename='ALLEN')
      WHERE ename='SCOTT';
    1행이 업데이트 되었습니다.
```

서브 쿼리를 사용하여 데이터 삭제하기

- **학습 내용:** 서브 쿼리를 사용하여 데이터를 지우는 방법을 학습합니다.
- **힌트 내용:** DELETE문의 WHERE절에 SUBQUERY를 사용합니다.

SCOTT보다 더 많은 월급을 받는 사원들을 삭제해 보겠습니다.

📁 File: 예제_087.txt

```
1 DELETE FROM emp
2 WHERE sal > (SELECT sal
3               FROM emp
4               WHERE ename='SCOTT');
```

2~4 ◆ WHERE절에 서브 쿼리를 사용하여 SCOTT보다 월급이 많은 사원들을 삭제합니다. DELETE 문의 서브 쿼리를 사용하지 않는다면 먼저 SCOTT의 월급을 출력한 후 SCOTT의 월급 3000을 가지고 다시 DELETE문을 수행해야 합니다. 그런데 두 번 작업하지 않고 위와 같이 한 번에 수행할 수 있습니다.

다음의 예제는 월급이 해당 사원이 속한 부서 번호의 평균 월급보다 크면 삭제하는 서브 쿼리를 사용한 DELETE문입니다.

📁 File: 예제_087-2.txt

```
1 DELETE FROM emp m
2 WHERE sal > (SELECT avg(sal)
3               FROM emp s
4               WHERE s.deptno = m.deptno);
```

4 ◆ 삭제 대상인 emp 테이블의 별칭을 사용한 m.deptno가 서브 쿼리 안으로 들어와서 사원의 월급이 자기가 속한 부서 번호의 평균 월급보다 크면 삭제하고 작으면 삭제하지 않습니다.

ENAME	DEPTNO	SAL
KING	10	5000
BLAKE	30	2850
CLARK	10	2450
JONES	20	2975
MARTIN	30	1250
⋮	⋮	

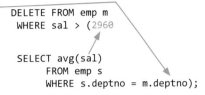

```
DELETE FROM emp m
  WHERE sal > (2960


  SELECT avg(sal)
     FROM emp s
     WHERE s.deptno = m.deptno);
```

KING의 월급 5000은 KING이 속한 부서 번호 10번의 평균 월급 2960보다 크므로 삭제합니다.
그리고 다음 행으로 넘어가서 BLAKE의 부서 번호 30번을 서브 쿼리의 m.deptno에 넣고 30번
부서 번호의 평균 월급인 1566을 출력합니다. BLAKE의 월급이 1566보다 크므로 삭제합니다.
이렇게 사원 테이블 전체 행을 진행하면서 조건에 맞으면 삭제합니다.

ENAME	DEPTNO	SAL
KING	10	5000
BLAKE	30	2850
CLARK	10	2450
JONES	20	2975
MARTIN	30	1250
⋮	⋮	

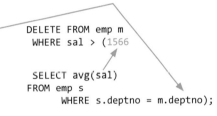

```
DELETE FROM emp m
  WHERE sal > (1566


  SELECT avg(sal)
FROM emp s
     WHERE s.deptno = m.deptno);
```

서브 쿼리를 사용하여 데이터 합치기

• **학습 내용:** MERGE문에서 서브 쿼리를 사용하는 방법을 배웁니다.
• **힌트 내용:** MERGE문의 USING절에 서브 쿼리를 사용합니다.

부서 테이블에 숫자형으로 SUMSAL컬럼을 추가합니다. 그리고 사원 테이블을 이용하여 SUMSAL 컬럼의 데이터를 부서 테이블의 부서 번호별 토탈 월급으로 갱신합니다.

📁 File: 예제_088.txt

```
1 MERGE INTO dept d
2 USING (SELECT deptno, sum(sal) sumsal
3          FROM emp
4          GROUP BY deptno) v
5 ON (d.deptno = v.deptno)
6 WHEN MATCHED THEN
7 UPDATE set d.sumsal = v.sumsal;
```

위의 예제는 부서 테이블에 새롭게 추가된 SUMSAL 컬럼에 해당 부서 번호의 토탈 월급으로 값을 갱신하는 MERGE문입니다. 위의 작업을 수행하기에 앞서 DEPT 테이블에 SUMSAL 컬럼을 추가합니다.

```
SQL> ALTER TABLE dept
        ADD sumsal number(10);
```

1~4 USING절에서 서브 쿼리를 사용하여 출력하는 데이터로 DEPT 테이블을 MERGE합니다. 서브 쿼리에서 반환하는 데이터는 부서 번호와 부서 번호별 토탈 월급입니다.

5 서브 쿼리에서 반환하는 데이터인 부서 번호와 사원 테이블의 부서 번호로 조인 조건을 줍니다.

6~7 서브 쿼리에서 반환하는 부서 번호와 사원 테이블의 부서 번호가 서로 일치하는지 확인하여 일치하면 해당 부서 번호의 토탈 월급으로 값을 갱신합니다.

DEPT 테이블

DEPTNO	DNAME	LOC	SUMSAL
10	ACCOUNTING	NEW YORK	8750
20	RESEARCH	DALLAS	
30	SALES	CHICAGO	
40	OPERATIONS	BOSTON	

서브 쿼리

DEPTNO	SUM(SAL)
10	8750
20	10875
30	9400

서브 쿼리와 MATCH되는 부서 번호 10번, 20번, 30번은 값이 갱신되고 40번은 MATCH하지 않으므로 갱신되지 않습니다. 전부 갱신한 후의 결과는 다음과 같습니다.

DEPT 테이블

DEPTNO	DNAME	LOC	SUMSAL
10	ACCOUNTING	NEW YORK	8750
20	RESEARCH	DALLAS	10875
30	SALES	CHICAGO	9400
40	OPERATIONS	BOSTON	

MERGE문으로 수행하지 않고 서브 쿼리를 사용한 UPDATE문으로 수행하면 다음과 같습니다.

```
SQL> UPDATE dept  d
       SET  sumsal = (SELECT SUM(SAL)
                        FROM  emp  e
                        WHERE  e.deptno = d.deptno);
```

계층형 질의문으로 서열을 주고 데이터 출력하기 ①

- **학습 내용:** 데이터를 선택하여 계층 순서로 결과를 출력하는 방법을 학습합니다.
- **힌트 내용:** 계층형 질의문(Hierarchical Query)을 사용합니다.

계층형 질의문을 이용하여 사원 이름, 월급, 직업을 출력하는데 사원들 간의 서열(LEVEL)을 같이 출력해 보겠습니다.

📁 File: 예제_089.txt

```
1  SELECT rpad(' ', level*3)  || ename  as  employee, level, sal, job
2      FROM emp
3      START WITH ename='KING'
4      CONNECT BY prior empno = mgr;
```

출력 결과

EMPLOYEE	LEVEL	SAL	JOB
KING	1	5000	PRESIDENT
JONES	2	2975	MANAGER
SCOTT	3	3000	ANALYST
ADAMS	4	1100	CLERK
FORD	3	3000	ANALYST
SMITH	4	800	CLERK
BLAKE	2	2850	MANAGER
ALLEN	3	1600	SALESMAN
WARD	3	1250	SALESMAN
MARTIN	3	1250	SALESMAN
TURNER	3	1500	SALESMAN
JAMES	3	950	CLERK

| CLARK | 2 | 2450 | MANAGER |
| MILLER | 3 | 1300 | CLERK |

위의 예제는 계층형 질의문을 사용하여 사원 테이블에서 사원들 간의 서열을 출력하는 쿼리입니다. 계층형 질의문에서 쓰이는 용어는 다음과 같습니다.

용어	설명
노드(node)	표시된 항목
레벨(level)	트리(tree) 구조에서 각각의 계층
루트(root)	트리(tree) 구조에서 최상위에 있는 노드
부모(parent)	트리(tree) 구조에서 상위에 있는 노드
자식(child)	트리(tree) 구조에서 하위에 있는 노드

계층형 질의문의 키워드인 CONNECT BY와 START WITH절을 사용하면 PSEUDO COLUMN인 LEVEL을 출력할 수 있게 됩니다. LEVEL은 계층 트리 구조에서 계층을 말합니다. KING은 트리 구조의 최상위에 있는 노드여서 계층 1레벨이 되며 순차적으로 그 하위에 있는 레벨 2와 3과 4레벨이 부여되어 출력됩니다. RPAD로 이름 앞에 공백을 level수의 3배가 되도록 추가하여 서열을 시각화하였습니다. ◆ 1

START WITH절에서 루트 노드의 데이터를 지정합니다. 루트 노드는 최상위 노드입니다. KING이 사장이므로 루트 노드로 지정하였습니다. ◆ 3

CONNECT BY절은 부모 노드와 자식 노드들 간의 관계를 지정하는 절입니다. PRIOR을 가운데로 두고 왼쪽에 부모 노드가 되는 컬럼을 적고 오른쪽에 자식 노드가 되는 컬럼을 기술하면 다음과 같은 결과를 출력합니다. ◆ 4

CONNECT BY PRIOR **EMPNO** = **MGR**

ENAME	EMPNO	MGR	EMPNO
KING	7839		
BLAKE	7698	7839	7698
CLARK	7782	7839	7782
JONES	7566	7839	7566
MARTIN	7654	7698	7654
ALLEN	7499	7698	7499
TURNER	7844	7698	7844
JAMES	7900	7698	7900
WARD	7521	7698	7521
MILLER	7934	7782	7934
FORD	7902	7566	7902
SCOTT	7788	7566	7788
ADAMS	7876	7788	7876
SMITH	7369	7902	7369

계층형 질의문으로 서열을 주고 데이터 출력하기 ②

중급

090

- **학습 내용:** 데이터를 선택하여 계층 순서로 결과를 출력할 때 분기를 제거하는 방법을 학습합니다.
- **힌트 내용:** 계층형 질의문에서 특정 분기를 제거하려면 connect by절에 분기 제거 조건을 줍니다.

예제 89 결과에서 BLAKE와 BLAKE의 직속 부하들은 출력되지 않도록 해보겠습니다.

📁 File: 예제_090.txt

```
1 SELECT rpad(' ', level*3) || ename  as  employee, level, sal, job
2     FROM emp
3     START WITH ename='KING'
4     CONNECT BY prior empno = mgr AND ename != 'BLAKE';
```

출력 결과

EMPLOYEE	LEVEL	SAL	JOB
KING	1	5000	PRESIDENT
JONES	2	2975	MANAGER
SCOTT	3	3000	ANALYST
ADAMS	4	1100	CLERK
FORD	3	3000	ANALYST
SMITH	4	800	CLERK
CLARK	2	2450	MANAGER
MILLER	3	1300	CLERK

예제 89번의 계층형 질의문의 결과에서 BLAKE만 제외하고 출력하기 위해서는 WHERE절에 ENAME != 'BLAKE' 조건을 주면 됩니다. 그런데 BALKE뿐만 아니라 BLAKE의 팀원들까지 모두 출력되지 않게 하려면 CONNECT BY절에 ENAME != 'BLAKE' 조건을 주어야 합니다. 부모 노드와 자식 노드의 관계를 맺을 때 BLAKE를 제외하면 BLAKE의 사원 번호를 MGR 번호로 하고 있는 사원들이 모두 출력되지 않습니다.

◆ 4

계층형 질의문으로 서열을 주고 데이터 출력하기 ③

- **학습 내용:** 계층형 질의문의 결과를 유지하며 데이터를 정렬해서 출력하는 방법을 학습합니다.
- **힌트 내용:** ORDER BY절에 SIBLINGS를 사용합니다.

계층형 질의문을 이용하여 사원 이름, 월급, 직업을 서열과 같이 출력하는데, 서열 순서를 유지하면서 월급이 높은 사원부터 출력되게 해보겠습니다.

📁 File: 예제_091.txt

```
1  SELECT rpad(' ', level*3) || ename  as  employee, level, sal, job
2    FROM emp
3    START WITH  ename='KING'
4    CONNECT BY prior empno = mgr
5    ORDER SIBLINGS BY sal desc;
```

출력 결과

EMPLOYEE	LEVEL	SAL	JOB
KING	1	5000	PRESIDENT
JONES	2	2975	MANAGER
SCOTT	3	3000	ANALYST
ADAMS	4	1100	CLERK
FORD	3	3000	ANALYST
SMITH	4	800	CLERK
BLAKE	2	2850	MANAGER
ALLEN	3	1600	SALESMAN
WARD	3	1500	SALESMAN
MARTIN	3	1250	SALESMAN
TURNER	3	1250	SALESMAN
JAMES	3	950	CLERK

CLARK	2	2450	↓	MANAGER
MILLER	3	1300		CLERK

ORDER와 BY 사이에 SIBLINGS를 사용하여 정렬하면 계층형 질의문의 서열 순서를 깨트리지 ◆ 5
않으면서 출력할 수 있습니다. SIBLINGS를 사용하지 않을 경우 월급이 높은 순서대로만 출력
되면서 서열 순서가 섞여 출력됩니다. ORDER와 BY 사이에 SIBLINGS를 사용하지 않았을 때
의 결과는 다음과 같습니다.

📁 File: 예제_091-2.txt

```
1 SELECT rpad(' ', level*3) || ename  as  employee , level, sal, job
2    FROM emp
3    START WITH  ename='KING'
4    CONNECT BY prior empno = mgr
5    ORDER BY sal desc;
```

출력 결과

EMPLOYEE	LEVEL	SAL	JOB
KING	1	5000	PRESIDENT
SCOTT	3	3000	ANALYST
FORD	3	3000	ANALYST
JONES	2	2975	MANAGER
BLAKE	2	2850	MANAGER
CLARK	2	2450	MANAGER
ALLEN	3	1600	SALESMAN
TURNER	3	1500	SALESMAN
MILLER	3	1300	CLERK
WARD	3	1250	SALESMAN
MARTIN	3	1250	SALESMAN
ADAMS	4	1100	CLERK
JAMES	3	950	CLERK
SMITH	4	800	CLERK

계층형 질의문으로 서열을 주고 데이터 출력하기 ④

- **학습 내용:** 서열 순서를 가로로 출력하는 방법을 학습합니다.
- **힌트 내용:** 계층형 질의문에 SYS_CONNECT_BY_PATH 함수를 사용합니다.

계층형 질의문과 SYS_CONNECT_BY 함수를 이용하여 서열 순서를 가로로 출력해 보겠습니다.

📂 File: 예제_092.txt

```
1  SELECT ename, SYS_CONNECT_BY_PATH(ename,'/')  as  path
2    FROM emp
3    START WITH ename='KING'
4    CONNECT BY prior empno = mgr;
```

출력 결과

ENAME	PATH
KING	/KING
JONES	/KING/JONES
SCOTT	/KING/JONES/SCOTT
ADAMS	/KING/JONES/SCOTT/ADAMS
FORD	/KING/JONES/FORD
SMITH	/KING/JONES/FORD/SMITH
BLAKE	/KING/BLAKE
ALLEN	/KING/BLAKE/ALLEN
WARD	/KING/BLAKE/WARD
MARTIN	/KING/BLAKE/MARTIN
TURNER	/KING/BLAKE/TURNER
JAMES	/KING/BLAKE/JAMES
CLARK	/KING/CLARK
MILLER	/KING/CLARK/MILLER

SYS_CONNECT_BY_PATH 함수에 두 번째 인자값으로 '/'를 사용해서 이름과 이름 사이의 연 ◆ 1
결을 '/'로 출력합니다. 만약 콤마(,)를 사용하면 이름과 이름 사이가 콤마로 구분되어 출력됩
니다.

LTRIM을 사용하여 가로로 출력되는 이름 앞에 '/'를 제거하고 출력해 보겠습니다.

📂 File: 예제_092-2.txt

```
1  SELECT ename, LTRIM(SYS_CONNECT_BY_PATH(ename,'/'), '/')  as  path
2  FROM emp
3  START WITH ename='KING'
4  CONNECT BY prior empno = mgr;
```

출력 결과

ENAME	PATH
KING	KING
JONES	KING/JONES
SCOTT	KING/JONES/SCOTT
ADAMS	KING/JONES/SCOTT/ADAMS
FORD	KING/JONES/FORD
SMITH	KING/JONES/FORD/SMITH
BLAKE	KING/BLAKE
ALLEN	KING/BLAKE/ALLEN
WARD	KING/BLAKE/WARD
MARTIN	KING/BLAKE/MARTIN
TURNER	KING/BLAKE/TURNER
JAMES	KING/BLAKE/JAMES
CLARK	KING/CLARK
MILLER	KING/CLARK/MILLER

일반 테이블 생성하기 (CREATE TABLE)

중급
093

- **학습 내용:** 테이블을 생성하는 방법을 학습합니다.
- **힌트 내용:** CREATE TABLE문을 사용합니다.

사원 번호, 이름, 월급, 입사일을 저장할 수 있는 테이블을 생성해 보겠습니다.

📁 **File: 예제_093.txt**

```
1 CREATE  TABLE  EMP01
2 (EMPNO       NUMBER(10),
3  ENAME       VARCHAR2(10),
4  SAL         NUMBER(10,2),
5  HIREDATE    DATE);
```

1 ◆ 테이블명을 EMP01로 하여 테이블을 생성합니다. 테이블명을 작성할 때는 다음의 규칙에 따릅니다.

테이블 명과 컬럼 명 지정 시 규칙
반드시 문자로 시작해야 합니다.
이름의 길이는 30자 이하여야 합니다.
대문자 알파벳과 소문자 알파벳과 숫자를 포함할 수 있습니다.
특수문자는 $, _, #만 포함할 수 있습니다.

2 ◆ 컬럼명 바로 옆에 데이터 유형을 기술합니다. EMPNO 컬럼은 숫자 데이터를 담을 컬럼이므로 데이터 유형을 NUMBER로 지정합니다. 숫자의 자릿수는 1~38까지 지정할 수 있으며 소수점의 자리수는 −84~127까지 지정할 수 있습니다.

3 ◆ ENAME 컬럼은 문자형 데이터를 담을 컬럼이므로 데이터 유형을 VARCHAR2로 지정합니다. 길이는 10으로 지정합니다. 길이 10은 알파벳 철자 10개를 포함할 수 있는 길이입니다. VARCHAR2로 지정할 수 있는 최대 길이는 4,000입니다.

SAL은 숫자형 데이터를 담을 컬럼이므로 NUMBER형으로 지정합니다. NUMBER(10,2)는 숫자를 전체 10자리를 허용하는데, 그중 소수점 2자리를 허용하겠다는 것입니다. 그러면 소수점이 아닌 자리는 8자리가 허용되는 것입니다. ◆ 4

HIREDATE는 날짜형 데이터를 담을 컬럼이므로 DATE로 지정합니다. DATE 다음에 길이를 작성하지는 않습니다. DATE는 날짜 기원전 4712년 1월 1일부터 기원후 9999년 12월 31일까지의 날짜를 담을 수 있는 데이터 유형입니다. ◆ 5

테이블 생성 시 사용할 수 있는 주요 데이터 유형을 정리하면 다음과 같습니다.

유형	설명
CHAR	고정 길이 문자 데이터 유형이며 최대 길이는 2000입니다.
VARCHAR2	가변 길이 문자 데이터 유형이며 최대 길이는 4000입니다.
LONG	가변 길이 문자 데이터 유형이며 최대 2GB의 문자 데이터를 허용합니다
CLOB	문자 데이터 유형이며 최대 4GB의 문자 데이터를 허용합니다.
BLOB	바이너리 데이터 유형이며 최대 4GB의 바이너리 데이터를 허용합니다.
NUMBER	숫자 데이터 유형이며 십진 숫자의 자리수는 최대 38 자리까지 허용 가능하며 소숫점 이하 자리는 −84 ^127까지 허용합니다.
DATE	날짜 데이터 유형이며 기원전 4712년 01월 01일부터 기원후 9999년 12월 31일까지의 날짜를 허용합니다.

출처 : 오라클 매뉴얼(https://docs.oracle.com/en) Oracle Built-in Data types table 참조

임시 테이블 생성하기 (CREATE TEMPORARY TABLE)

- **학습 내용:** 데이터를 임시로 보관하는 임시 테이블을 생성하는 방법을 학습합니다.
- **힌트 내용:** CREATE TEMPORARY TABLE문을 사용합니다.

사원 번호, 이름, 월급을 저장할 수 있는 테이블을 생성하는데 COMMIT할 때까지만 데이터를 저장할 수 있도록 생성해 보겠습니다.

File: 예제_094.txt

```
1 CREATE GLOBAL TEMPORARY TABLE EMP37
2 ( EMPNO        NUMBER(10),
3    ENAME       VARCHAR2(10),
4    SAL         NUMBER(10))
5    ON COMMIT   DELETE  ROWS ;
```

1◆ 임시 테이블 생성임을 나타내기 위해 CREATE와 TABLE 사이에 GLOBAL TEMPORARY를 기술합니다. 임시 테이블은 데이터를 영구히 저장하지는 않습니다.

5◆ 데이터를 보관하는 주기를 결정하는 옵션을 기술합니다.

옵션	설명
ON COMMIT DELETE ROWS	임시 테이블에 데이터를 입력하고 COMMIT할 때까지만 데이터를 보관합니다.
ON COMMIT PRESERVE ROWS	임시 테이블에 데이터를 입력하고 세션이 종료될 때까지 데이터를 보관합니다.

ON COMMIT DELETE ROWS를 옵션으로 주고 만든 임시 테이블은 COMMIT을 하면 데이터가 사라집니다.

```
SQL> insert into emp37 values(1111,'scott',3000);
1개의 행이 만들어졌습니다.
```

```
SQL> insert into emp37 values(2222,'smith',4000);
1개의 행이 만들어졌습니다.
```

```
SQL> select * from emp37;
```

EMPNO	ENAME	SAL
1111	scott	3000
2222	smith	4000

```
SQL> commit;
커밋이 완료되었습니다.
```

```
SQL> select * from emp37;
선택된 레코드가 없습니다.
```

다음과 같이 ON COMMIT PRESERVE ROWS 옵션을 주고 만든 임시 테이블은 접속한 세션 (SESSION)을 로그아웃하면 데이터가 사라집니다.

```
SQL> CREATE GLOBAL TEMPORARY TABLE EMP38
    ( EMPNO       NUMBER(10),
      ENAME       VARCHAR2(10),
      SAL         NUMBER(10))
     ON COMMIT  PRESERVE ROWS;
```

```
SQL> insert into emp38 values(1111,'scott',3000);
1개의 행이 만들어졌습니다.
```

```
SQL> insert into emp38 values(2222,'smith',4000);
1개의 행이 만들어졌습니다.
```

```
SQL> select * from emp38;
```

EMPNO	ENAME	SAL
1111	scott	3000
2222	smith	4000

```
SQL> commit;
커밋이 완료되었습니다.
```

```
SQL> select * from emp38;
```

EMPNO	ENAME	SAL
1111	scott	3000
2222	smith	4000

```
SQL> exit
C:\> sqlplus scott/tiger
```

```
SQL> SELECT * FROM emp38;
선택된 레코드가 없습니다.
```

복잡한 쿼리를 단순하게 하기 ① (VIEW)

- **학습 내용**: 복잡한 쿼리를 단순하게 하기 위해 VIEW를 사용하는 방법을 학습합니다.
- **힌트 내용**: VIEW의 장점을 활용합니다.

직업이 SALESMAN인 사원들의 사원 번호, 이름, 월급, 직업, 부서 번호를 출력하는 VIEW를 생성해 보겠습니다.

> **File: 예제_095.txt**

```
1 CREATE VIEW EMP_VIEW
2 AS
3 SELECT empno, ename, sal, job, deptno
4   FROM emp
5   WHERE job='SALESMAN';
```

CREATE VIEW 뷰 이름 다음에 AS 이후에 뷰(VIEW)를 통해 보여줘야 할 쿼리를 작성합니다. 이렇게 생성한 EMP_VIEW를 쿼리한 결과는 다음과 같습니다. ◆ 1~5

```
SQL> SELECT * FROM emp_view;
```

EMPNO	ENAME	SAL	JOB	DEPTNO
7654	MARTIN	1250	SALESMAN	30
7499	ALLEN	1600	SALESMAN	30
7844	TURNER	1500	SALESMAN	30
7521	WARD	1250	SALESMAN	30

EMP 테이블의 모든 컬럼을 보는 것이 아니라 일부의 컬럼들만 볼 수 있습니다. 그래서 VIEW는 보안상 공개하면 안 되는 데이터들이 있을 때 유용합니다. 예를 들어 사원 테이블에서 커미션은 공개하면 안 된다고 하면 커미션만 빼고 나머지 컬럼들로만 VIEW를 생성하고 EMP 테이블 대신 VIEW를 제공하면 됩니다.

그러면 다음과 같이 VIEW를 변경하면 실제 테이블도 변경이 될까요?

```
SQL> UPDATE EMP_VIEW SET sal=0 WHERE ename='MARTIN';
1행이 업데이트 되었습니다.
```

```
SQL> SELECT * FROM emp where job ='SALESMAN';
```

EMPNO	ENAME	SAL	JOB	DEPTNO
7654	MARTIN	0	SALESMAN	30
7499	ALLEN	1600	SALESMAN	30
7844	TURNER	1500	SALESMAN	30
7521	WARD	1250	SALESMAN	30

EMP_VIEW의 데이터를 수정했는데 EMP 테이블의 데이터가 변경되었습니다. VIEW는 데이터를 가지고 있지 않고 단순히 테이블을 바로 보는 객체입니다. 뷰(VIEW)를 쿼리하면 뷰를 만들 때 작성했던 쿼리문이 수행되면서 실제 EMP 테이블을 쿼리합니다.

```
SQL> SELECT * FROM emp_view;  ◄──── 뷰를 쿼리합니다.
```

실제로 실행되는 쿼리입니다.

```
SQL> SELECT empno, ename, sal, job, deptno FROM emp WHERE job='SALESMAN';
```

UPDATE문도 마찬가지로 EMP_VIEW를 갱신하면 실제 테이블인 EMP의 데이터가 갱신됩니다.

복잡한 쿼리를 단순하게 하기 ② (VIEW)

중급

096

- **학습 내용**: 복잡한 쿼리를 단순하게 쿼리하기 위해 VIEW를 사용하는 방법을 학습합니다.
- **힌트 내용**: 복합 뷰를 사용합니다.

부서 번호와 부서 번호별 평균 월급을 출력하는 VIEW를 생성해 보겠습니다.

📁 File: 예제_096.txt

```
1 CREATE VIEW EMP_VIEW2
2 AS
3 SELECT deptno, round(avg(sal)) 평균_월급
4   FROM emp
5   GROUP BY deptno ;
```

뷰의 쿼리문에 그룹 함수를 사용하고 있습니다. 뷰 생성 시 함수나 그룹 함수를 작성할 때는 반 드시 컬럼 별칭을 사용해야 합니다.

위와 같이 뷰에 함수나 그룹 함수가 포함되어 있으면 복합 뷰라고 합니다. 뷰의 종류는 다음과 같이 두 가지가 있습니다.

	단순 VIEW	복합 VIEW
테이블의 개수	1개	2개 이상
함수 포함 여부	포함 안함	포함
데이터 수정 여부	수정 기능	수정 불가능 할 수 있음

EMP_VIEW2를 쿼리한 결과는 다음과 같습니다.

```
SQL> SELECT * FROM emp_view2;
```

DEPTNO	평균 월급
30	1567

10	2917
20	2175

EMP_VIEW2의 결과 데이터 중 30번 부서 번호의 평균 월급을 1567에서 3000으로 변경이 가능할까요?

```
SQL> update emp_view2
        set 평균 월급=3000
        where deptno= 30;
    Update emp_view2
        *
1행 오류:
ORA-01732: 뷰에 대한 데이터 조작이 부적합합니다.
```

위와 같이 변경되지 않습니다. 만약 변경이 된다면 실제 테이블의 데이터가 변경되는 것입니다. 그런데 30번 부서 번호인 사원들의 실제 월급을 어떻게 변경해야 할지 애매한 상황이 되어버립니다. 그래서 아예 그룹 함수를 쿼리하는 복합 뷰는 수정이 되지 않습니다. 데이터는 수정이 되지 않지만 복합 뷰의 큰 장점이 있습니다. 바로 복잡한 쿼리를 단순화시킬 수 있다는 것입니다. 복합 뷰를 이용하면 쿼리를 단순하게 작성할 수 있습니다.

```
SQL> SELECT e.ename, e.sal, e.deptno, v.평균 월급
        FROM emp e, ( SELECT deptno, round(avg(sal)) 평균 월급
                        FROM emp
                        GROUP BY deptno ) v
        WHERE e.deptno = v.deptno and e.sal > v.평균 월급;
```

SQL이 좀더 단순해집니다.

```
SQL> SELECT e.ename, e.sal, e.deptno, v.평균 월급
        FROM emp e, emp_view2 v
        WHERE e.deptno = v.deptno and e.sal > v.평균 월급;
```

데이터 검색 속도를 높이기(INDEX)

- **학습 내용:** 데이터의 검색 속도를 높이기 위해 사용하는 인덱스를 이해하는 방법을 학습합니다.
- **힌트 내용:** CREATE INDEX문으로 인덱스를 생성합니다.

월급을 조회할 때 검색 속도를 높이기 위해 월급에 인덱스를 생성해 보겠습니다.

📁 File: 예제_097.txt

```
1 CREATE INDEX EMP_SAL
2   ON EMP(SAL);
```

인덱스(INDEX)는 테이블에서 데이터를 검색할 때 검색 속도를 높이기 위해 사용하는 데이터베이스 객체(OBJECT)입니다.

인덱스 이름 지정 방법은 테이블 이름과 컬럼 이름의 규칙과 동일합니다. ◆ 1

ON절 다음에 인덱스를 생성하고자 하는 테이블과 컬럼명을 '테이블명(컬럼명)'으로 작성합니다. ◆ 2

인덱스가 없을 경우의 데이터 검색은 다음과 같습니다.

```
SQL> SELECT ename, sal
        FROM emp
        WHERE sal = 1600;
```

① 월급을 처음부터 스캔(SCAN)합니다.
② 스캔(SCAN) 중 1600을 찾았습니다.

③ 뒤쪽에 1600이 또 있을지 모르므로
  테이블을 끝까지 스캔합니다.

테이블 전체를 FULL로 스캔합니다.

ENAME	SAL
KING	5000
BLAKE	2850
CLARK	2450
JONES	2975
MARTIN	1250
ALLEN	1600
TURNER	1500
JAMES	950
WARD	1250
FORD	3000
SMITH	800
SCOTT	3000
ADAMS	1100
MILLER	1300

그런데 인덱스가 존재할 경우는 다음과 같이 검색을 합니다. 테이블을 FULL SCAN 하지 않고 인덱스를 통해서 테이블을 엑세스합니다.

EMP_SAL인덱스		EMP 테이블		
SAL	ROWID	ROWID	ENAME	SAL
800	AAAS9FAAHAAAAIDAAK	AAAS9FAAHAAAAIDAAA	KING	5000
950	AAAS9FAAHAAAAIDAAH	AAAS9FAAHAAAAIDAAB	BLAKE	2850
1100	AAAS9FAAHAAAAIDAAM	AAAS9FAAHAAAAIDAAC	CLARK	2450
1250	AAAS9FAAHAAAAIDAAI	AAAS9FAAHAAAAIDAAD	JONES	2975
1250	AAAS9FAAHAAAAIDAAE	AAAS9FAAHAAAAIDAAE	MARTIN	1250
1300	AAAS9FAAHAAAAIDAAN	AAAS9FAAHAAAAIDAAF	ALLEN	1600
1500	AAAS9FAAHAAAAIDAAG	AAAS9FAAHAAAAIDAAG	TURNER	1500
1600	AAAS9FAAHAAAAIDAAF	AAAS9FAAHAAAAIDAAH	JAMES	950
2450	AAAS9FAAHAAAAIDAAC	AAAS9FAAHAAAAIDAAI	WARD	1250
2850	AAAS9FAAHAAAAIDAAB	AAAS9FAAHAAAAIDAAJ	FORD	3000
2975	AAAS9FAAHAAAAIDAAD	AAAS9FAAHAAAAIDAAK	SMITH	800
3000	AAAS9FAAHAAAAIDAAJ	AAAS9FAAHAAAAIDAAL	SCOTT	3000
3000	AAAS9FAAHAAAAIDAAL	AAAS9FAAHAAAAIDAAM	ADAMS	1100
5000	AAAS9FAAHAAAAIDAAA	AAAS9FAAHAAAAIDAAN	MILLER	1300

CREATE INDEX로 사원 테이블의 월급에 인덱스를 생성하면 EMP_SAL 인덱스는 위와 같이 컬럼값과 ROWID로 구성됩니다. ROWID는 데이터가 있는 행(ROW)의 물리적 주소입니다. 컬럼값은 위와 같이 내림차순으로 정렬되어 있습니다. 인덱스를 통해서 테이블을 엑세스하는 방법은 다음과 같습니다.

① 인덱스가 월급을 내림차 순으로 정렬하고 있으므로 바로 월급 1600을 찾습니다.
② 인덱스의 ROWID로 테이블의 해당 ROWID 찾아 이름과 월급을 조회합니다.

이렇게 인덱스를 통해서 테이블의 데이터를 찾습니다. FULL TABLE SCAN은 테이블을 처음부터 끝까지 모두 스캔하지만 인덱스를 통한 스캔 방법은 데이터를 모두 스캔하지 않고 검색할 데이터만 바로 스캔합니다.

절대로 중복되지 않는 번호 만들기(SEQUENE)

- **학습 내용:** 중복되지 않는 숫자 데이터를 생성하는 방법을 학습합니다.
- **힌트 내용:** 시퀀스(SEQUENCE)를 사용합니다.

숫자 1번부터 100번까지 출력하는 시퀀스를 생성해 보겠습니다.

📁 File: 예제_098.txt

```
1 CREATE SEQUENCE SEQ1
2 START WITH 1
3 INCREMENT BY 1
4 MAXVALUE 100
5 NOCYCLE;
```

시퀀스 이름을 SEQ1으로 해서 시퀀스를 생성합니다. ◆ 1

첫 시작 숫자를 1로 지정합니다. ◆ 2

숫자의 증가치를 1로 지정합니다. ◆ 3

시퀀스에서 출력될 최대 숫자를 100으로 지정합니다. ◆ 4

최대 숫자까지 숫자가 출력된 이후에 다시 처음 1번부터 번호를 생성할지 여부를 나타냅니다. ◆ 5

테이블에 번호를 입력할 때 중복되지 않게 번호를 입력해야 하는 경우가 있습니다. 예를 들면 새로운 사원 번호를 사원 테이블에 입력해야 하는 경우에 기존에 있는 사원 번호와 중복되어서는 안됩니다. 이런 경우 가장 마지막에 입력한 사원 번호를 다음과 같이 조회하고 그 사원 번호보다 더 큰 번호로 사원 테이블에 입력합니다.

사원 테이블의 사원 번호 중 가장 큰 번호가 무엇인지 확인합니다.

```
SELECT max(empno)
  FROM emp;
```

MAX(EMPNO)
7934

조회한 7934번호보다 더 큰 번호로 데이터를 입력합니다.

```
INSERT INTO EMP(empno, ename, sal, job, deptno)
  VALUES(7935, 'JACK', 3400, 'ANALYST', 20);
1개의 행이 만들어졌습니다.
```

시퀀스를 사용하면 이런 번거로운 작업을 피할 수 있습니다. 시퀀스는 **일련 번호 생성기**입니다. 번호를 순서대로 생성하는 데이터베이스 오브젝트입니다. 생성한 시퀀스를 사용하여 사원 테이블에 데이터를 입력하는 방법은 다음과 같습니다.

테이블을 생성합니다.

```
CREATE TABLE EMP02
(EMPNO    NUMBER(10),
  ENAME   VARCHAR2(10),
  SAL     NUMBER(10));
테이블이 생성되었습니다.
```

시퀀스를 사용하여 데이터를 입력합니다. 시퀀스의 다음 번호를 출력 또는 확인할 때는 **시퀀스 이름.NEXTVAL**를 사용합니다.

```
INSERT INTO EMP02 VALUES(SEQ1.NEXTVAL, 'JACK', 3500);
  1개의 행이 만들어졌습니다.
INSERT INTO EMP02 VALUES(SEQ1.NEXTVAL, 'JAMES', 4500);
  1개의 행이 만들어졌습니다.
```

입력한 데이터를 확인합니다.

```
SELECT *
  FROM emp02;
```

EMPNO	ENAME	SAL
1	JACK	3500
2	JAMES	4500

실수로 지운 데이터 복구하기 ①
(FLASHBACK QUERY)

- **학습 내용:** 백업을 복구하지 않고 과거 시점의 데이터를 조회하는 방법을 학습합니다.
- **힌트 내용:** Flashback Query를 사용합니다.

사원 테이블의 5분 전 KING 데이터를 검색해 보겠습니다.

📁 File: 예제_099.txt

```
1  SELECT *
2   FROM EMP
3   AS OF TIMESTAMP (SYSTIMESTAMP - INTERVAL '5' MINUTE)
4   WHERE ENAME='KING';
```

AS OF TIMESTAMP절에 과거 시점을 작성합니다. SYSTIMESTAMP는 현재 시간을 나타냅니 ◆ 3
다. SYSTIMESTAMP − INTERVAL '5' MINUTE은 현재 시간에서 5분을 뺀 시간을 나타냅니다.

오늘 현재 시간 확인	오늘 현재 시간에서 5분 전의 시간 확인

SQL> SELECT SYSTIMESTAMP
        FROM dual;
	SQL> SELECT SYSTIMESTAMP - INTERVAL '5' MINUTE
	        FROM dual;

19/06/29 21:56:10.065000 +09:00	19/06/29 21:51:38.949000000 +09:00

KING의 데이터를 변경하고 과거 시점의 데이터를 확인하는 방법은 다음과 같습니다.

KING의 월급을 조회합니다.

		ENAME	SAL

SELECT ename, sal
  From emp
  Where ename='KING';
		KING	5000

KING의 월급을 0으로 변경합니다.

```
UPDATE EMP
   SET SAL = 0
   WHERE ENAME='KING';
1행이 업데이트되었습니다.
```

COMMIT을 수행합니다.

```
COMMIT;
커밋이 완료되었습니다
```

5분 전의 KING의 데이터를 확인합니다.

```
SELECT ename, sal
   FROM EMP
   AS OF TIMESTAMP (SYSTIMESTAMP - INTERVAL '5' MINUTE)
   WHERE ENAME='KING';
```

ENAME	SAL
KING	5000

현재 시간에서 5분 전의 시간이 다음과 같다면 시간으로도 조회할 수 있습니다.

```
                  19/06/29 21:51:38
SELECT ename, sal
   FROM EMP
   AS OF TIMESTAMP '19/06/29 21:51:38'
   WHERE ENAME='KING';
```

테이블을 플래쉬백할 수 있는 골든 타임은 기본이 15분입니다. 이 시간은 데이터베이스의 파라미터인 UNDO_RETENTION으로 확인해 볼 수 있습니다. UNDO_RETENTION 확인 방법은 다음과 같습니다.

```
SELECT name, value
   FROM V$PARAMETER
   WHERE name='undo_retention';
```

NAME	VALUE	
undo_retention	900	◀── 900초입니다.

실수로 지운 데이터 복구하기 ②
(FLASHBACK TABLE)

- **학습 내용:** 실수로 데이터를 DELETE하고 COMMIT하였을 경우 복구 방법을 학습합니다.
- **힌트 내용:** Flashback Table을 사용합니다.

사원 테이블을 5분 전으로 되돌려 보겠습니다.

📁 **File: 예제_100.txt**

```
1 ALTER TABLE emp ENABLE ROW MOVEMENT;
2
3 FLASHBACK TABLE emp TO TIMESTAMP (SYSTIMESTAMP - INTERVAL '5' MINUTE);
```

사원(EMP) 테이블을 플래쉬백하려면 먼저 플래쉬백이 가능한 상태로 변경해 주어야 합니다. ◆ 1
ALTER 명령어로 사원 테이블을 플래쉬백이 가능한 상태로 설정합니다. 설정 후 확인 방법은
다음과 같습니다.

```
SELECT row_movement
  FROM user_tables
  WHERE table_name = 'EMP';
```

ROW_MOVEMENT
ENABLED

사원 테이블을 현재 시점(SYSTIMESTAMP)에서 5분 전으로 플래쉬백(FLASHBACK)합니다. ◆ 3
백업을 가지고 복구하는 것이 아니라 5분 전부터 현재까지 수행했던 DML(Data Manipulation
Language) 작업을 반대로 수행하면서 과거로 되돌립니다.

5분 전부터 현재까지 수행한 작업 중 DELETE가 있었다면, 반대로 INSERT를 수행하고
INSERT가 있었다면 반대로 DELETE를 수행합니다. 성공적으로 플래쉬백이 되었다면 데이터
를 확인한 후 COMMIT을 해야 변경된 상태가 데이터베이스에 영구히 반영됩니다.

타임머신을 타고 과거로 되돌아가듯 다음과 같이 EMP 테이블만 특정 시점으로 되돌릴 수도 있
습니다.

```
1  FLASHBACK TABLE emp TO TIMESTAMP
2  TO_TIMESTAMP('19/06/30 07:20:59','RR/MM/DD HH24:MI:SS');
```

TO_TIMESTAMP 함수를 사용해서 날짜, 시, 분, 초를 지정하면 해당 시간으로 EMP 테이블을 되돌립니다. 19년 6월 30일 7시 20분 59초부터 현재 시점까지 수행한 모든 DML 작업을 반대로 수행하면서 EMP 테이블을 되돌립니다. 지정된 과거 시점부터 현재 시점 사이에 DDL(Data Definition Language)문이나 DCL(Data Control Language)문을 수행하였다면 FLASHBACK 명령어가 수행되지 않고 에러가 발생하게 됩니다.

실수로 지운 데이터 복구하기 ③
(FLASHBACK DROP)

- **학습 내용:** 실수로 테이블을 DROP 하였을 경우 복구하는 방법을 학습합니다.
- **힌트 내용:** FLASHBACK TABLE 명령어로 복구합니다.

DROP된 사원 테이블을 휴지통에서 복원해 보겠습니다.

📁 File: 예제_101.txt

```
1 FLASHBACK TABLE emp TO BEFORE DROP;
```

EMP 테이블을 DROP하여 휴지통에 있다면 휴지통에서 다시 복구합니다. 오라클 10g 버전부터 ◆ 1
휴지통 기능이 생겨서 테이블을 DROP할 경우 테이블이 휴지통에 들어가게 됩니다. 그래서 실
수로 DROP을 하였다면 다시 복구할 수 있습니다.

테이블 DROP 후 휴지통에 존재하는지 확인하는 방법은 다음과 같습니다.

```
DROP TABLE emp;

SELECT ORIGINAL_NAME, DROPTIME
   FROM USER_RECYCLEBIN;
```

ORIGINAL_NAME	DROPTIME
EMP	2019-06-30:08:00:39

휴지통(휴지통)

휴지통에서 복구할 때 테이블명을 다른 이름으로 변경하려면 다음과 같이 수행합니다.

📁 File: 예제_101-2.txt

```
1 FLASHBACK TABLE emp TO BEFORE DROP RENAME TO emp2;
```

출력 결과

플래시백이 완료되었습니다.

실수로 지운 데이터 복구하기 ④ (FLASHBACK VERSION QUERY)

- **학습 내용 :** 과거부터 현재까지 테이블의 데이터가 어떻게 변경되어 왔는지 이력을 확인하는 방법을 학습합니다.
- **힌트 내용 :** Flashback version Query를 사용합니다.

사원 테이블의 데이터가 과거 특정 시점부터 지금까지 어떻게 변경되어 왔는지 이력 정보를 출력해 보겠습니다.

📁 File: 예제_102.txt

```
1  SELECT ename, sal, versions_starttime, versions_endtime, versions_operation
2     FROM emp
3     VERSIONS BETWEEN TIMESTAMP
4            TO_TIMESTAMP('2019-06-30 08:20:00','RRRR-MM-DD HH24:MI:SS')
5            AND MAXVALUE
6     WHERE ename='KING'
7     ORDER BY versions_starttime;
```

3~5 ◆ VERSIONS절에 변경 이력 정보를 보고 싶은 기간을 지정합니다. TO_TIMESTAMP 변환 함수를 사용하여 시:분:초 까지 상세히 시간 설정할 수 있습니다.

7 ◆ 이력 정보를 기록하기 시작한 순서대로 정렬해서 출력합니다.

테이블 변경 이력 정보를 확인하는 방법은 다음과 같습니다.

현재 시간을 확인합니다.

```
SELECT SYSTIMESTAMP FROM DUAL;
```

SYSTIMESTAMP
19/06/30 09:03:40

변경하기 전에 앞서 KING의 데이터를 확인합니다.

```
SELECT ename, sal, deptno
  FROM emp
  WHERE ename='KING';
```

ENAME	SAL	DEPTNO
KING	5000	10

KING의 월급을 8000으로 변경하고 COMMIT합니다.

```
UPDATE emp
  SET sal = 8000
  WHERE ename='KING';

COMMIT;
```

KING의 부서 번호를 20번으로 변경합니다.

```
UPDATE emp
  SET deptno = 20
  WHERE ename='KING';

COMMIT;
```

KING의 데이터 변경 이력 정보를 확인합니다.

```
SELECT ename, sal, deptno, versions_starttime, versions_endtime, versions_operation
FROM emp
VERSIONS BETWEEN TIMESTAMP
        TO_TIMESTAMP('2019/06/30 09:03:40','RRRR-MM-DD HH24:MI:SS')
        AND MAXVALUE
  WHERE ename='KING'
ORDER BY versions_starttime;
```

ENAME	SAL	DEPTNO	VERSIONS_STARTTIME	VERSIONS_ENDTIME	VERSIONS_OPERATION
KING	8000	20	19/06/30 09:08:37	19/06/30 09:08:46	U
KING	8000	10	19/06/30 09:08:46		U
KING	5000	10		19/06/30 09:08:37	

VESIONS_OPERATION의 U는 UPDATE입니다. VERSIONS절을 사용하면 위와 같이 KING의 월급과 부서 번호가 언제 어떻게 변경되었는지 확인할 수 있습니다.

변경 이력을 확인했으면 다음과 같이 emp 테이블을 10분 전으로 되돌리고 COMMIT합니다.

```
FLASHBACK TABLE emp TO TIMESTAMP (SYSTIMESTAMP - INTERVAL '10' MINUTE);
플래시백이 완료되었습니다.
```

```
COMMIT;
커밋이 완료되었습니다.
```

실수로 지운 데이터 복구하기 ⑤ (FLASHBACK TRANSACTION QUERY)

- **학습 내용:** 특정 테이블을 과거의 특정 시점으로 되돌리기 위한 DML문을 추출하는 방법을 학습합니다.
- **힌트 내용:** Flashback transaction Query를 사용합니다.

사원 테이블의 데이터를 5분 전으로 되돌리기 위한 DML문을 출력해 보겠습니다.

📂 File: 예제_103.txt

```
1  SELECT undo_sql
2    FROM flashback_transaction_query
3    WHERE table_owner = 'SCOTT' AND table_name = 'EMP'
4    AND commit_scn between 9457390 AND 9457397
5    ORDER BY start_timestamp desc;
```

출력 결과

UNDO_SQL
update "SCOTT"."EMP" set "DEPTNO" = '10' where ROWID = 'AAAR1/AAHAAAAFmAAA';
update "SCOTT"."EMP" set "SAL" = '5000' where ROWID = 'AAAR1/AAHAAAAFmAAA';

UNDO(취소)할 수 있는 SQL을 조회합니다. ◆ 1~2

SCN는 System Change Number의 약자로 commit할 때 생성되는 번호입니다. 특정 시간대의 ◆ 4
SCN 번호로 범위를 지정합니다.

최근 UNDO(취소) 정보가 먼저 출력되게 정렬합니다. ◆ 5

TRANSACTION QUERY의 결과를 보기 위해서는 데이터베이스 모드를 아카이브 모드로 변경
해야 합니다. 아카이브 모드로 변경하겠다는 것은 장애가 발생했을 때 DB를 복구할 수 있는 로
그 정보를 자동으로 저장하게 하는 모드입니다. 아카이브 모드로 변경하기 위해서는 DB를 한번
내렸다 올려야 합니다. 지금부터의 작업은 SQL PLUS에서 수행합니다.

도스 창에서 sys 유저로 접속합니다.

```
C:\Users\oracl>sqlplus "/as sysdba"
```

DB를 정상 종료합니다.

```
SHUTDOWN IMMEDIATE;
데이터베이스가 닫혔습니다.
데이터베이스가 마운트 해제되었습니다.
ORACLE 인스턴스가 종료되었습니다.
```

데이터 베이스를 마운트 상태로 올립니다.

```
STARTUP MOUNT
ORACLE 인스턴스가 시작되었습니다.

Total System Global Area 5066718176 bytes
Fixed Size                  9038816 bytes
Variable Size             956301312 bytes
Database Buffers         4093640704 bytes
Redo Buffers                7737344 bytes
데이터베이스가 마운트되었습니다.
```

아카이브 모드로 데이터베이스를 변경합니다.

```
ALTER DATABASE ARCHIVELOG;
데이타베이스가 변경되었습니다.
```

DML문이 redo log file에 저장될 수 있도록 설정합니다.

```
ALTER DATABASE ADD SUPPLEMENTAL LOG DATA;
데이타베이스가 변경되었습니다.
```

scott 유저로 접속합니다.

```
connect scott/tiger
```

변경하기 전에 앞서 KING의 데이터를 확인합니다.

```
SELECT ename, sal, deptno
  FROM emp
  WHERE ename='KING';
```

ENAME	SAL	DEPTNO
KING	5000	10

KING의 월급을 8000으로 변경하고 COMMIT합니다.

```
UPDATE emp
  SET sal = 8000
  WHERE ename='KING';

COMMIT;
```

KING의 부서번 호를 20번으로 변경합니다.

```
UPDATE emp
  SET deptno=20
  WHERE ename='KING';

COMMIT;
```

KING의 데이터 변경 이력 정보를 확인합니다.

```
SELECT versions_startscn, versions_endscn, versions_operation, sal,deptno
    FROM  emp
    VERSIONS BETWEEN SCN MINVALUE AND MAXVALUE
    WHERE ename='KING';
```

VERSIONS_STARTSCN	VERSIONS_ENDSCN	VERSIONS_OPERATION	SAL	DEPTNO
9454017		U	8000	20
9454013	9454017	U	8000	10
	9454013		5000	10

KING의 데이터 변경 이력 정보를 확인합니다.

```
SELECT undo_sql
  FROM flashback_transaction_query
  WHERE table_owner = 'SCOTT' AND table_name = 'EMP'
  AND commit_scn between 9454013 AND 9454017
  ORDER BY start_timestamp desc;
```

UNDO_SQL
update "SCOTT"."EMP" set "DEPTNO" = '10' where ROWID = 'AAAR1/AAHAAAAFmAAA';
update "SCOTT"."EMP" set "SAL" = '5000' where ROWID = 'AAAR1/AAHAAAAFmAAA';

ROWID는 해당 로우의 물리적인 주소입니다. 위의 UPDATE문으로 다시 원래 데이터로 되돌려 놓을 수 있습니다.

데이터의 품질 높이기 ① (PRIMARY KEY)

- **학습 내용:** 데이터의 품질을 높이기 위해 특정 컬럼에 중복된 데이터와 NULL 값을 입력 못하게 하는 방법을 학습합니다.
- **힌트 내용:** PRIMARY KEY 제약을 사용합니다.

📁 File: 예제_104.txt

```
1  CREATE TABLE DEPT2
2  (DEPTNO   NUMBER(10) CONSTRAINT DPET2_DEPNO_PK  PRIMARY KEY,
3   DNAME    VARCHAR2(14),
4   LOC      VARCHAR2(10));
```

위의 예제는 DEPTNO 컬럼에 PRIMARY KEY 제약을 걸면서 테이블을 생성하는 예제입니다. PRIMARY KEY 제약이 걸린 컬럼에는 중복된 데이터와 NULL 값을 입력할 수 없습니다. 특정 길림 중에는 중복된 데이터가 입력되거나 NULL 값이 입력되면 안 되는 컬럼들이 있습니다. 예를 들어 사원 번호, 주민등록 번호 등이 이에 해당됩니다.

DEPTNO 컬럼의 데이터 타입인 NUMBER(10) 다음에 CONSTRAINT 키워드와 제약 이름을 적어줍니다. 제약 이름은 '테이블명_컬럼명_제약종류축약'으로 어느 테이블의 어떤 컬럼에 어느 제약인지를 알 수 있도록 명시합니다. 제약 이름 바로 옆에 제약의 종류인 PRIMARY KEY를 기술합니다. PRIMARY KEY가 생성된 DPETNO에는 중복된 데이터와 NULL 값이 입력되지 못하여 고유한 행을 갖는 컬럼임을 보장받게 됩니다.

◆ 2

DEPT2 테이블

DPETNO	DNAME	LOC
10	ACCOUNTING	NEW YORK
20	RESEARCH	DALLAS
30	SALES	CHICAGO
40	OPERATIONS	BOSTON

 기존에 20번이 있으므로 20번으로 입력 불가능!

20	RESEARCH	SEOUL
NULL 값도 입력 불가능!		
	RESEARCH	SEOUL

테이블에 생성된 제약을 확인하는 방법은 다음과 같습니다.

```
SELECT a.CONSTRAINT_NAME, a.CONSTRAINT_TYPE, b.COLUMN_NAME
    FROM USER_CONSTRAINTS a, USER_CONS_COLUMNS b
    WHERE a.TABLE_NAME = 'DEPT2'
    AND a.CONSTRAINT_NAME = b.CONSTRAINT_NAME;
```

CONSTRAINT_NAME	CONSTRAINT_TYPE	COLUMN_NAME
DPET2_DEPNO_PK	P	DEPTNO

제약을 생성하는 시점은 두 가지로 위와 같이 테이블이 생성되는 시점에 제약을 생성할 수도 있고 테이블 생성 후에도 제약을 생성할 수 있습니다. 테이블 생성 후 제약을 생성하는 방법은 다음과 같습니다.

File: 예제_104-2.txt

```
1   CREATE TABLE DEPT2
2   (DEPTNO  NUMBER(10),
3    DNAME   VARCHAR2(13),
4    LOC     VARCHAR2(10));
5
6   ALTER TABLE DEPT2
7     ADD CONSTRAINT DEPT2_DEPTNO_PK PRIMARY KEY(DEPTNO);
```

1~4 ◆ 테이블 생성 시 제약을 생성하지 않고 생성했습니다.

6 ◆ ALTER 명령어로 DPET2 테이블을 수정합니다.

7 ◆ ADD 명령어로 PRIMARY KEY 제약을 추가합니다. PRIMARY KEY 다음에는 괄호를 열고 어느 컬럼에 PRIMARY KEY 제약을 생성할지 명시합니다.

데이터의 품질 높이기 ②(UNIQUE)

- **학습 내용:** 테이블의 특정 컬럼에 중복된 데이터가 입력되지 않게 하는 방법을 학습합니다.
- **힌트 내용:** UNIQUE 제약을 사용합니다.

📁 File: 예제_105.txt

```
1  CREATE TABLE DEPT3
2  (DEPTNO  NUMBER(10),
3   DNAME    VARCHAR2(14) CONSTRAINT DEPT3_DNAME_UN UNIQUE,
4   LOC      VARCHAR2(10));
```

테이블의 컬럼 중에는 중복된 데이터가 있어서는 안 되는 컬럼이 있습니다. 이럴 때는 UNIQUE 제약을 사용하여 테이블의 특정 컬럼에 중복된 데이터가 입력되지 않게 제약을 걸 수 있습니다. 위의 예제는 테이블을 생성하면서 DNAME 컬럼에 UNIQUE KEY 제약을 걸면서 생성합니다. PRIMARY KEY 제약과는 달리 UNIQUE 제약이 걸린 컬럼에는 NULL 값을 입력할 수 있습니다.

DNAME 컬럼의 데이터 타입인 VARCHAR2(14) 다음에 CONSTRAINT 키워드를 적고 제약 이름을 테이블명_컬럼명_제약 종류로 기술합니다. 제약 이름 다음에 UNIQUE 키워드를 기술합니다. DNAME 컬럼에 UNIQUE 제약이 생성되었으므로 DNAME에는 중복된 데이터가 입력되지 못합니다.

◆ 3

DEPT3 테이블

DPETNO	DNAME	LOC
10	ACCOUNTING	NEW YORK
20	RESEARCH	DALLAS
30	SALES	CHICAGO
40	OPERATIONS	BOSTON

 기존에 20번이 있으므로 20번으로 입력 불가능!

271

	20	RESEARCH	SEOUL
	↑ NULL 값은 입력 가능!		
		RESEARCH	SEOUL

테이블에 생성된 제약을 확인하는 방법은 다음과 같습니다.

```
SELECT a.CONSTRAINT_NAME, a.CONSTRAINT_TYPE, b.COLUMN_NAME
    FROM USER_CONSTRAINTS a, USER_CONS_COLUMNS b
    WHERE a.TABLE_NAME = 'DEPT3'
    AND a.CONSTRAINT_NAME = b.CONSTRAINT_NAME;
```

CONSTRAINT_NAME	CONSTRAINT_TYPE	COLUMN_NAME
DPET3_DNANE_UN	U	DNAME

제약을 생성하는 시점은 두 가지로 위와 같이 테이블이 생성되는 시점에 제약을 생성할 수도 있고 테이블 생성 후에도 제약을 생성할 수 있습니다. 테이블 생성 후에 제약을 생성하는 방법은 다음과 같습니다.

📁 File: 예제_105-2.txt

```
1 CREATE TABLE DEPT4
2 (DEPTNO  NUMBER(10),
3  DNAME   VARCHAR2(13),
4  LOC     VARCHAR2(10));
5
6 ALTER TABLE DEPT4
7   ADD CONSTRAINT DEPT4_DNAME_UN UNIQUE(DNAME);
```

1~4 ◆ 테이블 생성 시 제약을 생성하지 않고 생성했습니다.

6 ◆ ALTER 명령어로 DPET4 테이블을 수정합니다.

7 ◆ ADD 명령어로 UNIQUE 제약을 추가합니다. UNIQUE 다음에는 괄호를 열고 DNAME 컬럼에 UNIQUE 제약을 생성하겠다고 명시합니다.

데이터의 품질 높이기 ③ (NOT NULL)

- **학습 내용:** 특정 컬럼에 NULL 값 입력을 제한하는 방법을 학습합니다.
- **힌트 내용:** NOT NULL 제약을 사용합니다.

📁 **File: 예제_106.txt**

```
1  CREATE TABLE DEPT5
2  (DEPTNO   NUMBER(10),
3   DNAME    VARCHAR2(14),
4   LOC      VARCHAR2(10) CONSTRAINT DEPT5_LOC_NN NOT NULL);
```

테이블의 특정 컬럼에 NULL 값 입력을 허용하지 않게 하려면 NOT NULL 제약을 생성해야 합니다.

NOT NULL 제약이 생성되는 시점은 위와 같이 테이블이 생성되는 시점이거나 다음과 같이 테이블이 생성된 이후에도 가능합니다. 다만 기존 테이블의 데이터 중에 NULL 값이 존재하지 않아야만 제약이 생성될 수 있습니다.   ◆ 4

📁 **File: 예제_106-2.txt**

```
1  CREATE TABLE DEPT6
2  (DEPTNO   NUMBER(10),
3   DNAME    VARCHAR2(13),
4   LOC      VARCHAR2(10));
5
6  ALTER TABLE DEPT6
7    MODIFY LOC CONSTRAINT DEPT6_LOC_NN NOT NULL;
```

다른 제약과는 달리 NOT NULL 제약은 ADD가 아니라 MODIFY로 생성합니다. 그리고 NOT NULL 다음에는 괄호 열고 컬럼명을 명시하지 않습니다. 기존의 데이터 중 NULL 값이 포함되어 있다면 ALTER 명령어로 LOC 컬럼에 NOT NULL 제약을 생성할 수 없습니다.   ◆ 7

중급

107 데이터의 품질 높이기 ④(CHECK)

- **학습 내용 :** 특정 컬럼에 지정된 데이터만 입력될 수 있도록 제한하는 방법을 학습합니다.
- **힌트 내용 :** CHECK 제약을 사용합니다.

사원 테이블을 생성하는데, 월급이 0에서 6000 사이의 데이터만 입력되거나 수정될 수 있도록 제약을 걸어 생성해 보겠습니다.

📁 File: 예제_107.txt

```
1 CREATE TABLE EMP6
2 ( EMPNO   NUMBER(10),
3   ENAME   VARCHAR2(20),
4   SAL     NUMBER(10) CONSTRAINT EMP6_SAL_CK
5   CHECK ( SAL BETWEEN 0 AND 6000 )    );
```

CHECK 제약은 특정 컬럼에 특정 조건의 데이터만 입력되거나 수정되도록 제한을 거는 제약입니다. 성별 컬럼의 경우 남자 아니면 여자만 입력되어야 합니다. 이메일도 주소에 @가 포함되어야지만 데이터가 입력되거나 수정되도록 해야 합니다. 이렇게 해야 데이터의 품질이 좋아지고 더 정확한 데이터 분석을 할 수 있게 됩니다.

5 ◆ SAL 컬럼에 월급이 0에서부터 6000 사이의 데이터만 허용하도록 CHECK 제약을 생성합니다. CHECK 다음에 나오는 괄호 안에 제한하고 싶은 데이터에 대한 조건을 기술합니다. 그러면 다음과 같이 UPDATE문을 이용해서 이름이 CLARK인 사원의 월급을 9000으로 변경하면 에러가 발생하면서 수행되지 않습니다.

EMP6 테이블

EMPNO	ENAME	SAL
7839	KING	5000
7698	BLAKE	2850
7782	CLARK	2450
7839	JONES	2975

274

```
UPDATE emp6
  SET sal = 9000
  WHERE ename='CLARK';

UPDATE emp6
*
1행 오류:
ORA-02290: 체크 제약 조건(SCOTT.EMP6_SAL_CK)이 위배되었습니다.
```

9000으로 월급을 입력하려고 해도 입력되지 않습니다.

```
SQL> INSERT INTO emp6 VALUES (7566, 'ADAMS', 9000);
     INSERT INTO emp6 VALUES (7566, 'ADAMS', 9000)
        *
1행 오류:
ORA-02290: 체크 제약 조건(SCOTT.EMP6_SAL_CK)이 위배되었습니다.
```

월급을 6000 이상으로 수정하거나 입력하려면 체크 제약을 삭제해야 가능해 집니다. 다음은 제약을 삭제하는 명령어입니다.

```
1   ALTER TABLE emp6
2     DROP CONSTRAINT emp6_sal_ck;
```

제약 삭제는 위와 같이 ALTER TABLE 명령어를 이용하고 삭제하고 싶은 제약 이름을 지정하면 됩니다. 제약을 삭제하면 다음과 같이 데이터가 입력될 수 있습니다.

```
SQL> INSERT INTO emp6 VALUES (7566, 'ADAMS', 9000);
1개의 행이 만들어졌습니다.
```

중급

108

데이터의 품질 높이기 ⑤
(FOREIGN KEY)

● **학습 내용 :** 특정 컬럼에 지정된 데이터만 허용할 때 다른 테이블의 데이터를 참조하는 방법을 학습합니다.
● **힌트 내용 :** FOREIGN KEY 제약을 사용합니다.

사원 테이블의 부서 번호에 데이터를 입력할 때 부서 테이블에 존재하는 부서 번호만 입력될 수 있도록 제약을 생성해 보겠습니다.

📁 File: 예제_108.txt

```
 1  CREATE TABLE DEPT7
 2  (DEPTNO   NUMBER(10) CONSTRAINT DEPT7_DEPTNO_PK PRIMARY KEY,
 3   DNAME    VARCHAR2(14),
 4   LOC      VARCHAR2(10));
 5
 6  CREATE TABLE EMP7
 7  (EMPNO      NUMBER(10),
 8   ENAME      VARCHAR2(20),
 9   SAL        NUMBER(10),
10   DEPTNO     NUMBER(10)
11   CONSTRAINT EMP7_DEPTNO_FK REFERENCES DEPT7(DEPTNO));
```

특정 컬럼에 데이터를 입력할 때 다른 테이블의 데이터를 참조해서 해당하는 데이터만 허용하고자 할 때 FOREIGN KEY 제약을 사용합니다.

1~4 ◆ DEPTNO 컬럼에 PRIMARY KEY 제약을 걸어서 DEPT7 테이블을 생성합니다.

6~7 ◆ EMP7 테이블을 생성하는데 DEPTNO에 자식키(FOREIGN KEY)를 걸어서 생성합니다.

자식키를 생성할 때 DEPT7 테이블에 DEPTNO를 참조하겠다고 기술합니다. 이렇게 되면 DEPT7 테이블은 부모 테이블이 되고 EMP7 테이블은 자식 테이블이 됩니다.

EMP7		foreign key	primary key		DPET7

EMPNO	ENAME	DEPTNO	DPETNO	DNAME	LOC
7839	KING	10	10	ACCOUNTING	NEW YORK
7698	BLAKE	30	20	RESEARCH	DALLAS
7782	CLARK	10	30	SALES	CHICAGO
7566	JONES	20	40	OPERATIONS	BOSTON
7499	ADAMS	10	← 입력 가능		
7944	SMITH	80	← 입력 불가능		

EMP7 테이블의 DEPTNO가 DEPT7 테이블의 DEPTNO를 참조하고 있어서 EMP7 테이블의 DEPTNO에 데이터를 입력 또는 수정할 때 DEPT7 테이블의 DPETNO에 존재하는 부서 번호에 대해서만 입력 또는 수정이 가능하게 됩니다.

위와 같이 서로 제약이 걸린 상황에서 DEPT7 테이블의 PRIMARY KEY를 삭제하려면 다음과 같이 삭제되지 않습니다. 왜냐하면 자식 테이블인 EMP7 테이블이 부모 테이블인 DEPT7 테이블을 참조하고 있기 때문입니다.

```
SQL> ALTER TABLE DEPT7
     DROP CONSTRAINT DEPT7_DEPTNO_PK;
     DROP CONSTRAINT DEPT7_DEPTNO_PK
              *
2행 오류:
ORA-02273: 고유/기본 키가 외부 키에 의해 참조되었습니다.
```

다음과 같이 CASCADE 옵션을 붙여야 삭제가 됩니다. 이때 EMP7 테이블의 FOREIGN KEY 제약도 같이 삭제됩니다.

```
SQL> ALTER TABLE DEPT7
     DROP CONSTRAINT DEPT7_DEPTNO_PK cascade;
테이블이 변경되었습니다.
```

WITH절 사용하기 ①
(WITH ~ AS)

- **학습 내용:** 동일한 SQL이 반복되어 사용될 때 성능을 높이는 방법을 학습합니다.
- **힌트 내용:** WITH절을 사용합니다.

WITH절을 이용하여 직업과 직업별 토탈 월급을 출력하는데 직업별 토탈 월급들의 평균값보다 더 큰 값들만 출력해 보겠습니다.

📁 File: 예제_109.txt

```
1 WITH JOB_SUMSAL AS (SELECT JOB, SUM(SAL) as 토탈
2                            FROM EMP
3                            GROUP BY JOB)
4  SELECT JOB, 토탈
5    FROM JOB_SUMSAL
6    WHERE 토탈 > (SELECT  AVG(토탈)
7                      FROM JOB_SUMSAL );
```

출력 결과

JOB	토탈
ANALYST	6000
MANAGER	8275

검색 시간이 오래 걸리는 SQL이 하나의 SQL 내에서 반복되어 사용될 때 성능을 높이기 위한 방법으로 WITH절을 사용합니다. 위의 예제는 직업과 직업별 토탈 월급을 출력하는 SQL이 두 번 반복되는 것을 WITH절로 수행한 예제입니다.

1~3 ◆ WITH절의 수행 원리는 다음과 같습니다. 직업과 직업별 토탈 월급을 출력하여 임시 저장 영역 (Temporary Tablespace)에 테이블명을 JOB_SUMSAL로 명명지어 저장합니다.

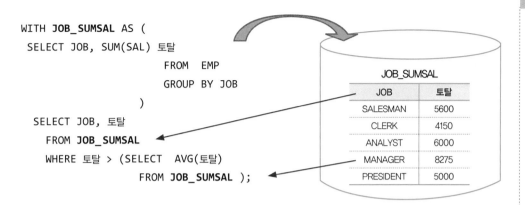

```
WITH JOB_SUMSAL AS (
 SELECT JOB, SUM(SAL) 토탈
                    FROM  EMP
                    GROUP BY JOB
                    )
   SELECT JOB, 토탈
     FROM JOB_SUMSAL
    WHERE 토탈 > (SELECT  AVG(토탈)
                    FROM JOB_SUMSAL );
```

임시 저장 영역에 저장된 테이블인 JOB_SUMSAL을 불러와서 직업별 토탈 월급들의 평균값보 ◆ 4~7
다 더 큰 직업별 토탈 월급들을 출력합니다. 임시 저장 영역에 저장된 데이터를 출력하는데 많
은 시간이 걸렸다면 WITH절은 이 시간을 반으로 줄여 줍니다. 위의 WITH절을 서브 쿼리문으
로 수행하면 다음과 같습니다.

File: 예제_109-2.txt

```
1  SELECT JOB, SUM(SAL) as 토탈
2       FROM EMP
3       GROUP BY JOB
4       HAVING SUM(SAL)> (SELECT AVG(SUM(SAL))
5                         FROM EMP
6                         GROUP BY JOB);
```

EMP 테이블의 데이터가 대용량이어서 직업과 직업별 토탈 월급을 출력하는데 시간이 많이 걸
려 20분이 걸린다고 하면 위의 SQL은 동일한 SQL을 두 번이나 사용하였으므로 40분이 걸리게
됩니다. 그러나 WITH절로 고쳐 작성하게 되면 20분 걸려서 얻은 5개의 데이터를 임시 저장 영
역에 저장하고 그 데이터를 JOB_SUMSAL 테이블 이름으로 불러오기만 하면 되기 때문에 때
문에 시간이 절반으로 줄어듭니다. 단, WITH절에서 사용한 TEMP 테이블은 WITH절 내에서
만 사용 가능합니다.

WITH절 사용하기 ②
(SUBQUERY FACTORING)

- **학습 내용 :** 서브 쿼리 2개가 서로 데이터를 참고할 수 있게 하는 방법을 학습합니다.
- **힌트 내용 :** WITH절을 사용합니다.

📁 **File: 예제_110.txt**

```
1  WITH JOB_SUMSAL AS (SELECT JOB, SUM(SAL)  토탈
2                        FROM   EMP
3                        GROUP BY JOB) ,
4     DEPTNO_SUMSAL AS (SELECT DEPTNO, SUM(SAL) 토탈
5                        FROM EMP
6                        GROUP BY DEPTNO
7                        HAVING SUM(SAL) > (SELECT AVG(토탈) + 3000
8                                            FROM JOB_SUMSAL)
9                                )
10   SELECT DEPTNO, 토탈
11     FROM DEPTNO_SUMSAL ;
```

출력 결과

DEPTNO	토탈
30	9400
20	10875

WITH절을 사용하면 특정 서브 쿼리문의 컬럼을 다른 서브 쿼리문에서 참조하는 것이 가능해
집니다. 위의 예제는 직업별 토탈 값의 평균값에 3000을 더한 값보다 더 큰 부서 번호별 토탈 월
급들을 출력하는 예제입니다.

1~3 ◆ 직업과 직업별 토탈 월급을 출력하여 JOB_SUMSAL이라는 이름으로 임시 저장 영역에 저장합
니다.

부서 번호와 부서 번호별 토탈 월급을 출력하는데 JOB_SUMSAL의 토탈 값의 평균값에 3000을 더한 값보다 더 큰 토탈 월급을 출력합니다. 여기서 JOB_SUMSAL 임시 테이블을 참조하고 있습니다. 이러한 방법은 FROM절의 서브 쿼리로는 불가능합니다.

◆ 4~8

📁 File: 예제_110-2.txt

```
1  SELECT DEPTNO, SUM(SAL)
2  FROM (SELECT JOB, SUM(SAL)  토탈
3                  FROM    EMP
4                  GROUP BY JOB)  as  JOB_SUMSAL ,
5       (SELECT DEPTNO, SUM(SAL) 토탈
6                  FROM EMP
7                  GROUP BY DEPTNO
8                  HAVING SUM(SAL) > (SELECT AVG(토탈) + 3000
9                                          FROM JOB_SUMSAL)
10                      ) DEPTNO_SUMSAL ;
```

출력 결과

4행 오류:
ORA-00933: SQL 명령어가 올바르게 종료되지 않았습니다.

FROM절의 서브 쿼리로는 불가능하지만 WITH절을 이용하면 임시 저장 영역에 임시 테이블을 생성하므로 참조가 가능해집니다.

```
1  WITH JOB_SUMSAL AS (SELECT JOB, SUM(SAL)  토탈
2                          FROM    EMP
3                          GROUP BY JOB) ,
4      DEPTNO_SUMSAL AS (SELECT DEPTNO, SUM(SAL) 토탈
5                              FROM EMP
6                              GROUP BY DEPTNO
7                              HAVING SUM(SAL) > (SELECT AVG(토탈) + 3000
8                                                  FROM JOB_SUMSAL)
9                              )
10  SELECT DEPTNO, 토탈
11     FROM DEPTNO_SUMSAL ;
```

이렇게 WITH절의 쿼리의 결과를 임시 테이블로 생성하는 것을 SUBQUERY FACTORING이라고 합니다.

SQL로 알고리즘 문제 풀기 ①
(구구단 2단 출력)

- **학습 내용:** SQL로 구구단 2단을 출력하는 방법을 학습합니다.
- **힌트 내용:** WITH절과 계층형 질의문을 사용합니다.

SQL을 이용하여 구구단 2단을 출력해 보겠습니다. 계층형 질의문을 이용하면 루프(LOOP) 문을 SQL로 구현할 수 있습니다.

📁 **File: 예제_111.txt**

```
1 WITH LOOP_TABLE  as (SELECT LEVEL  as NUM
2                         FROM DUAL
3                         CONNECT BY LEVEL <= 9)
4   SELECT  '2' || ' x ' || NUM || ' = ' || 2 * NUM  AS "2단"
5       FROM LOOP_TABLE;
```

출력 결과

2단
2 x 1 = 2
2 x 2 = 4
2 x 3 = 6
2 x 4 = 8
2 x 5 = 10
2 x 6 = 12
2 x 7 = 14
2 x 8 = 16
2 x 9 = 18

숫자 1번부터 9번까지 출력한 결과를 WITH절을 이용하여 LOOP_TABLE로 저장합니다. ◆ 1~3

LOOP_TABLE에서 숫자를 불러와 연결 연산자를 이용하여 구구단 2단 문자열을 구성합니다. ◆ 4~5

WITH절의 TEMP 테이블인 계층형 질의문만 따로 실행한 결과는 다음과 같습니다.

📂 File: 예제_111-2.txt

```
1 SELECT LEVEL as NUM
2      FROM DUAL
3      CONNECT BY LEVEL <= 9 ;
```

출력 결과

NUM
1
2
3
4
5
6
7
8
9

CONNECT BY절 LEVEL 조건에 명시한 숫자 9까지 1부터 출력됩니다. ◆ 3

SQL로 알고리즘 문제 풀기 ②
(구구단 1단 ~ 9단 출력)

- **학습 내용:** SQL로 구구단 1단부터 9단까지 출력하는 방법을 학습합니다.
- **힌트 내용:** WITH절과 계층형 질의문을 사용합니다.

SQL을 이용하여 구구단 1단부터 9단까지 출력해 보겠습니다. WITH절과 계층형 질의문을 이용하면 이중 루프(LOOP) 문을 SQL로 구현할 수 있습니다.

📁 File: 예제_112.txt

```
1 WITH  LOOP_TABLE  AS (SELECT LEVEL    AS NUM
2                                FROM DUAL
3                                CONNECT BY LEVEL <= 9),
4       GUGU_TABLE  AS (SELECT LEVEL + 1 AS GUGU
5                                FROM DUAL
6                                CONNECT BY LEVEL <= 8)
7     SELECT TO_CHAR(A.NUM) || ' X ' ||  TO_CHAR(B.GUGU) || ' = ' ||
8                TO_CHAR(B.GUGU * A.NUM) as 구구단
9     FROM  LOOP_TABLE A, GUGU_TABLE B;
```

출력 결과

구구단
1 x 2 = 2
1 x 3 = 3
1 x 4 = 4
⋮
⋮
9 x 7 = 63
9 x 8 = 72
9 x 9 = 81

계층형 질의문을 이용하여 숫자 1번부터 9번까지 출력한 결과를 WITH절을 이용하여 LOOP_
TABLE로 저장합니다.

◆ 1~3

계층형 질의문을 이용하여 숫자 2번부터 9번까지 출력한 결과를 WITH절을 이용하여 GUGU_
TABLE로 저장합니다.

◆ 4~6

LOOP_TABLE과 GUGU_TABLE에서 숫자를 각각 불러와 구구단 전체를 출력하는 문장을 연
결 연산자로 만듭니다. WHERE절에 조인 조건절이 없는 조인이므로 전체를 다 조인해서 결과
를 출력합니다.

◆ 7~9

1단만 출력하면 다음과 같습니다.

```
SELECT LEVEL as NUM
    FROM DUAL
    CONNECT BY LEVEL <= 9 ;
```

```
SELECT LEVEL+1 as NUM
    FROM DUAL
    CONNECT BY LEVEL <= 8;
```

출력 결과

NUM		NUM		구구단
1		2		1 x 2 = 2
2		3		1 x 3 =3
3		4		1 x 4 = 4
4		5		1 x 5 = 5
5		6		1 x 6 = 6
6		7		1 x 7 = 7
7		8		1 x 8 = 8
8		9		1 x 9 = 9
9				

9번 라인 다음에 LOOP_TABLE과 GUGU_TABLE을 연결하는 조인 조건이 없으므로 위와 같
이 전체를 다 조인하여 출력합니다.

SQL로 알고리즘 문제 풀기 ③ (직각삼각형 출력)

- **학습 내용:** SQL로 직각삼각형을 출력하는 방법을 학습합니다.
- **힌트 내용:** WITH절과 계층형 질의문과 LPAD를 사용합니다.

SQL을 이용하여 직각삼각형을 출력해 보겠습니다. 계층형 질의문과 LPAD를 이용하면 SQL로 직각삼각형을 그릴 수 있습니다.

📁 File: 예제_113.txt

```
1  WITH  LOOP_TABLE  as  (SELECT LEVEL    as NUM
2                          FROM DUAL
3                          CONNECT BY LEVEL <= 8)
4  SELECT LPAD('★',  num, '★') as STAR
5    FROM LOOP_TABLE;
```

출력 결과

STAR
★
★★
★★★
★★★★
★★★★★
★★★★★★
★★★★★★★
★★★★★★★★

1~3 ◆ 계층형 질의문을 이용하여 숫자 1번부터 8번까지 출력한 결과를 WITH절을 이용하여 LOOP_ TABLE로 저장합니다.

LPAD를 이용하여 NUM에서 출력되는 숫자만큼 별(★)을 채워 넣어 출력합니다. LPAD의 두 ◆ 4~5
번째 인자의 숫자만큼 자릿수를 잡고 첫 번째 인자 값인 별(★)을 먼저 출력하고 나머지 자리에
별(★)을 채워 넣습니다.

다음의 쿼리는 전체 10자리를 잡고 별(★) 하나를 출력한 후 나머지 9자리에 별(★)을 채워 넣
으라는 의미입니다. 그래서 별(★)이 10개가 출력되었습니다.

📂 File: 예제_113-2.txt

```
1 SELECT LPAD('★', 10, '★') as STAR
2   FROM DUAL;
```

출력 결과

STAR
★★★★★★★★★★

LPAD 함수에 기술한 숫자만큼 별(★)이 출력되므로 다음과 같이 직각 삼각형의 모습으로 출력 ◆ 1
됩니다.

NUM	STAR
1	★
2	★★
3	★★★
4	★★★★
5	★★★★★
6	★★★★★★
7	★★★★★★★
8	★★★★★★★★

SQL로 알고리즘 문제 풀기 ④ (삼각형 출력)

중급
114

- **학습 내용:** SQL로 삼각형을 출력하는 방법을 학습합니다.
- **힌트 내용:** WITH절과 계층형 질의문과 LPAD를 사용합니다.

SQL을 이용하여 삼각형을 출력해 보겠습니다. 계층형 질의문과 LPAD 두 개를 연결 연산자로 연결하여 SQL로 삼각형을 그릴 수 있습니다.

📁 File: 예제_114.txt

```
1  WITH LOOP_TABLE as (SELECT LEVEL    as NUM
2                              FROM DUAL
3                              CONNECT BY LEVEL <= 8)
4  SELECT LPAD(' ', 10-num, ' ') || LPAD('★', num, '★') as "Triangle"
5    FROM LOOP_TABLE ;
```

출력 결과

Triangle
★
★★
★★★
★★★★
★★★★★
★★★★★★
★★★★★★★
★★★★★★★★

1~3 ◆ 계층형 질의문을 이용하여 숫자 1번부터 8번까지 출력한 결과를 WITH절을 이용하여 LOOP_TABLE로 저장합니다.

288

첫 번째 LPAD는 10-num만큼 자릿수를 잡고 그 중 하나를 공백(' ')으로 출력하고 나머지 자리에 공백(' ')을 채워 넣습니다. 그리고 연결 연산자(||)로 별표(★)를 출력할 LPAD를 작성합니다. 두 번째 LPAD는 NUM만큼 전체 자릿수를 잡고 별표 하나를 출력한 후 나머지 자리를 별표로 채워 넣습니다. 첫 번째 LPAD는 전체 자리를 잡는 숫자가 점점 줄어들면서 공백이 줄어들고 두 번째 LPAD는 별표가 늘어나면서 점점 삼각형 모양의 형태를 띄게 됩니다.

◆ 4~5

114번 예제에서는 숫자 8과 10이 고정되었지만, 치환변수(&)를 사용하면 다음과 같이 입력받은 숫자만큼 삼각형을 출력할 수 있습니다.

📂 **File: 예제_114-2.txt**

```
1  undefine 숫자1
2  undefine 숫자2
3
4  WITH  LOOP_TABLE  as ( SELECT LEVEL    as NUM
5                                  FROM DUAL
6                                  CONNECT BY LEVEL <= &숫자1)
7    SELECT LPAD(' ',  &숫자2-num, ' ')  ||  LPAD('★',  num, '★') as "Triangle"
8      FROM LOOP_TABLE ;
```

출력 결과

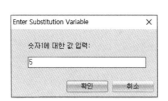

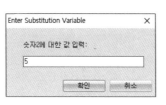

숫자1 치환변수의 값을 초기화합니다.

◆ 1

숫자2 치환변수의 값을 초기화합니다.

◆ 2

치환변수 **&숫자1**에 숫자 5를 입력합니다.

◆ 6

치환변수 **&숫자2**에 숫자 5를 입력합니다.

◆ 7

SQL로 알고리즘 문제 풀기 ⑤ (마름모 출력)

- **학습 내용:** SQL만으로 마름모를 출력하는 방법을 학습합니다.
- **힌트 내용:** WITH절과 계층형 질의문과 LPAD와 UNION ALL을 사용합니다.

SQL을 이용하여 마름모를 출력해 보겠습니다.

📁 File: 예제_115.txt

```
1  undefine p_num
2  ACCEPT p_num prompt '숫자 입력 : '
3
4  SELECT lpad(' ',  &p_num-level, ' ') || rpad('★',  level, '★')  as star
5        FROM dual
6        CONNECT by level <&p_num+1
7  UNION ALL
8  SELECT lpad(' ',  level, ' ') || rpad('★',  (&p_num)-level, '★')  as star
9        FROM dual
10       CONNECT BY level < &p_num ;
```

출력 결과

STAR
★
★★
★★★
★★★★
★★★★★
★★★★
★★★
★★
★

p_num은 호스트(HOST) 변수 또는 외부 변수입니다. undefine 명령어로 변수에 담겨 있는 내용을 지웁니다. ◆ 1

accept는 값을 받아 p_num 변수에 담겠다는 SQL*PLUS 명령어입니다. prompt로 '숫자 입력'을 화면에 출력하고 숫자 입력 옆에 입력한 숫자를 p_num에 입력합니다. ◆ 2

lpad(' ', &p_num-level, ' ')는 p_num에 입력한 숫자에서 LEVEL에 입력되는 숫자만큼 차감해서 공백을 채웁니다. 처음엔 공백이 5개가 채워졌다가 다음 라인부터 1씩 차감되며 채워집니다. 바로 옆에 연결 연산자로 연결한 rpad('★', level, '★')는 별('★')을 LEVEL수만큼 채워 출력합니다. 처음에는 별('★')이 한 개였다가 다음 라인부터 1개씩 증가하여 출력됩니다. 두 개의 함수를 이어 붙이면 다음과 같습니다. ◆ 4

lpad(' ', &p_num-level, ' ')	STAR	rpad('★', level, '★')
5	★	1
4	★★	2
3	★★★	3
2	★★★★	4
1	★★★★★	5

UNION ALL 집합 연산자를 사용하여 다음의 결과를 하나의 결과 집합으로 출력합니다. ◆ 7

lpad(' ', level, ' ')은 level 수만큼 공백을 채워 출력합니다. level 수가 점점 증가하므로 공백은 점점 증가됩니다. rpad('★', (&p_num)-level, '★')는 입력받은 숫자 p_num에서 level 수를 차감해 별('★')을 채워 넣습니다. level수 가 점점 증가하므로 별('★')은 점점 줄어들게 됩니다. 출력된 결과는 다음과 같습니다. ◆ 8~10

lpad(' ', &p_num-level, ' ')	STAR	rpad('★', level, '★')
5	★★★★★	1
4	★★★★	2
3	★★★	3
2	★★	4
1	★	5

SQL로 알고리즘 문제 풀기 ⑥ (사각형 출력)

- **학습 내용 :** SQL로 사각형을 출력하는 방법을 학습합니다.
- **힌트 내용 :** 계층형 질의문과 WITH절을 사용합니다.

SQL만 이용하여 사각형을 출력해 보겠습니다.

📁 File: 예제_116.txt

```
1  undefine p_n1
2  undefine p_n2
3  ACCEPT p_n1 prompt '가로 숫자를 입력하세요~';
4  ACCEPT p_n2 prompt '세로 숫자를 입력하세요~';
5
6  WITH LOOP_TABLE as (SELECT LEVEL as NUM
7                             FROM DUAL
8                             CONNECT BY LEVEL <= &p_n2)
9  SELECT LPAD('★', &p_n1, '★') as STAR
10   FROM LOOP_TABLE;
```

출력 결과

STAR
★★★★★
★★★★★
★★★★★
★★★★★

위 예제는 사각형의 가로와 세로 사이즈를 각각 물어보게 하고 사각형을 출력하는 SQL입니다.

p_n1과 p_n2 호스트 변수 안에 내용을 지웁니다.   ◆ 1~2

'가로 숫자를 입력하세요~' 메시지를 출력하고 입력한 숫자값을 p_n1 변수에 담습니다.   ◆ 3

'세로 숫자를 입력하세요~' 메시지를 출력하고 입력한 숫자값을 p_n2 변수에 담습니다.   ◆ 4

&p_n2 변수 안의 값만큼 세로로 출력되는 행수가 반복됩니다.   ◆ 6~8

&p_n1 변수 안의 값만큼 가로로 출력되는 별('★')이 반복됩니다.   ◆ 9~10

SQL로 알고리즘 문제 풀기 ⑦ (1부터 10까지 숫자의 합)

- **학습 내용:** 1부터 10까지 숫자의 합을 출력하는 방법을 학습합니다.
- **힌트 내용:** 계층형 질의문과 집계 함수를 사용합니다.

SQL을 이용하여 1부터 10까지 숫자의 합을 출력해 보겠습니다.

📁 **File: 예제_117.txt**

```
1  undefine p_n
2  ACCEPT p_n prompt '숫자에 대한 값 입력:~';
3
4  SELECT SUM(LEVEL) as 합계
5      FROM DUAL
6      CONNECT BY LEVEL<=&p_n;
```

출력 결과

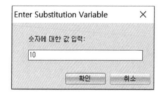

합계
55

1 ◆ p_n 변수의 값을 지웁니다.

2 ◆ 숫자 10을 입력받아 p_n 변수에 입력합니다.

3~5 ◆ LEVEL이 출력하고 있는 1부터 10까지의 숫자를 집계합니다.

SQL로 알고리즘 문제 풀기 ⑧ (1부터 10까지 숫자의 곱)

- **학습 내용 :** 1부터 10까지 숫자의 곱을 출력하는 방법을 학습합니다.
- **힌트 내용 :** LN 함수와 EXP 함수, SUM 함수를 사용합니다.

SQL을 이용하여 1부터 10까지 숫자의 곱을 출력해 보겠습니다.

📂 **File: 예제_118.txt**

```
1 undefine p_n
2 ACCEPT p_n prompt '숫자에 대한 값 입력:~'
3
4 SELECT ROUND(EXP(SUM(LN(LEVEL)))) 곱
5   FROM DUAL
6   CONNECT BY LEVEL<=&p_n;
```

출력 결과

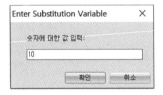

합계
3628800

p_n 변수의 값을 지웁니다. ◆ 1

숫자 10을 입력받아 p_n 변수에 입력합니다. ◆ 2

LEVEL이 출력하고 있는 1부터 10까지의 숫자를 전부 곱합니다. ◆ 4~5

```
1 x 2 x 3 x 4 x 5 x 6 x 7 x 8 x 9 x 10 = 3628800
```

ln 함수는 밑수가 자연상수(e)인 로그 함수입니다. sum(ln(level)) 부분의 식은 다음과 같습니다.

$$\log_e 1 + \log_e 2 + \log_e 3 + \log_e 4 + \log_e 5 + \log_e 6 + \log_e 7 + \log_e 8 + \log_e 9 + \log_e 10$$

로그의 성질을 이용해 다시 풀이하면 다음과 같습니다.

$$\text{Log}_e 1 \times 2 \times 3 \times 4 \times 5 \times 6 \times 7 \times 8 \times 9 \times 10$$

위의 식을 자연상수의 제곱으로 만들어 주기 위해 exp 함수를 사용합니다.

Exp(sum(ln(level)))를 풀어 쓰면 다음과 같습니다.

$$e^{\,\log_e 1 \times 2 \times 3 \times 4 \times 5 \times 6 \times 7 \times 8 \times 9 \times 10}$$

여기서 숫자 1+2+3+4+5+6+7+8+9+10과 자연상수 e는 서로 자리를 바꿀 수 있습니다.

$$e^{\,\log_e 1 \times 2 \times 3 \times 4 \times 5 \times 6 \times 7 \times 8 \times 9 \times 10}$$

다시 자리를 바꿔서 정리하면 다음과 같습니다.

$$1 \times 2 \times 3 \times 4 \times 5 \times 6 \times 7 \times 8 \times 9 \times 10^{\,\log_e e}$$

여기서 $\log_e e$는 1이므로 최종적으로 다음의 식만 남습니다.

$$1 \times 2 \times 3 \times 4 \times 5 \times 6 \times 7 \times 8 \times 9 \times 10$$

다 곱하면 3628800이 결과로 출력됩니다.

SQL로 알고리즘 문제 풀기 ⑨ (1부터 10까지 짝수만 출력)

중급
119

- **학습 내용** : 1부터 10까지의 숫자 중에 짝수만 출력하는 방법을 학습합니다.
- **힌트 내용** : 계층형 질의문을 사용합니다.

SQL을 이용하여 1부터 10까지의 숫자 중에서 짝수만 출력해 보겠습니다.

📁 File: 예제_119.txt

```
1  undefine p_n
2  ACCEPT p_n prompt '숫자에 대한 값 입력:';
3
4  SELECT LISTAGG(LEVEL, ', ') as 짝수
5    FROM DUAL
6    WHERE MOD(LEVEL, 2) = 0
7    CONNECT BY LEVEL <= &p_n ;
```

출력 결과

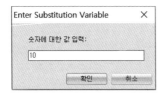

합계
2, 4, 6, 8, 10

p_n 변수의 값을 지웁니다. ◆ 1

숫자를 입력받아 p_n 변수에 입력합니다. ◆ 2

level에서 출력되는 숫자를 가로로 출력합니다. ◆ 4

DUAL은 결과값만을 보기 위해 사용하는 가상의 테이블입니다. ◆ 5

Level을 2로 나눈 값이 0이 되는 데이터만 검색합니다. ◆ 6

SQL로 알고리즘 문제 풀기 ⑩ (1부터 10까지 소수만 출력)

중급
120

- **학습 내용** : 1부터 10까지의 숫자 중에 소수만 출력하는 방법을 학습합니다.
- **힌트 내용** : 계층형 질의문을 사용합니다.

SQL만 이용하여 1부터 10까지의 숫자 중에 소수만 출력해 보겠습니다.

📁 File: 예제_120.txt

```
 1 undefine p_n
 2 ACCEPT p_n prompt '숫자에 대한 값 입력:';
 3
 4 WITH LOOP_TABLE as (SELECT LEVEL AS NUM
 5                            FROM DUAL
 6                            CONNECT BY LEVEL <= &p_n)
 7 SELECT L1.NUM as 소수
 8     FROM LOOP_TABLE L1, LOOP_TABLE L2
 9     WHERE MOD(L1.NUM, L2.NUM) = 0
10     GROUP BY L1.NUM
11     HAVING COUNT(L1.NUM) = 2;
```

출력 결과

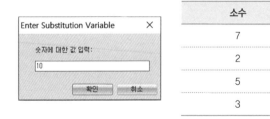

소수
7
2
5
3

1◆ p_n 변수의 값을 지웁니다.

2◆ 숫자를 입력받아 p_n 변수에 입력합니다.

p_n에 입력한 숫자만큼 숫자를 출력합니다. ◆ 4~6

소수는 1과 자기 자신의 수로만 나눌 수 있는 수이므로 자기 자신의 수로 나누기 위해 self join을 ◆ 7~8
수행합니다. self join 시 모든 숫자와 조인하기 위해 조건을 where절에 작성하지 않습니다.

자기 자신의 수와 나눈 나머지 값이 0이 되는 수로 검색을 제한하며 조인 조건이 없이 셀프 조인 ◆ 9~11
을 하였으므로 건수가 2개씩 출력되는 행을 검색합니다.

소수는 1과 자신의 수로 나눠지므로 다음의 쿼리에서 카운트되는 건수가 2개가 됩니다. 1로 나
눴을 때 한번, 자기 자신의 수로 나눴을 때 한번, 이렇게 2개가 됩니다.

📁 File: 예제_120-2.txt

```
1 WITH LOOP_TABLE as ( SELECT LEVEL AS NUM
2                       FROM DUAL
3                       CONNECT BY LEVEL <= 10)
4 SELECT L1.NUM , COUNT(L1.NUM)
5    FROM LOOP_TABLE L1, LOOP_TABLE L2
6    WHERE MOD(L1.NUM, L2.NUM) = 0
7    GROUP BY L1.NUM;
```

출력 결과

NUM	COUNT(L1.NUM)
6	4
7	2
1	1
2	2
8	4
4	3
5	2
10	4
3	2
9	3

SQL로 알고리즘 문제 풀기 ⑪ (최대 공약수)

- **학습 내용:** SQL로 최대 공약수를 출력하는 방법을 학습합니다.
- **힌트 내용:** WITH절과 계층형 질의문을 이용합니다.

두 숫자를 입력받아 두 숫자의 최대 공약수를 출력해 보겠습니다.

📂 **File: 예제_121.txt**

```
1  ACCEPT p_n1 prompt ' 첫 번째 숫자를 입력하세요.';
2  ACCEPT p_n2 prompt ' 두 번째 숫자를 입력하세요.';
3
4  WITH NUM_D AS (SELECT &p_n1 as NUM1, &p_n2 as NUM2
5                   FROM DUAL)
6  SELECT MAX(LEVEL) AS "최대 공약수"
7    FROM NUM_D
8    WHERE MOD(NUM1, LEVEL) = 0
9      AND MOD(NUM2, LEVEL) = 0
10   CONNECT BY LEVEL <= NUM2 ;
```

출력 결과

최대 공약수
8

1~2◆ 숫자를 입력받아 p_n1과 p_n2 변수에 각각 입력합니다.

4~5◆ 두 개의 숫자를 출력하는 임시 테이블을 NUM_D라는 이름으로 생성합니다.

NUM2 변수에 24가 입력되어 있으므로 LEVEL 숫자는 1번부터 24번까지 출력됩니다. 1번부터 24번까지의 숫자를 하나씩 16과 24로 나누면서 나눈 값이 둘 다 0이 되는 숫자를 찾아 그 중 최대값을 출력합니다.

◆ 6~10

Level	MOD(16, level)	MOD(24, level)
1	0	0
2	0	0
3	1	0
4	0	0
5	1	4
6	4	0
7	2	3
8	0	0
9	7	6
10	6	4

LEVEL이 1번부터 10번까지 출력된 결과로만 확인해보면 나눈 나머지 값 중 둘 다 0이 되는 값은 1, 2, 4, 8입니다. 이중에 가장 큰 값인 8을 출력합니다.

SQL로 알고리즘 문제 풀기 ⑫ (최소 공배수)

- **학습 내용:** SQL로 최소 공배수를 출력하는 방법을 학습합니다.
- **힌트 내용:** WITH절과 계층형 질의문을 이용합니다.

두 숫자를 입력받아 두 숫자의 최소 공배수를 출력해 보겠습니다.

📁 **File: 예제_122.txt**

```
 1 ACCEPT P_N1  PROMPT ' 첫 번째 숫자를 입력하세요. ';
 2 ACCEPT P_N2  PROMPT ' 두 번째 숫자를 입력하세요. ';
 3
 4 WITH NUM_D AS (SELECT &P_N1 NUM1, &P_N2 NUM2
 5                     FROM DUAL)
 6 SELECT NUM1, NUM2,
 7         (NUM1/MAX(LEVEL))*(NUM2/MAX(LEVEL))*MAX(LEVEL) AS "최소 공배수"
 8   FROM NUM_D
 9   WHERE MOD(NUM1, LEVEL) = 0
10     AND MOD(NUM2, LEVEL) = 0
11   CONNECT BY LEVEL <= NUM2 ;
```

출력 결과

NUM1	NUM2	최소 공배수
16	24	48

1~2 ◆ 숫자를 입력받아 p_n1과 p_n2 변수에 각각 입력합니다.

4~5 ◆ 두 개의 숫자를 출력하는 임시 테이블을 NUM_D라는 이름으로 생성합니다.

NUM2 변수에 24가 입력되어 있으므로 LEVEL 숫자는 1번부터 24번까지 출력됩니다. 1번부터 ◆ 6~10
24번까지의 숫자를 하나씩 16과 24로 나누면서 나눈 값이 둘 다 0이 되는 숫자를 찾아 그중 최
대값을 출력합니다.

Level	MOD(16, level)	MOD(24, level)
1	0	0
2	0	0
3	1	0
4	0	0
5	1	4
6	4	0
7	2	3
8	0	0
9	7	6
10	6	4

나눈 나머지 값 중 둘 다 0이 되는 값은 1, 2, 4, 8입니다. 이중 가장 큰 값인 8을 출력합니나. 여
기까지는 최대 공약수를 출력하는 것과 같습니다. 최소 공배수는 다음과 같이 맨 아래에 나오는
3과 2를 최대 공약수 8과 곱해야 출력되므로, 16과 24를 최대 공약수로 나누어 몫인 3과 2를 각
각 구합니다. (NUM1/MAX(LEVEL))*(NUM2/MAX(LEVEL))*MAX(LEVEL)의 식은 3 * 2 *
8이 되어 최소 공배수인 48이 출력됩니다.

4	24	16
2	6	4
	3	2

중급

123

SQL로 알고리즘 문제 풀기 ⑬ (피타고라스의 정리)

- **학습 내용:** 피타고라스의 정리를 SQL로 구현하는 방법을 학습합니다.
- **힌트 내용:** CASE문과 POWER 함수를 사용합니다.

직각삼각형의 밑변, 높이, 빗변의 길이를 각각 입력받아 피타고라스의 직각삼각형 공식에 대입하여 직각삼각형이 맞는지 여부를 출력해 보겠습니다.

```
File: 예제_123.txt

1 ACCEPT NUM1 PROMPT '밑변의 길이를 입력하세요 ~ '
2 ACCEPT NUM2 PROMPT '높이를 입력하세요 ~ '
3 ACCEPT NUM3 PROMPT '빗변의 길이를 입력하세요 ~ '
4
5 SELECT CASE WHEN
6         ( POWER(&NUM1,2) + POWER(&NUM2,2) ) = POWER(&NUM3,2)
7               THEN '직각삼각형이 맞습니다'
8               ELSE '직각삼각형이 아닙니다' END AS "피타고라스의 정리"
9    FROM DUAL;
```

출력 결과

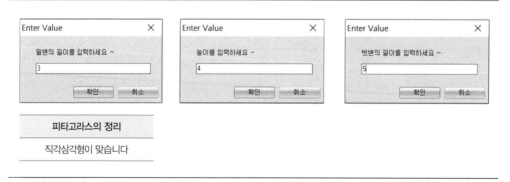

1 ◆ 숫자 3개를 각각 입력받아 NUM1, NUM2, NUM3 변수에 입력합니다.

숫자 3개를 각각 입력받아 NUM1, NUM2, NUM3 변수에 입력합니다.   ◆ 2

숫자 3개를 각각 입력받아 NUM1, NUM2, NUM3 변수에 입력합니다.   ◆ 3

$x^2 + y^2 = z^2$식을 power 함수를 이용하여 작성합니다. 식에 맞는 숫자가 입력되면 CASE문에 의   ◆ 5~8
해 '직각삼각형이 맞습니다'가 출력되고, 그렇지 않으면 ELSE에 의해 '직각삼각형이 아닙니다'
가 출력됩니다. CASE문은 END로 반드시 종료해야 합니다.

AS 다음의 컬럼 별칭을 더블 쿼테이션 마크로 둘러싼 이유는 글자 '피타고라스의'와 '정리' 사이   ◆ 8
에 공백을 출력하기 위함입니다.

DAUL은 가상의 테이블입니다. SELECT절의 결과값만 확인할 때 주로 사용합니다.   ◆ 9

SQL로 알고리즘 문제 풀기 ⑭ (몬테카를로 알고리즘)

- **학습 내용:** 몬테카를로 알고리즘을 이용해서 원주율을 구하는 방법을 학습합니다.
- **힌트 내용:** DBMS_RANDOM 패키지와 계층형 질의문을 이용합니다.

몬테카를로 알고리즘을 이용하여 원주율을 출력해 보겠습니다.

📁 File: 예제_124.txt

```
1  SELECT SUM(CASE WHEN (POWER(NUM1,2) + POWER(NUM2,2)) <= 1  THEN 1
2                  ELSE 0 END) / 100000 * 4 as "원주율"
3  FROM (
4          SELECT DBMS_RANDOM.VALUE(0,1) AS NUM1,
5                 DBMS_RANDOM.VALUE(0,1) AS NUM2
6              FROM DUAL
7            CONNECT BY LEVEL < 100000
8        );
```

출력 결과

원주율
3.14992

몬테카를로 알고리즘은 난수를 이용하여 알고자 하는 값을 확률적으로 계산해 내는 알고리즘입니다. 위의 예제는 몬테카를로 알고리즘으로 원주율(π)을 알아내는 SQL입니다.

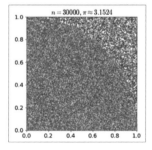

한변의 길이가 1인 정사각형

"정사각형의 넓이 : 빨간색 부채꼴의 넓이 = 정사각형 안에 들어가는 전체 점의 개수 : 빨간점의 개수"의 ◆ 1~2
식을 이용하면 됩니다. 여기서 빨간색 부채꼴의 넓이를 구하면 되는데 빨간색 부채꼴의 넓이는
빨간점의 개수로 구할 수 있습니다. 반지름이 1이므로 정사각형의 넓이는 1이 됩니다. 정사각형
에 들어가는 전체 점의 개수는 100,000이고 부채꼴 안에 들어가는 빨간색 점의 개수는 $x^2 + y^2$
<= 1 조건에 만족하는 x와 y의 개수입니다. POWER 함수는 지수함수입니다. POWER(2,3)은
2의 3승입니다. POWER 함수로 빨간색 점의 개수를 구하는 식을 구현합니다.

DBMS_RANDOM 패키지는 난수를 생성하는 패키지입니다. 0에서 1 사이의 난수는 DBMS_ ◆ 4~7
RANDOM.VALUE(0,1)로 출력합니다. X축에 해당하는 난수 NUM1과 Y축에 해당하는 난수
NUM2를 각각 100,000개 생성합니다. 그러면 다음의 식이 생성됩니다.

```
1 : χ = 100000 : 빨간색 점의 개수
```

위의 식에서 숫자 1은 정사각형의 넓이이고, 미지수 X는 부채꼴의 넓이입니다. 숫자 100000은
정사각형의 넓이에 해당되고, 빨간색 점의 개수가 빨간색 부채꼴에 해당됩니다. 위의 식을 다시
미지수 X를 기준으로 전개해보면 다음과 같습니다.

```
χ = 빨간색 점의 개수 / 10000
```

미지수 X는 정사각형 안에 들어가는 부채꼴의 넓이가 됩니다. 여기에 4를 곱하면 원의 넓이가
됩니다.

```
원의 넓이 = χ × 4
```

부채꼴 한 변의 길이가 1이므로, 원이 넓이는 1 × 1 × π가 되어 원의 넓이 χ × 4는 미지수 X
가 구하고자 하는 원주율(π)이 됩니다.

```
1 × 1 × π = χ × 4
```

난수를 많이 생성할수록 원주율 3.14에 근사하게 출력됩니다.

SQL로 알고리즘 문제 풀기 ⑮ (오일러 상수 자연상수 구하기)

• **학습 내용:** 오일러 상수인 자연상수(e)를 SQL로 출력하는 방법을 학습합니다.
• **힌트 내용:** 계층형 질의문과 POWER 함수를 사용합니다.

몬테카를로 알고리즘을 이용하여 자연상수 e 값을 출력해 보겠습니다.

📁 File: 예제_125.txt

```
1 WITH LOOP_TABLE AS (SELECT LEVEL  AS NUM FROM DUAL
2                           CONNECT BY LEVEL <= 1000000
3                       )
4 SELECT RESULT
5     FROM (
6         SELECT NUM, POWER((1 + 1/NUM) ,NUM) AS RESULT
7               FROM LOOP_TABLE
8             )
9     WHERE NUM = 1000000;
```

출력 결과

RESULT
2.71828046931937688381979970845435590933

$$e = \lim_{n \to \infty} \left(1 + \frac{1}{n}\right)^n = 2.71828182845904523536028747135266249775724709369995957496696762772240 \cdots$$

1~2 수학의 무한대를 SQL로 구현할 수는 없지만 최대한 극한값을 표현하기 위해 계층형 질의문으로 1부터 1000000까지의 숫자를 만들어 LOOP_TABLE이라는 WITH절용 임시 테이블에 저장합니다.

4~8 자연상수를 도출하는 식을 POWER 함수로 작성합니다. POWER 함수에 매개변수로 LOOP_TABLE에서 만든 숫자를 제공합니다. 숫자가 커질수록 점점 자연상수(e) 값에 근사해집니다.

9 가장 마지막으로 제공되는 숫자인 1000000으로 출력을 제한합니다.

메모하세요

4 PART 활용

SQL 응용 다지기

초보자를 위한

SQL

200제

엑셀 데이터를 DB에 로드하는 방법

- **학습 내용:** 엑셀 데이터를 오라클 데이터베이스에 입력하는 방법을 학습합니다.
- **힌트 내용:** SQL Developer의 import data 기능을 이용합니다.

분석하고자 하는 데이터를 공공 데이터 포털 사이트(https://www.data.go.kr/)에서 내려받습니다. 다음의 검색창에 원하는 키워드를 입력합니다.

남자가 가장 많이 걸리는 암이 무엇인지 궁금하다면 "암발생률"을 입력하고 원하는 데이터를 내려받으면 됩니다.

이번 실습은 cancer2.csv를 사용합니다.

다음과 같이 csv 파일을 저장할 테이블을 생성합니다.

File: 예제_126.txt

```
1  CREATE   TABLE   CANCER
2  (암종        VARCHAR2(50),
3   질병코드    VARCHAR2(20),
4   환자수      NUMBER(10),
5   성별        VARCHAR2(20),
6   조유병률    NUMBER(10,2),
7   생존률      NUMBER(10,2));
```

SQL Developer를 이용하여 데이터를 import합니다. [찾아보기] 버튼을 누른 후 cancer2.csv를 선택합니다.

[다음] 버튼을 누르고 데이터에 컬럼이 잘 maching되었는지 확인합니다. [다음] 버튼을 누르고 선택된 열을 확인합니다.

일치 기준을 **"위치"**로 변경합니다. 경고 표시는 무시해도 관계없습니다. [완료] 버튼을 누르면
입력이 완료됩니다.

스티브 잡스 연설문에서 가장 많이 나오는 단어는 무엇인가?

- **학습 내용 :** 스티브 잡스가 2005년도 스탠포드에서 한 연설문에서 가장 많이 나오는 단어가 무엇인지 조회합니다.
- **힌트 내용 :** REGEXP_SUBSTR 함수를 사용합니다.

📁 File: 예제_127.txt

```
1  CREATE TABLE SPEECH
2  ( SPEECH_TEXT  VARCHAR2(1000) );
```

스티브 잡스 연설문(jobs.txt)을 담기 위한 테이블을 생성합니다(출처 : https://news.stanford.edu/2005/06/14/jobs-061505/).   ◆ 1~2

SQL Developer를 이용하여 다음과 같이 스티브 잡스 연설문을 SPEECH 테이블에 로드합니다. 테이블 SPEECH를 마우스 오른쪽 버튼으로 클릭한 후 데이터 임포트를 선택합니다. [찾아보기] 버튼을 눌러 연설문 스크립트인 jobs.txt를 선택합니다. 구분자는 다음과 같이 **아무것도 없는 상태**를 선택하고 왼쪽 둘러싸기도 **없음**으로 선택합니다.

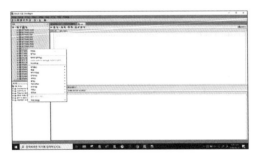

임포트 형식을 **삽입**이라고 선택하고 [다음] 버튼을 클릭합니다. 다음 화면에서 [다음] 버튼을 클릭합니다.

일치 기준을 **"이름"**으로 두고 [다음] 버튼을 클릭합니다. [완료] 버튼을 클릭하면 SPEECH 테이블에 연설문 데이터 입력이 완료됩니다.

데이터를 성공적으로 임포트하고 커밋하였습니다.

데이터 입력 후 건수를 확인해 봅니다. 연설문 문장의 건수는 143개입니다.

File: 예제_127-2.txt

```
1 SELECT count(*) FROM speech;
```

출력 결과

COUNT(*)
143

다음은 REGEXP_SUBSTR 함수로 문장을 어절 단위로 나누는 예제입니다.

📁 File: 예제_127-3.txt

```
1  SELECT REGEXP_SUBSTR('I never graduated from college', '[^ ]+', 1, 2) word
2    FROM dual;
```

출력 결과

WORD
never

REGEXP_SUBSTR는 정규표현식 함수입니다. REGEXP_SUBSTR는 함수 SUBSTR과는 다르 ◆ 1
게 좀더 정교하게 문자열에서 원하는 단어나 철자를 추출할 수 있습니다. 이 예제에서는 'I never
graduated from college', 문자열에서 공백이 아닌 문자를 검색합니다. '[^]+'는 공백이 아니면
서 철자가 여러 개가 있는 것을 뜻하는 것으로 문자열에서 어절을 의미합니다. 문자열 바로 다
음 숫자 1은 첫 번째 어절부터라는 뜻이고, 그 다음 숫자 2는 두 번째 어절을 뜻합니다. 첫 번째
부터 읽어 두 번째로 만나는 어절을 출력하라는 것이므로 never가 출력되었습니다. REGEXP_
SUBSTR('I never graduated from college', '[^]+', 1, 1)의 결과는 I이고 REGEXP_SUBSTR('I
never graduated from college', '[^]+', 1, 3)의 결과는 graduated입니다. 이 문장은 5개의 어절로
되어 있습니다.

연설문에서 가장 많이 나오는 단어를 알아내려면 먼저 문자열을 어절로 잘라내는 작업이 필요
합니다. 스티브 잡스 연설문은 143개의 줄로 되어 있고, 그중 가장 긴 문장의 어절 개수는 52개
입니다. 그래서 다음과 같이 speech 테이블과 숫자 1부터 52까지 출력하는 숫자 집합과 조인 조
건 없이 전부 조인하면 143개의 문장을 모두 어절 단위로 출력합니다.

```
1 SELECT REGEXP_SUBSTR(lower(speech_text), '[^ ]+', 1, a) word
2   FROM speech,  ( SELECT level a
3                     FROM dual
4                     CONNECT BY level <= 52);
```

출력 결과

WORD
i'm
you've
your
and
:

다음은 어절 단위로 나눈 단어들을 카운트하여 가장 많이 나오는 단어순으로 정렬하는 쿼리입니다.

```
1 SELECT word, count(*)
2 FROM ( SELECT REGEXP_SUBSTR(lower(speech_text), '[^ ]+', 1, a) word
3          FROM speech,  ( SELECT level a
4                            FROM dual
5                            CONNECT BY level <= 52)
6     )
7 WHERE word is not null
8 GROUP BY word
9 ORDER BY count(*) desc;
```

출력 결과

WORD	COUNT(*)
the	98
i	86
to	71
and	66
was	47
:	:

정관사 the가 98건으로 가장 많이 사용되고 있습니다.

예제_127-4 쿼리를 FROM절의 서브 쿼리로 감싸고, FROM절의 서브 쿼리가 출력한 결과 집 　　◆ 1~8
합을 가지고 word 별로 group by하여 건수를 카운트합니다.

건수가 높은 것부터 정렬합니다. 　　◆ 9

스티브 잡스 연설문에는 긍정 단어가 많은가 부정 단어가 많은가?

- **학습 내용:** 연설문에 긍정 단어와 부정 단어의 건수가 각각 어떻게 되는지 조회합니다.
- **힌트 내용:** 다중 로우 서브 쿼리문을 사용합니다.

스티브 잡스 연설문에 긍정 단어와 부정 단어 중 어느 것이 많은지 알아보겠습니다. 먼저 영어 긍정 단어와 부정 단어를 저장하기 위한 테이블을 생성합니다.

📁 File: 예제_128.txt

```
1  CREATE TABLE POSITIVE ( P_TEXT   VARCHAR2(2000) );
2  CREATE TABLE NEGATIVE ( N_TEXT   VARCHAR2(2000) );
```

1 ◆ 2005개의 영어 긍정 단어들을 입력하기 위한 테이블을 생성합니다.

2 ◆ 4782개의 영어 부정 단어들을 입력하기 위한 테이블을 생성합니다.

SQL*Developer를 이용하여 positive-words.txt와 negative-words.txt 데이터를 각각 positive 테이블과 negative 테이블에 입력합니다. positive 단어의 개수는 총 2005개이고, negative 단어의 개수는 총 4782개입니다. 긍정 단어와 부정 단어는 http://www.cs.uic.edu에서 제공하는 단어 사전입니다.

positive-words.txt와 negative-words.txt를 로드할 때 구분자는 탭으로 합니다.

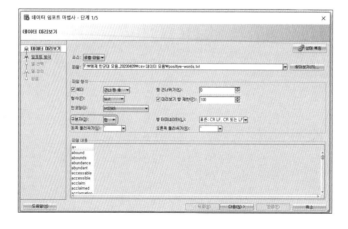

다음으로 SQL 작성을 심플하게 하기 위해 예제_127-4 쿼리의 결과를 VIEW로 생성합니다.

File: 예제_128-2.txt

```
1 CREATE VIEW SPEECH_VIEW
2 AS
3 SELECT REGEXP_SUBSTR(lower(speech_text), '[^ ]+', 1, a) word
4     FROM speech,  ( SELECT level a
5                       FROM dual
6                       CONNECT BY level <= 52);
```

연설문에서 긍정 단어의 건수가 어떻게 되는지 조회합니다.

File: 예제_128-3.txt

```
1 SELECT count(word) as 긍정 단어
2   FROM speech_view
3   WHERE lower(word) IN ( SELECT lower(p_text)
4                            FROM positive );
```

출력 결과

긍정 단어
68

긍정 단어를 서브 쿼리로 비교하여 speech_view에서 긍정 단어가 몇 개가 있는지 조회합니다. ◆ 1~4

다음으로 부정 단어가 얼마나 사용되는시 조회합니다.

File: 예제_128-4.txt

```
1 SELECT count(word) as 부정 단어
2 FROM speech_view
3   WHERE lower(word) IN ( SELECT lower(n_text)
4                            FROM negative);
```

부정 단어
32

1~4 ◆ 부정 단어를 서브 쿼리로 비교하여 speech_view에서 부정 단어가 몇 개 있는지 조회합니다.

연설문에서 긍정 단어가 부정 단어보다 2배 이상 많이 사용되고 있음이 확인되고 있습니다.

절도가 많이 발생하는 요일은 언제인가?

- **학습 내용:** 경찰청 범죄 통계 데이터를 이용하여 절도가 가장 많이 발생하는 요일이 언제 인지 확인하는 쿼리를 작성합니다.
- **힌트 내용:** unpivot문과 rank 함수를 사용하여 검색합니다.

절도가 많이 발생하는 요일이 언제인지 SQL로 출력해 보겠습니다.

📁 **File: 예제_129.txt**

```
 1  CREATE TABLE CRIME_DAY
 2  (CRIME_TYPE      VARCHAR2(50),
 3   SUN_CNT         NUMBER(10),
 4   MON_CNT         NUMBER(10),
 5   TUE_CNT         NUMBER(10),
 6   WED_CNT         NUMBER(10),
 7   THU_CNT         NUMBER(10),
 8   FRI_CNT         NUMBER(10),
 9   SAT_CNT         NUMBER(10),
10   UNKNOWN_CNT     NUMBER(10));
```

범죄 발생 요일 데이터를 담기 위한 테이블을 생성합니다. ◆ 1~10

범죄 요일 데이터는 공공 데이터 포털(https://www.data.go.kr/)에서 제공하는 데이터를 사용하였습니다. 공공 데이터 포털에서 "요일별 범죄현황"을 검색어로 입력합니다.

대검찰청 범죄발생 요일 현황의 2009년 범죄발생 요일 현황.csv를 다운로드 받습니다.

	A	B	C	D	E	F	G	H	I
1	2009년	일	월	화	수	목	금	토	미상
2	절도	33333	36789	35410	38103	36553	38617	37517	358
3	장물	279	403	441	882	466	447	442	21
4	손괴	6438	5570	5899	5795	5869	6386	6908	86
5	살인	209	203	183	204	194	203	178	16
6	강도	944	853	894	904	946	934	877	27
7	방화	262	244	289	262	289	261	252	7
8	강간	2395	2145	2231	2286	2281	2317	2381	120
9	폭행	17129	14507	16368	15834	16129	16733	18495	329
10	상해	11865	10497	11820	11562	11876	11950	12688	428
11	협박	513	622	635	610	622	574	510	66
12	공갈	815	906	940	944	878	956	989	126
13	약취와유인	73	75	57	79	45	84	66	6
14	체포와감금	122	144	112	107	141	118	111	24

SQL Developer를 사용하여 crime_day 테이블에 데이터를 입력합니다. 한글이 깨져 보일 경우 인코딩 타입을 UTF8로 해야 한글이 깨지지 않고 입력될 수 있습니다.

열 정의 단계에서 일치 기준을 "위치"로 지정합니다.

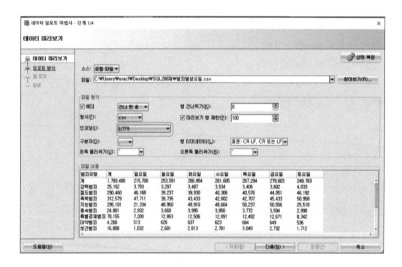

📁 File: 예제_129-2.txt

```
1  CREATE TABLE CRIME_DAY_UNPIVOT
2  AS
3  SELECT *
4    FROM CRIME_DAY
5    UNPIVOT (CNT FOR  DAY_CNT  IN (SUN_CNT, MON_CNT, TUE_CNT, WED_CNT,
6                                   THU_CNT, FRI_CNT, SAT_CNT));
```

특정 범죄가 많이 발생한 요일을 출력하기 용이하도록 unpivot문을 이용하여 요일 컬럼을 로우   ◆ 1~6
로 검색한 데이터를 crime_day_unpivot 테이블로 생성합니다.

📁 File: 예제_129-3.txt

```
1  SELECT *
2  FROM (
3        SELECT DAY_CNT, CNT, RANK() OVER (ORDER BY CNT DESC) RNK
4            FROM CRIME_DAY_UNPIVOT
5            WHERE TRIM(CRIME_ TYPE)='절도'
6       )
7  WHERE  RNK = 1;
```

출력 결과

DAY_CNT	CNT	RNK
FRI_CNT	38617	1

crime_type이 절도 범죄로만 행을 제한하고 rank 함수를 이용하여 건수가 가장 많은 순으로 순   ◆ 1~7
위를 부여합니다. 그리고 그 중 순위 1위만 출력합니다.

출력 결과를 보면 금요일에 절도범죄가 가장 많이 일어남을 확인할 수 있습니다.

우리나라에서 대학 등록금이 가장 높은 학교는 어디인가?

- **학습 내용:** 전국 대학 등록금 현황 통계 데이터를 이용하여 전국에서 가장 등록금이 높은 학교가 어디인지 출력합니다.
- **힌트 내용:** RANK 함수를 이용해서 데이터를 검색합니다.

우리나라에서 대학 입학금이 가장 높은 대학교가 어디인지 SQL로 출력해 보겠습니다.

📁 File: 예제_130.txt

```
1 CREATE  TABLE  UNIVERSITY_FEE
2 (DIVISION         VARCHAR2(20),
3  TYPE             VARCHAR2(20),
4  UNIVERSITY       VARCHAR2(60),
5  LOC              VARCHAR2(40),
6  ADMISSION_CNT    NUMBER(20),
7  ADMISSION_FEE    NUMBER(20),
8  TUITION_FEE      NUMBER(20)) ;
```

1~8 ◆ 437개의 대학별 입학금과 등록금 데이터를 입력하기 위한 테이블을 생성합니다.

컬럼	설명
DIVISION	학제별
TYPE	설립별
UNIVERSITY	대학명
LOC	지역별
ADMISSION_CNT	입학정원합(명)
ADMISSION_FEE	평균입학금(천원)
TUITION_FEE	평균등록금(천원)

위의 데이터는 공공 데이터 포털 사이트(https://www.data.go.kr/)에서 제공하는 한국장학재단_등록금 통계정보의 2019년 데이터입니다. 공공 데이터 포털 사이트 검색창에 키워드를 "등록금"으로 검색하고 (2019) 대학별 평균등록금_20190905 데이터를 다운로드 받습니다.

(2019) 대학별 평균등록금_20190905.csv 데이터를 SQL Developer를 사용하여 university 테이블에 입력합니다.

	A	B	C	D	E	F	G
1	학제별	설립별	대학명	지역별	입학정원 합(명)	평균 입학금(천원)	평균등록금(천원)
2	대학	국공립	강릉원주대학교	강원	7452	0	4264.5
3	대학	국공립	강원대학교	강원	18355	0	4115.1
4	대학	국공립	경남과학기술대학교	경남	4890	0	3770.4
5	대학	국공립	경북대학교	대구	18968	0	4447.9
6	대학	국공립	경상대학교	경남	12411	0	4013.4
7	대학	국공립	경인교육대학교	인천	2392	0	3189
8	대학	국공립	공주교육대학교	충남	1416	0	3424
9	대학	국공립	공주대학교	충남	11013	0	3824.1
10	대학	국공립	광주과학기술원	광주	780	0	2060
11	대학	국공립	광주교육대학교	광주	1304	0	3476.5

📁 File: 예제_130-2.txt

```
1  SELECT *
2  FROM (
3    SELECT UNIVERSITY, TUITION_FEE,
4            RANK() OVER (ORDER BY TUITION_FEE DESC NULLS LAST) 순위
5      FROM UNIVERSITY_FEE
6      )
7  WHERE 순위 =1 ;
```

출력 결과

UNIVERSITY	TUITION	순위
한국산업기술대학교	8995	1

UNIVERSITY_FEE 테이블에서 등록금('TUITION_FEE')이 가장 높은 학교 순으로 순위를 부여하여 출력합니다. ◆ 3~5

FROM절의 서브 쿼리 결과 중 순위가 1위인 것만 출력합니다. ◆ 7

서울시 물가 중 가장 비싼 품목과 가격은 무엇인가?

- **학습 내용:** 서울시 생필품 농축산물 가격 정보 데이터에서 가장 비싼 품목이 무엇인지 출력합니다.
- **힌트 내용:** 서브 쿼리를 사용하여 데이터를 검색합니다.

서울시 물가 중 가장 비싼 품목의 물건을 파는 곳은 어디인지 SQL로 검색해 보겠습니다.

📁 File: 예제_131.txt

```
 1 CREATE   TABLE   PRICE
 2 (P_SEQ          NUMBER(10),
 3 M_SEQ           NUMBER(10),
 4 M_NAME          VARCHAR2(80),
 5 A_SEQ           NUMBER(10),
 6 A_NAME          VARCHAR2(60),
 7 A_UNIT          VARCHAR2(40),
 8 A_PRICE         NUMBER(10),
 9 P_YEAR_MONTH    VARCHAR2(30),
10 ADD_COL         VARCHAR2(180),
11 M_TYPE_CODE     VARCHAR2(20),
12 M_TYPE_NAME     VARCHAR2(20),
13 M_GU_CODE       VARCHAR2(10),
14 M_GU_NAME       VARCHAR2(30));
```

1~14 ◆ 서울시 생필품 농축산물 가격 데이터를 저장할 테이블을 생성합니다.

컬럼명	설명	컬럼명	설명
P_SEQ	상품 번호	P_YEAR_MONTH	물가측정날짜
M_SEQ	상품 분류	ADD_COL	추가정보
M_NAME	시장 이름	M_TYPE_CODE	시장코드
A_SEQ	상품 단위	M_TYPE_NAME	시장이름
A_NAME	상품명	M_GU_CODE	구코드
A_UNIT	상품 개수	M_GU_NAME	구이름
A_PRICE	상품 가격		

서울시 물가 데이터는 공공 데이터 포털 사이트(https://www.data.go.kr)의 서울시 생필품 농축산물 가격 정보 2012년 데이터입니다. 서울시 물가 데이터 생성 테이블과 입력 데이터는 예제_131.txt에 있습니다. 파일의 스크립트를 복사해서 SQL Developer에 붙여 넣고 실행합니다.

📁 File: 예제_131-2.txt

```
1 SELECT A_NAME as "상품", A_PRICE as "가격", M_NAME as "매장명"
2 FROM PRICE
3 WHERE A_PRICE = (SELECT MAX(A_PRICE)
4                  FROM PRICE);
```

출력 결과

상품	가격	매장명
조기(국산,생물)	81670	신세계백화점

서브 쿼리문을 사용하여 price 테이블에서 최대 가격을 출력하고 메인 쿼리에서 그 가격에 해당하는 품목 이름과 가격을 출력합니다. ◆ 1~4

살인이 가장 많이 발생하는 장소는 어디인가?

- **학습 내용:** 경찰청 통계 데이터의 범죄 장소 데이터에서 살인이 가장 많이 일어나는 장소를 출력합니다.
- **힌트 내용:** RANK 데이터 분석 함수를 이용해서 데이터를 검색합니다.

살인이 가장 많이 일어나는 장소가 어디인지 SQL로 출력해 보겠습니다.

📁 **File: 예제_132.txt**

```
1  CREATE   TABLE   CRIME_LOC
2  (CRIME_TYPE     VARCHAR2(100),
3   CRIME_LOC      VARCHAR2(100),
4   CRIME_CNT      NUMBER(10));
```

1~4 ◆ 범죄 발생 장소 데이터를 저장할 테이블을 생성합니다.

컬럼명	설명
CRIME_TYPE	범죄 유형
CRIME_LOC	범죄 장소
CRIME_CNT	범죄 건수

범죄 발생 장소 데이터는 공공 데이터 포털 사이트(https://www.data.go.kr)에서 내려받은 데이터입니다. 테이블과 입력 데이터는 예제_132.txt에 있습니다. 파일의 스크립트를 복사해서 SQL Developer에 붙여 넣고 실행합니다.

```
1 SELECT *
2 FROM (
3    SELECT c_loc, cnt, rank() over (order by cnt desc)  rnk
4      FROM crime_loc
5      WHERE crime_type='살인'
6      )
7 WHERE  rnk = 1;
```

출력 결과

C_LOC	CNT	RNK
집	312	1

FROM절의 서브 쿼리인 인라인 뷰를 이용해서 범죄 유형이 살인인 장소와 그 순위를 출력하게 ◆ 1~7
합니다. 그리고 메인 쿼리에서 순위가 1위인 장소를 출력합니다.

가정불화로 생기는 가장 큰 범죄 유형은 무엇인가?

- **학습 내용 :** 공공 데이터를 활용하여 범죄 원인에 따른 범죄가 무엇인지 출력합니다.
- **힌트 내용 :** unpivot문과 서브 쿼리를 사용합니다.

가정불화로 가장 많이 발생하는 범죄 유형이 무엇인지 SQL로 검색해 보겠습니다.

📁 File: 예제_133.txt

```
 1  CREATE TABLE CRIME_CAUSE
 2  (범죄 유형   VARCHAR2(30),
 3   생계형       NUMBER(10),
 4   유흥         NUMBER(10),
 5   도박         NUMBER(10),
 6   허영심       NUMBER(10),
 7   복수         NUMBER(10),
 8   해고         NUMBER(10),
 9   징벌         NUMBER(10),
10   가정불화     NUMBER(10),
11   호기심       NUMBER(10),
12   유혹         NUMBER(10),
13   사고         NUMBER(10),
14   불만         NUMBER(10),
15   부주의       NUMBER(10),
16   기타         NUMBER(10) );
```

1~16 ◆ 범죄 유형과 14가지의 범죄원인 데이터를 저장할 테이블을 생성합니다.

범죄 동기 데이터는 공공 데이터 포털 사이트(https://www.data.go.kr)에서 내려받은 데이터 입니다. 테이블과 입력 데이터는 예제_133.txt에 있습니다. 파일의 스크립트를 복사해서 SQL Developer에 붙여 넣고 실행합니다.

📁 File: 예제_133-2.txt

```
1 CREATE  TABLE  CRIME_CAUSE2
2 AS
3 SELECT *
4   FROM CRIME_CAUSE
5   UNPIVOT (CNT FOR TERM IN (생계형, 유흥, 도박, 허영심, 복수, 해고, 징벌,
6                                 가정불화, 호기심, 유혹, 사고, 불만, 부주의, 기타));
```

범죄 동기가 출력되기 용이하도록 unpivot문을 이용하여 범죄 동기 컬럼을 로우로 검색한 데이 ◆ 1~6
터를 crime_cause2 테이블로 생성합니다.

📁 File: 예제_133-3.txt

```
1 SELECT 범죄 유형
2   FROM CRIME_CAUSE2
3   WHERE CNT = (SELECT MAX(CNT)
4                   FROM CRIME_CAUSE2
5                   WHERE TERM='가정불화')
6   AND TERM='가정불화';
```

출력 결과

범죄 유형
폭행

서브 쿼리에서 가정불화로 인한 범죄 원인의 건수 중에 가장 큰 긴수를 출력합니다. 그리고 그 ◆ 1~6
건수와 같으면서 원인이 가정 불화인 범죄 유형을 메인 쿼리에서 조회합니다.

방화 사건의 가장 큰 원인은 무엇인가?

- **학습 내용**: 공공 데이터를 이용하여 방화 사건의 원인이 무엇인지를 검색하는 방법을 학습합니다.
- **힌트 내용**: 서브 쿼리를 사용하여 데이터를 검색합니다.

방화 사건의 가장 큰 원인이 무엇인지 SQL로 검색해 보겠습니다.

📁 File: 예제_134.txt

```
1  SELECT TERM AS 원인
2    FROM CRIME_CAUSE2
3   WHERE CNT = (SELECT MAX(CNT)
4                  FROM CRIME_CAUSE2
5                 WHERE 범죄 유형='방화')
6     AND 범죄 유형='방화';
```

출력 결과

원인
사고

방화 사건의 가장 큰 원인을 찾기 위해 필요한 데이터는 예제 133번에서 구성한 CRIME_CAUSE2 테이블을 그대로 사용합니다.

1~6 ◆ 서브 쿼리에서 범죄 유형이 **방화**인 최대 건수를 출력합니다. 그리고 메인 쿼리에서 그 건수에 해당하는 원인을 조회하는데 최대 건수에 다른 범죄 유형이 중복될 수 있으므로 AND 다음에 범죄 유형='방화' 조건을 추가하여 검색합니다.

데이터 출처는 공공 데이터 포털에서 키워드 "범죄자 범행동기"로 검색하여 얻은 2016년 범죄자 범행 동기를 사용하였습니다.

전국에서 교통사고가 제일 많이 발생하는 지역은 어디인가?

- **학습 내용 :** 공공 데이터를 활용하여 전국에서 교통사고가 가장 많이 발생하는 지역이 어디인지 출력합니다.
- **힌트 내용 :** 데이터 분석 함수 RANK를 이용하여 데이터를 검색합니다.

2017년도에 전국에서 교통사고가 제일 많이 발생하는 지역이 어디인지 SQL로 검색해 보겠습니다.

📁 **File: 예제_135.txt**

```
 1  CREATE TABLE ACC_LOC_DATA
 2  (ACC_LOC_NO          NUMBER(10),
 3   ACC_YEAR            NUMBER(10),
 4   ACC_TYPE            VARCHAR2(20),
 5   ACC_LOC_CODE        NUMBER(10),
 6   CITY_NAME           VARCHAR2(50),
 7   ACC_LOC_NAME        VARCHAR2(200),
 8   ACC_CNT             NUMBER(10),
 9   AL_CNT              NUMBER(10),
10   DEAD_CNT            NUMBER(10),
11   M_INJURY_CNT        NUMBER(10),
12   L_INJURY_CNT        NUMBER(10),
13   H_INJURY_CNT        NUMBER(10),
14   LAT                 NUMBER(15,8),
15   LOT                 NUMBER(15,8),
16   DATA_UPDATE_DATE    DATE);
```

교통사고 지역과 사고 발생 건수 데이터를 저장할 테이블을 생성합니다.　　　　　　◆ 1~16

출력 결과

컬럼명	설명	컬럼명	설명
ACC_LOC_NO	사고지역관리번호	DEAD_CNT	사망자수
ACC_YEAR	사고년도	M_INJURY_CNT	중상자수
ACC_TYPE	사고유형구분	L_INJURY_CNT	경상자수

335

ACC_LOC_CODE	위치코드	H_INJURY_CNT	부상자수
CITY_NAME	시도시군구명	LAT	위도
ACC_LOC_NAME	사고지역위치명	LOT	경도
ACC_CNT	발생건수	DATA_UPDATE_DATE	데이터 기준 일자
AL_CNT	사상자수		

데이터 출처는 공공 데이터 포털에서 키워드 "교통사고"로 검색하여 얻은 도로교통공단_교통사고다발지역_20191010.csv를 참고하였습니다. SQL Developer를 이용하여 데이터를 입력합니다.

File: 예제_135-2.txt

```
1  SELECT *
2    FROM ( SELECT ACC_LOC_NAME AS 사고 장소, ACC_CNT AS 사고 건수,
3                 DENSE_RANK() OVER (ORDER BY ACC_CNT DESC NULLS LAST) AS 순위
4         FROM ACC_LOC_DATA
5         WHERE ACC_YEAR=2017
6         )
7    WHERE 순위 <= 5;
```

출력 결과

사고 장소	사고 건수	순위
부산광역시 부산진구 부전동(부전상가시장 부근)	18	1
부산광역시 부산진구 부전동(메가박스 서면점 부근)	17	2
경기도 성남시 수정구 수진동(중앙시장사거리 부근)	14	3
경기도 안산시 단원구 고잔동(서울S치과 부근)	13	4
전라남도 여수시 충무동(교동사거리 부근)	12	5
대구광역시 서구 비산동(북비산네거리 부근)	12	5
서울특별시 구로구 가리봉동(만민중앙교회 부근)	22	5

1~7 ◆ FROM절의 서브 쿼리에서 교통 사고 건수가 많은 순으로 순위를 부여하여 결과를 출력합니다. 그리고 메인 쿼리에서 서브 쿼리의 결과 중 순위 5위까지만 제한을 걸어 출력합니다.

치킨집 폐업이 가장 많았던 연도가 언제인가?

• **학습 내용:** 공공 데이터를 활용하여 치킨집 폐업이 가장 많았던 연도가 언제인지 출력합니다.
• **힌트 내용:** 데이터 분석 함수인 RANK를 이용하여 데이터를 검색합니다.

치킨집 폐업이 가장 많았던 연도가 최근에 언제였는지 SQL로 출력해 보겠습니다.

📁 File: 예제_136.txt

```
1 CREATE TABLE CLOSING
2 ( 연도           NUMBER(10),
3   미용실         NUMBER(10),
4   양식집         NUMBER(10),
5   일식집         NUMBER(10),
6   치킨집         NUMBER(10),
7   커피음료       NUMBER(10),
8   한식음식점     NUMBER(10),
9   호프간이주점   NUMBER(10)) ;
```

연도와 업종별 폐업 건수 데이터를 저장할 테이블을 생성합니다.   ◆ 1~9

2005년부터 2014년까지 업종별 창업/폐업 건수는 공공 데이터 포털에서 데이터 제공 신청을 통해 수집하였습니다.

337

SQL Developer를 이용해서 폐업건수.csv 데이터를 CLOSING 테이블에 입력합니다.

```
SELECT * from closing ;
```

연도	미용실	양식집	일식집	치킨집	커피음료	한식음식점	호프간이주점
2005	2241	1354	497	353	545	6604	599
2006	2118	1094	440	405	494	5782	589
2007	1940	1126	458	3579	486	5172	552
2008	1706	827	446	399	553	4987	555
2009	1518	876	470	308	493	4888	460
2010	1543	834	489	464	598	4764	519
2011	1508	877	478	538	711	5200	450
2012	1325	785	443	510	786	4210	405
2013	1257	801	433	560	845	4752	467
2014	1279	776	439	511	998	4010	378

File: 예제_136-2.txt

```
1  SELECT 년도 "치킨집 폐업 연도", 치킨집 "건수"
2    FROM (SELECT 연도, 치킨집,
3                 rank() over(order by 치킨집 desc) 순위
4          FROM closing)
5    WHERE 순위=1;
```

출력 결과

치킨집 폐업 연도	건수
2007	3579

1~5 ◆ FROM절의 서브 쿼리문에서 치킨집 폐업 건수가 높은 순으로 순위를 출력합니다. 그리고 메인 쿼리문의 WHERE절에서 순위가 1위의 데이터만 출력합니다.

세계에서 근무 시간이 가장 긴 나라는 어디인가?

- **학습 내용:** 공공 데이터를 활용하여 세계에서 근무 시간이 가장 긴 나라를 확인합니다.
- **힌트 내용:** DBMS_RANDOM 패키지와 계층형 질의문을 이용합니다.

2018년도에 세계에서 가장 근무 시간이 긴 나라가 어디인지 알아보겠습니다.

File: 예제_137.txt

```
1 CREATE  TABLE  WORKING_TIME
2 (COUNTRY      VARCHAR2(30),
3   Y_2014       NUMBER(10),
4   Y_2015       NUMBER(10),
5   Y_2016       NUMBER(10),
6   Y_2017       NUMBER(10),
7   Y_2018       NUMBER(10));
```

세계 근로시간 데이터를 저장할 테이블을 생성합니다.   ◆ 1~7

데이터 출처는 통계청(http://kosis.kr/index/index.do)에서 키워드 "근로 시간"로 검색하여 얻은 근로자당_연평균_실제_근로시간_OECD__20191021155649.xlsx를 참고하였습니다.

```
1 CREATE VIEW C_WORK_TIME
2 AS
3 SELECT *
4  FROM WORK_TIME
5  UNPIVOT (CNT FOR Y_YEAR IN (Y_2014, Y_2015, Y_2016, Y_2017, Y_2018));
```

1~5 ◆ 연도로 데이터 검색을 용이하게 하기 위해 unpivot문을 이용하여 연도 컬럼을 로우로 생성한 쿼리의 결과를 view로 생성합니다.

```
1 SELECT COUNTRY, CNT, RANK() OVER (ORDER BY CNT DESC) 순위
2   FROM C_WORK_TIME
3   WHERE Y_YEAR ='Y_2018';
```

출력 결과

COUNTRY	CNT	순위
멕시코	2148	1
한국	1993	2
그리스	1956	3
칠레	1941	4
이스라엘	1910	5
체코	1792	6
폴란드	1792	6
미국	1786	8
아일랜드	1782	9
뉴질랜드	1756	10
에스토니아	1748	11
헝가리	1741	12
이탈리아	1723	13
포르투갈	1722	14

캐나다	1708	15
스페인	1701	16
라트비아	1699	17
슬로바키아	1698	18
일본	1680	19
오스트레일리아	1665	20
리투아니아	1616	21
슬로베니아	1603	22
핀란드	1555	23
벨기에	1545	24
영국	1538	25
프랑스	1520	26
오스트리아	1511	27
룩셈부르크	1506	28
스웨덴	1474	29
아이슬란드	1469	30
스위스	1459	31
네덜란드	1433	32
노르웨이	1416	33

RANK 함수를 이용하여 연간 근로 시간이 가장 높은 순으로 순위를 부여하여 나라명과 같이 출력합니다.　◆ 1~3

남자와 여자가 각각 많이 걸리는 암은 무엇인가?

- **학습 내용:** 국립 암센터의 24개 암 발병률 데이터를 이용하여 성별로 가장 많이 발병하는 암이 무엇인지 검색합니다.
- **힌트 내용:** 데이터 분석 함수 RNAK를 사용하여 검색합니다.

남자와 여자가 각각 많이 걸리는 암이 무엇인지 SQL로 검색해 보겠습니다.

📂 File: 예제_138.txt

```
1  CREATE  TABLE  CANCER
2  (암종         VARCHAR2(50),
3   질병코드       VARCHAR2(20),
4   환자수        NUMBER(10),
5   성별         VARCHAR2(20),
6   조유병률       NUMBER(10,2),
7   생존률        NUMBER(10,2));
```

1~7 ◆ 24개의 암 발병률 데이터를 저장할 테이블을 생성합니다.

공공 데이터 포털에서 "암 발생률" 키워드로 데이터를 검색하고 데이터를 내려 받습니다.

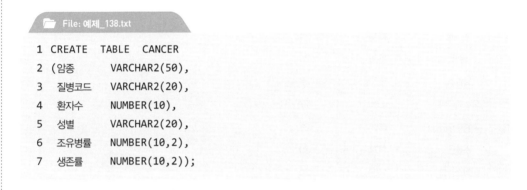

국립암센터_24개암종암발생률_2018년12월.csv 데이터를 SQL Developer를 이용해서 CANCER 테이블에 입력합니다.

📁 File: 예제_138-2.txt

```
1 SELECT DISTINCT(암종), 성별, 환자수
2     FROM CANCER
3     WHERE 환자수 = (SELECT MAX(환자수)
4                       FROM CANCER
5                       WHERE 성별 = '남자' AND 암종 != '모든암')
6 UNION ALL
7 SELECT DISTINCT(암종), 성별, 환자수
8     FROM CANCER
9     WHERE 환자수 = (SELECT MAX(환자수)
10                      FROM CANCER
11                      WHERE 성별 = '여자');
```

출력 결과

암종	성별	환자수
위	남자	137655
갑상선	여자	217874

성별이 남자인 데이터에서 환자수가 가장 많은 암이 무엇인지 조회합니다. ◆ 1~5

UNION ALL 집합 연산자를 사용하여 위아래 쿼리의 결과를 같이 출력되게 합니다. ◆ 6

서브쿼리에서 넘겨 받은 환자수에 대한 조건에 만족하는 암종과 성별과 환자수를 출력합니다. ◆ 7~9

성별이 여자인 환자수의 최대값을 출력하여 메인 쿼리문에 전달합니다. ◆ 9~11

PL/SQL 변수 이해하기 ①

- **학습 내용:** 두 개의 숫자 값을 각각 입력받게 하고 숫자의 합을 출력하는 방법을 학습합니다.
- **힌트 내용:** accept로 두 개의 숫자 값을 변수 2개에 각각 입력을 받습니다. 입력받은 값을 변수에 각각 넣고, 변수의 합을 dbms_output.put_line을 사용하여 출력합니다.

두수를 각각 물어보게 하고 입력받아 두수의 합이 결과로 출력되게 하는 PL/SQL을 작성해 보겠습니다.

📁 File: p139.sql

```
1  set serveroutput on
2  accept p_num1 prompt    '첫 번째 숫자를 입력하세요 ~ '
3  accept p_num2 prompt    '두 번째 숫자를 입력하세요 ~ '
4
5  declare
6          v_sum   number(10);
7   begin
8          v_sum := &p_num1 + &p_num2 ;
9
10         dbms_output.put_line('총합은: ' ||  v_sum);
11  end;
12  /
```

출력 결과

```
SQL> edit p139

SQL> @p139
첫 번째 숫자를 입력하세요 ~ 5
두 번째 숫자를 입력하세요 ~ 3
구   4:              v_sum := &p_num1 + &p_num2 ;
신   4:              v_sum := 5 + 3 ;
총합은: 8
```

SQL*PLUS 프롬프트에서 edit p139.sql을 작성하고 엔터를 누르면 메모장이 열립니다. 메모장에 위의 예제를 전부 복사해서 붙여 넣은 후 저장하고 메모장을 닫습니다. 그리고 SQL*PLUS 프롬프트 창에서 p139.sql 스크립트에 @ 명령어를 앞에 붙여 실행합니다.

PL/SQL은 Procedure Language SQL의 약자입니다. 비절차적인 언어인 SQL에 프로그래밍 요소를 가미해서 절차적으로 처리하게 하는 데이터베이스 프로그래밍 언어입니다. 데이터베이스의 데이터를 검색하다 보면 단순한 작업을 반복해야 하는 때가 있습니다. 이럴 때 PL/SQL을 사용하면 엑셀의 매크로를 사용하듯 단순 작업을 자동화할 수 있습니다. 이 책은 예제에 나오는 통계와 수학 그리고 머신러닝을 구현하기 위해 필요한 기본 PL/SQL 사용법만을 다룹니다.

dbms_output은 변수에 있는 값을 화면에 출력하는 put_line 함수를 포함하고 있는 패키지입니다. 10번 라인에 있는 dbms_out.put_line 인자값의 결과를 화면에 출력하려면 반드시 serveroutput을 on으로 설정해야 합니다.　　　　　　　　　　　　　◆ 1

accept는 받아들이라는 sqlplus 명령어입니다. p_num1은 외부 변수입니다. declare부터 end 사이가 내부이고 그 외는 전부 외부입니다. 변수는 값을 담기 위한 빈 컵이라고 생각하면 됩니다. 빈 컵인 p_num1 변수에 값을 받아들입니다. prompt는 야기시키다는 뜻을 가지고 있는데 '첫 번째 숫자를 입력하세요~'라는 메시지를 화면에 출력합니다. 그리고 입력 창에 숫사 5를 입력했다면 숫지 5가 p_num1 변수에 입력됩니다.　　　　　　　　　　◆ 2~3

declare는 선언절입니다. 선언절에는 변수, 상수, 커서, 예외 등을 선언할 수 있습니다. 여기서는 변수 v_sum을 선언했습니다. number(10)은 v_sum 변수는 숫자 10자리를 담을 수 있음을 정의하는 데이터 타입니다.　　　　　　　　　　　　　　　　　　　　◆ 5~6

begin은 실행 절입니다. 실행 절에는 실행문을 기술합니다.　　　　　　　　◆ 7

:=은 할당 연산자입니다. 할당 연산자 오른쪽의 문장인 &p_num1 + &p_num2가 실행되고 계산된 값이 v_sum에 할당됩니다. &p_num1에 숫자 5가 입력되있고, &p_num2에 숫자 3이 입력되었으므로 v_sum에 8이 입력됩니다. 실행문 맨 마지막에는 세미콜론(;)으로 종료합니다.　◆ 8

dbms_output.put_line은 v_sum의 내용을 출력합니다. dbms_output은 화면에 출력을 하는 패키지이고 put_line은 dbms_output 패키지의 함수입니다.　　　　　　　　◆ 10

end;로 PL/SQL 블록을 종료합니다.　　　　　　　　　　　　　　　　　◆ 11

슬래쉬(/)로 PL/SQL문을 종료합니다.　　　　　　　　　　　　　　　　◆ 12

PL/SQL 변수 이해하기 ②

- **학습 내용 :** PL/SQL을 이용해서 데이터베이스의 데이터를 출력하는 방법을 학습합니다.
- **힌트 내용 :** SELECT .. INTO절을 사용합니다.

사원 번호를 물어보게 하고 사원 번호를 입력하면 해당 사원의 월급이 출력되게 하는 PL/SQL 문을 작성해 보겠습니다.

📁 File: p140.sql

```
1 set serveroutput  on
2 accept p_empno  prompt  '사원 번호를 입력하세요 ~ '
3  declare
4            v_sal  number(10) ;
5  begin
6        select sal into v_sal
7          from emp
8          where empno = &p_empno;
9
10    dbms_output.put_line('해당 사원의 월급은 ' || v_sal);
11
12 end;
13 /
```

출력 결과

```
SQL> edit p140

SQL> @p140
사원 번호를 입력하세요 ~ 7788
구    6:            where empno = &p_empno;
신    6:            where empno = 7788;
해당 사원의 월급은 3000
```

346

SQL*PLUS 프롬프트에서 edit p140.sql을 작성하고 엔터를 누르면 메모장이 열립니다. 메모장에 위의 예제를 전부 복사해서 붙여 넣은 후 저장하고 메모장을 닫습니다. 그리고 SQL*PLUS 프롬프트 창에서 p140.sql 스크립트에 @ 명령어를 앞에 붙여서 실행합니다.

실행 절에 SELECT .. INTO절을 이용하면 테이블의 데이터를 검색하여 화면에 출력할 수 있습니다.

dbms_output은 변수에 있는 값을 화면에 출력하는 put_line 함수를 포함하고 있는 패키지입니다. 10번 라인에 있는 dbms_out.put_line 인자값의 결과를 화면에 출력하려면 반드시 serveroutput을 on으로 설정해야 합니다. ◆ 1

'사원 번호를 입력하세요 ~' 메시지를 출력하고 입력된 값을 받아 p_empno 변수에 담습니다. ◆ 3

선언절에 v_sal 변수를 데이터 타입 number(10) 해서 선언합니다. ◆ 4

&p_empno에 입력된 사원 번호에 해당하는 사원의 월급을 v_sal 변수에 입력합니다. ◆ 6

dbms_output.put_line을 이용하여 문자열 '해당 사원의 월급은'과 v_sal 변수의 값을 연결한 결과를 출력합니다. ◆ 10

end;로 PL/SQL 블록을 종료합니다. ◆ 12

PL/SQL문을 종료합니다. ◆ 13

PL/SQL IF 이해하기 ①
(IF ~ ELSE문)

- **학습 내용:** PL/SQL 블록 내에서의 제어문(IF문) 사용법을 배웁니다.
- **힌트 내용:** IF와 ELSE 그리고 END IF를 사용합니다.

숫자를 물어보게 하고 숫자를 입력하면 해당 숫자가 짝수인지 홀수인지 출력되게 하게 하는 PL/SQL을 작성해 보겠습니다.

File: p141.sql

```
1 set serveroutput on
2 set verify off
3 accept    p_num    prompt   '숫자를 입력하세요 ~  '
4 begin
5     if   mod(&p_num,2) = 0   then
6         dbms_output.put_line('짝수입니다.');
7     else
8         dbms_output.put_line('홀수입니다.');
9     end if;
10 end;
11 /
```

출력 결과

```
SQL> edit p141

SQL> @p141
숫자를 입력하세요 ~ 2
짝수입니다.
```

SQL*PLUS 프롬프트에서 edit p141.sql을 작성하고 엔터를 누르면 메모장이 열립니다. 메모장에 위의 예제를 전부 복사해서 붙여 넣은 후 저장하고 메모장을 닫습니다. 그리고 SQL*PLUS 프롬프트 창에서 p141.sql 스크립트에 @ 명령어를 앞에 붙여 실행합니다.

위의 예제는 숫자를 입력받아 해당 숫자가 짝수인지 홀수인지를 출력하는 PL/SQL 코드입니다.

dbms_output은 변수에 있는 값을 화면에 출력하는 put_line 함수를 포함하고 있는 패키지입
니다. 10번 라인에 있는 dbms_out.put_line의 인자값의 결과를 화면에 출력하려면 반드시
serveroutput을 on으로 설정해야 합니다   ◆ 1

set verify off를 사용하면 위의 PL/SQL 코드를 실행할 때 다음의 변수에 들어가는 값을 보여주는   ◆ 2
과정을 출력하지 않습니다.

```
숫자를 입력하세요 ~ 2
 구   2: if    mod(&p_num,2) = 0  then
 신   2: if    mod(2,2) = 0  then
 짝수입니다.
```

---

prompt 명령어에 의하여 '숫자를 입력하세요 ~'라는 메시지를 출력하여 사용자가 입력한 숫자   ◆ 3
값을 p_num 외부 변수에 입력받습니다.

실행 절을 시작합니다.   ◆ 4

mod 함수로 p_num 변수에 담긴 숫자 값을 2로 나눈 나머지 값이 0이면 '짝수입니다.'라는 메시   ◆ 5~6
지가 화면에 출력됩니다. 각 실행 절 끝에는 세미콜론(;)으로 종료합니다.

else 다음의 실행문은 3번 라인의 mod(&P_num,2) = 0 조건에 해당되지 않을 때 실행되는 실행   ◆ 7~8
문입니다.

if문을 종료하기 위해 end if로 종료합니다. 끝에는 세미콜론(;)으로 종료합니다.   ◆ 9

end;로 PL/SQL 블록을 종료합니다.   ◆ 10

PL/SQL문을 종료합니다.   ◆ 11

PL/SQL IF 이해하기 ②
(IF ~ ELSIF ~ ELSE문)

● **학습 내용:** PL/SQL 내에서 여러 개의 조건을 비교하는 방법을 학습합니다.
● **힌트 내용:** IF ~ elsif ~ elsE문을 사용합니다.

이름을 입력받아 해당 사원의 월급이 3000 이상이면 고소득자, 2000 이상이고 3000보다 작으면
중간 소득자, 2000보다 작은 사원들은 저소득자입니다.라는 메시지를 출력하는 PL/SQL 코드를
작성해 보겠습니다.

📁 File: p142.sql

```
 1 set serveroutput on
 2 set verify off
 3 accept p_ename prompt '사원 이름을 입력합니다 ~ '
 4 declare
 5     v_ename   emp.ename%type := upper('&p_ename');
 6     v_sal      emp.sal%type;
 7
 8  begin
 9    select  sal  into  v_sal
10      from   emp
11     where ename = v_ename;
12
13    if   v_sal >= 3000  then
14        dbms_output.put_line('고소득자입니다.');
15    elsif   v_sal >= 2000   then
16        dbms_output.put_line('중간 소득자입니다.');
17    else
18        dbms_output.put_line('저소득자입니다');
19     end  if;
20 end;
21 /
```

출력 결과

```
SQL> ed p142

SQL> @p142
사원 이름을 입력합니다 ~ scott
고소득자입니다.
```

화면에서 사원 이름을 입력받아 p_ename 외부 변수에 저장합니다.   ◆ 3

ename.ename%type이란 v_ename 변수의 데이터 타입을 emp 테이블의 ename 데이터 타입으로   ◆ 5
설정하겠다는 것입니다. 이렇게 되면 emp 테이블의 ename 데이터 타입의 변화가 생겨도 PL/
SQL 프로그램을 수정할 필요가 없어집니다. upper('&p_ename')에 의하여 p_ename의 영문 이
름이 대문자로 변환되어 할당 연산자(:=)에 의하여 v_ename에 할당됩니다.

v_sal 변수를 emp.sal%type에 의하여 emp 테이블의 sal 데이터 타입을 그대로 따르겠다고 선언합   ◆ 6
니다.

v_ename에 입력된 사원 이름에 해당하는 월급을 검색하여 v_sal에 입력합니다. 이름이 scott인   ◆ 9~11
사원을 검색하였다면 scott인 사원의 월급이 v_sal에 입력됩니다.

v_sal에 입력된 값이 3000 이상이면 '고소득자입니다.'를 출력합니다.   ◆ 13~14

v_sal에 입력된 값이 2000 이상이고 3000보다 작다면 '중간 소득자입니다.'를 출력합니다.   ◆ 15~16

위의 조건들이 아니라면 즉 월급이 2000보다 작다면 '저소득자입니다.'를 출력합니다.   ◆ 17~18

end if로 if문을 끝에 세미콜론(;)으로 종료합니다.   ◆ 19

end;로 PL/SQL 블록을 종료합니다.   ◆ 20

PL/SQL문을 종료합니다.   ◆ 21

PL/SQL Basic Loop 이해하기

- **학습 내용 :** 구구단 2단을 Basic loop문으로 출력하는 방법을 학습합니다.
- **힌트 내용 :** Loop ~ exit when 조건 ~ end loop;를 사용합니다.

PL/SQL의 Basic loop문으로 구구단 2단을 출력해 보겠습니다.

📁 File: p143.sql

```
1 declare
2      v_count     number(10) := 0 ;
3 begin
4      loop
5        v_count  :=  v_count + 1;
6        dbms_output.put_line ('2 x ' || v_count || ' = ' ||  2*v_count);
7        exit when v_count = 9;
8      end loop;
9 end;
10 /
```

출력 결과

```
SQL> @p143
2 x 1 = 2
2 x 2 = 4
2 x 3 = 6
2 x 4 = 8
2 x 5 = 10
2 x 6 = 12
2 x 7 = 14
2 x 8 = 16
2 x 9 = 18
```

Loop문을 이용하면 특정 실행문을 반복해서 실행할 수 있습니다.

v_count 변수를 숫자형으로 선언하고 숫자 0을 할당합니다. ◆ 1~2

실행 절에 loop문을 사용하여 loop와 end loop; 사이의 실행문을 지정된 횟수만큼 반복합니다. ◆ 3~4

v_count에 할당된 숫자를 1씩 증가시켜 반복문을 종료하기 위한 횟수를 쌓아갑니다. ◆ 5

v_count가 1씩 증가되면서 구구단 2단 출력을 실행합니다. ◆ 6

V_COUNT	'2 x ' || v_count || ' = ' || 2*v_count
1	2 x 1 = 2
2	2 x 2 = 4
3	2 x 3 = 6
4	2 x 4 = 8
5	2 x 5 = 10
6	2 x 6 = 12
7	2 x 7 = 14
8	2 x 8 = 16
9	2 x 9 = 18

v_count가 9일 때 loop문을 종료합니다. ◆ 7

end loop;문으로 loop문의 끝을 나타냅니다. ◆ 8

end;로 PL/SQL 블록을 종료합니다. ◆ 9

PL/SQL문을 종료합니다. ◆ 10

PL/SQL While Loop 이해하기

- **학습 내용 :** 구구단 2단을 while loop문으로 출력하는 방법을 학습합니다.
- **힌트 내용 :** while 조건 loop ~ end loop;를 사용합니다.

PL/SQL의 While loop문으로 구구단 2단을 출력해 보겠습니다.

📁 File: p144.sql

```
1 declare
2    v_count    number(10) := 0 ;
3 begin
4    while v_count < 9 loop
5      v_count  :=  v_count + 1;
6      dbms_output.put_line ('2 x ' || v_count || ' = ' ||  2 * v_count);
7    end loop;
8 end;
9 /
```

출력 결과

```
SQL> ed p144

SQL> @p144
2 x 1 = 2
2 x 2 = 4
2 x 3 = 6
2 x 4 = 8
2 x 5 = 10
2 x 6 = 12
2 x 7 = 14
2 x 8 = 16
2 x 9 = 18
```

While loop문은 basic loop와는 다르게 exit when절이 없습니다. 대신 while과 loop 사이에 조건을 주어 해당 조건일 때만 loop문이 수행되게 합니다.

While loop문 문법

While **루프문을 반복시킬 조건** loop
  반복할 실행문
  End loop;

v_count 변수를 숫자형으로 선언하고 숫자 0을 할당합니다. ◆ 2

while 조건 loop로 조건이 TRUE인 동안에만 loop문이 수행됩니다. v_count가 9보다 작을 동안에만 loop문이 수행됩니다. ◆ 4

loop문을 종료시키기 위해 v_count를 1씩 증가시킵니다. ◆ 5

v_count가 1씩 증가되면서 구구단 2단 출력을 실행합니다. ◆ 6

V_COUNT	'2 x ' || v_count || ' = ' || 2*v_count
1	2 x 1 = 2
2	2 x 2 = 4
3	2 x 3 = 6
4	2 x 4 = 8
5	2 x 5 = 10
6	2 x 6 = 12
7	2 x 7 = 14
8	2 x 8 = 16
9	2 x 9 = 18

end loop;로 while loop를 종료합니다. ◆ 7

PL/SQL 블록과 PL/SQL문을 종료합니다. ◆ 8~9

PL/SQL for Loop 이해하기

PL/SQL의 For loop문으로 구구단 2단을 출력해 보겠습니다.

📁 File: p145.sql

```
1 begin
2    for  i  in  1 .. 9 loop
3      dbms_output.put_line ('2 x ' ||  i  || ' = ' ||  2 * i);
4    end loop;
5 end;
6 /
```

출력 결과

```
SQL> ed p145

SQL> @p145
2 x 1 = 2
2 x 2 = 4
2 x 3 = 6
2 x 4 = 8
2 x 5 = 10
2 x 6 = 12
2 x 7 = 14
2 x 8 = 16
2 x 9 = 18
```

basic loop, while loop, for loop 중에 for loop문이 코드가 가장 단순합니다. 또한 basic loop문과 while loop문과는 달리 무한루프에 빠질 가능성이 적습니다. basic loop문은 코드 상에서 exit when절을 빼먹으면 무한루프를 돌게 됩니다.

그리고 while loop문 또한 루프조건을 잘못 주게 되면 무한루프에 빠집니다. 그러나 for loop문은 "for **인덱스 카운터** in **루프조건**"에서 루프조건을 줄 때 실수할 가능성이 적습니다.

For loop문 문법
For **인덱스 카운터** in **하한값..상한값** 　반복할 실행문 End loop;

1번 라인에서 숫자 10을 입력했다면, for i in 1 .. 10 loop문으로 loop문이 수행되면서 i가 숫자 ◆ 2~3
1부터 10까지 변경되며 다음과 같이 반복하게 됩니다.

I	'2 x ' || v_count || ' = ' || 2 * v_count
1	2 x 1 = 2
2	2 x 2 = 4
3	2 x 3 = 6
4	2 x 4 = 8
5	2 x 5 = 10
6	2 x 6 = 12
7	2 x 7 = 14
8	2 x 8 = 16
9	2 x 9 = 18

end loop;으로 loop문을 종료합니다. ◆ 4

end;로 PL/SQL 블록을 종료합니다. ◆ 5

/로 PL/SQL문을 종료합니다. ◆ 6

PL/SQL 이중 Loop문 이해하기

- **학습 내용 :** PL/SQL 내에서 루프문을 중첩시켜 이중으로 LOOP문을 사용하는 방법을 학습합니다.
- **힌트 내용 :** loop문 내에 loop문을 사용하여 바깥쪽 loop문의 반복 횟수만큼 안쪽 loop문이 반복되게 합니다.

PL/SQL의 이중 For loop문을 이용해서 구구단 2단부터 9단까지 출력해 보겠습니다.

📁 File: p146.sql

```
1 prompt  구구단 전체를 출력합니다
2 begin
3   for i in 2 .. 9 loop
4     for j in 1 .. 9 loop
5       dbms_output.put_line ( i || ' x ' || j || ' = ' || i * j);
6     end loop;
7   end loop;
8 end;
9 /
```

출력 결과

```
SQL> ed p146

SQL> @p146
2 x 1 = 2
2 x 2 = 4
2 x 3 = 6
:
9  x  7 = 63
9  x  8 = 72
9  x  9 = 81
```

구구단 전체를 출력하려면 루프문을 중첩시켜서 실행해야 합니다. 중첩시키는 문법은 다음과
같습니다.

중첩 for loop문 문법
For **인덱스 카운터** in **하한값 .. 상한값** — 바깥쪽 루프문 　　For **인덱스 카운터** in **하한값 .. 상한값** — 안쪽 루프문 　　　　반복할 실행문 　　End loop; — 안쪽 루프문 종료 End loop; — 바깥쪽 루프문 종료

prompt는 prompt 다음에 나오는 문장인 '구구단 전체를 출력합니다'를 화면에 출력합니다.　◆ 1

바깥쪽 loop문이 인덱스 카운트 i를 2부터 9까지 실행하면서 안쪽 실행문을 각각 8번 실행합니다. 안쪽 실행문은 loop문입니다.　◆ 3

안쪽의 loop문이 인덱스 카운트 j를 1부터 9까지 실행하면서 dbms_ouput.put_line을 9번 실행합니다. i가 2일 때 j가 1부터 9까지를 반복하고 i가 3일 때 j가 1부터 9까지를 반복하며 i가 9일 때까지 반복합니다. 다음은 i가 2일 때 j가 1부터 9까지 반복한 경우입니다.　◆ 4

i	j	i * j
2	1	2
2	2	4
2	3	6
2	4	8
2	5	10
2	6	12
2	7	14
2	8	16
2	9	18

PL/SQL Cursor문 이해하기 (BASIC LOOP)

- **학습 내용:** PL/SQL에서 여러 행을 결과로 한 번에 출력하는 방법을 학습합니다.
- **힌트 내용:** 커서(CURSOR)문을 사용합니다.

PL/SQL의 커서문과 Basic 루프문을 활용해서 부서 번호를 물어보게 하고, 부서 번호를 입력하면 해당 부서 사원 이름, 월급, 부서 번호가 출력되게 해보겠습니다.

File: p147.sql

```
1  declare
2      v_ename    emp.ename%type;
3      v_sal      emp.sal%type;
4      v_deptno   emp.deptno%type;
5
6      cursor emp_cursor is
7        select ename, sal, deptno
8          from emp
9          where deptno = &p_deptno;
10 begin
11    open  emp_cursor ;
12     loop
13       fetch  emp_cursor into v_ename, v_sal, v_deptno;
14       exit  when  emp_cursor%notfound;
15       dbms_output.put_line(v_ename||' '||v_sal||' '|| v_deptno);
16     end loop;
17    close  emp_cursor;
18 end;
19 /
```

출력 결과

```
SQL> ed p147
SQL> set serveroutput on
```

```
SQL> set verify off
SQL> @p147
P_deptno의 값을 입력하십시오: 10

 KING 5000 10
 CLARK 2450 10
 MILLER 1300 10
```

CURSOR는 PL/SQL 프로그램에서 처리할 데이터를 저장할 메모리 영역을 말합니다. 데이터베이스 프로그래밍을 하다 보면 테이블에서 데이터를 한 건씩 가져 오는게 아니라 여러 개의 행을 한 번에 가져와야 하는 경우가 있습니다.

v_ename, v_sal, v_deptno 변수를 각각의 테이블 컬럼의 데이터 타입에 맞춰 선언합니다.　　◆ 2~4

10번 부서 번호인 사원들의 이름, 월급, 부서 번호를 검색하여 메모리에 올리고, 메모리 영역의　◆ 6~9
이름을 emp_cursor로 지정합니다.

emp_cursor 메모리 영역을 엽니다.　　◆ 11

커서의 데이터를 변수에 담기 위해 basic loop문을 실행합니다.　　◆ 12

emp_cursor의 데이터 첫 행을 v_ename, v_sal, v_deptno에 담습니다.　　◆ 13

emp_cursor에 데이터가 발견되지 않을 때 loop문을 종료합니다.　　◆ 14

v_ename, v_sal, v_deptno에 담겨진 데이터를 출력합니다.　　◆ 15

loop문을 종료합니다.　　◆ 16

emp_cursor 닫습니다.　　◆ 17

end;로 PL/SQL 블록을 종료합니다.　　◆ 18

/로 PL/SQL문을 종료합니다.　　◆ 19

PL/SQL Cursor문 이해하기 (FOR LOOP)

- **학습 내용 :** CURSOR문을 이용해서 여러 개의 행을 한 번에 출력하는 방법을 학습합니다.
- **힌트 내용 :** 커서(CURSOR)를 사용합니다.

PL/SQL의 커서문과 FOR 루프문을 활용해서 부서 번호를 물어보게 하고, 부서 번호를 입력하면 해당 사원 이름, 월급, 부서 번호가 출력되게 해 보겠습니다.

📁 File: p148.sql

```
1  accept p_deptno prompt  '부서 번호를 입력하세요 ~'
2  declare
3     cursor emp_cursor is
4       select ename, sal, deptno
5         from emp
6         where deptno = &p_deptno;
7  begin
8     for emp_record in emp_cursor   loop
9        dbms_output.put_line(emp_record.ename ||' '||emp_record.sal ||' '||
10                                    emp_record.deptno);
11    end loop;
12 end;
13 /
```

출력 결과

```
SQL> ed p148
SQL> set serveroutput on
SQL> set verify off
SQL> @p148
부서 번호를 입력하세요 ~ 10

KING 5000 10
CLARK 2450 10
MILLER 1300 10
```

위의 예제는 cursor메모리 영역에 올린 데이터를 for loop문을 이용하여 화면에 출력하는 예제입니다.

'부서 번호를 입력하세요 ~' 메시지를 출력하고 입력한 값을 받아 p_dpetno에 입력합니다. 위의 예제에서는 10번을 입력하여 10번이 p_dpetno에 입력되었습니다.   ◆ 1

p_deptno에 10번이 입력되었으므로 10번 부서 번호인 사원들의 이름, 월급, 부서 번호를 검색하여 메모리에 올리고 해당 메모리 영역의 이름을 emp_cursor라고 지정합니다.   ◆ 3~6

emp_cursor 커서의 데이터를 첫 행부터 하나씩 emp_record 변수에 담아냅니다. emp_record 조합 변수는 emp_cursor의 컬럼들과 동일합니다.   ◆ 8

EMP_RECORD					EMP_CURSOR		
ENAME	SAL	DEPTNO	in		ENAME	SAL	DEPTNO
KING	5000	10			KING	5000	10
					CLARK	2450	10
					MILLER	1300	10

커서에서 추출된 행을 하나씩 화면에 출력합니다.   ◆ 9~10

루프문을 종료합니다.   ◆ 11

PL/SQL 블록을 종료합니다.   ◆ 12

PL/SQL문을 종료합니다.   ◆ 13

PL/SQL Cursor for loop문 이해하기

- **학습 내용 :** declare절에서 하지 않고 for loop문에 커서 선언하는 방법을 학습합니다.
- **힌트 내용 :** for loop문에 커서이름에 커서이름 대신 쿼리문을 작성합니다.

서브 쿼리를 사용한 CURSOR FOR LOOP문을 사용하여 예제 148번을 좀 더 간단하게 작성해 보겠습니다.

File: p149.sql

```
1  accept p_deptno prompt  '부서 번호를 입력하세요 ~  '
2  begin
3    for emp_record in (select  ename, sal, deptno
4                           from   emp
5                           where deptno = &p_deptno)  loop
6
7      dbms_output.put_line(emp_record.ename ||' '||
8                           emp_record.sal ||' ' ||
9                           emp_record.deptno);
10
11   end loop;
12 end;
13 /
```

출력 결과

```
SQL> ed p149
SQL> set serveroutput on
SQL> set verify off
SQL> @p149
부서 번호를 입력하세요 ~ 10

KING 5000 10
CLARK 2450 10
MILLER 1300 10
```

위의 예제는 declare절에 커서를 선언하지 않고 실행 절 for loop문에서 바로 커서를 선언해서 사용하는 예제입니다.

'부서 번호를 입력하세요 ~'를 화면에 출력하고 입력받은 부서 번호를 p_deptno에 입력합니다. ◆ 1

for 레코드 이름 in 다음에 괄호를 열고 메모리 커서에 올릴 데이터를 검색하는 쿼리문을 작성합 ◆ 3~5
니다. accept절에서 받은 p_deptno에 입력된 부서 번호의 이름, 월급, 부서 번호가 메모리에 올
라갑니다. 메모리에 올라간 데이터를 위에서부터 한 행씩 emp_record에 입력하는 작업을 반복
하며 loop문을 수행합니다.

emp_record의 ename과 sal과 deptno를 출력합니다. ◆ 7~9

EMP_RECORD				in	EMP_CURSOR		
ENAME	SAL	DEPTNO			ENAME	SAL	DEPTNO
KING	5000	10			KING	5000	10
					CLARK	2450	10
					MILLER	1300	10

루프문을 종료합니다. ◆ 11

PL/SQL 블록을 종료합니다. ◆ 12

PL/SQL문을 종료합니다. ◆ 13

활용

150

프로시저 구현하기

- **학습 내용:** PL/SQL 코드를 데이터베이스에 저장하는 방법을 학습합니다.
- **힌트 내용:** 프로시저(Procedure)를 사용합니다.

이름을 입력받아 해당 사원의 월급이 출력되게 하는 프로시저를 생성해 보겠습니다.

📁 File: p150.sql

```
1 create or replace procedure  pro_ename_sal
2 (p_ename  in emp.ename%type)
3 is
4     v_sal    emp.sal%type;
5 begin
6     select sal into v_sal
7         from emp
8         where ename = p_ename;
9
10    dbms_output.put_line(v_sal || '입니다');
11
12 end;
13 /
```

출력 결과

```
SQL> @p150.sql
프로시저가 생성되었습니다.


SQL> exec pro_ename_sal('SCOTT');
3000입니다


PL/SQL 처리가 정상적으로 완료되었습니다.
```

프로시저(Procedure)를 생성하면 PL/SQL 코드를 데이터베이스에 저장하고 호출할 수 있습니다. 위의 create문은 PL/SQL을 컴파일하여 데이터베이스에 저장하는 명령어입니다. 위와 같이 PL/SQL 코드가 데이터베이스에 저장이 되면 권한만 있으면 PL/SQL 코드를 호출할 수 있습니다. exec pro_ename_sal('SCOTT');는 프로시저를 호출하여 실행하는 문장입니다.

create or replace문은 pro_ename_sal이라는 이름의 프로시저가 기존 데이터베이스에 없으면 생성 ◆ 1
하고 있으면 PL/SQL 코드로 변경하라는 뜻입니다.

프로시저를 실행할 때 입력할 매개변수를 p_ename으로 선언합니다. in은 p_ename을 입력용 매 ◆ 2
개변수로 사용하겠다는 뜻입니다. p_ename 변수의 데이터 타입은 emp 테이블의 ename의 데이
터 타입을 따릅니다.

is 다음에 선언한 v_sal는 PL/SQL 블록 내에서 사용할 내부 변수입니다. 매개변수와 구별되기 ◆ 4
위해 v_로 변수명을 시작합니다. v_sal 매개변수는 emp 테이블의 sal의 데이터 타입을 그대로 따
릅니다.

p_ename에 SCOTT이 입력되었으므로 사원 SCOTT의 월급을 v_sal 변수에 담습니다. ◆ 6~8

dbms_output.put_line에 의하여 v_sal 변수의 내용을 출력합니다. ◆ 10

함수 구현하기

- **학습 내용:** 함수를 직접 만들어서 사용하는 방법을 학습합니다.
- **힌트 내용:** CREATE FUNCTION으로 함수를 직접 사용합니다.

부서 번호를 입력받아 해당 부서 사원들의 부서 위치가 출력되는 함수를 생성해 보겠습니다.

📂 File: p151.sql

```
1  create or replace function get_loc
2  (p_deptno   in  dept.deptno%type)
3  return   dept.loc%type
4  is
5      v_loc     dept.loc%type;
6  begin
7      select loc into v_loc
8          from dept
9          where deptno = p_deptno ;
10    return v_loc;
11 end;
12 /
```

출력 결과

```
SQL> @p151.Sql
함수가 생성되었습니다.
SQL> select ename, get_loc(deptno) as loc
        from emp
        where  job='SALESMAN';
```

ENAME	LOC
MARTIN	CHICAGO
ALLEN	CHICAGO
TURNER	CHICAGO
WARD	CHICAGO

사용자가 직접 필요한 함수를 생성하여 사용할 수 있도록 오라클에서는 함수 생성을 지원합니다. 위의 예제는 부서 번호를 입력받아 부서 위치를 출력하는 함수입니다.

get_loc 함수를 create로 생성합니다. 기존에 get_loc 함수가 있다면 1번 라인 이후의 코드로 변경합니다. ◆ 1

함수를 실행할 때 입력할 값을 받을 p_deptno 매개변수를 선언합니다. p_deptno는 dept 테이블의 loc의 데이터 타입을 그대로 사용하는 변수입니다. ◆ 2

get_loc 함수의 출력 결과 데이터의 유형을 return과 함께 작성합니다. get_loc 함수는 부서 위치를 출력하므로 return varchar2(13)로 작성할 수도 있지만 dept 테이블의 loc 컬럼의 데이터 타입(dept.loc%type)을 사용해서 return합니다. 이렇게 return varchar2(13)이라고 작성하지 않고 dept.loc%type으로 작성하게 되면 데이터베이스의 dept 테이블 loc 컬럼의 데이터 타입의 길이가 변경되어도 PL/SQL 코드를 수정할 필요가 없습니다. ◆ 3

부서 위치 데이터를 담을 변수인 v_loc를 선언합니다. 변수 v_loc의 데이터 타입은 dept 테이블의 loc 컬럼 데이터 타입을 그대로 따릅니다. ◆ 5

변수 p_deptno에 30이 들어 있으므로 부서 번호 30번의 부서 위치를 dept 테이블로 추출하여 v_loc 변수에 입력합니다. 30번 부서 번호의 부서 위치인 CHICAGO가 변수 v_loc에 입력됩니다. ◆ 7~9

v_loc 변수의 내용을 반환합니다. v_loc에는 CHICAGO가 입력되어 있으므로 부서 위치 CHICAGO를 결과로 반환합니다. ◆ 10

수학식 구현하기 ①(절대값)

- **학습 내용:** 수학식 절대값 출력을 PL/SQL 프로그래밍으로 구현하는 방법을 학습합니다.
- **힌트 내용:** PL/SQL 실행 절에 if ~ else문을 사용합니다.

숫자를 물어보게 하고 해당 숫자의 절대값이 출력되는 PL/SQL을 작성해 보겠습니다.

📁 File: p152.sql

```
1 set serveroutput on
2 accept p_num  prompt  '숫자를 입력하세요 ~ '
3
4 declare
5    v_num  number(10) := &p_num;
6
7 begin
8   if  v_num >= 0  then
9      dbms_output.put_line(v_num);
10   else
11      dbms_output.put_line(-1 * v_num);
12   end if;
13 end;
14 /
```

출력 결과

```
SQL> @p152
숫자를 입력하세요 ~  -7
7
SQL> @p152
숫자를 입력하세요 ~  8
8
```

위의 예제는 특정 숫자의 절대값을 출력하는 PL/SQL입니다. 음수 7을 입력하면 양수 7을 출력하고 양수 8을 출력하면 그대로 양수 8로 출력됩니다.

dbms_output.put_line을 수행시키기 위한 SQL*PLUS 명령어입니다. ◆ 1

'숫자를 입력하세요 ~ '를 화면에 출력하고 입력받은 숫자 값을 p_num 변수에 입력합니다. ◆ 2

v_num 변수를 숫자형 변수로 선언하고 p_num 외부 변수에 있는 값을 v_num 내부 변수에 할당합니다. ◆ 4~5

v_num 변수 안에 있는 숫자 값이 0보다 크거나 같다면 그 숫자 값을 그대로 출력합니다. ◆ 8~9

그렇지 않고 v_num이 0보다 크거나 작지 않다면 즉, 0보다 작다면 숫자 값에 −1을 곱해서 출력합니다. ◆ 10~11

if문을 종료합니다. ◆ 12

PL/SQL 블록을 종료합니다. ◆ 13

PL/SQL문을 종료합니다. ◆ 14

수학식 구현하기 ②(직각삼각형)

- **학습 내용:** 피타고라스의 직각삼각형 정리를 PL/SQL문으로 구현하는 방법을 학습합니다.
- **힌트 내용:** IF문과 POWER 함수를 사용합니다.

밑변과 높이와 빗변을 각각 물어보게 하고 직각삼각형이 맞는지 출력되게 하는 PL/SQL을 작성해 보겠습니다.

📁 File: p153.sql

```
1  set serveroutput on
2  set verify off
3  accept p_num1 prompt ' 밑변을 입력하세요 ~ '
4  accept p_num2 prompt ' 높이를 입력하세요 ~ '
5  accept p_num3 prompt ' 빗변을 입력하세요 ~ '
6
7  begin
8
9     if power(&p_num1,2) + power(&p_num2,2) = power(&p_num3,2)
10    then
11         dbms_output.put_line('직각삼각형입니다. ');
12
13    else
14         dbms_output.put_line('직각삼각형이 아닙니다.');
15
16    end if;
17 end;
18 /
```

출력 결과

```
SQL> @p153
밑변을 입력하세요 ~ 3
높이를 입력하세요 ~ 4
```

빗변을 입력하세요 ~ 5
직각삼각형입니다.

위의 예제는 밑변과 높이와 빗변을 각각 입력하여 피타고라스의 정리에 의하여 직각삼각형인지 직각삼각형이 아닌지를 출력하는 PL/SQL 프로그래밍입니다.

dbms_output.put_line을 실행하기 위한 SQL*PLUS 명령어입니다. ◆ 1

PL/SQL 프로그램 실행 시 출력되는 OLD 값, NEW 값을 출력되지 않게 하는 SQL*PLUS 명령 ◆ 2
어입니다.

'밑변을 입력하세요 ~ '를 화면에 출력하고 입력받은 숫자 3을 p_num1 변수에 입력합니다. ◆ 3

'높이를 입력하세요 ~'를 화면에 출력하고 입력받은 숫자 4를 p_num2 변수에 입력합니다. ◆ 4

'빗변을 입력하세요 ~'를 화면에 출력하고 입력받은 숫자 5를 p_num3 변수에 입력합니다. ◆ 5

지수 함수를 나타내는 power 함수를 이용하면 $3^2 + 4^2 = 5^2$의 조건을 만족하므로 '직각삼각형입 ◆ 9~11
니다.'라는 메시지를 출력합니다.

그렇지 않으면 '직각삼각형이 아닙니다.'라는 메시지를 출력합니다. ◆ 13~14

if문을 종료합니다. ◆ 16

PL/SQL 블록을 종료합니다. ◆ 17

PL/SQL문을 종료합니다. ◆ 18

수학식 구현하기 ③(지수 함수)

- **학습 내용 :** PL/SQL로 지수 함수를 만드는 방법을 학습합니다.
- **힌트 내용 :** LOOP문을 이용하여 밑수를 지수만큼 반복하여 곱합니다.

밑수와 지수를 각각 물어보게 하고 계산된 지수 함수의 결과가 출력되게 하는 PL/SQL을 작성해 보겠습니다.

📁 File: p154.sql

```
 1 set serveroutput on
 2 set verify off
 3 accept p_num1 prompt '밑수를 입력하세요 ~'
 4 accept p_num2 prompt '지수를 입력하세요 ~'
 5
 6 declare
 7   v_result  number(10) := 1;
 8   v_num2  number(10) := &p_num1;
 9   v_count  number(10) := 0;
10 begin
11     loop
12         v_count := v_count + 1;
13         v_result := v_result * v_num2 ;
14         exit when v_count = &p_num2;
15     end loop;
16         dbms_output.put_line(v_result);
17 end;
18 /
```

출력 결과

```
SQL> @p154
밑수를 입력하세요 ~2
지수를 입력하세요 ~3
8
```

위의 예제는 밑수와 지수를 각각 입력하여 지수 함수를 구현하는 PL/SQL입니다. 입력한 밑수를 지수만큼 반복하여 계속 곱할 수 있도록 LOOP문을 사용합니다.

dbms_output.put_line을 실행하기 위한 SQL*PLUS 명령어입니다. ◆ 1

PL/SQL 프로그램 실행 시 출력되는 OLD 값, NEW 값을 출력되지 않게 하는 SQL*PLUS 명령 ◆ 2
어입니다.

'밑수를 입력하세요 ~ '를 화면에 출력하고 입력받은 숫자 2를 p_num1 변수에 입력합니다. ◆ 3

'지수를 입력하세요 ~'를 화면에 출력하고 입력받은 숫자 3를 p_num2 변수에 입력합니다. ◆ 4

결과를 출력할 변수인 v_result를 선언합니다. 선언 시에 숫자 1을 할당합니다. ◆ 7

지수를 담을 v_num2 변수를 선언합니다. ◆ 8

loop문 반복을 종료할 변수인 v_count 변수를 숫자 0을 할당하여 선언합니다. ◆ 9

v_count는 루프문이 반복될 때 마다 1씩 증가합니다. ◆ 12

1번 라인에서 v_result에 할낭된 숫자 1과 v_num2에 할당된 숫자 2를 곱해서 v_result에 할당합 ◆ 13
니다. 루프문이 반복되면서 v_result의 2와 v_num2의 2가 곱해지며 다음과 같이 v_result의 값이
2, 4, 8 순으로 할당됩니다.

루프문 횟수	v_count	v_result	v_num2
1	1	2	2
2	2	4	2
3	3	⑧	2

1씩 증가되고 있는 v_count 변수의 값이 3이 될 때 루프문을 종료합니다. ◆ 14

루프문을 종료합니다. ◆ 15

v_result의 값인 8을 출력합니다. ◆ 16

PL/SQL 블록을 종료합니다. ◆ 17

PL/SQL문을 종료합니다. ◆ 18

수학식 구현하기 ④(로그 함수)

- **학습 내용:** 로그 함수를 PL/SQL 프로그래밍으로 구현하는 방법을 학습합니다.
- **힌트 내용:** 밑수를 입력받아 진수가 되도록 밑수를 반복하여 곱한 횟수를 출력합니다.

밑수와 진수를 각각 물어보게 하고 계산된 로그 함수의 결과가 출력되게 하는 PL/SQL을 작성해 보겠습니다.

File: p155.sql

```
1  set serveroutput on
2  set verify off
3  accept p_num1 prompt '밑수를 입력하세요 ~ '
4  accept p_num2 prompt '진수를 입력하세요 ~ '
5
6  declare
7        v_num1    number(10) := &p_num1;
8        v_num2    number(10) := &p_num2;
9        v_count   number(10) := 0;
10       v_result  number(10) := 1;
11 begin
12    loop
13        v_count := v_count + 1;
14        v_result := v_result * v_num1;
15        exit when v_result = v_num2;
16    end loop;
17        dbms_output.put_line(v_count);
18 end;
19 /
```

출력 결과

```
SQL> @p155
밑수를 입력하세요 ~ 2
```

376

```
진수를 입력하세요 ~ 8
3
```

위의 예제는 밑수와 진수를 각각 입력받아 로그값을 출력하는 Anonymous PL/SQL입니다.

dbms_output.put_line을 실행하기 위한 SQL*PLUS 명령어입니다. ◆ 1

PL/SQL 프로그램 실행 시 출력되는 OLD 값, NEW 값을 출력되지 않게 하는 SQL*PLUS 명령 ◆ 2
어입니다.

'밑수를 입력하세요 ~ '를 화면에 출력하고 입력받은 숫자 2를 p_num1 변수에 입력합니다. ◆ 3

'진수를 입력하세요 ~ '를 화면에 출력하고 입력받은 숫자 3을 p_num2 변수에 입력합니다. ◆ 4

밑수를 입력받은 p_num1 변수의 값을 v_num1 변수에 할당하며 v_num1 변수를 선언합니다. ◆ 7

진수를 입력받은 p_num2 변수의 값을 v_num2 변수에 할당하며 v_num2 변수를 선언합니다. ◆ 8

loop문 반복을 종료할 변수인 v_count 변수를 숫자 0을 할당하여 선언합니다. ◆ 9

v_result를 숫자형 변수로 선언합니다. v_result에는 숫자 1을 할당합니다. ◆ 10

v_count 변수의 값을 1씩 계속 증가시킵니다. ◆ 13

v_result와 v_num1이 곱해지며 다음과 같이 v_result의 값이 2, 4, 8 순으로 할당됩니다. ◆ 14

루프문 횟수	v_count	v_result	v_num1
1	1	2	2
2	2	4	2
3	③	8	2

v_result가 진수값인 v_num2와 같아질 때 루프문을 종료합니다. ◆ 15

루프문을 종료합니다 ◆ 16

v_count의 값을 출력합니다. ◆ 17

PL/SQL 블록을 종료합니다. ◆ 18

PL/SQL문을 종료합니다. ◆ 19

수학식 구현하기 ⑤(순열)

- **학습 내용:** 수학식 순열을 PL/SQL로 구현하는 방법을 학습합니다.
- **힌트 내용:** 이중 루프문을 이용하여 순열을 구현합니다.

수학식 순열을 PL/SQL로 구현해 보겠습니다. 실습을 위하여 p156.sql을 실행하여 emp145 테이블을 먼저 생성합니다.

📁 File: p156-2.sql

```
1 set serveroutput on
2 set verify off
3 declare
4     v_name1    emp145.ename%type;
5     v_name2    emp145.ename%type;
6 begin
7   for  i  in  1 .. 3  loop
8     for  j  in  1 .. 3  loop
9         select  ename  into v_name1  from emp145 where empno = i;
10         select  ename  into v_name2  from emp145 where empno = j;
11         if  i != j  then
12             dbms_output.put_line(v_name1 ||', '|| v_name2);
13         end  if;
14     end loop;
15  end loop;
16 end;
17 /
```

출력 결과

```
SQL> @p156-2
사과, 바나나
사과, 오렌지
바나나, 사과
```

바나나, 오렌지
오렌지, 사과
오렌지, 바나나

순열이란 서로 다른 n개 중에서 r개를 택하여 일렬로 배열을 하는 것을 말합니다.

v_name1 변수를 emp145테이블의 ename 컬럼의 데이터 타입으로 선언합니다. ◆ 4

v_name2 변수를 emp145테이블의 ename 컬럼의 데이터 타입으로 선언합니다. ◆ 5

바깥쪽 루프문을 1부터 3까지 반복하면서 사원 번호가 1번부터 3번까지의 이름을 각각 v_ ◆ 7, 9
name1 변수에 입력합니다.

안쪽 루프문을 1부터 3까지 반복하면서 사원 번호가 1번부터 3번까지의 이름을 각각 v_name2 ◆ 8, 10
변수에 입력합니다.

i와 j가 서로 같지 않을 때 v_name1과 v_name2를 출력합니다. ◆ 11~12

I	J	V_name1	V_name2	I != j
1	1	사과	사과	False
1	2	사과	바나나	True
1	3	사과	오렌지	True
2	1	바나나	사과	True
2	2	바나나	바나나	False
2	3	바나나	오렌지	True
3	1	오렌지	사과	True
3	2	오렌지	바나나	True
3	3	오렌지	오렌지	False

안쪽 루프문을 종료합니다. ◆ 14

바깥쪽 루프문을 종료합니다. ◆ 15

PL/SQL 블록을 종료합니다. ◆ 16

PL/SQL문을 종료합니다. ◆ 17

수학식 구현하기 ⑥(조합)

- **학습 내용 :** 수학의 조합을 PL/SQL로 구현하는 방법을 학습합니다.
- **힌트 내용 :** 이중 루프문을 이용합니다.

수학식 조합을 PL/SQL로 구현해 보겠습니다.

📂 File: p157.sql

```
1 set serveroutput on
2 declare
3     v_name1    sample.fruit%type;
4     v_name2    sample.fruit%type;
5 begin
6     for i  in  1 .. 3   loop
7         for j in 1 .. 3   loop
8             select  fruit  into v_name1 from sample  where num = i;
9             select  fruit  into v_name2 from sample  where num = j;
10            dbms_output.put_line(v_name1 ||','|| v_name2);
11        end  loop;
12    end  loop;
13 end;
14 /
```

출력 결과

```
SQL> @p157
사과, 사과
사과, 바나나
사과, 오렌지
바나나, 사과
바나나, 바나나
바나나, 오렌지
오렌지, 사과
오렌지, 바나나
오렌지, 오렌지
```

조합은 서로 다른 n개의 원소 중에서 r개를 선택하여 조를 만들 때, 각각 조들의 모임을 말합니다. 조합의 뜻은 '조직하여 모으는'이라는 뜻으로 영어로는 combination으로 표현합니다.

v_name1 내부 변수를 sample 테이블의 ename 컬럼의 데이터 타입으로 선언합니다. ◆ 3

v_name2 내부 변수를 sample 테이블의 ename 컬럼의 데이터 타입으로 선언합니다. ◆ 4

바깥쪽 루프문의 인덱스 카운터 i를 1부터 3까지 반복하면서 컬럼 num 1번부터 3번까지의 fruit ◆ 6, 8
를 각각 v_name1 변수에 입력합니다.

안쪽 루프문의 인덱스 카운터 j를 1부터 3까지 반복하면서 컬럼 num 1번부터 3번까지의 fruit를 ◆ 7, 9
각각 v_name2 변수에 입력합니다.

i가 1,2,3 일 때 각각 j를 1,2,3으로 총 9번 반복하여 결과를 출력합니다. ◆ 10

I	J	v_name1	v_name2
1	1	사과	사과
1	2	사과	바나나
1	3	사과	오렌지
2	1	바나나	사과
2	2	바나나	바나나
2	3	바나나	오렌지
3	1	오렌지	사과
3	2	오렌지	바나나
3	3	오렌지	오렌지

안쪽 루프문을 종료합니다. ◆ 11

바깥쪽 루프문을 종료합니다. ◆ 12

PL/SQL 블록을 종료합니다. ◆ 13

PL/SQL문을 종료합니다. ◆ 14

기초 통계 구현하기 ①(평균값)

- **학습 내용**: 5개의 숫자를 입력받아 5개 숫자의 평균값을 출력하는 방법을 학습합니다.
- **힌트 내용**: 5개의 변수를 담을 수 있는 배열에 5개의 숫자를 담은 후 5개 숫자를 다 더한 값을 5로 나누어 평균을 구합니다.

여러 개의 숫자들을 입력받은 후 입력받은 숫자들의 평균값을 출력하는 PL/SQL문을 작성해 보겠습니다.

📁 File: p158.sql

```
1 set serveroutput on
2 set verify off
3 accept p_arr prompt '숫자를 입력하세요 ~ ';
4
5 declare
6    type arr_type is varray(5) of number(10);
7    v_num_arr   arr_type := arr_type(&p_arr);
8    v_sum  number(10)  := 0;
9    v_cnt  number(10) := 0;
10 begin
11    for i in 1 .. v_num_arr.count loop
12        v_sum :=  v_sum  + v_num_arr(i) ;
13        v_cnt  := v_cnt + 1;
14    end loop;
15
16 dbms_output.put_line(v_sum / v_cnt);
17
18 end;
19 /
```

출력 결과

```
SQL> @p158
숫자를 입력하세요 ~    5,7,2,9,3
5.2
```

5개의 숫자를 입력받아 5개의 숫자를 다 더하려면 5개의 숫자를 저장할 메모리 영역인 변수가 필요합니다. 그런데 하나의 값을 받는 게 아니라 여러 개의 값을 한 번에 받아 저장해야 하므로 배열 변수가 필요합니다.

v_num_arr(1)	v_num_arr(2)	v_num_arr(3)	v_num_arr(4)	v_num_arr(5)
5	7	2	9	3

prompt 명령어에 의해 '숫자를 입력하세요 ~ '를 화면에 출력하고 입력받은 숫자 5개 5,7,2,9,3을 p_arr 변수에 입력받습니다. ◆ 3

5개의 숫자형 데이터를 담을 수 있는 배열 변수 타입을 arr_type이라는 이름으로 선언합니다. ◆ 6

6라인에서 선언한 arr_type으로 v_num_arr 배열 변수를 선언합니다. 선언과 동시에 숫자 5개를 배열 변수에 할당받습니다. ◆ 7

v_sum을 숫자를 담을 변수로 선언합니다. 선언하면서 0을 할당받습니다. ◆ 8

v_cnt를 숫자를 담을 변수로 선언합니다. 선언하면서 0을 할당받습니다. ◆ 9

v_num_arr.count는 v_num_arr 배열 변수 안의 값 개수인 5를 출력하는 키워드입니다. 배열 안에 있는 개수만큼 1부터 5까지 다섯 번 루프문을 반복하며 배열의 숫자를 제공합니다. ◆ 11

v_num_arr(1)	v_num_arr(2)	v_num_arr(3)	v_num_arr(4)	v_num_arr(5)
5	7	2	9	3

v_sum에는 숫자 5, 7, 2, 9, 3를 다 더한 숫자인 26이 입력됩니다. ◆ 12

v_cnt에는 루프문을 반복할 때마다 1씩 더하여지므로 루프문이 종료되면 v_cnt에 5가 입력됩니다. ◆ 13

◆ 16

v_sum의 26을 v_cnt의 5로 나누고 5.2가 출력됩니다. ◆ 18

PL/SQL 블록을 종료합니다. ◆ 19

PL/SQL문을 종료합니다.

기초 통계 구현하기 ②(중앙값)

- **학습 내용 :** 입력받을 짝수 또는 홀수 개의 숫자들의 중앙값을 출력하는 방법을 학습합니다.
- **힌트 내용 :** 입력받은 숫자가 홀수이면 가운데 값을 출력하고 짝수이면 가운데 2개의 숫자를 더한 평균값을 출력합니다.

여러 개의 숫자들을 입력받은 후 입력받은 숫자들 중에서 중앙값을 출력하는 PL/SQL문을 작성해 보겠습니다.

📁 File: p159.sql

```
 1 accept p_arr prompt '숫자를 입력하세요 ~ ';
 2 declare
 3 type arr_type is varray(10) of number(10);
 4    v_num_arr  arr_type  := arr_type(&p_arr);
 5    v_n  number(10);
 6    v_medi  number(10,2);
 7 begin
 8    v_n := v_num_arr.count;
 9    if mod(v_n,2)=1 then
10        v_medi := v_num_arr((v_n+1)/2);
11    else
12        v_medi := (v_num_arr(v_n/2) + v_num_arr((v_n/2)+1))/2;
13    end if;
14    dbms_output.put_line(v_medi);
15 end;
16 /
```

출력 결과

```
SQL> @p159
숫자를 입력하세요 ~ 1,2,3,4,5,6,7,8,9
5
SQL> @p159
숫자를 입력하세요 ~ 1,2,3,4,5,6,7,8
4.5
```

중앙값 출력은 입력되는 숫자들의 개수가 짝수 개인지 홀수 개인지에 따라 구하는 방법이 달라집니다. 홀수 개이면 다음과 같이 가운데 값만 출력합니다.

| 1 | 2 | 3 | 4 | 5 | 6 | 7 | 8 | 9 |

짝수 개이면 4와 5의 평균값을 출력합니다.

| 1 | 2 | 3 | 4 | 5 | 6 | 7 | 8 |

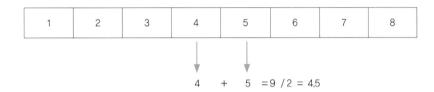

4　　+　　5　　=9 / 2 = 4.5

prompt 명령어에 의해 '숫자를 입력하세요 ~'를 화면에 출력하고 입력받은 숫자들을 p_arr 변수에 입력받습니다. ◆ 1

10개의 숫자형 데이터를 담을 수 있는 배열 변수 타입을 arr_type이라는 이름으로 선언합니다. 위의 예제에서는 10개의 숫자가 입력될 수도 있고 9개의 숫자가 입력될 수도 있어서 10개의 숫자 값을 담는 배열 변수형 타입을 선언합니다. ◆ 3

6라인에서 선언한 arr_type으로 v_num_arr 배열 변수를 선언합니다. 선언과 동시에 입력받은 숫자들을 배열 변수에 할당받습니다. ◆ 4

v_n을 숫자를 담을 변수로 선언합니다. ◆ 5

v_medi를 숫자를 담을 변수로 선언합니다. ◆ 6

배열 변수에 입력된 숫자들의 개수를 count하여 v_n 변수에 할당합니다. ◆ 8

v_n 변수의 숫자값이 홀수라면 1이 출력되어 if문이 수행됩니다. ◆ 9

입력받은 숫자의 개수가 9이면 (9+1)/2를 v_medi에 할당합니다. ◆ 10

그렇지 않고 홀수가 아니라 짝수라면 진행합니다. ◆ 11

12 ◆ v_num_arr(8/2)와 v_num_arr*(8/2)+1) 배열의 값인 4와 5를 더해서 2로 나누고, 나눈 값을 v_medi에 할당합니다.

1	2	3	4	5	6	7	8
1	2	3	(4)	(5)	6	7	8

13 ◆ if문을 종료합니다.

14 ◆ v_medi의 값을 출력합니다.

15 ◆ PL/SQL 블록을 종료합니다.

16 ◆ PL/SQL문을 종료합니다.

기초 통계 구현하기 ③(최빈값)

- **학습 내용:** 숫자들을 입력받아 최빈값을 출력하는 방법을 학습합니다.
- **힌트 내용:** 입력받은 숫자들을 배열 변수에 담고 숫자들의 값을 카운트한 값들 중 최대값에 해당하는 숫자를 최빈값으로 출력합니다.

여러 개의 숫자들을 입력받은 후 입력받은 숫자들 중에서 최빈값을 출력하는 PL/SQL문을 작성해 보겠습니다.

File: p160.sql

```
1 accept p_num1 prompt '데이터를 입력하세요 ~ '
2 declare
3     type array_t is varray(10) of varchar2(10);
4     v_array array_t := array_t(&p_num1);
5     v_cnt number(10);
6     v_tmp number(10);
7     v_max number(10):=0;
8     v_tmp2 number(10);
9
10 begin
11   for i in 1 .. v_array.count loop
12       v_cnt :=1;
13       for j in i+1 .. v_array.count loop
14           if v_array(i)=v_array(j) then
15               v_tmp := v_array(i);
16               v_cnt := v_cnt +1;
17           end if;
18       end loop;
19
20       if v_max<=v_cnt then
21           v_max := v_cnt;
22           v_tmp2 := v_tmp;
23       end if;
```

```
24  end loop;
25 dbms_output.put_line('최빈값은 ' || v_tmp2 || '이고 ' || v_max ||'개입니다');
26 end;
27 /
```

출력 결과

```
SQL> @p160
데이터를 입력하세요 ~ 1,2,2,2,2,3,4,5,6
최빈값은 2이고 4개입니다
```

데이터들 중 가장 빈도수가 높은 데이터를 최빈값이라고 합니다. 최빈값은 평균값과 중앙값처럼 데이터의 중심 성향을 파악하는데 사용하는 통계치입니다. 데이터들 중 최빈값을 출력하기 위해서는 데이터들을 메모리에 저장하고 저장된 데이터를 하나씩 카운트하여 그중에 가장 빈도수가 높은 데이터가 무엇인지 비교하여 출력하면 됩니다.

1 ◆ prompt 명령어에 의해 '데이터를 입력하세요 ~ '를 화면에 출력하고 입력받은 숫자들을 p_num1 변수에 입력받습니다.

3 ◆ 10개의 숫자형 데이터를 담을 수 있는 배열 변수 타입을 array_t라는 이름으로 선언합니다.

4 ◆ array_t로 v_array 배열 변수를 선언합니다. 선언과 동시에 입력받은 숫자들을 배열 변수에 할당받습니다.

5~8 ◆ v_cnt, v_tmp, v_max, v_tmp2 4개의 변수를 숫자형으로 선언합니다.

11 ◆ v_array.count 변수에 입력된 숫자만큼 루프문을 반복합니다.

12 ◆ v_cnt 변수에 숫자 1을 입력하고 값을 초기화합니다.

13~14 ◆ 인접한 2개의 숫자를 서로 비교하기 위해 j 값을 담는 루프문을 구현합니다. v_array(i) = v_array(j)는 v_array(i) = v_array(i+1)과 같습니다.

v_num_arr(1)	v_num_arr(2)	v_num_arr(3)	v_num_arr(4)	v_num_arr(5)	v_num_arr(6)	v_num_arr(7)	v_num_arr(8)
1	2	2	2	2	3	4	5

인접한 두 개 배열의 숫자가 동일하다면 v_tmp에 숫자값을 할당하고 v_cnt를 1 증가시킵니다.　◆ **14~16**

v_cnt가 v_max보다 크다면 v_max에 v_cnt 값을 할당합니다. 이는 새로운 최빈값이 나타나면 이　◆ **20~23**
값으로 변경하는 코드입니다. v_tmp2에 v_tmp의 값을 할당합니다.

최종적으로 담은 v_max 값을 최빈값으로 출력합니다.　◆ **25**

PL/SQL 블록을 종료합니다.　◆ **26**

PL/SQL문을 종료합니다.　◆ **27**

기초 통계 구현하기 ④ (분산과 표준편차)

여러 개의 숫자들을 입력받은 후 그 숫자들의 분산과 표준편차를 출력하는 PL/SQL문을 작성해 보겠습니다.

File: p161.sql

```
1  set serveroutput on
2  set verify off
3  accept p_arr prompt '숫자를 입력하세요 ~  ';
4
5  declare
6      type arr_type is varray(10) of number(10);
7      v_num_arr    arr_type := arr_type(&p_arr);
8      v_sum    number(10,2)  := 0;
9      v_cnt    number(10,2) := 0;
10     v_avg    number(10,2) := 0;
11     v_var    number(10,2) := 0;
12
13 begin
14     for i in 1 .. v_num_arr.count loop
15         v_sum :=  v_sum  + v_num_arr(i) ;
16         v_cnt  := v_cnt + 1;
17     end loop;
18
19     v_avg := v_sum / v_cnt;
20
21     for i in 1 .. v_num_arr.count loop
22         v_var:= v_var+ power(v_num_arr(i) - v_avg, 2);
23     end  loop;
```

```
24
25      v_var := v_var / v_cnt;
26
27      dbms_output.put_line('분산값은: ' || v_var);
28      dbms_output.put_line('표준편차는: ' || round(sqrt(v_var)));
29
30 end;
31 /
```

출력 결과

```
SQL> @p161
숫자를 입력하세요 ~   3,2,1,2,4,6,4,3
분산값은: 2.11
표준편차는: 1
```

분산은 데이터의 흩어진 정도를 나타내는 지표로 편차 제곱의 합입니다. 분산이 크면 평균에서 벗어난 데이터가 많은 것, 작으면 평균 주의의 데이터가 몰려 있다는 것을 의미합니다. **표준편차** 는 분산의 제곱근으로, 평균으로부터 원래 데이터에 대한 오차 범위의 근사값입니다. 분산은 편 차에 제곱을 하여 실제 값과는 차이가 많이 나므로 데이터의 흩어진 정도를 파악하기 위해서는 분산을 사용하지 않고 분산에 제곱근을 씌운 표준편차를 사용합니다.

prompt 명령어에 의해 '숫자를 입력하세요 ~ '를 화면에 출력하고 입력받은 숫자들을 p_arr 변 수에 할당합니다. ◆ 3

10개의 숫자형 데이터를 담을 수 있는 배열 변수 타입을 arr_type이라는 이름으로 선언합니다. ◆ 6

arr_type으로 v_num_arr 배열 변수를 선언합니다. 선언과 동시에 입력받은 숫자들을 배열 변수 에 할당받습니다. ◆ 7

v_sum, v_cnt, v_avg, v_var 변수 4개를 숫자형으로 선언합니다. 선언하면서 동시에 숫자 0을 할 당합니다. ◆ 8~11

14 ◆ 다음은 v_num_arr 배열 변수가 입력받은 각각의 값들을 어떻게 포함하고 있는지를 보여줍니다. For문을 이용해서 숫자 1부터 8까지의 숫자가 i 인덱스 변수에 각각 담깁니다.

v_num_arr(1)	v_num_arr(2)	v_num_arr(3)	v_num_arr(4)	v_num_arr(5)	v_num_arr(6)	v_num_arr(7)	v_num_arr(8)
3	2	1	2	4	6	4	3

14~15 ◆ i가 1일 때는 v_num_arr(1)인 배열 변수의 값인 숫자 3이 v_sum에 할당된 0과 더해져 가장 왼쪽의 v_sum에 입력됩니다. 계속해서 v_num_arr(2)의 값인 2가 v_sum의 3과 더해져 5가 됩니다. 이 작업을 v_num_arr(8)까지 반복합니다. 마지막까지 반복하면 v_sum에는 최종적으로 25가 담기게 됩니다.

16 ◆ i가 1일 때는 오른쪽 v_cnt에 입력된 0과 1이 더해져서 오른쪽에 v_cnt에 담깁니다. i가 2일 때는 오른쪽의 v_cnt의 1과 1이 더해져서 왼쪽의 v_cnt에 2가 담기게 됩니다. 이 작업을 i가 8일 때까지 반복하여 v_cnt에 최종적으로 8이 담기게 됩니다.

19 ◆ 변수 v_sum에 담긴 25를 변수 v_cnt에 담긴 8로 나눈 값인 3.125가 변수 v_avg에 담깁니다. 이때 변수 v_avg를 number(10,2)로 소수점 2자리까지 허용하므로 v_avg에는 3.12가 담기게 됩니다.

21 ◆ 1부터 8까지 i의 값을 변경해 가며 8번 루프문을 실행하고 실행문을 실행합니다.

22 ◆ v_num_arr 배열 변수에 있는 값과 평균과의 차이를 제곱해서 v_var 변수에 입력하는 것을 반복하여 최종적으로 v_var에 16.9가 담기게 됩니다.

25 ◆ 오른쪽에 v_var 변수에 담긴 16.9를 v_cnt 변수에 담긴 8로 나눈값을 왼쪽에 v_var 변수에 입력합니다.

27 ◆ v_var 변수에 담긴 분산값을 출력합니다.

28 ◆ v_var 분산값에 루트를 씌워서 표준편차를 출력하기 위해 sqrt 함수를 사용합니다.

30 ◆ PL/SQL 블록을 종료합니다.

31 ◆ PL/SQL문을 종료합니다.

기초 통계 구현하기 ⑤(공분산)

- **학습 내용:** 키와 체중 데이터를 입력받아 공분산 값을 출력하는 방법을 학습합니다.
- **힌트 내용:** 배열 변수를 이용하여 키 데이터의 평균값을 구하고 체중 데이터의 평균값을 구하여 공분산의 공식에 대입하여 공분산 값을 출력합니다.

5명의 키와 체중 데이터를 각각 입력받은 후 공분산 값을 출력하는 PL/SQL문을 작성해 보겠습니다.

📁 **File: p162.sql**

```
1  accept p_arr1 prompt '키를 입력하세요 ~ ';
2  accept p_arr2 prompt '체중을 입력하세요 ~ ';
3
4  declare
5      type arr_type is varray(10) of number(10,2);
6      v_num_arr1    arr_type := arr_type(&p_arr1);
7      v_sum1   number(10,2)  := 0;
8      v_avg1   number(10,2)  := 0;
9
10     v_num_arr2    arr_type := arr_type(&p_arr2);
11     v_sum2   number(10,2)  := 0;
12     v_avg2   number(10,2)  := 0;
13
14     v_cnt    number(10,2);
15     v_var    number(10,2)  := 0;
16
17 begin
18
19     v_cnt :=  v_num_arr1.count ;
20
21     for i in 1 .. v_num_arr1.count loop
22         v_sum1 :=  v_sum1  + v_num_arr1(i) ;
23     end loop;
24
```

393

```
25     v_avg1 := v_sum1 / v_cnt;
26
27     for i in 1 .. v_num_arr2.count loop
28          v_sum2 :=  v_sum2  + v_num_arr2(i) ;
29      end loop;
30
31     v_avg2 := v_sum2 /   v_cnt;
32
33     for i in 1 .. v_cnt loop
34          v_var:= v_var+  (v_num_arr1(i) - v_avg1) *(v_num_arr2(i) - v_avg2)  / v_cnt;
35     end loop;
36
37     dbms_output.put_line('공분산 값은: ' || v_var);
38 end;
39 /
```

출력 결과

```
SQL> @p162
키를 입력하세요 ~  147, 163, 159 ,155 ,163
체중을 입력하세요 ~   41, 60, 47, 53, 48
공분산 값은: 25.26
```

공분산이란 두 개의 다른 변량 사이의 상관관계를 수치화하여 나타내는 방법입니다. 예를 키와 몸무게를 보면, 일반적으로 키가 큰 사람이 몸무게도 많이 나가는 것을 볼 수 있습니다. 이렇게 하나의 값이 크면 다른 하나의 변량도 큰 값을 나타내는 상관관계를 보이면 양의 상관관계가 있다고 할 수 있습니다. 공분산의 값이 0보다 크면 양의 상관, 0보다 작으면 음의 상관관계가 있다고 하고, 0에 근사하면 상관관계가 없다고 할 수 있습니다.

1 ◆ prompt 명령어에 의해 '키를 입력하세요 ~ '를 화면에 출력하고 입력받은 숫자들을 p_arr1 변수에 입력받습니다.

3 ◆ prompt 명령어에 의해 '체중을 입력하세요 ~ '를 화면에 출력하고 입력받은 숫자들을 p_arr2 변수에 입력받습니다.

5 ◆ 10개의 숫자형 데이터를 담을 수 있는 배열 변수 타입을 arr_type이라는 이름으로 선언합니다.

arr_type으로 v_num_arr1 배열 변수를 선언합니다. 선언과 동시에 입력받은 숫자들을 배열 변수에 할당받습니다. ◆ 6

변수 v_sum1를 숫자형으로 선언하고 선언과 동시에 숫자 0을 할당합니다. ◆ 7

변수 v_avg1를 숫자형으로 선언하고 선언과 동시에 숫자 0을 할당합니다. ◆ 8

arr_type으로 v_num_arr2 배열 변수를 선언합니다. 선언과 동시에 입력받은 숫자들을 배열 변수에 할당받습니다. ◆ 10

변수 v_sum2를 숫자형으로 선언하고 선언과 동시에 숫자 0을 할당합니다. ◆ 11

변수 v_avg2를 숫자형으로 선언하고 선언과 동시에 숫자 0을 할당합니다. ◆ 12

변수 v_cnt를 숫자형으로 선언합니다. ◆ 14

변수 v_var를 숫자형으로 선언하고 선언과 동시에 숫자 0을 할당합니다. ◆ 15

변수 v_cnt에 v_num_arr1.count 변수에 담긴 5를 담습니다. ◆ 19

키 데이터가 담겨 있는 v_num_arr1 배열 변수의 값을 모두 더해 v_sum1 변수에 담습니다. ◆ 21~23

키 데이터의 총합이 담겨 있는 v_sum1 변수의 값을 v_cnt의 값인 10으로 나누어 v_avg1에 담아냅니다. ◆ 25

체중 데이터가 담겨 있는 v_num_arr2 배열 변수의 값을 모두 더해 v_sum2 변수에 담습니다. ◆ 27~79

체중 데이터의 총합이 담겨 있는 v_sum2 변수의 값을 v_cnt의 값인 10으로 나누어 v_avg2에 담아냅니다. ◆ 31

키 데이터와 체중 데이터의 공분산 값을 출력하기 위해 각각의 키데이터를 키 데이터 평균값으로 뺀 값과 각각의 체중 데이터를 체중 데이터의 평균값으로 뺀 값을 곱하는 작업을 10번 반복하여 얻은 총합을 v_cnt의 값으로 나누어 v_var 변수에 담습니다. ◆ 33~35

공분산 값을 출력합니다. ◆ 37

기초 통계 구현하기 ⑥(상관계수)

- **학습 내용:** 키 데이터와 체중 데이터 간의 상관계수를 출력하는 방법을 학습합니다.
- **힌트 내용:** 앞에서 출력한 공분산 값을 키의 분산값과 체중의 분산값을 곱한 값의 제곱근으로 나눕니다.

키와 체중 데이터를 각각 입력받은 후 키와 체중 간의 상관관계가 있는지 PL/SQL문으로 구현해 보겠습니다.

📂 File: p163.sql

```
1  accept p_arr1 prompt '키를 입력하세요 ~ ';
2  accept p_arr2 prompt '체중을 입력하세요 ~ ';
3
4  declare
5      type arr_type is varray(10) of number(10,2);
6      v_num_arr1    arr_type := arr_type(&p_arr1);
7      v_sum1   number(10,2)  := 0;
8      v_avg1   number(10,2) := 0;
9
10     v_num_arr2    arr_type := arr_type(&p_arr2);
11     v_sum2   number(10,2)  := 0;
12     v_avg2   number(10,2) := 0;
13
14     v_cnt    number(10,2);
15     cov_var    number(10,2) := 0;
16
17     v_num_arr1_var  number(10,2) := 0;
18     v_num_arr2_var  number(10,2) := 0;
19     v_corr   number(10,2) ;
20
21 begin
22
23    v_cnt :=  v_num_arr1.count ;
```

```
24
25      for i in 1 .. v_num_arr1.count loop
26           v_sum1 :=  v_sum1  + v_num_arr1(i) ;
27      end loop;
28
29       v_avg1 := v_sum1 / v_cnt;
30
31       for i in 1 .. v_num_arr2.count loop
32           v_sum2 :=  v_sum2  + v_num_arr2(i) ;
33       end loop;
34
35       v_avg2 := v_sum2 / v_cnt;
36
37    for i in 1 .. v_cnt loop
38    cov_var:= cov_var+  (v_num_arr1(i) - v_avg1) *(v_num_arr2(i) - v_avg2) / v_cnt;
39    v_num_arr1_var := v_num_arr1_var  +  power(v_num_arr1(i) - v_avg1,2);
40    v_num_arr2_var := v_num_arr2_var  +  power(v_num_arr2(i) - v_avg2,2);
41    end loop;
42
43        v_corr := cov_var /  sqrt(v_num_arr1_var * v_num_arr2_var) ;
44        dbms_output.put_line('상관관계는: ' || v_corr) ;
45 end;
46 /
```

출력 결과

```
SQL> @p163
키를 입력하세요 ~  147, 163, 159 ,155
체중을 입력하세요 ~ 41, 60, 47, 53
상관관계는:  .21
```

$$\rho = \frac{Cov(X, \ Y)}{\sqrt{Var(X) \ Var(Y)}}, \qquad -1 \leq \rho \leq 1$$

상관관계 분석은 한 변수의 변화에 따른 다른 변수의 변화 정도와 방향을 예측하는 분석입니다. **상관계수**란 공분산과 마찬가지로 두 개의 나른 변량 사이의 상관관계를 수치화하여 나타내는 방법이면서 공분산에서 측정할 수 없었던 상관의 정도까지 측정할 수 있는 지표입니다. 상관계수는 −1 이상 1 이하의 수가 되는데, 1에 가까울수록 강한 양의 상관관계를 보이고 −1에 가까울수록 강한 음의 상관관계를 보입니다. 0에 가깝다면 상관관계가 없다고 해석할 수 있습니다. 1번부터 37번까지는 예제 162와 동일합니다.

37 ◆ 1부터 v_cnt의 변수값인 10까지 루프문을 반복합니다.

38 ◆ 키와 체중의 공분산 값을 cov_var 변수에 담습니다.

39 ◆ 키데이터의 분산값을 v_num_arr1_var에 담습니다.

40 ◆ 체중 데이터의 분산값을 v_num_arr2_var에 담습니다.

43 ◆ 키와 체중의 공분산 값을 키와 체중의 분산의 곱에 제곱근으로 나누어 상관계수를 v_corr에 담습니다.

44 ◆ v_corr에 담긴 상관계수를 출력합니다.

기초 통계 구현하기 ⑦(확률)

- **학습 내용:** 동전을 던졌을 때 앞면과 뒷면이 나올 확률이 50%임을 PL/SQL로 구현하는 방법을 학습합니다.
- **힌트 내용:** dbms_random 패키지를 사용하여 루프문으로 여러 번 반복합니다.

하나의 동전을 여러 번 던졌을 때 앞면과 뒷면이 나올 확률이 각각 50%임을 PL/SQL로 확인해 보겠습니다.

📂 File: p164.sql

```
 1 declare
 2     v_loop number(10) := 10000;
 3     v_coin number(10) ;
 4     v_0  number(10) := 0 ;
 5     v_1  number(10) := 0 ;
 6
 7 begin
 8     for i in 1..v_loop loop
 9
10         select  round(dbms_random.value(1,2)) into v_coin
11             from dual;
12
13         if  v_coin = 1 then
14             v_0 := v_0 + 1;
15
16         else
17             v_1 := v_1+1;
18
19         end if;
20     end loop;
21
22     dbms_output.put_line('동전이 앞면이 나올 확률: '|| round((v_0/v_loop),2));
23     dbms_output.put_line('동전이 뒷면이 나올 확률: '|| round((v_1/v_loop),2));
```

```
24  end;
25  /
```

출력 결과

```
SQL> @p164
동전이 앞면이 나올 확률 :  .5
동전이 뒷면이 나올 확률 :  .5
```

2◆ 동전 던지는 횟수를 담는 변수를 v_loop로 선언합니다.

3◆ 동전이 앞면이면 2, 뒷면이면 1을 담을 변수를 v_coin으로 선언합니다.

4◆ 동전 뒷면이 나오는 횟수를 저장할 변수를 v_0으로 선언합니다.

5◆ 동전 앞면이 나오는 횟수를 저장할 변수를 v_1로 선언합니다.

8◆ 동전 던지기를 10000번 반복합니다.

10~11◆ dbms_random 패키지로 1 또는 2의 숫자를 랜덤으로 생성하여 v_coin에 입력합니다.

13~14◆ v_coin에 1이 담기면 동전 뒷면을 나타내는 v_0의 개수를 증가시킵니다.

16~17◆ v_coin에 2가 담기면 동전 앞면을 나타내는 v_1의 개수를 증가시킵니다.

22◆ 동전 뒷면의 나온 개수를 전체 반복수인 10000으로 나누어 확률을 구합니다.

23◆ 동전 앞면의 나온 개수를 전체 반복수인 10000으로 나누어 확률을 구합니다.

기초 통계 구현하기 ⑧(확률)

- **학습 내용:** 동전 2개를 동시에 던져 둘 다 앞면이 나올 확률과 둘 다 뒷면이 나올 확률과 둘 중에 하나가
  앞면이 나오는 확률을 각각 구하는 방법을 학습합니다.
- **힌트 내용:** dbms_random 패키지를 두 번 사용하여 루프문으로 반복합니다.

동전 두 개를 동시에 던져 둘 다 앞면이 나올 확률과 둘 다 뒷면이 나올 확률, 하나는 앞면 하나
는 뒷면이 나올 확률을 각각 출력해 보겠습니다.

File: p165.sql

```
1  declare
2      v_loop number(10) := 10000;
3      v_coin1 number(10);
4      v_coin2 number(10);
5      v_0 number(10):=0 ;
6      v_1 number(10):=0;
7      v_2 number(10):=0 ;
8  begin
9      for i in 1..v_loop loop
10
11         select round(dbms_random.value(0,1)), round(dbms_random.value(0,1))
12                         into v_coin1,v_coin2
13             from dual;
14
15         if v_coin1 = 0 and v_coin2 = 0 then
16             v_0 := v_0 + 1;
17
18         elsif  v_coin1 = 1 and v_coin2 = 1 then
19             v_1 := v_1+1;
20         else
21             v_2 := v_2+1;
22         end if;
23      end loop;
24
25      dbms_output.put_line('동전 둘다 앞면이 나올 확률: '|| round((v_0/v_loop),2));
```

```
26    dbms_output.put_line('동전 둘중 하나가 앞면, 다른 하나는 뒷면이 나올 확률   '||
27                           round((v_2/v_loop),2));
28    dbms_output.put_line('동전 둘다 뒷면이 나올 확률 : '|| round((v_1/v_loop),2));
29 end;
30 /
```

출력 결과

```
SQL> @p165
동전 둘다 앞면이 나올 확률: .25
동전 둘중 하나가 앞면, 다른 하나는 뒷면이 나올 확률 : .5
동전 둘다 뒷면이 나올 확률 : .25
```

2 ◆ 동전 던지는 횟수를 담는 변수를 v_loop로 선언합니다.

3 ◆ 2개의 동전 중 1번 동전이 앞면이면 1, 뒷면이면 0을 담을 변수를 v_coin1으로 선언합니다.

4 ◆ 2개의 동전 중 2번 동전이 앞면이면 1, 뒷면이면 0을 담을 변수를 v_coin2로 선언합니다.

5 ◆ 동전이 둘 다 앞면이 나오는 횟수를 저장할 변수를 v_0로 선언합니다.

6 ◆ 두 개의 동전 중 하나가 앞면이 나오는 횟수를 저장할 변수를 v_1 변수로 선언합니다.

7 ◆ 동전 두 개가 다 뒷면이 나오는 횟수를 저장할 변수를 v_2 변수로 선언합니다.

9 ◆ 동전 던지기 실험 반복 루프문을 10000번 수행합니다.

11~12 ◆ 두 개의 동전을 동시에 던지기 위해 dbms_random.value를 두 번 사용합니다. dbms_random.value(1,2)는 숫자 0 또는 1을 랜덤으로 출력합니다. 랜덤으로 출력된 숫자 0 또는 1이 v_con1과 v_coin2에 입력됩니다.

15~16 ◆ 두 개의 동전이 전부 0(동전 뒷면)이 나왔다면 v_0 변수의 값을 1 증가시킵니다.

18~19 ◆ 두 개의 동전이 전부 1(동전 뒷면)이 나왔다면 v_1 변수의 값을 1 증가시킵니다.

20~21 ◆ 두 개의 동전 중 하나가 1(동전 뒷면)이 나왔다면 v_2 변수의 값을 1 증가시킵니다.

25 ◆ v_0을 10000으로 나누어 동전이 둘 다 앞면이 나오는 확률을 출력합니다.

26~27 ◆ v_2을 10000으로 나누어 동전 둘 중 하나가 뒷면이 나오는 확률을 출력합니다.

28 ◆ v_1을 10000으로 나누어 동전이 둘 다 뒷면이 나오는 확률을 출력합니다.

기초 통계 구현하기 ⑨(이항 분포)

- **학습 내용:** 동전 던지기로 이항 확률 분포를 PLSQL로 구현하는 방법을 학습합니다.
- **힌트 내용:** 동전 던지기의 확률을 출력하는 사용자 정의 함수를 생성하고 함수를 계층형 질의문을 이용해서 구현합니다.

동전 던지기의 이항 확률 분포를 PL/SQL문으로 구현해 보겠습니다.

📂 File: p166.sql

```
1  create or replace function mybin
2  (p_h in number)
3  return number
4  is
5      v_h number(10) := p_h;
6      v_sim number(10) := 100000;
7      v_cnt number(10) := 0;
8      v_cnt2 number(10) := 0;
9      v_res number(10,2);
10
11 begin
12     for n in 1..v_sim loop
13     v_cnt := 0;
14         for i in 1..10 loop
15             if dbms_random.value<0.5 then
16                 v_cnt := v_cnt+1;
17             end if;
18         end loop;
19         if v_cnt=v_h then
20             v_cnt2 := v_cnt2+1;
21         end if;
22     end loop;
23
24     v_res := v_cnt2/v_sim;
25
```

```
26   return v_res;
27 end;
28 /
```

📁 File: 예제_166-2.txt

```
1 SELECT level-1 grade, mybin(level-1) 확률, lpad('■', mybin(level-1)*100,
2        '■') "막대그래프"
3 FROM dual
4 CONNECT BY level < 12;
```

출력 결과

GRADE	확률	막대그래프
0	0	
1	.01	■
2	.04	■ ■ ■ ■
3	.12	■ ■ ■ ■ ■ ■ ■ ■ ■ ■ ■ ■
4	.2	■ ■ ■ ■ ■ ■ ■ ■ ■ ■ ■ ■ ■ ■ ■ ■ ■ ■ ■ ■
5	.25	■ ■
6	.2	■ ■ ■ ■ ■ ■ ■ ■ ■ ■ ■ ■ ■ ■ ■ ■ ■ ■ ■ ■
7	.12	■ ■ ■ ■ ■ ■ ■ ■ ■ ■ ■ ■
8	.04	■ ■ ■ ■
8	.01	■
10	0	

한 번 이상 반복 실시한 베르누이 시행 결과의 합을 변수의 값으로 하는 확률변수의 분포를 이항 확률 분포라 합니다. 동전을 던져 앞면이 나오면 성공으로, 뒷면이 나오면 실패로 하는 동전 던지기를 n번 하였을 경우, 얻을 수 있는 결과값들의 합을 변수 값으로 하는 확률변수의 분포를 이항 분포라 합니다.

mybin이라는 이름으로 사용자 정의 함수를 생성합니다. ◆ 1

함수를 실행할 때 입력받을 데이터를 위해 p_h 매개변수를 생성합니다. ◆ 2

함수를 실행했을 때 출력되는 데이터의 유형을 숫자형으로 지정합니다. ◆ 3

동전을 10번 던졌을 때 뒷면이 몇 번 나왔는 지를 확인하기 위해 뒷면의 개수를 입력받은 변수를 v_h로 선언합니다. ◆ 5

동전 던지기를 십만 번 수행하기 위해 v_sim 변수에 100000를 할당하여 선언합니다. ◆ 6

동전을 10번 던졌을 때 뒷면이 몇 번 나왔는지 뒷면이 나오는 횟수를 저장하기 위해 v_cnt 변수를 선언하고 숫자 0으로 초기화합니다. ◆ 7

동전을 10번 던졌을 때 뒷면이 나온 개수가 몇 번 나왔는지 세기 위해 v_cnt2 변수를 선언합니다. ◆ 8

동전을 10번 던졌을 때 뒷면이 나오는 횟수인 0부터 10까지의 확률을 저장할 변수 v_res를 선언합니다. ◆ 9

동전 던지기를 십만 번 반복하기 위해 루프문을 100000번 수행합니다. ◆ 12

v_cnt 변수에 0을 할당합니다. ◆ 13

동전을 10번 던집니다. ◆ 14

한쪽 면이 나오면 v_cnt를 1 증가시킵니다. ◆ 15~16

v_cnt가 매개변수에 입력된 숫자(동전 뒷면의 개수)와 동일하다면 v_cnt2를 1 증가시킵니다. ◆ 19~21

동전을 10번 던졌을 때 출력되는 뒷면 개수의 확률을 계산합니다. v_cnt2를 십만으로 나누어 확률을 계산하여 v_res에 할당합니다. ◆ 24

v_res 변수에 담긴 확률 값을 리턴합니다. ◆ 26

활용 167

기초 통계 구현하기 ⑩(정규분포)

- **학습 내용:** 난수를 생성하여 정규 확률 분포를 SQL로 구현하는 방법을 학습합니다.
- **힌트 내용:** DBMS_RANDOM 패키지를 활용합니다.

초등학생 십만 명의 키 숫자 데이터를 랜덤으로 생성하여 십만 명의 키 데이터가 정규분포를 이루는지 PL/SQL로 구현해봅니다.

📁 File: p167.sql

```
1  create or replace procedure probn
2   (p_mu in number,
3    p_sig in number,
4    p_bin in number)
5  is
6
7     type arr_type is varray(9) of number(30);
8
9    v_sim number(10) := 10000;
10   v_rv number(20,7);
11   v_mu number(10) := p_mu;
12   v_sig number(10) := p_sig;
13   v_nm arr_type := arr_type('',0,0,0,0,0,0,0,'');
14   v_cnt arr_type := arr_type(0,0,0,0,0,0,0,0);
15   v_rg arr_type := arr_type(-power(2,31),-3,-2,-1,0,1,2,3,power(2,32));
16
17 begin
18   for i in v_nm.first+1..v_nm.last-1 loop
19       v_nm(i) := v_mu-3*p_bin+(i-2)*p_bin;
20   end loop;
21
22   for i in 1..v_sim loop
23       v_rv := dbms_random.normal*v_sig+v_mu;
```

```
24
25        for i in 2..v_rg.count loop
26            if v_rv >= v_mu+v_rg(i-1)*p_bin and v_rv < v_mu+v_rg(i)*p_bin then
27                v_cnt(i-1) := v_cnt(i-1)+1;
28            end if;
29        end loop;
30    end loop;
31
32    for i in 1..v_cnt.count loop
33        dbms_output.put_line(rpad(v_nm(i)||'~'||v_nm(i+1), 10,
34            ' ')||lpad('■',trunc((v_cnt(i)/v_sim)*100),'■'));
35    end loop;
36 end;
37 /
```

출력 결과

```
SQL> @p167.sql
SQL> exec probn(160,5,5);
~145
145~150   ■■
150~155   ■■■■■■■■■■■■■
155~160   ■■■■■■■■■■■■■■■■■■■■■■■■■■■■■■■
160~165   ■■■■■■■■■■■■■■■■■■■■■■■■■■■■■
165~170   ■■■■■■■■■■■■
170~175   ■
175~
```

정규분포는 우리 주변에서 일반적으로 발견되는 좌우대칭 종 모양의 연속 확률 분포입니다. 일상적인 키, 몸무게, 제품 수명 등 우리 주변에서 표본을 충분히 크게 추출한 많은 자료들이 근사적으로 정규분포를 따른다고 알려져 있습니다. 정규분포는 평균값에 가장 많은 데이터가 분포되어 있고 평균과 떨어질수록 데이터가 적게 분포하는 특징을 가지고 있습니다. 정규분포는 평균과 표준편차로 그 성질을 설명할 수 있습니다. 평균은 분포의 중심을 나타내며, 표준편차는 분포가 흩어진 정도를 나타냅니다. 분포의 표준편차가 클수록 종 모양 분포는 옆으로 퍼진 모양을 가지게 되고, 표준편차가 작을수록 평균에 집중된 종 모양을 이루게 됩니다.

1 ◆ probn이라는 이름으로 프로시저를 생성합니다.

2 ◆ 평균값을 저장할 매개변수를 선언합니다.

3 ◆ 표준편차를 저장할 매개변수를 선언합니다.

4 ◆ 키 데이터의 도수를 저장할 매개변수를 선언합니다.

9 ◆ 전체 학생들의 키 데이터를 10000개 생성할 수 있도록 변수 v_sim를 선언하고 숫자 10000을 할당합니다.

10 ◆ 평균을 160으로 하고 표준편차를 5로 하는 키 데이터를 할당할 변수 v_rv를 생성합니다.

11 ◆ 평균 데이터를 저장할 변수 v_mu를 생성하고 p_mu의 값을 할당합니다.

12 ◆ 표준편차를 저장할 변수 v_sig를 선언하고 p_sig의 값을 할당합니다.

13 ◆ 키 데이터 7개를 저장할 배열 변수 v_nm를 생성합니다. 배열 데이터 타입의 값 양쪽으로 " "이 있는 이유는 무한대를 나타내어 결과에서 ~ 145, 175~를 나타내기 위함입니다.

14 ◆ 해당 키의 범위에 인원수를 카운트하여 저장하기 위해 배열 변수 v_cnt를 생성합니다.

15 ◆ 표준편차의 크기를 정하는 값을 저장할 배열 변수 v_rg를 생성합니다.

18~20 ◆ 히스토그램 그래프의 간격을 출력할 데이터인 145, 150, 155, 160, 165, 170, 175를 v_nm 배열 변수에 저장합니다.

22~23 ◆ 평균을 160으로 하고 표준편차를 5로 하는 키 데이터를 변수 v_rv에 10만 번 할당합니다.

25~28 ◆ 10만 개의 키 데이터가 해당 키 간격에 해당되면 배열 변수 v_cnt의 해당 자리에 값을 증가시킵니다.

32~35 ◆ '145~150'을 나타내기 위해 v_nm(i)||'~'||v_nm(i+1) 코드를 사용하고 lpad를 이용하여 해당 도수의 확률(v_cnt/v_sim *100)을 막대 ■ 하나로 채워서 시각화합니다. 막대 ■ 하나가 숫자 100입니다.

PL/SQL로 알고리즘 문제 풀기 ① (삼각형 출력)

- **학습 내용:** 숫자를 입력받아 삼각형을 출력하는 PL/SQL문 작성법을 학습합니다.
- **힌트 내용:** Lpad를 활용하여 별표(★)를 채워 출력합니다.

PL/SQL문으로 삼각형을 출력해 보겠습니다.

📁 File: p168.sql

```
 1 set serveroutput on
 2
 3 accept p_num prompt '숫자를 입력하세요 ~ '
 4 declare
 5     v_cnt  number(10) := 0;
 6 begin
 7     while v_cnt < &p_num loop
 8        v_cnt := v_cnt + 1;
 9        dbms_output.put_line(lpad('★',v_cnt,'★'));
10     end loop;
11 end;
12 /
```

출력 결과

```
SQL> @p168
숫자를 입력하세요 ~ 5
★
★★
★★★
★★★★
★★★★★
```

PL/SQL 처리가 정상적으로 완료되었습니다.

1 ◆ dbms_output.put_line 출력 패키지를 작동시키기 위해 serveroutput을 on으로 설정합니다.

3 ◆ prompt 명령어에 의해 '숫자를 입력하세요 ~ '를 화면에 출력하고 입력받은 숫자를 p_num 변수에 할당받습니다.

4~5 ◆ v_cnt 변수를 숫자형으로 선언하여 v_cnt에 0을 할당합니다.

7 ◆ v_cnt의 값이 p_num의 숫자 5보다 작을 동안에만 loop문이 수행됩니다.

8 ◆ v_cnt의 값이 루프문을 반복할 때마다 1씩 증가되어 v_cnt가 5가 될 때 while loop문이 종료됩니다.

v_cnt	p_num
1	5
2	5
3	5
4	5
5	5

9 ◆ lpad 함수에 의해 ★이 v_cnt의 값만큼 채워져 출력됩니다.

v_cnt	p_num
1	★
2	★★
3	★★★
4	★★★★
5	★★★★★

10 ◆ loop문을 종료합니다.

11 ◆ PL/SQL 블록을 종료합니다.

12 ◆ PL/SQL문을 종료합니다.

- **학습 내용:** 숫자를 입력받아 사각형을 출력하는 PL/SQL문 작성법을 학습합니다.
- **힌트 내용:** Lpad를 활용하여 별표(★)를 채워 출력합니다.

가로의 길이와 세로의 길이를 각각 입력받아 사각형을 출력하는 PL/SQL문을 작성해 보겠습니다.

📁 File: p169.sql

```
1 set serveroutput on
2 accept p_a prompt '가로의 숫자를 입력하세요 ~'
3 accept p_b prompt '세로의 숫자를 입력하세요 ~'
4
5 begin
6    for i in 1 .. &p_b loop
7        dbms_output.put_line(lpad('★',&p_a,'★'));
8    end loop;
9 end;
10 /
```

출력 결과

```
SQL> @p169.sql
가로의 숫자를 입력하세요 ~    5
세로의 숫자를 입력하세요 ~    6
 ★★★★★
 ★★★★★
 ★★★★★
 ★★★★★
 ★★★★★
 ★★★★★
```

1 ◆ dbms_output.put_line 출력 패키지를 작동시키기 위해 serveroutput을 on으로 설정합니다.

2 ◆ prompt 명령어에 의해 '가로의 숫자를 입력하세요 ~ '를 화면에 출력하고 입력받은 숫자인 5를 p_a 변수에 할당받습니다.

3 ◆ prompt 명령어에 의해 '세로의 숫자를 입력하세요 ~ '를 화면에 출력하고 입력받은 숫자인 6을 p_b 변수에 할당받습니다.

6 ◆ i 인덱스 카운트가 1부터 6까지 변경되면서 for loop문을 수행합니다.

7 ◆ lpad 함수에 의해서 ★이 p_a 변수에 들어 있는 값인 5만큼 채워져 출력됩니다.

i	dbms_output.put_line(lpad('★',&p_a,'★'));
1	★★★★★
2	★★★★★
3	★★★★★
4	★★★★★
5	★★★★★
6	★★★★★

8 ◆ loop문을 종료합니다.

9 ◆ PL/SQL 블록을 종료합니다.

10 ◆ PL/SQL문을 종료합니다.

PL/SQL로 알고리즘 문제 풀기 ③ (피타고라스의 정리)

- **학습 내용:** 피타고라스의 정리를 SQL로 구현하는 방법을 학습합니다.
- **힌트 내용:** CASE문과 POWER 함수를 사용합니다.

가로의 길이와 세로의 길이, 빗변의 길이를 각각 입력받고 직각삼각형인지의 여부를 출력하는 PL/SQL문을 작성해 보겠습니다.

📁 File: p170.sql

```
1  set serveroutput on
2  set verify off
3  accept p_num1 prompt '밑변의 길이를 입력하세요 : '
4  accept p_num2 prompt '높이를 입력하세요 : '
5  accept p_num3 prompt '빗변의 길이를 입력하세요 : '
6
7  declare
8      v_num1 number(10) :=&p_num1;
9      v_num2 number(10) :=&p_num2;
10     v_num3 number(10) :=&p_num3;
11
12 begin
13 if (v_num1)**2 + (v_num2)**2=(v_num3)**2 then
14     dbms_output.put_line('직각삼각형이 맞습니다');
15 else
16     dbms_output.put_line('직각삼각형이 아닙니다');
17 end if ;
18 end;
19 /
```

출력 결과

```
SQL> @p170
밑변의 길이를 입력하세요 : 3
```

413

높이를 입력하세요 : 4

빗변의 길이를 입력하세요 : 5

직각삼각형이 맞습니다

---

1 ◆ dbms_output.put_line 출력 패키지를 작동시키기 위해 serveroutput을 on으로 설정합니다.

2 ◆ declare절 이후의 치환변수인 &p_num1, &p_num2, &p_num3에 값을 할당한다는 다음의 메시지가 PL/SQL 블록을 실행할 때 출력되지 않도록 하기 위해 verify를 off로 설정합니다.

```
SQL> @p170
밑변의 길이를 입력하세요 : 3
높이를 입력하세요 : 4
빗변의 길이를 입력하세요 : 5
구   2:              v_num1 number(10) :=&p_num1;
신   2:              v_num1 number(10) :=3;
구   3:              v_num2 number(10) :=&p_num2;
신   3:              v_num2 number(10) :=4;
구   4:              v_num3 number(10) :=&p_num3;
신   4:              v_num3 number(10) :=5;
직각삼각형이 맞습니다
```

---

13 ◆ 피타고라스의 정리 수학식인 $x^2 + y^2 = z^2$ 식을 SQL로 구현합니다. **2는 2의 제곱근을 나타냅니다.

14~16 ◆ 입력된 값이 수학식을 만족하면 '직각삼각형이 맞습니다'를 출력하고 만족하지 않으면 '직각삼각형이 아닙니다'를 출력합니다.

17 ◆ if문을 종료합니다.

18 ◆ PL/SQL 블록을 종료합니다.

19 ◆ PL/SQL문을 종료합니다.

PL/SQL로 알고리즘 문제 풀기 ④ (팩토리얼)

- **학습 내용:** 수학식 팩토리얼을 PL/SQL로 구현하는 방법을 학습합니다.
- **힌트 내용:** 숫자를 입력받게 하고 입력받은 숫자를 루프문을 이용하여 반복하여 곱합니다.

수학식 팩토리얼(factorial)을 PL/SQL문으로 구현해 보겠습니다.

📁 **File: p171.sql**

```
 1 set serveroutpu on
 2 set verify off
 3 accept p_num prompt '숫자를 입력하세요 '
 4 declare
 5   v_num1 number(10):= &p_num;
 6   v_num2 number(10) :=&p_num;
 7
 8 begin
 9   loop
10     v_num1 := v_num1-1;
11     v_num2 :=v_num2*v_num1;
12     exit when v_num1=1;
13 end loop;
14     dbms_output.put_line(v_num2);
15 end;
16 /
```

출력 결과

```
SQL> @p171
숫자를 입력하세요 5
120
```

dbms_output.put_line 출력 패키지를 작동시키기 위해 serveroutput을 on으로 설정합니다.

◆ 1

declare절 이후의 치환변수인 &p_num에 값이 할당되는 과정을 보여주는 다음의 메시지가
PL/SQL 블록을 실행할 때 출력되지 않도록 합니다.

```
숫자를 입력하세요 5
구   2: v_num1 number(10):= &p_num;
신   2: v_num1 number(10):= 5;
구   3: v_num2 number(10) :=&p_num;
신   3: v_num2 number(10) :=5;
120
```

---

3 ◆ prompt 명령어에 의해 '숫자를 입력하세요'를 화면에 출력하고 입력받은 숫자인 5를 변수
p_num에 할당받습니다.

5 ◆ v_num1 변수를 숫자형으로 선언하여 p_num에 입력받은 숫자 5를 할당합니다.

6 ◆ v_num2 변수를 숫자형으로 선언하여 p_num에 입력받은 숫자 5를 할당합니다.

9 ◆ 기본 반복문을 수행합니다. 루프문이 종료되는 시점은 v_num1에 1이 되는 시점입니다.

10 ◆ v_num1에 할당된 숫자를 1씩 차감합니다.

11 ◆ v_num2와 v_num1의 곱을 왼쪽의 v_num2에 할당합니다.

v_num1	v_num2	
4	5*4	20
3	5*4*3	60
2	5*4*3*2	120
1	5*4*3*2*1	120

12 ◆ v_num1이 1일 때 루프문을 종료합니다.

13 ◆ 루프문을 종료합니다.

14 ◆ v_num2의 최종 계산된 값인 120을 출력합니다.

15 ◆ PL/SQL 블록을 종료합니다.

16 ◆ PL/SQL문을 종료합니다.

- **학습 내용:** 두 숫자를 입력받아 두 숫자의 최대 공약수를 출력하는 방법을 학습합니다.
- **힌트 내용:** mod 함수로 두 숫자를 특정 숫자로 각각 나눈 나머지 값을 출력하여 두 수가 0이 되는 숫자를 찾습니다.

두 숫자를 입력받아 두 숫자의 최대 공약수를 출력하는 PL/SQL문을 작성해 보겠습니다.

File: p172.sql

```
 1 set verify off
 2 accept p_num1 prompt   '첫 번째 숫자를 입력하세요 ~ '
 3 accept p_num2 prompt   '두 번째 숫자를 입력하세요 ~ '
 4 declare
 5      v_cnt    number(10);
 6      v_mod   number(10);
 7
 8 begin
 9    for i in reverse   1 .. &p_num1 loop
10        v_mod := mod(&p_num1, i) + mod(&p_num2, i);
11        v_cnt := i ;
12        exit when v_mod = 0;
13    end loop;
14        dbms_output.put_line(v_cnt);
15  end;
16 /
```

출력 결과

```
SQL> @p172
첫 번째 숫자를 입력하세요 ~ 18
두 번째 숫자를 입력하세요 ~ 24
6
```

2 prompt 명령어에 의해 '첫 번째 숫자를 입력하세요 ~ '를 화면에 출력하고 입력받은 숫자를 p_num1 변수에 할낭받습니다.

3 prompt 명령어에 의해 '두 번째 숫자를 입력하세요 ~ '를 화면에 출력하고 입력받은 숫자를 p_num2 변수에 할당받습니다.

5~6 v_cnt 변수와 v_mod 변수를 숫자형으로 생성합니다.

9 1부터 18까지의 숫자를 reverse 키워드로 거꾸로 카운트합니다. 인덱스 카운트 i는 18부터 1까지 1씩 감소하면서 변경됩니다.

10~11 입력된 두 개의 숫자 18과 24를 각각 18부터 mod 함수에 넣고 나눈 나머지 값을 출력합니다. 나눈 나머지 값이 둘 다 0인 i 값을 v_cnt에 할당합니다.

i	18	24
18	0	6
17	1	7
16	2	8
15	3	9
:	:	:
6	0	0
5		

12 v_mod가 0일 때 루프문을 종료합니다.

14 v_cnt를 출력합니다.

15 PL/SQL 블록을 종료합니다.

16 PL/SQL문을 종료합니다.

PL/SQL로 알고리즘 문제 풀기 ⑥ (최소 공배수)

- **학습 내용:** 두 숫자를 입력받아 두 숫자의 최소 공배수를 출력하는 방법을 학습합니다.
- **힌트 내용:** MOD 함수를 활용합니다.

두 숫자를 입력받아 두 숫자의 최소 공배수를 PL/SQL로 출력해 보겠습니다.

📁 File: p173.sql

```
1  set serveroutput on
2  set verify off
3  accept p_num1 prompt '첫 번째 숫자를 입력하세요 ~ '
4  accept p_num2 prompt '두 번째 숫자를 입력하세요 ~ '
5  declare
6      v_num1 number(10) := &p_num1;
7      v_num2 number(10) := &p_num2;
8      v_cnt   number(10);
9      v_mod   number(10);
10      v_result number(10);
11 begin
12    for i in reverse 1 .. v_num1 loop
13        v_mod := mod(v_num1, i) + mod(v_num2, i);
14        v_cnt := i ;
15        exit when v_mod = 0;
16    end loop;
17        v_result := (v_num1 / v_cnt) *(v_num2 / v_cnt) * v_cnt;
18        dbms_output.put_line(v_result);
19  end;
20 /
```

출력 결과

```
SQL> @p173
첫 번째 숫자를 입력하세요 ~ 18
두 번째 숫자를 입력하세요 ~ 24
72
```

1 ◆ dbms_output.put_line 출력 패키지를 작동시키기 위해 serveroutput을 on으로 설정합니다.

2 ◆ declare절 이후의 치환변수인 &p_num1과 &p_num2에 값이 할당되는 과정을 보여주는 메시지가 PL/SQL 블록을 실행할 때 출력되지 않도록 합니다.

3 ◆ prompt 명령어에 의해 '첫 번째 숫자를 입력하세요 ~ '를 화면에 출력하고 입력받은 숫자를 p_num1 변수에 할당받습니다.

4 ◆ prompt 명령어에 의해 '두 번째 숫자를 입력하세요 ~ '를 화면에 출력하고 입력받은 숫자를 p_num2변수에 할당받습니다.

6 ◆ v_num1 변수를 숫자형으로 선언하여 p_num1에 입력받은 숫자 18을 할당합니다.

7 ◆ v_num2변수를 숫자형으로 선언하여 p_num2에 입력받은 숫자 24를 할당합니다.

12 ◆ 1부터 18까지의 숫자를 reverse 키워드로 거꾸로 카운트합니다. i는 18부터 1까지 감소하면서 변경됩니다.

13~14 ◆ 입력된 두 개의 숫자 18과 24를 각각 18부터 mod 함수에 넣고 나눈 나머지 값을 출력합니다. 나눈 나머지 값이 둘 다 0인 i 값을 v_cnt에 할당합니다.

15 ◆ v_mod가 0일 때 루프문을 종료합니다.

17 ◆ v_result := (18 / 6) *(24 / 6) * 6을 실행하여 최소 공배수값을 v_result에 담습니다.

2	18	24
3	9	12
	3	4

18 ◆ v_result를 출력합니다.

19 ◆ PL/SQL 블록을 종료합니다.

20 ◆ PL/SQL문을 종료합니다.

PL/SQL로 알고리즘 문제 풀기 ⑦ (버블 정렬)

- **학습 내용:** 5개의 숫자들을 입력받아 버블 정렬로 정렬하는 방법을 학습합니다.
- **힌트 내용:** 배열에 입력받은 숫자 크기를 비교하여 큰 숫자를 뒤로 보내는 작업을 모든 배열의 숫자들에 적용하며 반복합니다.

5개의 숫자들을 입력받아 버블 정렬 알고리즘으로 정렬하는 방법을 PL/SQL로 구현해 보겠습니다.

📁 File: p174.sql

```
1  set serveroutput on
2  set verify off
3  accept p_num prompt '정렬할 5개의 숫자를 입력하세요: '
4
5  declare
6      type array_t is varray(10) of number(10);
7      array array_t := array_t();
8      tmp number := 0;
9      v_num varchar2(50) := '&p_num';
10     v_cnt number := regexp_count(v_num,' ')+1;
11
12 begin
13     array.extend(v_cnt);
14     dbms_output.put('정렬 전 숫자 : ');
15
16     for i in 1 .. array.count loop
17         array(i) := regexp_substr('&p_num','[^ ]+',1,i);
18       dbms_output.put(array(i)||' ');
19     end loop;
20
21     dbms_output.new_line;
22
23     for i in 1 .. array.count-1 loop
```

```
24        for j in i+1.. array.count loop
25            if array(i) > array(j) then
26                tmp := array(i);
27                array(i) := array(j);
28                array(j) := tmp;
29            end if;
30        end loop;
31    end loop;
32     dbms_output.put('정렬 후 숫자 : ');
33
34    for i in 1.. array.count loop
35        dbms_output.put(array(i)||' ');
36    end loop;
37        dbms_output.new_line;
38 end;
39 /
```

출력 결과

```
SQL> @p174.sql
정렬할 5개의 숫자를 입력하세요: 2 5 1 3 4
정렬 전 숫자 : 2 5 1 3 4
정렬 후 숫자 : 1 2 3 4 5
```

1 ◆ dbms_output.put_line 출력 패키지를 작동시키기 위해 serveroutput을 on으로 설정합니다.

2 ◆ declare절 이후의 치환변수인 &p_num에 값이 할당되는 과정을 보여주는 메시지가 PL/SQL 블록을 실행할 때 출력되지 않도록 합니다.

3 ◆ prompt 명령어에 의해 '5개의 숫자를 입력하세요: '를 화면에 출력하고 입력받은 숫자들을 p_num변수에 할당받습니다.

6 ◆ 숫자형 데이터 10개를 담을 수 있는 배열을 생성하기 위해 배열 타입을 array_t 이름으로 생성합니다.

6라인에서 생성한 array_t 배열 타입으로 배열 array를 생성합니다. 생성과 동시에 초기화합니다. ◆ 7

Array(1)	Array(2)	Array(3)	Array(4)	Array(5)	Array(6)	Array(7)	Array(8)	Array(9)	Varray(10)

버블 정렬 과정에서 임시로 데이터를 저장할 변수를 tmp로 생성하고 값을 0으로 초기화합니다. ◆ 8

치환변수 &p_num에 저장되어 있는 숫자 5개를 변수 v_num에 할당합니다. ◆ 9

v_cnt에 입력받은 숫자 2 5 1 3 4 사이의 공백(' ')이 몇 개가 있는지 카운트합니다. 총 4개가 있 ◆ 10
고 여기에 1을 더하여 숫자 5를 v_cnt에 할당합니다.

array를 다음과 같이 5개로 늘립니다. ◆ 13

Array(1)	Array(2)	Array(3)	Array(4)	Array(5)

'정렬 전 숫자 :' 메시지를 메모리 buffer에 입력합니다. dbms_output.new_line 명령어가 수행되기 ◆ 14
전까지 메시지가 화면에 출력되지 않습니다.

array.count는 숫자 5이므로 5번 반복 루프문이 수행되며, array 변수에 숫자 5개를 입력합니다. ◆ 16~17

Array(1)	Array(2)	Array(3)	Array(4)	Array(5)
2	5	1	3	4

array에 입력된 숫자 2 5 1 3 4를 메모리 buffer에 입력합니다. ◆ 18

버퍼에 입력된 **"정렬 전 숫자 : 2 5 1 3 4"**를 화면에 출력합니다. ◆ 21

1부터 4까지 for loop문을 반복 수행합니다. ◆ 23

2부터 5까지 for loop문을 반복 수행합니다. ◆ 24

loop문이 반복되면서 앞의 배열과 다음 배열의 숫자 크기를 비교하여 앞 배열의 숫자가 다음 배 ◆ 25~31
열의 숫자보다 크면 순서를 변경하는 작업을 반복합니다. 반복되는 과정은 다음과 같습니다.

Array(1)	Array(2)	Array(3)	Array(4)	Array(5)
2	5	1	3	4

Array(1)	Array(2)	Array(3)	Array(4)	Array(5)
2	1	5	3	4

Array(1)	Array(2)	Array(3)	Array(4)	Array(5)
2	1	3	5	4

Array(1)	Array(2)	Array(3)	Array(4)	Array(5)
2	1	3	4	5

Array(1)	Array(2)	Array(3)	Array(4)	Array(5)
1	2	3	4	5

Array(1)	Array(2)	Array(3)	Array(4)	Array(5)
1	2	3	4	5

원소의 자리 순서가 변경되는 경우만 박스로 표시하였습니다. 위와 같이 서로 인접한 두 요소의 크기를 서로 비교하여 순서에 맞지 않은 요소를 인접한 요소와 서로 교환하며 정렬하는 정렬방법을 '버블(bubble) 정렬'이라고 합니다.

32 ◆ **정렬 후 숫자 :** ' 메시지를 메모리 buffer에 입력합니다. dbms_output.new_line 명령어가 수행되기 전까지 메시지가 화면에 출력되지 않습니다.

34~35 ◆ array.count는 숫자 5이므로 5번 반복 루프문이 수행 되며 array 변수의 숫자 5개를 하나씩 버퍼에 입력합니다.

Array(1)	Array(2)	Array(3)	Array(4)	Array(5)
1	2	3	4	5

37 ◆ 버퍼에 입력된 **"정렬 후 숫자 : 1 2 3 4 5"**를 화면에 출력합니다.

38 ◆ PL/SQL 블록을 종료합니다.

39 ◆ PL/SQL문을 종료합니다.

PL/SQL로 알고리즘 문제 풀기 ⑧ (삽입 정렬)

- **학습 내용:** 5개의 숫자들을 입력받아 삽입 정렬로 정렬하는 방법을 학습합니다.
- **힌트 내용:** 배열에 입력받은 숫자의 크기를 비교하여 큰 숫자를 뒤로 보내는 작업을 모든 배열의 숫자들에 적용하며 반복합니다.

5개의 숫자들을 입력받아 삽입 정렬 알고리즘으로 정렬하는 방법을 PL/SQL로 구현해 보겠습니다.

📁 File: p175.sql

```
1  set serveroutput on
2  set verify off
3
4  accept p_num prompt '정렬할 5개의 숫자를 입력하세요: '
5
6  declare
7      type array_t is varray(100) of number(10) ;
8      varray array_t :=  array_t();
9      v_temp number(10) ;
10
11 begin
12
13   varray.extend(regexp_count('&p_num' ,' ')+1) ;
14
15     for i in 1 .. varray.count loop
16         varray(i) := to_number(regexp_substr('&p_num','[^ ]+',1,i)) ;
17     end loop ;
18
19   for j in 2 .. varray.count loop
20     for k in 1 .. j-1 loop
21
22         if varray(k) > varray(j) then
23             v_temp := varray(j) ;
```

```
24
25         for z in reverse k .. j-1 loop
26            varray(z+1) := varray(z) ;
27          end loop;
28
29            varray(k) := v_temp ;
30          end if ;
31       end loop ;
32    end loop ;
33
34    for i in 1 .. varray.count loop
35       dbms_output.put(varray(i) || ' ') ;
36    end loop ;
37
38    dbms_output.new_line ;
39 end ;
40 /
```

출력 결과

```
SQL> @p175.sql
정렬할 5개의 숫자를 입력하세요: 5 3 2 6 1
1 2 3 5 6
```

삽입 정렬은 두 번째 원소로부터 시작하여 그 앞(왼쪽)의 원소들과 비교하여 삽입할 위치를 지정한 후 원소를 뒤로 옮기고 지정한 자리에 원소를 삽입하여 정렬하는 알고리즘입니다. 정렬되는 과정은 다음과 같습니다.

Array(1)	Array(2)	Array(3)	Array(4)	Array(5)
5	3	2	6	1

3

두 번째 배열의 원소 3이 첫 번째 배열의 원소 5보다
작으므로, 3을 첫 번째 배열의 자리에 삽입합니다. 5는 두
번째 배열로 밀려납니다.

Array(1)	Array(2)	Array(3)	Array(4)	Array(5)
5	3	2	6	1

Array(1)	Array(2)	Array(3)	Array(4)	Array(5)
3	5	2	6	1

2

세 번째 배열의 원소 2가 첫 번째 배열의 원소 3보다
작으므로 2를 첫 번째 배열의 자리에 삽입합니다. 3은 두
번째 배열로 밀려나고 5는
세 번째 자리로 밀려납니다.

Array(1)	Array(2)	Array(3)	Array(4)	Array(5)
3	5	2	6	1

Array(1)	Array(2)	Array(3)	Array(4)	Array(5)
2	3	5	6	1

6

네 번째 요소 6을 첫 번째 요소부터 비교합니다. 다섯 번째
요소까지 비교해도 6이 가장 크므로
6을 배열 맨 마지막에 삽입합니다.

Array(1)	Array(2)	Array(3)	Array(4)	Array(5)
2	3	5		1

6

Array(1)	Array(2)	Array(3)	Array(4)	Array(5)
2	3	5		1

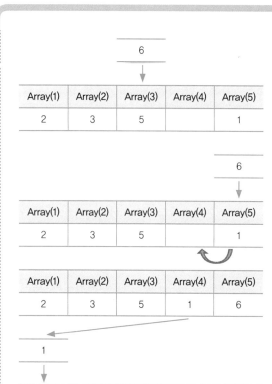

마지막 남은 요소 1을 첫 번째 자리에 삽입합니다. 그리고 2는 두 번째 자리로, 3은 세 번째 자리로, 5는 네 번째 자리로 밀려납니다.

4 ◆ prompt 명령어에 의해 '정렬할 5개의 숫자를 입력하세요: '를 화면에 출력하고 입력받은 숫자를 p_num 변수에 할당받습니다.

7 ◆ 숫자형 100개의 배열을 생성할 수 있도록 배열 타입을 array_t 이름으로 지정합니다.

8 ◆ array_t 배열 타입으로 배열 varray를 생성합니다. 생성과 동시에 초기화합니다.

9 ◆ v_temp 변수를 숫자형으로 선언합니다.

13 ◆ v_cnt에 입력받은 숫자 2 5 1 3 4 사이의 공백(' ')이 몇 개 있는지 카운트합니다. 총 4개가 있고 여기에 1을 더하여 숫자 5가 됩니다.

그리고 array를 다음과 같이 5개로 늘립니다.

Array(1)	Array(2)	Array(3)	Array(4)	Array(5)

v_cnt에 입력받은 숫자 5 3 2 6 1을 차례대로 배열 변수에 입력합니다. ◆ 15~17

Array(1)	Array(2)	Array(3)	Array(4)	Array(5)
5	3	2	6	1

앞에서 설명한 것처럼 두 번째 원소로부터 시작하여 그 앞(왼쪽)의 원소들과 비교하여 삽입할 ◆ 19~32
위치를 지정한 후 원소를 뒤로 옮기고 지정한 자리에 원소를 삽입하여 정렬합니다.

배열에 정렬된 데이터를 하나씩 빼내어 다음과 같이 가로로 출력합니다. ◆ 34~36

출력 결과

```
1 2 3 5 6
```

PL/SQL로 알고리즘 문제 풀기 ⑨ (순차탐색)

활용
176

- **학습 내용:** 순차탐색 알고리즘을 PL/SQL로 구현하는 방법을 학습합니다.
- **힌트 내용:** 배열에 임의의 숫자들을 입력하고 배열에서 특정 숫자가 검색되는지 FOR 루프문으로 순차적으로 데이터를 검색하도록 코드를 작성합니다.

랜덤으로 생성된 숫자들이 배열에 저장되게 하고 특정 숫자가 배열에서 검색되는지를 순차 탐색으로 구현해 보겠습니다.

📁 File: p176.sql

```
1  set serveroutput on
2  set verify off
3  accept p_num prompt '랜덤으로 생성할 숫자들의 개수를 입력하세요 ~ '
4  accept p_a prompt '검색할 숫자를 입력하세요 ~ '
5
6  declare
7
8    type array_t is varray(1000) of number(30);
9    array_s  array_t := array_t();
10   v_cnt  number(10) := &p_num;
11   v_a  number(10) := &p_a;
12   v_chk  number(10) := 0;
13
14 begin
15
16 array_s.extend(v_cnt);
17
18 for i in 1 .. v_cnt loop
19     array_s(i) := round(dbms_random.value(1, v_cnt)) ;
20     dbms_output.put(array_s(i) ||',');
21 end loop;
22     dbms_output.new_line;
23
```

```
24 for i in array_s.first..array_s.last loop
25
26   if v_a=array_s(i) then
27      v_chk := 1;
28      dbms_output.put(i||'번째에서 숫자 '||v_a||'를 발견했습니다.');
29   end if;
30
31 end loop;
32
33        dbms_output.new_line;
34
35 if v_chk=0 then
36    dbms_output.put_line('숫자를 발견하지 못했습니다.');
37 end if;
38
39 end;
40 /
```

출력 결과

```
SQL> @p176
랜덤으로 생성할 숫자들의 개수를 입력하세요 ~ 10
검색할 숫자를 입력하세요 ~ 2
7,9,1,7,9,2,9,4,3,5,
6번째에서 숫자 2를 발견했습니다.
```

dbms_output.put_line 출력 패키지를 작동시키기 위해 serveroutput을 on으로 설정합니다. ◆ 1

declare절 이후의 치환변수인 &p_num와 &p_a에 값이 할당되는 과정을 보여주는 메시지가 PL/ ◆ 2
SQL 블록을 실행할 때 출력되지 않도록 합니다.

prompt 명령어에 의해 '랜덤으로 생성할 숫자들의 개수를 입력하세요 ~ '를 화면에 출력하고 입 ◆ 3
력받은 숫자들을 p_num변수에 할당받습니다.

prompt 명령어에 의해 '검색할 숫자를 입력하세요 ~ '를 화면에 출력하고 입력받은 숫자를 p_a ◆ 4
변수에 할당받습니다.

8 ◆ 숫자형 데이터 1000개를 담을 수 있는 배열을 생성하기 위해 배열 타입을 array_t 이름으로 생성합니다.

9 ◆ 배열 타입 array_t로 배열 array_s를 생성합니다. 생성과 동시에 초기화합니다.

10 ◆ 변수 v_cnt를 숫자형으로 선언하여 p_num에 입력받은 숫자 10을 할당합니다.

11 ◆ v_a 변수를 숫자형으로 선언하여 p_a에 입력받은 숫자 2를 할당합니다.

12 ◆ 검색할 숫자를 못 찾았을 때를 위해 사용할 변수를 v_chk로 선언하고 숫자 0을 할당합니다.

16 ◆ array_s라는 이름으로 배열 변수 10개를 생성합니다.

Array(1)	Array(2)	Array(3)	Array(4)	Array(5)	Array(6)	Array(7)	Array(8)	Array(9)	Varray(10)

18~21 ◆ 배열 array_s에 1부터 10 사이의 숫자를 랜덤으로 채워 넣고 메모리 버퍼(buffer)에 올립니다. dbms_random.value는 숫자 값을 복원 추출합니다.

Array(1)	Array(2)	Array(3)	Array(4)	Array(5)	Array(6)	Array(7)	Array(8)	Array(9)	Varray(10)
7	9	1	7	9	2	9	4	3	5

22 ◆ 메모리 버퍼(buffer)에 올린 배열 array_s의 값들을 화면에 출력합니다.

24~29 ◆ 검색할 숫자 2가 배열 array_s에 있는지 확인합니다. 있으면 변수 v_chk에 1을 할당하고 검색이 되는 배열 위치인 **'6번째에서 숫자 2를 발견했습니다.'**라는 메시지를 메모리 버퍼(buffer)에 입력합니다.

33 ◆ 메모리 버퍼(buffer)에 입력된 메시지를 출력합니다.

35~37 ◆ 검색할 숫자를 배열에서 찾지 못했다면 **'숫자를 발견하지 못했습니다.'**라는 메시지를 출력합니다.

PL/SQL로 알고리즘 문제 풀기 ⑩ (몬테카를로 알고리즘)

- **학습 내용:** 몬테카를로 알고리즘을 이용해서 원주율을 구하는 방법을 학습합니다.
- **힌트 내용:** DBMS_RANDOM 패키지를 활용합니다.

몬테카를로 알고리즘을 이용하여 원주율을 출력해 보겠습니다.

📁 File: p177.sql

```
 1 set serveroutput on
 2
 3 declare
 4    v_cnt    number(10,2) := 0;
 5    v_a      number(10,2);
 6    v_b      number(10,2);
 7    v_pi     number(10,2);
 8
 9 begin
10    for i in 1 .. 1000000 loop
11        v_a := dbms_random.value(0,1);
12        v_b := dbms_random.value(0,1);
13
14        if power(v_a,2) + power(v_b,2) <= 1 then
15            v_cnt := v_cnt + 1 ;
16        end if;
17    end loop;
18
19    v_pi := (v_cnt/1000000) * 4 ;
20    dbms_output.put_line(v_pi);
21 end;
22 /
```

출력 결과

```
SQL> @p177
3.14
```

몬테카를로 알고리즘은 난수를 이용하여 알고자 하는 값을 확률적으로 계산해 내는 알고리즘입니다. 위의 예세는 몬테카를로 알고리즘으로 원주율(π)을 알아내는 PL/SQL입니다.

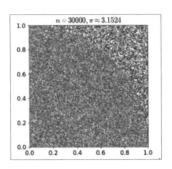

"정사각형의 넓이: 빨간색 부채꼴의 넓이 = 정사각형 안에 들어가는 전체 점의 개수 : 빨간점의 개수"의 식에서 우리가 알고자 하는 것은 빨간색 부채꼴의 넓이입니다. 반지름이 1이므로 정사각형의 넓이는 1이 됩니다. 정사각형에 들어가는 전체 점의 개수는 100,000이고 부채꼴 안에 들어가는 빨간색 점의 개수는 $x^2 + y^2 \langle = 1$ 조건에 만족하는 점의 개수입니다.

1 ◆ dbms_output.put_line 출력 패키지를 작동시키기 위해 serveroutput을 on으로 설정합니다.

4 ◆ 위의 정사각형에서 빨간점의 개수를 담을 변수를 v_cnt로 생성합니다.

5 ◆ 정사각형 안에 들어가는 점의 x 좌표를 담기 위한 변수를 v_a로 생성합니다.

6 ◆ 정사각형 안에 들어가는 점의 y 좌표를 담기 위한 변수를 v_b로 생성합니다.

7 ◆ 몬테카를로 알고리즘으로 계산된 원주율을 담기 위한 변수를 v_pi로 생성합니다.

14~16 ◆ 부채꼴 안에 들어가는 빨간색 점의 개수는 $x^2 + y^2 \langle = 1$ 조건에 만족하는 점의 개수를 카운트하여 변수 v_cnt에 할당합니다.

19 ◆ "정사각형의 넓이: 빨간색 부채꼴의 넓이 = 정사각형 안에 들어가는 전체 점의 개수: 빨간점의 개수"이므로 1 : pi/4 = 100000 : 빨간점의 개수(v_cnt)가 됩니다. 이를 pi로 다시 전개하면 식은 다음과 같습니다. v_pi := (v_cnt/1000000) * 4

20 ◆ v_pi를 출력합니다.

PL/SQL로 알고리즘 문제 풀기 ⑪ (탐욕 알고리즘)

- **학습 내용 :** 탐욕 알고리즘을 PL/SQL로 구현하는 방법을 학습합니다.
- **힌트 내용 :** 금액과 잔돈 단위를 각각 입력받아 무조건 큰 잔돈으로만 거슬러 줄 수 있도록 합니다.

탐욕 알고리즘은 매 순간마다 최선의 선택을 하는 것입니다. 선택할 때마다 가장 좋다고 생각되는 것을 선택해 나가며 최종적인 해답을 구하는 알고리즘입니다. 이 알고리즘을 설계할 때 주의할 점은 전체를 고려하지 않고 문제를 부분으로 나누어, 나누어진 문제에 대한 최적의 해답을 구하게 해야 한다는 점입니다. 예를 들어 14원을 잔돈으로 줘야 할 때 잔돈의 종류가 10원, 7원, 1원 세 가지 종류가 있다면 잔돈을 가장 빨리 줄 수 있는 방법은 7원 동전 2개입니다. 그런데 탐욕 알고리즘 방식으로 동전을 거슬러줄 때는 10원 동전 1개, 7원 0개, 1원 동전 4개로 거슬러 줍니다. 탐욕이라는 이름 그대로 당장의 큰 값부터 취하는 것입니다.

다음은 잔돈 전체 금액과 잔돈의 단위를 각각 물어보게 하고 탐욕 알고리즘을 이용하여 입력한 금액에 맞추어 잔돈을 거슬러주는 PL/SQL문입니다.

File: p178.sql

```
1 set serveroutput on
2 set verify off
3 accept p_money prompt '잔돈 전체 금액을 입력하세요 ~ '
4 accept p_coin prompt '잔돈 단위를 입력하세요 ~ '
5
6 declare
7     v_money number(10) := &p_money ;
8     type array_t is varray(3) of number(10);
9     v_array array_t := array_t(&p_coin);
10    v_num array_t := array_t(0, 0, 0);
11
12 begin
13    for i in 1 .. v_array.count loop
14      if v_money >= v_array(i) then
15        v_num(i) := trunc(v_money/v_array(i));
```

```
16          v_money := mod(v_money,v_array(i));
17        end if;
18        dbms_output.put(v_array(i)||'원의 개수 :' || v_num(i)||'개, ');
19      end loop;
20    dbms_output.new_line;
21 end;
22 /
```

출력 결과

```
SQL> @p178
잔돈 전체 금액을 입력하세요 ~ 14
잔돈 단위를 입력하세요 ~ 10,7,1
10원의 개수 :1개, 7원의 개수 :0개, 1원의 개수 :4개
```

1 ◆ dbms_output.put_line 출력 패키지를 작동시키기 위해 serveroutput을 on으로 설정합니다.

2 ◆ declare절 이후의 치환변수인 &p_money와 &p_coin에 값이 할당되는 과정을 보여주는 메시지가 PL/SQL 블록을 실행할 때 출력되지 않도록 합니다.

3 ◆ prompt 명령어에 의해 '잔돈 전체 금액을 입력하세요 ~ '를 화면에 출력하고 입력받은 숫자를 p_money 변수에 할당받습니다.

4 ◆ prompt 명령어에 의해 '잔돈 단위를 입력하세요 ~ '를 화면에 출력하고 입력받은 숫자들을 p_coin 변수에 할당받습니다.

7 ◆ 치환변수 p_money에 입력된 숫자 14를 v_money에 할당합니다.

8 ◆ 3개의 숫자를 담을 수 있는 배열 타입을 array_t로 선언합니다.

Array(1)	Array(2)	Array(3)

배열 변수 v_num에 숫자 0을 할당합니다.　　　　　　　　　　　　　　　　◆ 10

Array(1)	Array(2)	Array(3)
0	0	0

1부터 3까지 3번 루프를 수행합니다.　　　　　　　　　　　　　　　　　　◆ 13

변수 v_money에 할당된 14가 v_array(1)인 10보다 크므로 if문 다음의 실행문을 실행합니다.　◆ 14

14를 10으로 나눈 몫인 숫자 1이 v_num의 1번째 배열에 할당됩니다.　　　　◆ 15

14를 10으로 나눈 나머지 값인 4가 v_money에 할당됩니다. 전체 진행 과정을 표로 정리하면 다　◆ 16
음과 같습니다.

I	v_money	v_array	몫	나눈 나머지값
1	14	10	1	4
2	4	7	0	0
3	4	1	4	0

10원의 개수 1개, 7원의 개수 0개, 1원의 개수 4개를 메모리에 입력합니다.　　◆ 18

메모리에 입력한 메시지를 출력합니다.　　　　　　　　　　　　　　　　◆ 20

5 PART 실무

SQL 실무 다지기

초보자를 위한

SQL

200제

실무

179

SQL로 머신러닝 구현하기 ①
(NAIVEBAYES)

• **학습 내용**: SQL로 나이브 베이즈 머신러닝 모델을 생성하여 독감 환자를 분류합니다.
• **힌트 내용**: DBMS_DATA_MINING 패키지를 활용합니다.

오라클 머신러닝 패키지 DBMS_DATA_MINING을 이용하여 독감 환자와 독감이 아닌 환자를 분류해 보겠습니다. 분류를 위한 준비물은 두 가지입니다. 머신러닝 알고리즘을 구현할 오라클 **"DBMS_DATA_MINING 패키지"**와 머신러닝 모델을 학습(공부)시킬 **"데이터"**입니다.

학습(공부)시키는 데이터는 어떤 데이터가 독감 환자이고 어떤 데이터가 독감 환자가 아닌지 명시한 정답이 있는 데이터입니다. 학습 데이터를 정답과 함께 알려 주면 데이터 속에 있는 패턴을 컴퓨터가 스스로 찾게 됩니다. **"이런 패턴의 데이터를 갖는 환자가 독감 환자구나"**라는 것을 학습을 통해 배우게 됩니다. 이렇게 기계가 데이터를 통해 스스로 학습한다고 해서 **"머신러닝 (MACHINE LEARNING)"**이라고 합니다.

이번 예제에서 사용할 머신러닝 알고리즘은 나이브 베이즈 확률을 이용하는 나이브 베이즈 알고리즘입니다. 나이브 베이즈 알고리즘은 오라클 내장 패키지인 DBMS_DATA_MINING 안에 이미 프로그래밍 되어 있습니다. 우리는 단순히 이 패키지를 호출하고 나이브 베이즈 알고리즘을 사용하겠다고 지정만 하면 됩니다. 그러면 컴퓨터가 독감 환자와 독감이 아닌 환자를 분류하기 위한 데이터의 패턴을 스스로 찾아냅니다.

다음 테이블은 8명 환자의 4가지 증상들과 독감여부(flu)에 대한 데이터로 구성되어 있습니다. Flu가 Y인 환자가 독감 환자이고 N인 환자는 독감 환자가 아닙니다.

훈련 데이터 테이블

Patient_id	Chills	Runny nose	Headache	Fever	Flu
1	Y	N	Mild	Y	N
2	Y	Y	No	N	Y
3	Y	N	Strong	Y	Y
4	N	Y	Mild	Y	Y
5	N	N	No	N	N

6	N	Y	Strong	Y	Y
7	N	Y	Strong	N	N
8	Y	Y	Mild	Y	Y

훈련 테이블 컬럼 설명

컬럼명	설명	컬럼명	설명
PATIENT_ID	환자 식별 번호	HEADACHE	두통
CHILLS	오한	FEVER	열
RUNNY NOSE	콧물	FLU	독감

위의 데이터를 머신러닝 모델에 학습시킨 후 다음의 환자가 독감인지 아닌지를 예측해 봅니다.

테스트 데이터 테이블

PATIENT_ID	CHILLS	RUNNY NOSE	HEADACHE	FEVER	FLU
9	Y	N	MILD	N	?

머신러닝 모델을 학습시킬 학습 데이터를 테이블로 생성합니다.

📁 **File: 예제_179.txt**

```
1 DROP TABLE NAIVE_FLU_TRAIN;
2
3 CREATE TABLE NAIVE_FLU_TRAIN
4 (PATIENT_ID      NUMBER(10),
5   CHILLS         VARCHAR2(2),
6   RUNNY_NOSE     VARCHAR2(2),
7   HEADACHE       VARCHAR2(10),
8   FEVER          VARCHAR2(2),
9   FLU            VARCHAR2(2));
10
11 INSERT INTO NAIVE_FLU_TRAIN VALUES(1,'Y','N','MILD','Y','N');
12 INSERT INTO NAIVE_FLU_TRAIN VALUES(2,'Y','Y','NO'   ,'N', 'Y');
```

```
13 INSERT INTO NAIVE_FLU_TRAIN VALUES(3,'Y','N','STRONG','Y','Y');
14 INSERT INTO NAIVE_FLU_TRAIN VALUES(4,'N','Y','MILD','Y','Y');
15 INSERT INTO NAIVE_FLU_TRAIN VALUES(5,'N','N','NO','N','N');
16 INSERT INTO NAIVE_FLU_TRAIN VALUES(6,'N','Y','STRONG','Y','Y');
17 INSERT INTO NAIVE_FLU_TRAIN VALUES(7,'N','Y','STRONG','N','N');
18 INSERT INTO NAIVE_FLU_TRAIN VALUES(8,'Y','Y','MILD','Y','Y');
19 COMMIT;
```

학습한 머신러닝 모델을 테스트할 테이블을 생성합니다.

```
 1 DROP TABLE NAIVE_FLU_TEST;
 2
 3 CREATE TABLE NAIVE_FLU_TEST
 4 (PATIENT_ID      NUMBER(10),
 5   CHILLS         VARCHAR2(2),
 6   RUNNY_NOSE     VARCHAR2(2),
 7   HEADACHE       VARCHAR2(10),
 8   FEVER          VARCHAR2(2),
 9   FLU            VARCHAR2(2));
10
11 INSERT INTO NAIVE_FLU_TEST VALUES(9,'Y','N','MILD','N', NULL);
12 COMMIT;
```

테스트 데이터의 환자는 오한이 있고 콧물은 없으며 두통은 보통이고 열이 없는 환자입니다. 이 환자가 독감 환자인지 독감 환자가 아닌지 머신러닝 모델로 알아보겠습니다.

머신러닝 모델 환경 설정 테이블을 생성합니다.

```
 1 DROP TABLE SETTINGS_GLM;
 2
 3 CREATE TABLE SETTINGS_GLM
 4 AS
 5 SELECT *
 6     FROM TABLE (DBMS_DATA_MINING.GET_DEFAULT_SETTINGS)
```

```
7     WHERE SETTING_NAME LIKE '%GLM%';
8
9 BEGIN
10    INSERT INTO SETTINGS_GLM
11        VALUES (DBMS_DATA_MINING.ALGO_NAME, 'ALGO_NAIVE_BAYES');
12
13    INSERT INTO SETTINGS_GLM
14        VALUES (DBMS_DATA_MINING.PREP_AUTO, 'ON');
15    COMMIT;
16 END;
17 /
```

위의 코드는 머신러닝 모델이 여러 알고리즘 중 나이브 베이즈 알고리즘을 사용함을 지정하는 머신러닝 환경 설정 코드입니다.

SETTINGS_GLM 테이블을 삭제합니다. ◆ 1

나이브 베이즈 머신러닝 환경 구성에 필요한 정보를 저장하기 위한 테이블을 생성합니다. 데이 ◆ 3~7
터를 저장하기 위한 기본적인 구조만 생성합니다

머신러닝 모델명을 나이브 베이즈 알고리즘인 ALGO_NAIVE_BAYES으로 입력합니다. ◆ 10~11

나이브 베이즈 모델이 좋은 성능을 보이려면 모델을 위한 여러 가지 환경 설정 값들이 자동으로 ◆ 13~14
최적화되어 세팅될 수 있도록 PREP_AUTO를 ON으로 입력합니다.

머신러닝 모델을 생성합니다.

```
1 BEGIN
2   DBMS_DATA_MINING.DROP_MODEL('MD_CLASSIFICATION_MODEL');
3 END;
4 /
5
6 BEGIN
7   DBMS_DATA_MINING.CREATE_MODEL(
8     MODEL_NAME              => 'MD_CLASSIFICATION_MODEL',
9     MINING_FUNCTION         => DBMS_DATA_MINING.CLASSIFICATION,
```

```
10        DATA_TABLE_NAME       => 'NAIVE_FLU_TRAIN',
11        CASE_ID_COLUMN_NAME   => 'PATIENT_ID',
12        TARGET_COLUMN_NAME    => 'FLU',
13        SETTINGS_TABLE_NAME   => 'SETTINGS_GLM');
14 END;
15 /
```

1~4 ◆ MD_CLASSIFICATION_MODEL 모델을 삭제합니다.

7 ◆ DBMS_DATA_MINING 패키지의 CREATE_MODEL 프로시저를 실행합니다.

8 ◆ MODEL_NAME을 MD_CLASSIFICATION_MODEL로 설정합니다.

9 ◆ 나이브 베이즈는 머신러닝의 목표가 '분류'이므로 MINING_FUNCTION을 DBMS_DATA_
MINING.CLASSIFICATION으로 설정합니다.

10 ◆ 머신러닝 모델이 학습할 데이터가 있는 테이블인 NAIVE_FLU_TRAIN를 지정합니다.

11 ◆ 훈련 테이블의 식별 컬럼인 환자 번호(PATIENT_ID)를 CASE_ID_COLUMN_NAME의 매개
변수의 값으로 지정합니다.

12 ◆ 독감 환자 여부에 대한 답이 있는 라벨이 되는 컬럼(FLU)을 지정합니다.

13 ◆ 머신러닝 구성 정보가 들어 있는 테이블명을 지정합니다.

머신러닝 모델이 잘 생성되었는지 확인합니다.

```
1 SELECT MODEL_NAME,
2        ALGORITHM,
3        MINING_FUNCTION
4   FROM ALL_MINING_MODELS
5  WHERE MODEL_NAME = 'MD_CLASSIFICATION_MODEL';
```

출력 결과

MODEL_NAME	ALGORITHM	MINING_FUNCTION
MD_CLASSIFICATION_MODEL	NAIVE_BAYES	CLASSIFICATION

나이브 베이즈 머신러닝 모델이 테스트 데이터에 대해 예측한 값을 확인합니다.

```
1 SELECT T.*,
2   PREDICTION (MD_CLASSIFICATION_MODEL USING *) 예측값
3   FROM NAIVE_FLU_TEST T;
```

출력 결과

PATIENT_ID	CHILLS	RUNNY_NOSE	HEADACHE	FEVER	FLU	예측값
1	Y	N	MILD	N		N

나이브 베이즈 머신러닝 모델이 확인한 테스트 데이터 환자는 독감이 아닌 환자(N)로 예측했습니다.

SQL로 머신러닝 구현하기 ②
(NAIVEBAYES)

- **학습 내용:** 머신러닝 모델에 질문을 하여 답변을 받을 수 있는 PL/SQL 프로그래밍을 학습니다.
- **힌트 내용:** ACCEPT 명령어를 사용하여 머신러닝 모델이 대답할 질문을 만듭니다.

예제 179번에서 생성한 머신러닝 모델에게 질문을 하여 답변을 받아 출력하는 PL/SQL 프로그래밍을 해 보겠습니다. 다음과 같이 4가지 질문을 하고 거기에 대한 답변을 받아 머신러닝 모델이 예측한 결과를 출력해 보겠습니다.

```
SQL>@p180.sql
오한이 있습니까(Y/N)? y
콧물이 있습니까(Y/N)? y
두통이 있습니까(STRONG/MILD/NO)? strong
열이 있습니까(Y/N)? y
머신러닝이 예측한 결과: 독감입니다. 독감일 확률은 95%입니다.
```

📁 File: 예제_180.txt

```
 1  SET SERVEROUTPUT ON
 2  SET VERIFY OFF
 3
 4  ACCEPT P_CHILLS PROMPT '오한이 있습니까(Y/N) ? '
 5  ACCEPT P_RUNNY_NOSE PROMPT '콧물이 있습니까(Y/N) ? '
 6  ACCEPT P_HEAD_ACHE PROMPT '두통이 있습니까(STRONG/MILD/NO) ? '
 7  ACCEPT P_FEVER PROMPT '열이 있습니까(Y/N) ? '
 8
 9  DECLARE
10      V_PRED    VARCHAR2(20);
11      V_PROB    NUMBER(10,2);
12
13  BEGIN
14  WITH TEST_DATA AS (SELECT UPPER('&P_CHILLS') CHILLS ,
15                            UPPER('&P_RUNNY_NOSE') RUNNY_NOSE,
```

```
16                              UPPER('&P_HEAD_ACHE') HEADACHE,
17                              UPPER('&P_FEVER') FEVER
18                    FROM DUAL)
19 SELECT PREDICTION (MD_CLASSIFICATION_MODEL USING *),
20        PREDICTION_PROBABILITY(MD_CLASSIFICATION_MODEL USING *)  INTO V_PRED, V_PROB
21 FROM TEST_DATA;
22
23  IF V_PRED ='Y' THEN
24
25    DBMS_OUTPUT.PUT_LINE('머신러닝이 예측한 결과: 독감입니다.
26                         독감일 확률은 ' || ROUND(V_PROB,2) * 100 || '%입니다');
27
28  ELSE
29 DBMS_OUTPUT.PUT_LINE('머신러닝이 예측한 결과: 독감이 아닙니다.
30                       독감이 아닐 확률은 ' || ROUND(V_PROB,2) * 100 || '%입니다');
31
32  END IF;
33
34 END;
35 /
```

DBMS_OUTPUT.PUT_LINE을 실행하기 위한 SQL*PLUS 명령어입니다. ◆ 1

PL/SQL 프로그램 실행시 출력되는 OLD 값, NEW 값을 출력되지 않게 하는 SQL*PLUS 명령 ◆ 2
어입니다.

'오한이 있습니까(Y/N)?'를 화면에 출력하고 입력받은 값을 P_CHILLS 변수에 입력합니다. ◆ 4

'콧물이 있습니까(Y/N)?'를 화면에 출력하고 입력받은 값을 P_RUNNY_NOSE 변수에 입력합 ◆ 5
니다.

'두통이 있습니까(STRONG/MILD/NO)?'를 화면에 출력하고 입력받은 값을 P_HEAD_ACHE ◆ 6
변수에 입력합니다.

'열이 있습니까(Y/N)? '를 화면에 출력하고 입력받은 값을 P_FEVER 변수에 입력합니다. ◆ 7

예측 값과 예측 확률을 담을 변수를 V_PRED와 V_PROB로 각각 선언합니다. ◆ 10~11

14~18 ◆ 4라인에서 7라인의 변수 4개에 값을 저장할 WITH절의 TEMP TABLE을 생성합니다. 입력할 때 소문자로 입력해도 대문자로 변환될 수 있도록 치환변수에 UPPER 함수를 각각 사용합니다.

19 ◆ 입력된 테스트 데이터에 대한 예측 값을 출력합니다.

20 ◆ 입력된 테스트 데이터에 대한 예측 값의 예측 확률을 출력합니다.

21 ◆ 출력된 예측 값과 예측 확률을 V_PRED와 V_PROB 변수에 각각 담습니다.

25~26 ◆ 만약에 V_PRED의 값이 Y이면 독감입니다.라는 메시지와 함께 독감일 확률을 같이 출력합니다.

29~30 ◆ 만약에 V_PRED의 값이 Y가 아니면 독감이 아닙니다.라는 메시지와 함께 독감이 아닐 확률을 같이 출력합니다.

32 ◆ IF문을 종료합니다.

34 ◆ PL/SQL 코드를 종료합니다.

- **학습 내용 :** SQL로 나이브 베이즈 머신러닝 모델을 생성하여 독버섯을 분류하는 방법을 학습합니다.
- **힌트 내용 :** DBMS_DATA_MINING 패키지를 활용합니다.

오라클 머신러닝 패키지 DBMS_DATA_MINING을 이용하여 정상 버섯과 독버섯을 분류해 보겠습니다. 사람이 데이터를 보고 일일이 독버섯에 해당하는 데이터의 특징을 찾는 것은 번거롭고 어려운 일입니다. 그래서 이 특징 파악을 사람이 직접 하지 않고 머신러닝 알고리즘으로 컴퓨터를 학습(공부)시켜서 컴퓨터가 직접 알아내도록 해보겠습니다. 분류를 위한 준비물은 두 가지입니다. 머신러닝 알고리즘을 구현할 오라클 **"DBMS_DATA_MINING 패키지"**와 머신러닝 모델을 학습(공부) 시킬 **"데이터"**입니다.

이번에 사용할 알고리즘은 나이브 베이즈 확률을 이용하는 나이브 베이즈 알고리즘입니다. 학습(공부)시키는 데이터는 어떤 데이터가 정상 버섯이고 독버섯인지를 명시한 정답이 있는 데이터입니다. 컴퓨터에게 학습 데이터를 정답과 함께 알려주면 데이터 속에 있는 패턴을 컴퓨터가 스스로 찾게 됩니다. **"이런 패턴의 데이터가 독버섯 이구나"**라는 것을 학습을 통해 배우게 됩니다. 나이브 베이즈 알고리즘은 19C 오라클 내장 패키지인 DBMS_DATA_MINING 안에 이미 프로그래밍되어 있습니다. 우리는 단순히 이 패키지를 호출하고 나이브 베이즈 알고리즘을 사용하겠다고 지정만 하면 됩니다. 그러면 컴퓨터가 독버섯과 정상버섯의 모양과 크기 등의 데이터를 통해 분류를 위한 데이터의 패턴을 스스로 찾아냅니다.

버섯 데이터를 학습(공부)시킬 **훈련 데이터**와 학습이 잘되었는지 평가(시험)할 **테스트 데이터**로 나눕니다. 독버섯과 정상버섯 분류를 위한 데이터는 UCI Machine Learning Repository의 버섯 데이터 셋을 참고하였습니다(http://archive.ics.uci.edu/ml).

버섯 데이터를 저장할 테이블을 생성합니다.

📁 File: 예제_181.txt

```
1  CREATE TABLE MUSHROOMS
2  (ID                    NUMBER(10),
3  TYPE                   VARCHAR2(10),
```

```
 4  CAP_SHAPE                    VARCHAR2(10),
 5  CAP_SURFACE                  VARCHAR2(10),
 6  CAP_COLOR                    VARCHAR2(10),
 7  BRUISES                      VARCHAR2(10),
 8  ODOR                         VARCHAR2(10),
 9  GILL_ATTACHMENT              VARCHAR2(10),
10  GILL_SPACING                 VARCHAR2(10),
11  GILL_SIZE                    VARCHAR2(10),
12  GILL_COLOR                   VARCHAR2(10),
13  STALK_SHAPE                  VARCHAR2(10),
14  STALK_ROOT                   VARCHAR2(10),
15  STALK_SURFACE_ABOVE_RING     VARCHAR2(10),
16  STALK_SURFACE_BELOW_RING     VARCHAR2(10),
17  STALK_COLOR_ABOVE_RING       VARCHAR2(10),
18  STALK_COLOR_BELOW_RING       VARCHAR2(10),
19  VEIL_TYPE                    VARCHAR2(10),
20  VEIL_COLOR                   VARCHAR2(10),
21  RING_NUMBER                  VARCHAR2(10),
22  RING_TYPE                    VARCHAR2(10),
23  SPORE_PRINT_COLOR            VARCHAR2(10),
24  POPULATION                   VARCHAR2(10),
25  HABITAT                      VARCHAR2(10));
```

1~25 ◆ 독버섯과 정상버섯 데이터를 저장할 테이블을 생성합니다.

SQL Developer를 이용하여 mushroons.csv 데이터를 MUSHROOMS 테이블에 로드합니다.

컬럼명	설명	컬럼명	설명
ID	버섯번호	STALK_ROOT	줄기뿌리모양
TYPE	독버섯 유무	STALK_SURFACE_ABOVE_RING	링위의 줄기표면
CAP_SHAPE	버섯머리 모양	STALK_SURFACE_BELOW_RING	링다음의 줄기표면
CAP_SURFACE	버섯머리 표면	STALK_COLOR_ABOVE_RING	링위의 줄기색깔
CAP_COLOR	버섯머리 색깔	STALK_COLOR_BELOW_RING	링다음의 줄기색깔
BRUISES	버섯에 멍이 유무	VEIL_TYPE	베일 모양
ODOR	냄새	VEIL_COLOR	베일 색깔

컬럼명	설명	컬럼명	설명
GILL_ATTACHMENT	버섯머리 하단 모양	RING_NUMBER	링의 개수
GILL_SPACING	버섯머리 바닥 모양	RING_TYPE	링의 종류
GILL_SIZE	버섯머리 바닥 크기	SPORE_PRINT_COLOR	아래 그림 참조
GILL_COLOR	버섯머리 바닥 색깔	POPULATION	개체군
STALK_SHAPE	버섯줄기 모양		

버섯 데이터를 학습(공부)시킬 훈련 데이터와 학습이 잘되었는지 평가(시험)할 테스트 데이터로 나눕니다.

버섯 데이터(mushrooms)를 훈련 데이터와 테스트 데이터 9대 1 비율로 나눕니다.

```
 1  DROP TABLE MUSHROOMS_TRAINING;
 2
 3  CREATE TABLE MUSHROOMS_TRAINING
 4  AS
 5  SELECT *
 6    FROM MUSHROOMS
 7   WHERE ID < 7312;
 8
 9  DROP TABLE MUSHROOMS_TEST;
10
11  CREATE TABLE MUSHROOMS_TEST
12  AS
13    SELECT *
14      FROM MUSHROOMS
15     WHERE ID >= 7312;
```

MUSHROOMS_TRAINING 테이블을 삭제합니다. ◆ 1

MUSHROOMS 테이블 전체 8124개 중 7311개의 행을 불러와서 머신러닝 모델을 훈련시킬 테 ◆ 3~7
이블을 생성합니다. 7311개의 행은 전체 데이터 중 90%에 해당하는 데이터입니다.

MUSHROOMS_TEST 테이블을 삭제합니다. ◆ 9

MUSHROOMS_TEST 테이블에서 812개의 행을 불러와서 머신러닝 모델을 테스트하기 위한 테이블을 생성합니다.

머신러닝 모델 환경 설정 테이블을 생성합니다.

```
 1 DROP TABLE SETTINGS_GLM;
 2
 3 CREATE TABLE SETTINGS_GLM
 4 AS
 5 SELECT *
 6     FROM TABLE (DBMS_DATA_MINING.GET_DEFAULT_SETTINGS)
 7     WHERE SETTING_NAME LIKE '%GLM%';
 8
 9 BEGIN
10
11    INSERT INTO SETTINGS_GLM
12        VALUES (DBMS_DATA_MINING.ALGO_NAME, 'ALGO_NAIVE_BAYES');
13
14    INSERT INTO SETTINGS_GLM
15        VALUES (DBMS_DATA_MINING.PREP_AUTO, 'ON');
16
17    COMMIT;
18
19 END;
20 /
```

위의 코드는 머신러닝 모델이 나이브 베이즈 알고리즘을 사용함을 지정하는 머신러닝 환경 설정 코드입니다.

1 ◆ SETTINGS_GLM 테이블을 삭제합니다.

3~7 ◆ 나이브 베이즈 머신러닝 환경 구성에 필요한 정보를 저장하기 위한 테이블을 생성합니다. 데이터를 저장하기 위한 기본적인 구조만 생성합니다

11~12 ◆ 머신러닝 모델명을 나이브 베이즈 알고리즘인 ALGO_NAIVE_BAYES으로 입력합니다.

나이브 베이즈 모델을 위한 여러 가지 환경 설정 값들이 자동으로 최적화되어 세팅될 수 있도록 **◆ 14~15**
PREP_AUTO를 ON으로 입력합니다.

머신러닝 모델을 생성합니다.

```
 1 BEGIN
 2   DBMS_DATA_MINING.DROP_MODEL('MD_CLASSIFICATION_MODEL');
 3 END;
 4 /
 5
 6 BEGIN
 7   DBMS_DATA_MINING.CREATE_MODEL(
 8       MODEL_NAME              => 'MD_CLASSIFICATION_MODEL',
 9       MINING_FUNCTION         => DBMS_DATA_MINING.CLASSIFICATION,
10       DATA_TABLE_NAME         => 'MUSHROOMS',
11       CASE_ID_COLUMN_NAME     => 'ID',
12       TARGET_COLUMN_NAME      => 'TYPE',
13       SETTINGS_TABLE_NAME     => 'SETTINGS_GLM');
14 END;
15 /
```

MD_CLASSIFICATION_MODEL 모델을 삭제합니다. **◆ 1~4**

DBMS_DATA_MINING 패키지의 CREATE_MODEL 프로시저를 실행합니다. **◆ 7**

MODEL_NAME을 MD_CLASSIFICATION_MODEL로 설정합니다. **◆ 8**

나이브 베이즈는 머신러닝의 목표가 '분류'이므로 MINING_FUNCTION을 DBMS_DATA_ **◆ 9**
MINING.CLASSIFICATION으로 설정합니다.

머신러닝 모델이 학습할 데이터가 있는 테이블인 MUSHROOMS를 지정합니다. **◆ 10**

CASE_ID_COLUMN_NAME의 매개변수 값으로 버섯 데이터를 대표할 수 있는 ID 컬럼으로 **◆ 11**
지정합니다.

독버섯인지 정상 버섯인지에 대한 답이 있는 라벨이 되는 컬럼을 지정합니다. **◆ 12**

머신러닝 구성 정보가 들어 있는 테이블명을 지정합니다. **◆ 13**

머신러닝 모델이 잘 생성되었는지 확인합니다.

```
1 SELECT MODEL_NAME,
2        ALGORITHM,
3        CREATION_DATE,
4        MINING_FUNCTION
5   FROM ALL_MINING_MODELS
6  WHERE MODEL_NAME = 'MD_CLASSIFICATION_MODEL';
```

출력 결과

MODEL_NAME	ALGORITHM	CREATION_DATE	MINING_FUNCTION
MD_CLASSIFICATION_MODEL	NAIVE_BAYES	19/11/09	CLASSIFICATION

머신러닝 모델 구성 정보를 확인합니다.

```
1 SELECT SETTING_NAME, SETTING_VALUE
2   FROM ALL_MINING_MODEL_SETTINGS
3  WHERE MODEL_NAME = 'MD_CLASSIFICATION_MODEL';
```

출력 결과

MODEL_NAME	ALGORITHM
ALGO_NAME	ALGO_NAIVE_BAYES
PREP_AUTO	ON
NABS_SINGLETON_THRESHOLD	,0001
CLAS_WEIGHTS_BALANCED	OFF
NABS_PAIRWISE_THRESHOLD	,0001
ODMS_DETAILS	ODMS_ENABLE
ODMS_MISSING_VALUE_TREATMENT	ODMS_MISSING_VALUE_AUTO
ODMS_SAMPLING	ODMS_SAMPLING_DISABLE

나이브 베이즈 머신 모델의 파라미터 세팅을 확인합니다. PREP_AUTO가 ON으로 설정되어 있어서 오라클이 알아서 머신러닝 모델을 최적화합니다. 나이브 베이즈 머신러닝 모델이 테스트 데이터에 대해 예측한 값을 확인합니다.

```
1  SELECT ID, CAP_SHAPE, CAP_SURFACE, CAP_COLOR, BRUISES, ODOR, TYPE 실제값,
2   PREDICTION (MD_CLASSIFICATION_MODEL USING *) 예측값
3    FROM MUSHROOMS_TEST T
4    WHERE id in (7620, 7621, 7622, 7623);
```

출력 결과

ID	CAP_SHAPE	CAP_SURFACE	CAP_COLOR	BRUISES	ODOR	실제값	예측값
7620	knobbed	smooth	red	no	fishy	poisonous	poisonous
7621	knobbed	smooth	brown	no	fishy	poisonous	poisonous
7622	knobbed	scaly	brown	no	fishy	poisonous	poisonous
7623	bell	fibrous	gray	no	none	edible	edible

머신러닝 모델이 예측한 결과입니다. 지면 관계상 4개만 출력했습니다. 출력된 4개의 행은 모두 실제 값과 예측 값이 동일합니다. 그러면 나이브 베이즈 머신러닝 모델이 테스트 데이터의 모든 행 812개에 대하여 정답을 얼마나 잘 맞추었는지 확인해 보겠습니다. 나이브 베이즈 머신러닝 모델의 정확도를 확인합니다.

```
1  SELECT SUM(DECODE(P.MODEL_PREDICT_RESPONSE, I.TYPE, 1,0)) / COUNT(*) 정확도
2   FROM (
3  SELECT ID,
4   PREDICTION (MD_CLASSIFICATION_MODEL USING *) MODEL_PREDICT_RESPONSE
5    FROM MUSHROOMS_TEST T)  P,  MUSHROOMS  I
6    WHERE P.ID= I.ID;
```

출력 결과

정확도
.997539975

99%의 정확도로 정상 버섯과 독버섯을 분류하는 모델임이 확인됩니다.

SQL로 머신러닝 구현하기 ④ (DECISION TREE)

- **학습 내용:** 퇴사자를 예측하기 위해 의사결정 트리 머신러닝 모델을 활용하는 방법을 학습합니다.
- **힌트 내용:** DBMS_DATA_MINING 패키지를 활용합니다.

의사 결정 트리 머신러닝 모델로 퇴사할 것으로 예측되는 직원을 예측해 보겠습니다. 데이터는 머신러닝 데이터분석 대회인 Kaggle(http://www.kaggle.com)의 데이터셋을 이용하였습니다.

머신러닝 모델을 훈련시킬 데이터를 만듭니다.

📁 File: 예제_182.txt

```
 1 DROP TABLE HR_DATA;
 2
 3 CREATE TABLE HR_DATA
 4 ( EMP_ID                    NUMBER,
 5    SATISFACTION_LEVEL        NUMBER,
 6    LAST_EVALUATION           NUMBER,
 7    NUMBER_PROJECT            NUMBER,
 8    AVERAGE_MONTLY_HOURS      NUMBER,
 9    TIME_SPEND_COMPANY        NUMBER,
10    WORK_ACCIDENT             NUMBER,
11    LEFT                      NUMBER,
12    PROMOTION_LAST_5YEARS     NUMBER,
13    SALES                     VARCHAR2 (20),
14    SALARY                    VARCHAR2 (20));
```

1 ◆ HR_DATA 테이블을 삭제합니다.

3~14 ◆ 퇴사 여부(Left)에 영향을 미치는 요소를 예측하기 위해 하루 근무 시간, 평균 한 달 근무 시간, 근무 만족도, 지난해 평가 지수, 프로젝트 수, 지난 5년간 승진 횟수, 급여를 저장할 테이블을 생성합니다.

컬럼명	설명	컬럼명	설명
EMP_ID	사원 번호	WORK_ACCIDENT	사고 건수
SATISFACTION_LEVEL	만족도	LEFT	퇴사 여부
LAST_EVALUATION	지난 해 평가 지수	PROMOTION_LAST_5YEARS	지난 5년간 승진 횟수
NUMBER_PROJECT	프로젝트 개수	SALES	근무 부서
AVERAGE_MONTLY_HOURS	월 평균 근무 시간	SALARY	급여 수준
TIME_SPEND_COMPANY	근무 년수		

출처 : https://www.kaggle.com/pankeshpatel/hrcommasep

SQL Developer를 이용해서 hr.csv를 HR_DATA_MAIN 테이블에 입력합니다.

훈련 데이터와 테스트 데이터로 분리합니다.

```
 1 DROP TABLE HR_DATA_MAIN;
 2
 3 CREATE TABLE HR_DATA_MAIN
 4 AS
 5 SELECT *
 6   FROM HR_DATA;
 7
 8 DROP TABLE HR_DATA_TRAINING;
 9
10 CREATE TABLE HR_DATA_TRAINING
11 AS
12   SELECT *
13     FROM HR_DATA_MAIN
14    WHERE EMP_ID < 10500;
15
16 DROP TABLE HR_DATA_TEST;
17
18 CREATE TABLE HR_DATA_TEST
19 AS
20   SELECT *
21     FROM HR_DATA_MAIN
22    WHERE EMP_ID >= 10500;
```

1 ◆ HR_DATA_MAIN 테이블을 삭제합니다.

3~6 ◆ HR_DATA 테이블을 이용하여 HR_DATA_MAIN 테이블을 생성합니다.

8 ◆ HR_DATA_TRAINING 테이블을 삭제합니다.

10~14 ◆ 전체 데이터 중 70%를 머신러닝 모델을 훈련시킬 훈련 데이터로 생성합니다.

16 ◆ HR_DATA_TEST 테이블을 삭제합니다.

18~22 ◆ HR_DATA 전체 데이터 30%를 머신러닝 모델의 정확도를 확인할 테스트 데이터로 생성합니다.

머신러닝 모델의 환경 설정을 위한 정보가 들어 있는 테이블을 생성합니다.

```
1 DROP TABLE DTSETTINGS;
2
3 CREATE TABLE DTSETTINGS
4 AS
5 SELECT *
6     FROM TABLE (DBMS_DATA_MINING.GET_DEFAULT_SETTINGS)
7     WHERE SETTING_NAME LIKE '%GLM%';
8
9 BEGIN
10   INSERT INTO DTSETTINGS
11     VALUES ('ALGO_NAME', 'ALGO_DECISION_TREE');
12
13   INSERT INTO DTSETTINGS
14     VALUES (DBMS_DATA_MINING.TREE_IMPURITY_METRIC, 'TREE_IMPURITY_ENTROPY');
15 COMMIT;
16 END;
17 /
```

1 ◆ DTSETTINGS 테이블을 삭제합니다.

3~5 ◆ 의사결정 트리 모델 생성에 필요한 환경 설정 정보를 세팅하기 위한 테이블을 DTSETTINGS라는 이름으로 생성합니다.

DTSETTINGS 테이블에 파라미터 ALGO_NAME의 값을 ALGO_DECISION_TREE로 입력하 ◆ 9~11
여 의사결정 트리 머신러닝 모델을 사용하겠다고 설정합니다.

의사결정 트리 모델의 핵심 엔진을 엔트로피(Entropy) 설정하기 위해 DBMS_DATA_MINING. ◆ 13~14
TREE_IMPURITY_METRIC 파라미터의 값을 TREE_IMPURITY_ENTROPY로 설정합니다.

머신러닝 모델을 생성합니다.

```
1  BEGIN
2    DBMS_DATA_MINING.DROP_MODEL('DT_MODEL');
3  END;
4  /
5
6  BEGIN
7    DBMS_DATA_MINING.CREATE_MODEL (
8        MODEL_NAME              => 'DT_MODEL',
9        MINING_FUNCTION         => DBMS_DATA_MINING.CLASSIFICATION,
10       DATA_TABLE_NAME         => 'HR_DATA_TRAINING',
11       CASE_ID_COLUMN_NAME     => 'EMP_ID',
12       TARGET_COLUMN_NAME      => 'LEFT',
13       SETTINGS_TABLE_NAME     => 'DTSETTINGS');
14 END;
15 /
```

머신러닝 모델 DT_MODEL을 삭제합니다. ◆ 1~4

머신러닝 모델을 이름을 DT_MODEL로 설정합니다. ◆ 8

머신러닝의 모델의 목표가 분류이므로 MINING_FUNCTION의 값을 DBMS_DATA_ ◆ 9
MINING.CLASSIFICATION로 설정합니다.

훈련 데이터가 있는 테이블명을 지정합니다. ◆ 10

훈련 테이블의 식별자 컬럼명을 지정합니다. ◆ 11

학습 데이터의 정답에 해당하는 컬럼명을 지정합니다. 퇴사 여부(LEFT) 컬럼을 지정합니다. ◆ 12

머신러닝 모델의 환경 설정 정보가 들어 있는 DTSETTINGS 테이블을 지정합니다. ◆ 13

생성된 모델을 확인합니다.

```
1 SELECT MODEL_NAME,
2        ALGORITHM,
3        MINING_FUNCTION,
4   FROM ALL_MINING_MODELS
5   WHERE MODEL_NAME = 'DT_MODEL';
```

출력 결과

MODEL_NAME	ALGORITHM	MINING_FUNCTION
DT_MODEL	DECISION_TREE	CLASSIFICATION

생성된 모델의 환경 설정 내용을 확인합니다.

```
1 SELECT SETTING_NAME, SETTING_VALUE
2   FROM ALL_MINING_MODEL_SETTINGS
3   WHERE MODEL_NAME = 'DT_MODEL';
```

출력 결과

MODEL_NAME	ALGORITHM
ALGO_NAME	ALGO_DECISION_TREE
PREP_AUTO	ON
TREE_TERM_MINPCT_NODE	.05
TREE_TERM_MINREC_SPLIT	20
TREE_IMPURITY_METRIC	TREE_IMPURITY_ENTROPY
CLAS_MAX_SUP_BINS	32
CLAS_WEIGHTS_BALANCED	OFF
TREE_TERM_MINPCT_SPLIT	.1
TREE_TERM_MAX_DEPTH	7

ODMS_DETAILS	ODMS_ENABLE
ODMS_MISSING_VALUE_TREATMENT	ODMS_MISSING_VALUE_AUTO
ODMS_SAMPLING	ODMS_SAMPLING_DISABLE
TREE_TERM_MINREC_NODE	10

실제 값과 예측 값과 예측 확률을 출력합니다.

```
1 SELECT EMP_ID, T.LEFT 실제값,
2   PREDICTION (DT_MODEL USING *) 예측값,
3   PREDICTION_PROBABILITY (DT_MODEL USING *) "모델이 예측한 확률"
4   FROM HR_DATA_TEST T;
```

출력 결과

EMP_ID	실제값	예측값	모델이 예측한 확률
10500	0	0	0.9422735346358793
10501	0	0	0.9769894534995206
10502	0	0	1.0
10503	0	0	0.9937227550130776
10504	0	0	0.9937227550130776
:	:	:	:
12633	1	1	0.9713114754098361

맨 마지막 사원 번호 12633의 경우 실제로 퇴사를 했고 모델 예측값 또한 97%의 확률로 퇴사한 것으로 예측하였습니다.

학습한 머신러닝 모델의 성능을 확인합니다.

```
1 DROP TABLE HR_DATA_TEST_MATRIX_2;
2
```

```
 3 CREATE OR REPLACE VIEW   VIEW_HR_DATA_TEST
 4 AS
 5 SELECT EMP_ID, PREDICTION(DT_MODEL USING *) PREDICTED_VALUE,
 6              PREDICTION_PROBABILITY(DT_MODEL USING *) PROBABILITY
 7   FROM HR_DATA_TEST;
 8
 9 SET SERVEROUTPUT ON
10
11 DECLARE
12   V_ACCURACY NUMBER;
13 BEGIN
14   DBMS_DATA_MINING.COMPUTE_CONFUSION_MATRIX (
15     ACCURACY                      => V_ACCURACY,
16     APPLY_RESULT_TABLE_NAME       => 'VIEW_HR_DATA_TEST',
17     TARGET_TABLE_NAME             => 'HR_DATA_TEST',
18     CASE_ID_COLUMN_NAME           => 'EMP_ID',
19     TARGET_COLUMN_NAME            => 'LEFT',
20     CONFUSION_MATRIX_TABLE_NAME   => 'HR_DATA_TEST_MATRIX_2',
21     SCORE_COLUMN_NAME             => 'PREDICTED_VALUE',
22     SCORE_CRITERION_COLUMN_NAME   => 'PROBABILITY',
23     COST_MATRIX_TABLE_NAME        => NULL,
24     APPLY_RESULT_SCHEMA_NAME      => NULL,
25     TARGET_SCHEMA_NAME            => NULL,
26     COST_MATRIX_SCHEMA_NAME       => NULL,
27     SCORE_CRITERION_TYPE          => 'PROBABILITY');
28   DBMS_OUTPUT.PUT_LINE('**** MODEL ACCURACY ****: ' || ROUND(V_ACCURACY,4));
29 END;
30 /
```

출력 결과

```
**** MODEL ACCURACY ****: .9609
```

퇴사자를 예측하는 의사 결정 트리 머신러닝 모델의 정확도는 96%임이 확인됩니다.

1 ◆ HR_DATA_TEST_MATRIX_2 테이블을 삭제합니다.

EMP_ID와 예측 값인 PREDICTED_VALUE와 예측 확률인 PROBABILITY를 HR_DATA_ TEST 테이블로부터 불러오는 뷰를 생성합니다. 이 뷰는 정확도를 출력하는 DBMS_DATA_ MINING.COMPUTE_CONFUSION_MATRIX에서 사용됩니다. ◆ 3~7

머신러닝 모델의 정확도를 출력하기 위하여 DBMS_DATA_MINING 패키지의 COMPUTE_ CONFUSION_MATRIX 프로시저를 실행합니다. ◆ 14

머신러닝 모델의 정확도를 저장할 변수를 V_ ACCURACY로 생성합니다. ◆ 15

EMP_ID와 예측 값 PREDICTED_VALUE와 예측 확률 PROBABILITY를 출력하는 뷰 VIEW_ HR_DATA_TEST를 제공합니다. ◆ 16

테스트 테이블의 이름을 지정합니다. ◆ 17

정확도를 출력하기 위해 데이터를 저장할 CONFUSION MATRIX의 테이블 이름을 HR_ DATA_TEST_MATRIX_2로 지정합니다. ◆ 20

정확도를 판단하는 기준이 되는 컬럼을 지정합니다. ◆ 22

출력 패키지인 DBMS_OUTPUT을 이용하여 정확도를 출력합니다. ◆ 28

SQL로 머신러닝 구현하기 ⑤ (DECISION TREE)

- **학습 내용:** 퇴사자를 예측하는 의사결정 트리 머신러닝 모델의 성능을 높이는 방법을 학습합니다.
- **힌트 내용:** 의사결정 트리 머신러닝 모델의 환경 설정 파라미터의 값을 변경합니다.

퇴사자를 예측하는 의사 결정 트리 머신러닝 모델의 성능을 높여보겠습니다.

의사결정 모델의 환경 구성 테이블을 재구성하여 생성합니다.

📂 File: p183.sql

```
 1 DROP TABLE DTSETTINGS2;
 2
 3 CREATE TABLE DTSETTINGS2
 4 AS
 5 SELECT *
 6     FROM TABLE (DBMS_DATA_MINING.GET_DEFAULT_SETTINGS)
 7     WHERE SETTING_NAME LIKE '%GLM%';
 8
 9 BEGIN
10   INSERT INTO DTSETTINGS2
11     VALUES ('ALGO_NAME', 'ALGO_DECISION_TREE');
12
13   INSERT INTO DTSETTINGS2
14     VALUES (DBMS_DATA_MINING.TREE_IMPURITY_METRIC, 'TREE_IMPURITY_ENTROPY');
15
16   INSERT INTO DTSETTINGS2
17     VALUES (DBMS_DATA_MINING.CLAS_MAX_SUP_BINS, 10000);
18
19   INSERT INTO DTSETTINGS2
20     VALUES (DBMS_DATA_MINING.TREE_TERM_MAX_DEPTH, 20);
21
22 COMMIT;
23 END;
24 /
```

성능을 높이는 방법으로 의사 결정 트리(tree)의 개수를 기본값인 32개에서 10000으로 늘립니다. 트리(tree)의 개수를 늘리기 위해 DBMS_DATA_MINING.CLAS_MAX_SUP_BINS 파라미터를 조정하면 됩니다. 트리의 개수를 늘리는 것과 동시에 의사 결정 모델 트리(tree)의 depth(깊이)도 기본값 7에서 20으로 늘립니다. 트리의 개수와 depth가 늘어나게 되면 다른 트리(tree)가 예상하지 못했던 결과를 예측하여 서로의 결함을 보완하는 효과가 있습니다.

DTSETTINGS2 테이블을 삭제합니다. ◆ 1

의사결정 트리 모델의 환경 설정 내용을 저장할 테이블을 생성합니다. ◆ 3~7

머신러닝 모델을 의사결정 트리 머신러닝 모델로 설정합니다. ◆ 10~11

의사결정 트리 머신러닝 모델의 엔진인 커널을 엔트로피(ENTROPY)로 설정합니다. ◆ 13~14

의사결정 트리의 개수를 10000으로 늘립니다. ◆ 16~17

의사결정 트리가 확장할 수 있는 DEPTH를 최대 20으로 설정합니다. ◆ 19~20

모델을 생성합니다.

```
1  BEGIN
2    DBMS_DATA_MINING.DROP_MODEL('DT_MODEL2');
3  END;
4  /
5
6  BEGIN
7    DBMS_DATA_MINING.CREATE_MODEL (
8       MODEL_NAME              => 'DT_MODEL2',
9       MINING_FUNCTION         => DBMS_DATA_MINING.CLASSIFICATION,
10      DATA_TABLE_NAME         => 'HR_DATA_TRAINING',
11      CASE_ID_COLUMN_NAME     => 'EMP_ID',
12      TARGET_COLUMN_NAME      => 'LEFT',
13      SETTINGS_TABLE_NAME     => 'DTSETTINGS2');
14 END;
15 /
```

1~4 ◆ 모델 DT_MODEL2를 삭제합니다.

13 ◆ 성능 향상을 위해 새로 지정한 머신러닝 모델의 환경 구성 정보가 들어 있는 DTSETTINGS2을 구성 테이블로 지정합니다.

생성된 모델을 확인합니다.

```
1 SELECT MODEL_NAME,
2        ALGORITHM,
3        MINING_FUNCTION
4   FROM ALL_MINING_MODELS
5  WHERE MODEL_NAME = 'DT_MODEL2';
```

출력 결과

MODEL_NAME	ALGORITHM	MINING_FUNCTION
DT_MODEL2	DECISION_TREE	CLASSIFICATION

개선된 머신러닝 모델의 성능을 확인합니다.

```
 1 DROP TABLE HR_DATA_TEST_MATRIX_2;
 2
 3 CREATE OR REPLACE VIEW VIEW_HR_DATA_TEST2
 4 AS
 5 SELECT EMP_ID, PREDICTION(DT_MODEL2 USING *) PREDICTED_VALUE,
 6             PREDICTION_PROBABILITY(DT_MODEL2 USING *) PROBABILITY
 7   FROM HR_DATA_TEST;
 8
 9 DECLARE
10    V_ACCURACY NUMBER;
11 BEGIN
12    DBMS_DATA_MINING.COMPUTE_CONFUSION_MATRIX (
13       ACCURACY                        => V_ACCURACY,
14       APPLY_RESULT_TABLE_NAME         => 'VIEW_HR_DATA_TEST2',
```

```
15        TARGET_TABLE_NAME                => 'HR_DATA_TEST',
16        CASE_ID_COLUMN_NAME              => 'EMP_ID',
17        TARGET_COLUMN_NAME               => 'LEFT',
18        CONFUSION_MATRIX_TABLE_NAME      => 'HR_DATA_TEST_MATRIX_2',
19        SCORE_COLUMN_NAME                => 'PREDICTED_VALUE',
20        SCORE_CRITERION_COLUMN_NAME      => 'PROBABILITY',
21        COST_MATRIX_TABLE_NAME           => NULL,
22        APPLY_RESULT_SCHEMA_NAME         => NULL,
23        TARGET_SCHEMA_NAME               => NULL,
24        COST_MATRIX_SCHEMA_NAME          => NULL,
25        SCORE_CRITERION_TYPE             => 'PROBABILITY');
26    DBMS_OUTPUT.PUT_LINE('**** MODEL ACCURACY ****: ' || ROUND(V_ACCURACY,4));
27 END;
28 /
```

출력 결과

```
***** MODEL ACCURACY ****: .9618
```

정확도가 0.9609에서 0.9618로 약간 올랐습니다.

SQL로 머신러닝 구현하기 ⑥ (RANDOM FOREST)

- **학습 내용:** 퇴사자를 예측하기 위해 랜덤 포레스트 머신러닝 모델을 활용하는 방법을 학습합니다.
- **힌트 내용:** DBMS_DATA_MINING 패키지를 활용합니다.

랜덤 포레스트 머신러닝 알고리즘을 이용하여 퇴사할 것으로 예측되는 사원을 알아내는 머신러 닝 모델을 만들어 보겠습니다.

랜덤 포레스트로 머신러닝 환경을 설정합니다.

📁 File: 예제_184.txt

```
1 DROP TABLE DTSETTINGS3;
2
3 CREATE TABLE DTSETTINGS3
4 AS
5 SELECT *
6     FROM TABLE (DBMS_DATA_MINING.GET_DEFAULT_SETTINGS)
7     WHERE SETTING_NAME LIKE '%GLM%';
8
9 BEGIN
10    INSERT INTO DTSETTINGS3
11        VALUES (DBMS_DATA_MINING.ALGO_NAME, 'ALGO_RANDOM_FOREST');
12
13    INSERT INTO DTSETTINGS3
14        VALUES (DBMS_DATA_MINING.PREP_AUTO, 'ON');
15 COMMIT;
16 END;
17 /
```

1 ◆ DTSETTINGS3 테이블을 삭제합니다.

3~7 ◆ 머신러닝 모델의 환경 설정 정보를 저장하기 위한 테이블을 생성합니다.

랜덤 포레스트 머신러닝 모델로 설정합니다.   ◆ 10~11

머신러닝 모델의 파라미터 값을 자동으로 최적화합니다.   ◆ 13~14

머신러닝 모델을 생성합니다.

```
 1 BEGIN
 2   DBMS_DATA_MINING.DROP_MODEL('DT_MODEL3');
 3 END;
 4 /
 5
 6 BEGIN
 7   DBMS_DATA_MINING.CREATE_MODEL (
 8       MODEL_NAME            => 'DT_MODEL3',
 9       MINING_FUNCTION       => DBMS_DATA_MINING.CLASSIFICATION,
10       DATA_TABLE_NAME       => 'HR_DATA_TRAINING',
11       CASE_ID_COLUMN_NAME   => 'EMP_ID',
12       TARGET_COLUMN_NAME    => 'LEFT',
13       SETTINGS_TABLE_NAME   => 'DTSETTINGS3');
14 END;
15 /
```

모델 DT_MODEL3를 삭제합니다.   ◆ 1~4

DBMS_DATA_MINING 패키지의 CREATE_MODEL 프로시저를 이용하여 모델을 생성합니다.   ◆ 7

모델 이름을 DT_MODEL3로 지정합니다.   ◆ 8

머신러닝 모델의 목적이 분류이므로 MINING_FUNCTION을 DBMS_DATA_MINING 패키   ◆ 9
지의 CLASSIFICATION 함수를 사용하겠다고 설정합니다.

훈련 데이터가 저장되어 있는 테이블명을 지정합니다.   ◆ 10

훈련 데이터가 저장되어 있는 테이블의 대표 컬럼인 EMP_ID를 지정합니다.   ◆ 11

학습 데이터의 정답이 들어 있는 컬럼을 LEFT(퇴사 여부)로 지정합니다.   ◆ 12

머신러닝 환경 설정 정보가 들어 있는 테이블명을 지정합니다.   ◆ 13

생성한 머신러닝 모델을 확인합니다.

```
1 SELECT MODEL_NAME,
2        ALGORITHM,
3        MINING_FUNCTION
4   FROM ALL_MINING_MODELS
5   WHERE MODEL_NAME = 'DT_MODEL3';
```

출력 결과

MODEL_NAME	ALGORITHM	MINING_FUNCTION
DT_MODEL3	RANDOM_FOREST	CLASSIFICATION

머신러닝 모델 환경 설정 값을 확인합니다.

```
1 SELECT SETTING_NAME, SETTING_VALUE
2   FROM ALL_MINING_MODEL_SETTINGS
3   WHERE MODEL_NAME = 'DT_MODEL3';
```

출력 결과

MODEL_NAME	ALGORITHM
ALGO_NAME	ALGO_RANDOM_FOREST
PREP_AUTO	ON
TREE_TERM_MINPCT_NODE	.05
TREE_TERM_MINREC_SPLIT	20
ODMS_RANDOM_SEED	0
TREE_IMPURITY_METRIC	TREE_IMPURITY_GINI
CLAS_MAX_SUP_BINS	32
CLAS_WEIGHTS_BALANCED	OFF
TREE_TERM_MINPCT_SPLIT	.1

TREE_TERM_MAX_DEPTH	16
ODMS_DETAILS	ODMS_ENABLE
RFOR_NUM_TREES	20
ODMS_MISSING_VALUE_TREATMENT	ODMS_MISSING_VALUE_AUTO
ODMS_SAMPLING	ODMS_SAMPLING_DISABLE
TREE_TERM_MINREC_NODE	10

RFOR_NUM_TREES의 20은 랜덤 포레스트 트리의 개수가 20개임이 확인됩니다.

실제값과 예측값과 예측 확률을 출력합니다.

```
1  SELECT EMP_ID, T.LEFT  실제값 ,
2   PREDICTION (DT_MODEL3 USING *) 예측값,
3   ROUND(PREDICTION_PROBABILITY (DT_MODEL3 USING *),2) "예측한 확률"
4     FROM HR_DATA_TEST T
5     WHERE ROWNUM < 6;
```

출력 결과

EMP_ID	실제값	예측값	예측한 확률
10500	0	0	0.99
10501	0	0	0.98
10502	0	0	0.75
10503	0	0	0.99
10504	0	0	1

랜덤 포레스트 머신러닝 모델이 예측 값과 실제 값을 같이 출력하여 비교합니다.

◆ 1~5

머신러닝 모델의 성능을 확인합니다.

```
 1 DROP TABLE HR_DATA_TEST_MATRIX_3;
 2
 3 CREATE OR REPLACE VIEW VIEW_HR_DATA_TEST3
 4 AS
 5 SELECT EMP_ID, PREDICTION(DT_MODEL3 USING *) PREDICTED_VALUE,
 6              PREDICTION_PROBABILITY(DT_MODEL3 USING *) PROBABILITY
 7   FROM HR_DATA_TEST;
 8
 9 DECLARE
10   V_ACCURACY NUMBER;
11 BEGIN
12   DBMS_DATA_MINING.COMPUTE_CONFUSION_MATRIX (
13     ACCURACY                     => V_ACCURACY,
14     APPLY_RESULT_TABLE_NAME       => 'VIEW_HR_DATA_TEST3',
15     TARGET_TABLE_NAME             => 'HR_DATA_TEST',
16     CASE_ID_COLUMN_NAME           => 'EMP_ID',
17     TARGET_COLUMN_NAME            => 'LEFT',
18     CONFUSION_MATRIX_TABLE_NAME   => 'HR_DATA_TEST_MATRIX_3',
19     SCORE_COLUMN_NAME             => 'PREDICTED_VALUE',
20     SCORE_CRITERION_COLUMN_NAME   => 'PROBABILITY',
21     COST_MATRIX_TABLE_NAME        => NULL,
22     APPLY_RESULT_SCHEMA_NAME      => NULL,
23     TARGET_SCHEMA_NAME            => NULL,
24     COST_MATRIX_SCHEMA_NAME       => NULL,
25     SCORE_CRITERION_TYPE          => 'PROBABILITY');
26   DBMS_OUTPUT.PUT_LINE('**** MODEL ACCURACY ****: ' || ROUND(V_ACCURACY,4));
27 END;
28 /
```

출력 결과

```
**** MODEL ACCURACY ****: .9618
```

랜덤 포레스트 머신러닝 모델이 테스트 데이터 전체에 대하여 예측한 정확도는 96%입니다.

HR_DATA_TEST_MATRIX_3 테이블을 삭제합니다. ◆ 1

EMP_ID와 예측 값인 PREDICTED_VALUE와 예측 확률인 PROBABILITY를 HR_DATA_ ◆ 3~7
TEST 테이블로부터 불러오는 뷰를 생성합니다. 이 뷰는 정확도를 출력하는 DBMS_DATA_
MINING.COMPUTE_CONFUSION_MATRIX에서 사용됩니다.

머신러닝 모델의 정확도를 출력하기 위하여 DBMS_DATA_MINING 패키지의 COMPUTE_ ◆ 12
CONFUSION_MATRIX 프로시저를 실행합니다.

머신러닝 모델의 정확도를 저장할 변수를 V_ACCURACY로 생성합니다. ◆ 13

EMP_ID와 예측값과 예측 확률을 출력하는 뷰 VIEW_HR_DATA_TEST3을 지정합니다. ◆ 14

테스트 테이블의 이름을 지정합니다. ◆ 15

훈련 데이터의 식별자 컬럼을 지정합니다. ◆ 16

정답이 있는 라벨 컬럼을 지정합니다. ◆ 17

정확도를 출력하기 위해 데이터를 저장할 테이블 이름을 HR_DATA_TEST_MATRIX_3로 지정 ◆ 18
합니다.

예측한 값이 있는 컬럼을 지정합니다. ◆ 19

예측한 값의 예측 확률이 있는 컬럼을 지정합니다. ◆ 20

출력 패키지 DBMS_OUTPUT.PUT_LINE을 이용하여 정확도를 출력합니다. ◆ 26

실무

185

SQL로 머신러닝 구현하기 ⑦ (RANDOM FOREST)

- **학습 내용:** 퇴사자를 예측하는 랜덤 포레스트 머신러닝 모델의 성능을 높이는 방법을 학습합니다.
- **힌트 내용:** 랜덤 포레스트 머신러닝 모델의 환경 설정 파라미터의 값을 변경합니다.

앞에서 생성한 퇴사할 사원을 예측하는 랜덤 포레스트 머신러닝 모델의 성능을 높여보겠습니다.

랜덤 포레스트 머신러닝 환경을 다시 재구성합니다.

📁 File: 예제_185.txt

```
1  DROP TABLE DTSETTINGS4;
2
3  CREATE TABLE DTSETTINGS4
4  AS
5  SELECT *
6      FROM TABLE (DBMS_DATA_MINING.GET_DEFAULT_SETTINGS)
7      WHERE SETTING_NAME LIKE '%GLM%';
8
9  BEGIN
10
11    INSERT INTO DTSETTINGS4
12        VALUES (DBMS_DATA_MINING.ALGO_NAME, 'ALGO_RANDOM_FOREST');
13
14    INSERT INTO DTSETTINGS4
15        VALUES (DBMS_DATA_MINING.PREP_AUTO, 'ON');
16
17    INSERT INTO DTSETTINGS4
18      VALUES (DBMS_DATA_MINING.CLAS_MAX_SUP_BINS, 254);
19
20  COMMIT;
21  END;
22  /
```

랜덤 포레스트 머신러닝 모델의 성능을 높이기 위해서 랜덤 포레스트 트리의 개수를 늘리는 매개변수인 DBMS_DATA_MINING.CLAS_MAX_SUP_BINS의 개수를 254로 늘립니다.

DTSETTINGS4 테이블을 삭제합니다.　　　　　　　　　　　　　　　　　　　◆ 1

랜덤 포레스트 머신러닝 모델의 환경 설정 내용을 저장하기 위한 테이블을 생성합니다.　◆ 3~7

ALGO_NAME을 ALGO_RANDOM_FOREST로 설정함으로써 랜덤 포레스트 머신러닝 모델을 사용함을 설정합니다.　◆ 11~12

랜덤 포레스트 머신러닝 모델을 최적화를 자동으로 설정합니다.　◆ 14~15

랜덤 포레스트 트리의 개수를 늘리기 위해 CLAS_MAX_SUP_BINS을 254으로 설정합니다.　◆ 17~18

머신러닝 모델을 생성합니다.

```
 1 BEGIN
 2   DBMS_DATA_MINING.DROP_MODEL('DT_MODEL4');
 3 END;
 4 /
 5
 6 BEGIN
 7   DBMS_DATA_MINING.CREATE_MODEL (
 8     MODEL_NAME             => 'DT_MODEL4',
 9     MINING_FUNCTION        => DBMS_DATA_MINING.CLASSIFICATION,
10     DATA_TABLE_NAME        => 'HR_DATA_TRAINING',
11     CASE_ID_COLUMN_NAME    => 'EMP_ID',
12     TARGET_COLUMN_NAME     => 'LEFT',
13     SETTINGS_TABLE_NAME    => 'DTSETTINGS4');
14 END;
15 /
```

기존의 랜덤 포레스트 모델 DT_MODEL4를 삭제합니다.　◆ 1~4

랜덤 포레스트의 트리의 개수를 254로 늘린 머신러닝 구성 정보가 들어 있는 테이블 DTSETTINGS4를 SETTINGS_TABLE_NAME의 매개변수의 값으로 지정하여 모델을 생성합니다.　◆ 6~15

랜덤 포레스트 머신러닝 모델이 잘 생성되었는지 확인합니다.

```
1 SELECT MODEL_NAME,
2        ALGORITHM,
3        MINING_FUNCTION
4   FROM ALL_MINING_MODELS
5   WHERE MODEL_NAME = 'DT_MODEL4';
```

출력 결과

MODEL_NAME	ALGORITHM	MINING_FUNCTION
DT_MODEL4	RANDOM_FOREST	CLASSIFICATION

파라미터값을 수정해서 생성한 모델의 설정 내용을 확인합니다.

```
1 SELECT SETTING_NAME, SETTING_VALUE
2   FROM ALL_MINING_MODEL_SETTINGS
3   WHERE MODEL_NAME = 'DT_MODEL4';
```

출력 결과

MODEL_NAME	ALGORITHM
ALGO_NAME	ALGO_RANDOM_FOREST
PREP_AUTO	ON
TREE_TERM_MINPCT_NODE	.05
TREE_TERM_MINREC_SPLIT	20
ODMS_RANDOM_SEED	0
TREE_IMPURITY_METRIC	TREE_IMPURITY_GINI
CLAS_MAX_SUP_BINS	254
CLAS_WEIGHTS_BALANCED	OFF
TREE_TERM_MINPCT_SPLIT	.1

TREE_TERM_MAX_DEPTH	16
ODMS_DETAILS	ODMS_ENABLE
RFOR_NUM_TREES	20
ODMS_MISSING_VALUE_TREATMENT	ODMS_MISSING_VALUE_AUTO
ODMS_SAMPLING	ODMS_SAMPLING_DISABLE
TREE_TERM_MINREC_NODE	10
RFOR_SAMPLING_RATIO	.5

결과값을 보면 랜덤 포레스트의 트리의 최대 개수를 나타내는 CLAS_MAX_SUP_BINS가 254임을 확인할 수 있습니다.

머신러닝 모델의 성능을 확인합니다.

```
1  DROP TABLE HR_DATA_TEST_MATRIX_4;
2
3  CREATE OR REPLACE VIEW VIEW_HR_DATA_TEST4
4  AS
5  SELECT EMP_ID, PREDICTION(DT_MODEL4 USING *) PREDICTED_VALUE,
6            PREDICTION_PROBABILITY(DT_MODEL4 USING *) PROBABILITY
7    FROM HR_DATA_TEST;
8
9  DECLARE
10   V_ACCURACY NUMBER;
11 BEGIN
12   DBMS_DATA_MINING.COMPUTE_CONFUSION_MATRIX (
13     ACCURACY                  => V_ACCURACY,
14     APPLY_RESULT_TABLE_NAME   => 'VIEW_HR_DATA_TEST4',
15     TARGET_TABLE_NAME         => 'HR_DATA_TEST',
16     CASE_ID_COLUMN_NAME       => 'EMP_ID',
17     TARGET_COLUMN_NAME        => 'LEFT',
18     CONFUSION_MATRIX_TABLE_NAME => 'HR_DATA_TEST_MATRIX_4',
19     SCORE_COLUMN_NAME         => 'PREDICTED_VALUE',
20     SCORE_CRITERION_COLUMN_NAME => 'PROBABILITY',
21     COST_MATRIX_TABLE_NAME    => NULL,
```

```
22          APPLY_RESULT_SCHEMA_NAME        => NULL,
23          TARGET_SCHEMA_NAME             => NULL,
24          COST_MATRIX_SCHEMA_NAME        => NULL,
25          SCORE_CRITERION_TYPE           => 'PROBABILITY');
26      DBMS_OUTPUT.PUT_LINE('**** MODEL ACCURACY ****: ' || ROUND(V_ACCURACY,4));
27  END;
28  /
```

출력 결과

```
**** MODEL ACCURACY ****: .9627
```

정확도가 파라미터 튜닝하기 전인 0.9618보다 높아졌음을 확인할 수 있습니다.

1 ◆ HR_DATA_TEST_MATRIX_4 테이블을 삭제합니다.

3~7 ◆ EMP_ID와 예측 값인 PREDICTED_VALUE와 예측 확률인 PROBABILITY를 HR_DATA_TEST 테이블로부터 불러오는 뷰를 생성합니다. 이 뷰는 정확도를 출력하는 DBMS_DATA_MINING.COMPUTE_CONFUSION_MATRIX에서 사용됩니다.

12 ◆ 머신러닝 모델의 정확도를 출력하기 위하여 DBMS_DATA_MINING 패키지의 COMPUTE_CONFUSION_MATRIX 프로시저를 실행합니다.

13 ◆ 머신러닝 모델의 정확도를 저장할 변수를 V_ACCURACY로 생성합니다.

14 ◆ EMP_ID와 예측 값 PREDICTED_VALUE와 예측 확률 PROBABILITY를 출력하는 뷰 VIEW_HR_DATA_TEST를 제공합니다.

15 ◆ 테스트 테이블의 이름을 지정합니다.

18 ◆ 정확도를 출력하기 위해 데이터를 저장할 CONFUSION MATRIX의 테이블 이름을 HR_DATA_TEST_MATRIX_4로 지정합니다.

25 ◆ 정확도를 판단하는 기준이 되는 컬럼을 지정합니다.

26 ◆ 출력 패키지인 DBMS_OUTPUT.PUT_LINE패키지를 이용하여 정확도를 출력합니다.

SQL로 머신러닝 구현하기 ⑧ (RANDOM FOREST)

- **학습 내용:** 생성한 머신러닝 모델에 질문을 하여 답변을 받을 수 있는 PL/SQL 프로그래밍 작성법을 배웁니다.
- **힌트 내용:** ACCEPT 명령어를 사용하여 머신러닝 모델이 대답할 질문을 만듭니다.

예제 185번에서 생성한 머신러닝 모델에게 질문을 하여 답변을 받아 출력하는 PL/SQL 프로그래밍을 해 보겠습니다. 다음과 같이 9가지 질문을 하고 답변으로 머신러닝이 예측한 결과를 출력하도록 구현해 보겠습니다.

```
SQL> @p186
회사 만족도는 어떻게 되시나요? 범위: 0~1 (예: 0.32) 0.9
마지막 근무 평가는 어떻게 되시나요? 범위:0~1 (예: 0.8) 0.98
그동안 진행했던 프로젝트의 갯수는 어떻게 되시나요? (예: 3) 6
월 평균 근무 시간은 어떻게 되시나요? (예: 160) 190
근무년수는 어떻게 되나요? (예: 3) 5
근무하는 동안 일으킨 사고 건수는? (예: 2) 1
지난 5년동안 승진한 횟수는? (예: 2) 5
일하는 부서는 어디입니까? sales
월급의 수준은? (예: low/medium/high) high
머신러닝이 예측한 결과: 퇴사할 직원이 아닙니다. 퇴사하지 않을 확률은 83%입니다
```

📁 File: p186.sql

```
1  SET SERVEROUTPUT ON
2  SET VERIFY OFF
3
4  ACCEPT P_SATIS PROMPT '회사 만족도는 어떻게 되시나요? 범위: 0~1 (예: 0.32) '
5  ACCEPT P_EVALU PROMPT '마지막 근무 평가는 어떻게 되시나요? 범위:0~1 (예: 0.8)
6  ACCEPT P_PROJECT PROMPT '진행했던 프로젝트의 갯수는 어떻게 되시나요? (예: 3) '
7  ACCEPT P_AVG_MONTH_HOURS PROMPT '월 평균 근무 시간은 어떻게 되시나요? (예: 160)'
8  ACCEPT P_TIME_SPEND_COMP PROMPT '근무년수는 어떻게 되나요? (예: 3) '
9  ACCEPT P_WORK_ACC PROMPT '근무하는 동안 일으킨 사고 건수는? (예: 2)'
```

```
10 ACCEPT P_PROMO_LAST_5Y PROMPT '지난 5년동안 승진한 횟수는? (예: 2) '
11 PROMPT 'SALES/PRODUCT_MNG/ACCOUNTING/HR/IT/RANDD/TECHNICAL/MANAGEMENT/MARKETING/SUPPORT '
12 ACCEPT P_SALES PROMPT '일하는 부서는 어디입니까? '
13 ACCEPT P_SALARY PROMPT '월급의 수준은? (예: LOW/MEDIUM/HIGH) '
14
15 DECLARE
16    V_PRED    VARCHAR2(20);
17    V_PROB    NUMBER(10,2);
18
19 BEGIN
20 WITH TEST_DATA AS (SELECT UPPER('&P_SATIS') SATISFACTION_LEVEL,
21                           UPPER('&P_EVALU') LAST_EVALUATION,
22                           UPPER('&P_PROJECT') NUMBER_PROJECT,
23                           UPPER('&P_AVG_MONTH_HOURS') AVERAGE_MONTLY_HOURS,
24                           UPPER('&P_TIME_SPEND_COMP') TIME_SPEND_COMPANY,
25                           UPPER('&P_WORK_ACC') WORK_ACCIDENT,
26                           UPPER('&P_PROMO_LAST_5Y') PROMOTION_LAST_5YEARS,
27                           UPPER('&P_SALES') SALES,
28                           UPPER('&P_SALARY') SALARY
29                      FROM DUAL)
30 SELECT PREDICTION (DT_MODEL4 USING *),
31        PREDICTION_PROBABILITY(DT_MODEL4  USING *)  INTO V_PRED, V_PROB
32 FROM TEST_DATA ;
33
34 IF  V_PRED = 1  THEN
35
36 DBMS_OUTPUT.PUT_LINE('머신러닝이 예측한 결과: 퇴사할 직원입니다. 퇴사할 확률은 ' ||
37                       ROUND(V_PROB,2) * 100 || '%입니다');
38
39  ELSE
40 DBMS_OUTPUT.PUT_LINE('머신러닝이 예측한 결과: 퇴사할 직원이 아닙니다. 퇴사하지 않을
41                       확률은 ' || ROUND(V_PROB,2) * 100 || '%입니다');
42 END IF;
43
44 END;
45 /
```

dbms_output.put_line을 실행하기 위한 SQL*PLUS 명령어입니다. ◆ 1

PL/SQL 프로그램 실행 시 출력되는 OLD 값, NEW 값을 출력되지 않게 하는 SQL*PLUS 명령어입니다. ◆ 2

'회사 만족도는 어떻게 되시나요? 범위: 0~1 (예: 0.32) '를 화면에 출력하고 입력받은 값을 P_STATIS 변수에 입력합니다. ◆ 4

'마지막 근무 평가는 어떻게 되시나요? 범위:0~1 (예: 0.8) '를 화면에 출력하고 입력받은 값을 P_EVALUE 변수에 입력합니다. ◆ 5

'그동안 진행했던 프로젝트의 갯수는 어떻게 되시나요? (예: 3) '를 화면에 출력하고 입력받은 값을 P_PROJECT 변수에 입력합니다. ◆ 6

'월 평균 근무 시간은 어떻게 되시나요? (예: 160)'를 화면에 출력하고 입력받은 값을 P_AVG_MONTH_HOURS 변수에 입력합니다. ◆ 7

'근무 년수는 어떻게 되나요? (예: 3) '를 화면에 출력하고 입력받은 값을 변수 P_TIME_SPEND_COMP에 입력합니나. ◆ 8

'근무하는 동안 일으킨 사고 건수는? (예: 2)'를 화면에 출력하고 입력받은 값을 변수 P_WORK_ACC에 입력합니다. ◆ 9

'지난 5년동안 승진한 횟수는? (예: 2) '를 화면에 출력하고 입력받은 값을 변수 P_PROMO_LAST_5Y 입력합니다. ◆ 10

12라인에서 일하는 부서를 입력할 때 보고 입력하기 편하도록 부서명을 나열합니다. ◆ 11

'일하는 부서는 어디입니까? '를 화면에 출력하고 입력받은 값을 변수 P_SALES에 입력합니다. ◆ 12

'월급의 수준은? (예: LOW/MEDIUM/HIGH)'를 화면에 출력하고 입력받은 값을 변수 P_SALARY에 입력합니다. ◆ 13

예측 값과 예측 확률을 담을 변수를 V_PRED와 V_PROB로 각각 선언합니다. ◆ 16~17

4라인에서 13라인의 변수 9개에 값을 저장할 WITH절의 TEMP TABLE을 생성합니다. 입력할 때 소문자로 입력해도 대문자로 변환될 수 있도록 치환 변수에 UPPER 함수를 각각 사용합니다. ◆ 20~29

30	입력된 테스트 데이터에 대한 예측 값을 출력합니다.
31~32	입력된 테스트 데이터에 대한 예측 값의 예측 확률을 출력합니다. 그리고 출력된 예측 값과 예측 확률을 V_PRED와 V_PROB 변수에 각각 담습니다.
34~37	V_PRED의 값이 1이면 '퇴사할 직원입니다.'라는 메시지와 함께 퇴사할 확률을 같이 출력합니다.
39~41	V_PRED의 값이 1이 아니면 '퇴사할 직원이 아닙니다.'라는 메시지와 함께 퇴사하지 않을 확률을 같이 출력합니다.
42	IF문을 종료합니다.
44	PL/SQL문을 종료합니다.
45	PL/SQL 코드를 종료합니다.

SQL로 머신러닝 구현하기 ⑨ (신경망)

- **학습 내용 :** 콘크리트 강도를 예측하기 위해 인공신경망을 SQL로 구현해 봅니다.
- **힌트 내용 :** 오라클 DBMS_DATA_MINING 패키지를 활용합니다.

건축물 재료로 쓰이는 콘크리트의 강도를 높이려면 어떻게 재료를 조합해야 하는지 인공신경망 으로 예측해 보겠습니다. 인공신경망은 DBMS_DATA_MINING 패키지를 이용하면 간단하게 생성할 수 있습니다. 앞의 예제에서는 머신러닝 모델의 학습 목표가 분류(classification)였지만, 이번 예제는 콘크리트 데이터의 강도를 예측하는 것이므로 회귀(regression)를 사용하겠습니다. 콘크리트 데이터는 예제 폴더의 concreate.csv를 이용합니다.

머신러닝 모델을 훈련시킬 데이터를 만듭니다.

📁 File: 예제_187.txt

```
 1 DROP TABLE CONCRETE;
 2
 3 CREATE TABLE CONCRETE
 4 ( C_ID          NUMBER(10),
 5   CEMENT        NUMBER(20,4),
 6   SLAG          NUMBER(20,4),
 7   ASH           NUMBER(20,4),
 8   WATER         NUMBER(20,4),
 9   SUPERPLASTIC  NUMBER(20,4),
10   COARSEAGG     NUMBER(20,4),
11   FINEAGG       NUMBER(20,4),
12   AGE           NUMBER(20,4),
13   STRENGTH      NUMBER(20,4) );
```

CONCRETE 테이블을 삭제합니다.   ◆ 1

콘크리트 재료 데이터에 대한 정보를 저장할 테이블을 생성합니다.   ◆ 3~13

컬럼명	설명	컬럼명	설명
C_ID	번호	SUPERPLASTIC	고성능 감수제
CEMENT	시멘트	COARSEAGG	굵은 자갈
SALG	슬래그 시멘트	FINEAGG	잔 자갈
ASH	회분(시멘트)	AGE	숙성 시간
WATER	물	STRENGTH	콘크리트 강도

출처: http://archive.ics.uci.edu/ml/machine-learning-databases/concrete/compressive

SQL Developer를 이용해서 concrete.csv를 CONCRETE 테이블에 입력합니다.

훈련 데이터와 테스트 데이터를 9대 1로 분리합니다.

```
 1 DROP TABLE CONCRETE_TRAIN;
 2
 3 CREATE TABLE CONCRETE_TRAIN
 4 AS
 5    SELECT *
 6      FROM CONCRETE
 7     WHERE C_ID < 931;
 8
 9 DROP TABLE CONCRETE_TEST;
10
11 CREATE TABLE CONCRETE_TEST
12 AS
13    SELECT *
14      FROM CONCRETE
15     WHERE C_ID >= 931;
```

1 ◆ CONCRETE_TRAIN 테이블을 삭제합니다.

3~7 ◆ CONCRETE 테이블의 데이터 중 90% 데이터로 CONCRETE_TRAIN 테이블을 생성합니다.

9 ◆ CONCRETE_TEST 테이블을 삭제합니다.

11~15 ◆ CONCRETE 테이블의 데이터 중 10% 데이터로 CONCRETE_TEST 테이블을 생성합니다.

머신러닝 모델의 환경 설정을 위한 정보가 들어 있는 테이블을 생성합니다.

```
 1 DROP TABLE SETTINGS_GLM;
 2
 3 CREATE TABLE SETTINGS_GLM
 4 AS
 5 SELECT *
 6     FROM TABLE (DBMS_DATA_MINING.GET_DEFAULT_SETTINGS)
 7     WHERE SETTING_NAME LIKE '%GLM%';
 8
 9 BEGIN
10
11   INSERT INTO SETTINGS_GLM(SETTING_NAME, SETTING_VALUE)
12   VALUES (DBMS_DATA_MINING.ALGO_NAME,
13           DBMS_DATA_MINING.ALGO_NEURAL_NETWORK);
14
15   INSERT INTO SETTINGS_GLM (SETTING_NAME, SETTING_VALUE)
16   VALUES (DBMS_DATA_MINING.PREP_AUTO, DBMS_DATA_MINING.PREP_AUTO_ON);
17
18 END;
19 /
```

SETTINGS_GLM 테이블을 삭제합니다. ◆ 1

신경망 모델 생성에 필요한 환경 설정 정보를 세팅하기 위한 테이블을 생성합니다. ◆ 3~7

SETTINGS_GLM 테이블에 DBMS_DATA_MINING 패키지의 함수 ALGO_NAME의 값을 ◆ 11~13
ALGO_NEURAL_NETWORK로 입력하여 신경망 머신러닝 모델을 사용하겠다고 설정합니다.

신경망 머신러닝 모델의 성능을 오라클이 알아서 자동으로 최적화할 수 있도록 DBMS_DATA_ ◆ 15~16
MINING 패키지의 PREP_AUTO 함수의 값을 DBMS_DATA_MINING 패키지의 PREP_
AUTO_ON으로 설정합니다.

머신러닝 모델을 생성합니다.

```
 1 BEGIN
 2  DBMS_DATA_MINING.DROP_MODEL('MD_GLM_MODEL');
```

```
 3 END;
 4 /
 5
 6 BEGIN
 7   DBMS_DATA_MINING.CREATE_MODEL(
 8       MODEL_NAME            => 'MD_GLM_MODEL',
 9       MINING_FUNCTION       => DBMS_DATA_MINING.REGRESSION,
10       DATA_TABLE_NAME       => 'CONCRETE_TRAIN',
11       CASE_ID_COLUMN_NAME   => 'C_ID',
12       TARGET_COLUMN_NAME    => 'STRENGTH',
13     SETTINGS_TABLE_NAME     => 'SETTINGS_GLM');
14 END;
15 /
```

1~4 ◆ 머신러닝 모델 MD_GLM_MODEL을 삭제합니다.

8 ◆ 머신러닝 모델 이름을 MD_GLM_MODEL로 설정합니다.

9 ◆ 신경망 머신러닝 모델의 목표가 회귀이므로 MINING_FUNCTION의 값을 DBMS_DATA_ MINING.REGRESSION으로 설정합니다.

10 ◆ 훈련 데이터가 있는 테이블명(CONCRETE_TRAIN)을 지정합니다.

11 ◆ 훈련 데이터가 있는 테이블의 행을 대표할 수 있는 컬럼명(C_ID)을 지정합니다.

12 ◆ 학습 데이터의 정답에 해당하는 컬럼명을 지정합니다. 콘크리트 강도(STRENGTH) 컬럼을 지정합니다.

13 ◆ 머신러닝 모델의 구성 정보가 들어 있는 테이블을 지정합니다.

생성된 모델을 확인합니다.

```
1 SELECT MODEL_NAME,
2        ALGORITHM,
3        MINING_FUNCTION
4   FROM ALL_MINING_MODELS
5  WHERE MODEL_NAME = 'MD_GLM_MODEL';
```

출력 결과

MODEL_NAME	ALGORITHM	MINING_FUNCTION
MD_GLM_MODEL	NEURAL_NETWORK	REGRESSION

인공신경망의 환경 구성 정보를 확인합니다.

```
1 SELECT SETTING_NAME, SETTING_VALUE
2   FROM ALL_MINING_MODEL_SETTINGS
3  WHERE MODEL_NAME = 'MD_GLM_MODEL'
4   AND SETTING_NAME = 'NNET_HIDDEN_LAYERS';
```

출력 결과

SETTING_NAME	SETTING_VALUE
NNET_HIDDEN_LAYERS	1

NNET_HIDDEN_LAYERS는 신경망 은닉층의 수입니다. 1개의 은닉층을 갖는 신경망으로 생성되었습니다. 신경망 모델이 예측한 결과를 확인합니다.

```
1 SELECT C_ID, STRENGTH 실제값,
2     ROUND(PREDICTION(MD_GLM_MODEL USING *),2) 예측값
3   FROM CONCRETE_TEST;
```

출력 결과

C_ID	실제값	예측값
931	18.13	17.88
932	40.93	51.66
933	24.44	24.69
934	55.9	45.77

935	33.08	39.51
936	67.31	67.78
⊠	⊠	⊠

예측값이 실제값과 거의 비슷한 강도(strength)의 수치로 출력되고 있습니다. 분류와는 다르게 콘크리트 강도의 실제값과 예측값이 각각 실수 형태의 숫자로 출력되기 때문에 상관관계를 통하여 다음과 같이 두 컬럼 간의 연관성을 보고 머신러닝 모델의 성능을 확인합니다.

실제값과 예측값 간의 상관관계를 확인합니다.

```
1 SELECT ROUND(CORR(PREDICTED_VALUE, STRENGTH),2) 상관관계
2 FROM (
3 SELECT C_ID, PREDICTION(MD_GLM_MODEL USING *) PREDICTED_VALUE,
4         PREDICTION_PROBABILITY(MD_GLM_MODEL USING *) PROB,
5         STRENGTH
6   FROM CONCRETE_TEST
7      );
```

출력 결과

상관관계
0.94

머신러닝 모델의 결과가 분류가 아니라 회귀(regression)이므로 위와 같이 실제값과 예측값 간의 상관관계를 통해 신경망 모델을 평가합니다. 0.94로 강한 상관관계를 보이고 있습니다.

SQL로 머신러닝 구현하기 ⑩ (신경망)

실무

188

- **학습 내용**: 콘크리트 강도를 예측하는 신경망 머신러닝 모델의 성능을 높이는 방법을 학습합니다.
- **힌트 내용**: 인공 신경망의 층 수와 뉴런의 개수를 증가시킵니다.

콘크리트 강도를 예측하는 인공신경망의 층(layer) 수와 뉴런(neuran)의 개수를 늘려 성능을 높여보겠습니다.

인공신경망의 구조를 은닉 1층에서 은닉 2층으로 재구성합니다.

📂 File: 예제_188.txt

```
1  DROP TABLE SETTINGS_GLM;
2
3  CREATE TABLE SETTINGS_GLM
4  AS
5  SELECT *
6      FROM TABLE (DBMS_DATA_MINING.GET_DEFAULT_SETTINGS)
7      WHERE SETTING_NAME LIKE '%GLM%';
8
9  BEGIN
10   INSERT INTO SETTINGS_GLM(SETTING_NAME, SETTING_VALUE)
11   VALUES (DBMS_DATA_MINING.ALGO_NAME,
12           DBMS_DATA_MINING.ALGO_NEURAL_NETWORK);
13
14   INSERT INTO SETTINGS_GLM (SETTING_NAME, SETTING_VALUE)
15   VALUES (DBMS_DATA_MINING.PREP_AUTO, DBMS_DATA_MINING.PREP_AUTO_ON);
16
17   INSERT INTO SETTINGS_GLM (SETTING_NAME, SETTING_VALUE)
18   VALUES (DBMS_DATA_MINING.NNET_NODES_PER_LAYER, '100,100');
19
20 END;
21 /
```

기존에 만든 모델 구성 정보가 들어 있는 SETTINGS_GLM 테이블을 삭제합니다.

신경망 모델 생성에 필요한 환경 설정 정보를 구성하기 위한 테이블을 생성합니다.

SETTINGS_GLM 테이블에 파라미터 DBMS_META_DATA 패키지의 함수 ALGO_NAME의 값을 ALGO_NEURAL_NETWORK로 입력하여 신경망 머신러닝 모델을 사용하겠다고 설정합니다.

신경망 머신러닝 모델의 성능을 오라클이 알아서 자동으로 최적화할 수 있도록 DBMS_DATA_MINING 패키지의 PREP_AUTO 함수 값을 DBMS_DATA_MINING 패키지의 PREP_AUTO_ON로 설정합니다.

신경망 머신러닝 모델의 층수를 2층(100,100)으로 늘리고 각 층의 노드 수(뉴런의 개수)를 100개씩 설정합니다.

머신러닝 모델을 생성합니다.

```
1  BEGIN
2   DBMS_DATA_MINING.DROP_MODEL('MD_GLM_MODEL');
3  END;
4  /
5
6  BEGIN
7    DBMS_DATA_MINING.CREATE_MODEL(
8        MODEL_NAME            => 'MD_GLM_MODEL',
9        MINING_FUNCTION       => DBMS_DATA_MINING.REGRESSION,
10       DATA_TABLE_NAME       => 'CONCRETE_TRAIN',
11       CASE_ID_COLUMN_NAME   => 'C_ID',
12       TARGET_COLUMN_NAME    => 'STRENGTH',
13       SETTINGS_TABLE_NAME   => 'SETTINGS_GLM');
14 END;
15 /
```

기존의 신경망 머신러닝 모델 MD_GLM_MODEL을 삭제합니다.

머신러닝 모델을 이름을 MD_GLM_MODEL로 설정합니다.

머신러닝 모델의 목표가 회귀와 분류 두 가지 중 회귀이므로 MINING_FUNCTION의 값을
DBMS_DATA_MINING.REGRESSION로 설정합니다.

◆ 9

훈련 데이터가 있는 테이블명(CONCRETE_TRAIN)을 지정합니다.

◆ 10

훈련 데이터가 있는 테이블의 행을 대표할 수 있는 컬럼명(C_ID)을 지정합니다.

◆ 11

정답 즉, 라벨에 해당하는 컬럼명을 지정합니다. 콘크리트 강도(STRENGTH) 컬럼을 지정합
니다.

◆ 12

머신러닝 모델의 환경 설정 정보가 들어 있는 테이블을 지정합니다.

◆ 13

신경망의 층수가 2층으로 늘어났기 때문에 기존 신경망보다 학습 시간이 조금 더 오래 걸립니
다. 층이 깊어질수록 학습 시간이 좀더 오래 소요됩니다.

인공신경망의 환경 구성 정보를 확인합니다.

```
1  SELECT SETTING_NAME, SETTING_VALUE
2    FROM ALL_MINING_MODEL_SETTINGS
3   WHERE MODEL_NAME = 'MD_GLM_MODEL'
4     AND SETTING_NAME IN ('NNET_HIDDEN_LAYERS','NNET_NODES_PER_LAYER');
```

출력 결과

SETTING_NAME	SETTING_VALUE
NNET_HIDDEN_LAYERS	2
NNET_NODES_PER_LAYER	100, 100

2개의 은닉층을 갖는 신경망으로 생성되었음을 확인할 수 있습니다. 각 은닉층 뉴런의 개수는
100개씩 설정되었습니다. 신경망 모델이 예측한 결과를 확인합니다.

```
1  SELECT C_ID, STRENGTH 실제값,
2    ROUND(PREDICTION(MD_GLM_MODEL USING *),2) 예측값
3  FROM CONCRETE_TEST;
```

C_ID	실제값	예측값
931	18.13	20.49
932	40.93	49.17
933	24.44	25.83
934	55.9	45.36
935	33.08	39.71
936	67.31	67.02
⊠	⊠	⊠

실제값과 예측값 간의 상관관계를 확인합니다.

```
1  SELECT ROUND(CORR(PREDICTED_VALUE, STRENGTH),2) 상관관계
2    FROM (
3  SELECT C_ID, PREDICTION(MD_GLM_MODEL USING *) PREDICTED_VALUE,
4           PREDICTION_PROBABILITY(MD_GLM_MODEL USING *) PROB,
5           STRENGTH
6    FROM CONCRETE_TEST
7      );
```

출력 결과

상관관계
0.95

인공신경망이 예측한 콘크리트 강도가 층의 개수와 뉴런의 개수를 늘리기 전과 비교해서 **0.94**에서 **0.95**로 높아졌음을 확인할 수 있습니다.

SQL로 머신러닝 구현하기 ⑪ (신경망)

- **학습 내용:** 생성한 머신러닝 모델에 질문을 하여 답변을 받을 수 있는 PL/SQL 프로그래밍 작성법을 배웁니다.
- **힌트 내용:** ACCEPT 명령어를 사용하여 머신러닝 모델이 대답할 질문을 만듭니다.

앞에서 생성한 인공신경망 모델에게 질문을 하여 답변을 받아 출력하는 PL/SQL 프로그래밍을 해보겠습니다. 다음의 8가지 질문에 대한 답변을 각각 입력하여 모델이 예측한 콘크리트 강도를 출력해 보겠습니다.

```
SQL> @p189
시멘트의 총량을 입력합니다? 단위:kg (범위: 0~540) 400
슬래그 시멘트의 총량을 입력합니다? 단위:kg (범위: 0~360) 300
회분의 총량을 입력합니다? 단위:kg (예: 0~195) 100
물의 총량을 입력합니다? 단위:kg (예: 0~137) 100
고성능 감수제의 총량을 입력합니다? 단위:kg (범위: 0~32) 30
굵은 자갈의 총량을 입력합니다? 단위:kg (예: 0~1125) 1000
잔 자갈의 총량을 입력합니다? 단위:kg (예: 0~594) 500
숙성 기간을 입력합니다? 단위: day (예: 0~ 365) 200
머신러닝이 예측한 콘크리트 강도는 59.43입니다. 테스트 데이터의 최대 강도는 82.6입니다
```

📁 File: p189.sql

```
1  set serveroutput on
2  set verify off
3
4  accept p_cement prompt '시멘트의 총량을 입력합니다? 단위:kg (범위: 0~540) '
5  accept p_salg prompt '슬래그 시멘트의 총량을 입력합니다? 단위:kg (범위: 0~360) '
6  accept p_ash prompt '회분의 총량을 입력합니다? 단위:kg (예: 0~195) '
7  accept p_water prompt '물의 총량을 입력합니다? 단위:kg (예: 0~137) '
8  accept p_superplastic prompt '고성능 감수제의 총량을 입력합니다? 단위:kg (범위: 0~32)
```

```
 9  accept p_coarseagg prompt '굵은 자갈의 총량을 입력합니다? 단위:kg (예: 0~1125) '
10  accept p_fineagg prompt '잔 자갈의 총량을 입력합니다? 단위:kg (예: 0~594) '
11  accept p_age prompt '숙성 기간을 입력합니다? 단위: day (예: 0~ 365) '
12
13  declare
14     v_pred     varchar2(20);
15
16  begin
17  with test_data as (select    '&p_cement' CEMENT,
18                                '&p_salg' SLAG,
19                                '&p_ash' ASH,
20                                '&p_water' WATER,
21                                '&p_superplastic' SUPERPLASTIC,
22                                '&p_coarseagg' COARSEAGG,
23                                '&p_fineagg' FINEAGG,
24                                '&p_age' AGE
25                             from dual)
26  SELECT PREDICTION (MD_GLM_MODEL   USING *) into v_pred
27  FROM test_data ;
28
29    dbms_output.put_line('머신러닝이 예측한 콘크리트 강도는 ' || round(v_pred,2) 30
|| '입니다. 테스트 데이터의 최대 강도는 82.6입니다');
31
32  end;
33  /
```

1 ◆ dbms_output.put_line을 실행하기 위한 SQL*PLUS 명령어입니다.

2 ◆ PL/SQL 프로그램 실행 시 출력되는 OLD 값, NEW 값을 출력되지 않게 하는 SQL*PLUS 명령어입니다.

4~12 ◆ 콘크리트 재료에 대한 8가지 질문을 화면에 출력하고 답변을 입력받아 외부 변수에 각각 입력합니다.

14 ◆ 예측값을 담을 변수를 v_pred로 선언합니다.

17~25 ◆ 4라인에서 11라인의 변수 8개에 값을 저장할 with절의 temp table을 생성합니다.

입력된 테스트 데이터에 대해 모델이 예측한 예측값을 변수 v_pred에 저장합니다.　　◆ 26~27

v_pred 변수에 저장된 콘크리트 강도를 출력합니다.　　◆ 29~30

PL/SQL문을 종료합니다.　　◆ 32

PL/SQL 코드를 종료합니다.　　◆ 33

SQL로 머신러닝 구현하기 ⑫ (SUPPORT VECTOR MACHINE)

- **학습 내용:** 유방의 종양 크기와 모양 등의 데이터를 이용하여 종양이 악성인지 양성인지를 예측하는 인공신경망 머신러닝 모델을 활용하는 방법을 학습합니다.
- **힌트 내용:** DBMS_DATA_MINING 패키지를 활용합니다.

유방에 있는 종양의 크기와 모양 등의 데이터를 학습하여 종양이 악성인지 양성인지를 예측하는 머신러닝 모델을 서포트백터 머신(support vector machine) 알고리즘으로 구현해 보겠습니다. 유방암 데이터는 University of Wisconsin Hospitals를 사용하였습니다.

유방암 데이터를 저장할 테이블을 생성합니다.

File: 예제_190.txt

```
 1 DROP TABLE WISC_BC_DATA;
 2
 3 CREATE TABLE WISC_BC_DATA
 4 (ID              NUMBER(10),
 5 DIAGNOSIS        VARCHAR2(5),
 6 RADIUS_MEAN      NUMBER(20,7),
 7 TEXTURE_MEAN     NUMBER(20,7),
 8 PERIMETER_MEAN   NUMBER(20,7),
 9 AREA_MEAN        NUMBER(20,7),
10 SMOOTHNESS_MEAN  NUMBER(20,7),
11 COMPACTNESS_MEAN NUMBER(20,7),
12 CONCAVITY_MEAN   NUMBER(20,7),
13 POINTS_MEAN      NUMBER(20,7),
14 SYMMETRY_MEAN    NUMBER(20,7),
15 DIMENSION_MEAN   NUMBER(20,7),
16 RADIUS_SE        NUMBER(20,7),
17 TEXTURE_SE       NUMBER(20,7),
18 PERIMETER_SE     NUMBER(20,7),
19 AREA_SE          NUMBER(20,7),
20 SMOOTHNESS_SE    NUMBER(20,7),
21 COMPACTNESS_SE   NUMBER(20,7),
```

```
22 CONCAVITY_SE        NUMBER(20,7),
23 POINTS_SE           NUMBER(20,7),
24 SYMMETRY_SE         NUMBER(20,7),
25 DIMENSION_SE        NUMBER(20,7),
26 RADIUS_WORST        NUMBER(20,7),
27 TEXTURE_WORST       NUMBER(20,7),
28 PERIMETER_WORST     NUMBER(20,7),
29 AREA_WORST          NUMBER(20,7),
30 SMOOTHNESS_WORST    NUMBER(20,7),
31 COMPACTNESS_WORST   NUMBER(20,7),
32 CONCAVITY_WORST     NUMBER(20,7),
33 POINTS_WORST        NUMBER(20,7),
34 SYMMETRY_WORST      NUMBER(20,7),
35 DIMENSION_WORST     NUMBER(20,7));
```

WISC_BC_DATA 테이블을 삭제합니다.   ◆ 1

유빙암 데이티에 대한 정보를 저장할 테이블을 생성합니다.   ◆ 3~35

컬럼명	설명
ID	환자 식별번호
DIAGNOSIS	양성 여부 (M=악성, B=양성)
RADIUS	반경 (중심에서 외벽까지 거리들의 평균값)
TEXTURE	질감 (Gray–Scale 값들의 표준편차)
PERIMETER	둘레
AREA	면적
SMOOTHNESS	매끄러움
COMPACTNESS	조그마한 정도(둘레^2/면적 –1)
CONCAVITY	윤곽의 오목 부분의 심각도
POINTS	오목한 점의 수
SYMMETRY	대칭성
DIMENSION	프랙탈(fractal) 차원
_MEAN	평균값을 의미함

컬럼명	설명
_SE	표준오차를 의미함
_WORST	반경길이에 대한 최대 평균값

출처: https://archive.ics.uci.edu/ml/datasets/breast+cancer+wisconsin+(original)

SQL Developer를 이용해서 wisc_bc_data.csv를 WISC_BC_DATA 테이블에 입력합니다.

유방암 데이터를 훈련 데이터와 테스트 데이터로 분리합니다.

```
 1  DROP TABLE WISC_BC_DATA_TRAINING;
 2
 3  CREATE TABLE WISC_BC_DATA_TRAINING
 4  AS
 5  SELECT *
 6      FROM WISC_BC_DATA
 7      WHERE ROWNUM < 501;
 8
 9  DROP TABLE WISC_BC_DATA_TEST;
10
11  CREATE TABLE WISC_BC_DATA_TEST
12  AS
13  SELECT *
14      FROM WISC_BC_DATA
15   MINUS
16  SELECT *
17      FROM WISC_BC_DATA_TRAINING;
```

1 ◆ WISC_BC_DATA_TRAINING 테이블을 삭제합니다.

3~7 ◆ WISC_BC_DATA 테이블의 데이터 중 88%의 데이터로 머신러닝 모델을 학습시킬 WISC_BC_DATA_TRAINING 테이블을 생성합니다.

9 ◆ WISC_BC_DATA_TEST 테이블을 삭제합니다.

11~17 ◆ WISC_BC_DATA 테이블의 데이터 중 12%의 데이터로 WISC_BC_DATA_TEST 테이블을 생성합니다.

머신러닝 모델 구성 정보 테이블을 생성합니다.

```
 1 DROP TABLE DTSETTINGS;
 2
 3 CREATE TABLE DTSETTINGS
 4 AS
 5 SELECT *
 6     FROM TABLE (DBMS_DATA_MINING.GET_DEFAULT_SETTINGS)
 7     WHERE SETTING_NAME LIKE '%GLM%';
 8
 9 BEGIN
10
11    INSERT INTO DTSETTINGS
12        VALUES (DBMS_DATA_MINING.ALGO_NAME,
13               'ALGO_SUPPORT_VECTOR_MACHINES');
14
15    INSERT INTO DTSETTINGS
16        VALUES (DBMS_DATA_MINING.PREP_AUTO, 'ON');
17
18    INSERT INTO DTSETTINGS
19        VALUES (DBMS_DATA_MINING.SVMS_KERNEL_FUNCTION, 'SVMS_GAUSSIAN');
20
21 COMMIT;
22 END;
23 /
```

DTSETTINGS 테이블을 삭제합니다.   ◆ 1

서포트 벡터 머신러닝 모델 생성에 필요한 환경 설정 정보를 구성할 테이블을 생성합니다.   ◆ 3~7

DTSETTINGS 테이블에 파라미터 DBMS_DATA_MINING 패키지의 함수 ALGO_NAME의   ◆ 11~13
값을 ALGO_SUPPORT_VECTOR_MACHINES로 입력하여 서포트벡터 알고리즘을 이용하여
머신러닝 모델을 생성함을 설정합니다.

서포트 벡터 머신러닝 모델의 성능을 오라클이 알아서 자동으로 최적화할 수 있도록 DBMS_   ◆ 15~16
DATA_MINING.PREP_AUTO를 ON으로 설정합니다.

18~19 ◆ 서포트 벡터 머신러닝 모델의 커널을 SVMS_GAUSSIAN으로 설정합니다.

서포트 벡터 머신(support vector machine) 모델을 생성합니다.

```
1 BEGIN
2   DBMS_DATA_MINING.DROP_MODEL('WC_MODEL');
3 END;
4 /
5
6 BEGIN
7   DBMS_DATA_MINING.CREATE_MODEL (
8       MODEL_NAME              => 'WC_MODEL',
9       MINING_FUNCTION         => DBMS_DATA_MINING.CLASSIFICATION,
10      DATA_TABLE_NAME         => 'WISC_BC_DATA_TRAINING',
11      CASE_ID_COLUMN_NAME     => 'ID',
12      TARGET_COLUMN_NAME      => 'DIAGNOSIS',
13      SETTINGS_TABLE_NAME     => 'DTSETTINGS');
14 END;
15 /
```

1~4 ◆ 기존의 머신러닝 모델 WC_MODEL을 삭제합니다.

8 ◆ 서포트 벡터 머신러닝 모델의 이름을 WC_MODEL로 설정합니다.

9 ◆ 머신러닝의 목표가 분류가 될 수 있도록 CREATE_MODEL 함수의 매개변수 MINING_FUNCTION의 값을 DBMS_DATA_MINING.CLASSIFICATION로 설정합니다.

10 ◆ 훈련 데이터가 있는 테이블명(WISC_BC_DATA_TRAINING)을 지정합니다.

11 ◆ 훈련 데이터 테이블의 행을 대표할 수 있는 식별자 컬럼을 ID로 지정합니다.

12 ◆ 학습 데이터의 정답에 해당하는 컬럼명을 지정합니다. 양성인지 악성인지에 대한 정보가 들어 있는 컬럼(DIAGNOSIS)을 지정합니다.

13 ◆ 머신러닝 모델의 환경 설정 정보가 들어 있는 테이블명(DTSETTINGS)을 지정합니다.

머신러닝 모델을 확인합니다.

```
1 SELECT MODEL_NAME,
2        ALGORITHM,
3        MINING_FUNCTION
4   FROM ALL_MINING_MODELS
5   WHERE MODEL_NAME = 'WC_MODEL';
```

출력 결과

MODEL_NAME	ALGORITHM	MINING_FUNCTION
WC_MODEL	SUPPORT_VECTOR_MACHINES	CLASSIFICATION

머신러닝 모델의 구성 정보를 확인합니다.

```
1 SELECT SETTING_NAME, SETTING_VALUE
2   FROM ALL_MINING_MODEL_SETTINGS
3   WHERE MODEL_NAME = 'WC_MODEL';
```

출력 결과

SETTING_NAME	SETTING_VALUE
ALGO_NAME	ALGO_SUPPORT_VECTOR_MACHINES
PREP_AUTO	ON
SVMS_KERNEL_FUNCTION	SVMS_GAUSSIAN
CLAS_WEIGHTS_BALANCED	OFF
SVMS_CONV_TOLERANCE	.0001
ODMS_DETAILS	ODMS_ENABLE
ODMS_MISSING_VALUE_TREATMENT	ODMS_MISSING_VALUE_AUTO
ODMS_SAMPLING	ODMS_SAMPLING_DISABLE

서포트 벡터 머신러닝 모델의 성능 정보를 확인합니다.

```
1 DROP TABLE WC_DATA_TEST_MATRIX;
2
3 CREATE OR REPLACE VIEW VIEW_WISC_BC_DATA_TEST
4 AS
5 SELECT ID, DIAGNOSIS,
6           PREDICTION(WC_MODEL USING *) PREDICTED_VALUE,
7           PREDICTION_PROBABILITY(WC_MODEL USING *) PROBABILITY
8   FROM WISC_BC_DATA_TEST;
```

1◆ 머신러닝 모델의 성능 정보를 담을 테이블을 WC_DATA_TEST_MATRIX 이름으로 생성하기 위해 테이블 WC_DATA_TEST_MATRIX를 삭제합니다.

3◆ 훈련된 서포트 벡터 머신 모델의 성능을 테스트 데이터로 확인하는 쿼리의 결과를 VIEW로 생성합니다. 이 VIEW는 모델의 정확도를 확인할 때 사용됩니다.

6◆ 테스트 테이블인 WISC_BC_DATA_TEST의 데이터가 악성(M)인지 양성(B)인지를 WC_MODEL이 예측한 결과 컬럼이 출력됩니다.

7◆ 모델이 예측한 값의 확률이 출력됩니다.

모델이 테스트 데이터를 악성으로 예측했는지 양성으로 예측했는지 확인합니다.

```
1 SELECT ID 환자 번호, DIAGNOSIS 실제값, PREDICTED_VALUE 예측값,
2   PROBABILITY 예측 확률
3   FROM VIEW_WISC_BC_DATA_TEST
4   WHERE id in (87930, 91858, 92751, 842517, 845636);
```

출력 결과

환자 번호	실제값	예측값	예측 확률
87930	B	B	0.9843562831974563
91858	B	B	0.9841441426790905
92751	B	B	0.9811208658034875

| 842517 | M | M | 0.9998113371004036 |
| 845636 | M | M | 0.9266476736025825 |

서포트 벡터 머신 모델의 성능을 확인합니다.

```
1  DECLARE
2     V_ACCURACY NUMBER;
3  BEGIN
4     DBMS_DATA_MINING.COMPUTE_CONFUSION_MATRIX (
5        ACCURACY                      => V_ACCURACY,
6        APPLY_RESULT_TABLE_NAME       => 'VIEW_WISC_BC_DATA_TEST',
7        TARGET_TABLE_NAME             => 'WISC_BC_DATAT_TEST',
8        CASE_ID_COLUMN_NAME           => 'ID',
9        TARGET_COLUMN_NAME            => 'DIAGNOSIS',
10       CONFUSION_MATRIX_TABLE_NAME   => 'WC_DATA_TEST_MATRIX',
11       SCORE_COLUMN_NAME             => 'PREDICTED_VALUE',
12       SCORE_CRITERION_COLUMN_NAME   => 'PROBABILITY',
13       COST_MATRIX_TABLE_NAME        => NULL,
14       APPLY_RESULT_SCHEMA_NAME      => NULL,
15       TARGET_SCHEMA_NAME            => NULL,
16       COST_MATRIX_SCHEMA_NAME       => NULL,
17       SCORE_CRITERION_TYPE          => 'PROBABILITY');
18    DBMS_OUTPUT.PUT_LINE('**** MODEL ACCURACY ****: ' || ROUND(V_ACCURACY,4));
19 END;
20 /
```

출력 결과

```
**** MODEL ACCURACY ****: 1
```

테스트 데이터에 대하여 100%의 정확도를 보이는 모델임이 확인됩니다.

정확도를 저장할 변수를 V_ACCURACY로 지정합니다.

◆ 5

6 ◆ APPLY_RESULT_TABLE_NAME 매개변수의 값으로 모델이 예측한 값과 예측 확률 데이터를 볼 수 있는 VIEW를 지정합니다.

8 ◆ VIEW_WISC_BC_DATA_TEST 테이블의 식별자가 되는 컬럼(ID)을 지정합니다.

9 ◆ VIEW_WISC_BC_DATA_TEST 테이블의 라벨(정답)이 있는 컬럼(DIAGNOSIS)을 지정합니다.

11 ◆ 유방암 테스트 데이터를 악성(M)으로 예측했는지 양성(B)으로 예측했는지에 대한 예측값이 들어 있는 컬럼(PREDICTED_VALUE)을 지정합니다.

12 ◆ 테스트 데이터의 예측 값의 예측 확률이 들어 있는 컬럼(PROBABILITY)을 지정합니다.

17 ◆ 정확도의 기준을 정하는 컬럼을 지정합니다.

18 ◆ 테스트 데이터에 대한 모델의 정확도를 출력합니다.

SQL로 머신러닝 구현하기 ⑬ (SUPPORT VECTOR MACHINE)

- **학습 내용:** 유방의 종양의 크기와 모양 등의 데이터를 이용하여이 종양이 악성인지 양성인지 예측하는 서포트 벡터 머신러닝 모델의 커널을 변경하는 방법을 학습합니다.
- **힌트 내용:** DBMS_DATA_MINING 패키지를 활용합니다.

유방암의 종양이 악성인지 양성인지를 예측하는 서포트 벡터 머신러닝 모델의 커널(엔진)을 변경해보겠습니다.

예제 190번에서 생성한 서포트 벡터 머신러닝 모델 구성 정보를 재구성합니다.

📁 File: 예제_191.txt

```
1  DROP TABLE DTSETTINGS;
2
3  CREATE TABLE DTSETTINGS
4   (SETTING_NAME     VARCHAR2 (200),
5    SETTING_VALUE    VARCHAR2 (200));
6
7  BEGIN
8
9    INSERT INTO DTSETTINGS
10     VALUES (DBMS_DATA_MINING.ALGO_NAME,
11                 'ALGO_SUPPORT_VECTOR_MACHINES');
12
13   INSERT INTO DTSETTINGS
14     VALUES (DBMS_DATA_MINING.PREP_AUTO, 'ON');
15
16   INSERT INTO DTSETTINGS
17     VALUES (DBMS_DATA_MINING.SVMS_KERNEL_FUNCTION, 'SVMS_LINEAR');
18
19 COMMIT;
20 END;
21 /
```

1 ◆ DTSETTINGS 테이블을 삭제합니다.

3~5 ◆ 서포트 벡터 머신러닝 모델 생성에 필요한 환경 설정 정보를 구성하기 위한 테이블을 DTSETTINGS라는 이름으로 생성합니다.

9~11 ◆ DTSETTINGS 테이블에 파라미터 ALGO_NAME의 값을 ALGO_SUPPORT_VECTOR_MACHINES로 입력하여 서포트벡터 머신러닝 모델을 사용하겠다고 설정합니다.

13~14 ◆ 서포트 벡터 머신러닝 모델의 성능을 오라클이 알아서 자동으로 최적화할 수 있도록 DBMS_DATA_MINING.PREP_AUTO를 ON으로 설정합니다.

16~17 ◆ 서포트 벡터 머신러닝 모델을 SVMS_LINEAR로 설정합니다.

모델을 생성합니다.

```
1  BEGIN
2    DBMS_DATA_MINING.DROP_MODEL('WC_MODEL');
3  END;
4  /
5
6  BEGIN
7    DBMS_DATA_MINING.CREATE_MODEL (
8       MODEL_NAME              => 'WC_MODEL',
9       MINING_FUNCTION         => DBMS_DATA_MINING.CLASSIFICATION,
10      DATA_TABLE_NAME         => 'WISC_BC_DATA_TRAINING',
11      CASE_ID_COLUMN_NAME     => 'ID',
12      TARGET_COLUMN_NAME      => 'DIAGNOSIS',
13      SETTINGS_TABLE_NAME     => 'DTSETTINGS');
14 END;
15 /
```

1~4 ◆ 머신러닝 모델 WC_MODEL을 삭제합니다.

8 ◆ 서포트 벡터 머신러닝 모델의 이름을 WC_MODEL로 설정합니다.

9 ◆ 머신러닝의 목표가 분류가 될 수 있도록 MINING_FUNCTION의 값을 DBMS_DATA_MINING.CLASSIFICATION로 설정합니다.

훈련 데이터가 있는 테이블(WISC_BC_DATA_TRAINING)을 지정합니다. ◆ 10

훈련 데이터 테이블의 식별자 컬럼(ID)을 지정합니다. ◆ 11

훈련 데이터의 정답에 해당하는 컬럼명(DIAGNOSIS)을 지정합니다. ◆ 12

머신러닝 모델의 구성 정보가 들어 있는 DTSETTINGS 테이블을 지정합니다. ◆ 13

생성된 모델을 확인합니다.

```sql
1 SELECT MODEL_NAME,
2        ALGORITHM,
3        MINING_FUNCTION
4  FROM ALL_MINING_MODELS
5  WHERE MODEL_NAME = 'WC_MODEL';
```

출력 결과

MODEL_NAME	ALGORITHM	MINING_FUNCTION
WC_MODEL	SUPPORT_VECTOR_MACHINES	CLASSIFICATION

생성된 모델의 구성 정보를 확인합니다.

```sql
1 SELECT SETTING_NAME, SETTING_VALUE
2   FROM ALL_MINING_MODEL_SETTINGS
3   WHERE MODEL_NAME = 'WC_MODEL';
```

출력 결과

SETTING_NAME	SETTING_VALUE
ALGO_NAME	ALGO_SUPPORT_VECTOR_MACHINES
PREP_AUTO	ON
SVMS_KERNEL_FUNCTION	**SVMS_LINEAR**

CLAS_WEIGHTS_BALANCED	OFF
SVMS_CONV_TOLERANCE	.0001
ODMS_DETAILS	ODMS_ENABLE
ODMS_MISSING_VALUE_TREATMENT	ODMS_MISSING_VALUE_AUTO
ODMS_SAMPLING	ODMS_SAMPLING_DISABLE

생성한 머신러닝 모델의 성능을 확인합니다.

```
 1 DROP TABLE WC_DATA_TEST_MATRIX;
 2
 3 CREATE OR REPLACE VIEW   VIEW_WISC_BC_DATAT_TEST
 4 AS
 5 SELECT ID, PREDICTION(WC_MODEL USING *) PREDICTED_VALUE,
 6          PREDICTION_PROBABILITY(WC_MODEL USING *) PROBABILITY
 7   FROM WISC_BC_DATAT_TEST;
 8
 8 DECLARE
10    V_ACCURACY NUMBER;
11 BEGIN
12    DBMS_DATA_MINING.COMPUTE_CONFUSION_MATRIX (
13       ACCURACY                     => V_ACCURACY,
14       APPLY_RESULT_TABLE_NAME      => 'VIEW_WISC_BC_DATA_TEST',
15       TARGET_TABLE_NAME            => 'WISC_BC_DATA_TEST',
16       CASE_ID_COLUMN_NAME          => 'ID',
17       TARGET_COLUMN_NAME           => 'DIAGNOSIS',
18       CONFUSION_MATRIX_TABLE_NAME  => 'WC_DATA_TEST_MATRIX',
19       SCORE_COLUMN_NAME            => 'PREDICTED_VALUE',
20       SCORE_CRITERION_COLUMN_NAME  => 'PROBABILITY',
21       COST_MATRIX_TABLE_NAME       => NULL,
22       APPLY_RESULT_SCHEMA_NAME     => NULL,
23       TARGET_SCHEMA_NAME           => NULL,
24       COST_MATRIX_SCHEMA_NAME      => NULL,
25       SCORE_CRITERION_TYPE         => 'PROBABILITY');
```

```
26    DBMS_OUTPUT.PUT_LINE('**** MODEL ACCURACY ****: ' || ROUND(V_ACCURACY,4));
27 END;
28 /
```

출력 결과

```
**** MODEL ACCURACY ****: 1
```

커널을 SVMS_GAUSSIAN에서 SVMS_LINEAR로 변경해도 테스트 데이터에 대한 모델의 정확
도가 가우시안 커널의 정확도(100%)와 같이 100%임이 확인됩니다.

SQL로 머신러닝 구현하기 ⑭ (SUPPORT VECTOR MACHINE)

- **학습 내용:** 생성한 머신러닝 모델에 질문을 하여 답변을 받는 PL/SQL 작성법을 배웁니다.
- **힌트 내용:** ACCEPT 명령어를 사용하여 머신러닝 모델이 대답할 질문을 만듭니다.

예제 191번에서 생성한 유방암 환자 여부를 예측하는 서포트 벡터 머신러닝 모델을 활용하는 PL/SQL 프로그래밍을 만들어 보겠습니다. SQL*PLUS 프롬프트 창에서 p192 스크립트를 생성하고 실행(@) 명령어로 p192 스크립트를 수행합니다. 테스트 데이터에 있는 환자 번호를 입력하면 머신러닝이 예측한 결과가 다음과 같이 출력됩니다.

```
SQL> @p192
환자 번호를 입력하세요~ (예: 845636 ) 845636
머신러닝이 예측한 결과: 유방암 환자입니다. 유방암일 확률은 97%입니다
```

📁 File: p192.sql

```
 1 SET SERVEROUTPUT ON
 2 SET VERIFY OFF
 3
 4 ACCEPT P_ID PROMPT '환자 번호를 입력하세요~ (예: 845636)'
 5
 6 DECLARE
 7    V_PRED    VARCHAR2(20);
 8    V_PROB    NUMBER(10,2);
 9
10 BEGIN
11 SELECT PREDICTION (WC_MODEL USING *),
12        PREDICTION_PROBABILITY(WC_MODEL  USING *)  INTO V_PRED, V_PROB
13 FROM WISC_BC_DATA_TEST
14 WHERE ID = '&P_ID';
15
16    IF V_PRED ='M' THEN
```

```
17
18    DBMS_OUTPUT.PUT_LINE('머신러닝이 예측한 결과: 유방암 환자입니다.
19             유방암일 확률은 ' || ROUND(V_PROB,2) * 100 || '%입니다');
20
21  ELSE
22    DBMS_OUTPUT.PUT_LINE('머신러닝이 예측한 결과: 유방암 환자가 아닙니다.
23             유방암 환자가 아닐 확률은 ' || ROUND(V_PROB,2) * 100 || '%입니다');
24
25  END IF;
26
27 END;
28 /
```

dbms_output.put_line을 실행하기 위한 SQL*PLUS 명령어입니다.　　　　◆ 1

PL/SQL 프로그램 실행 시 출력되는 OLD 값, NEW 값을 출력되지 않게 하는 SQL*PLUS 명령　◆ 2
어입니다.

'환자 번호를 입력하세요~'를 화면에 출력하고 입력받은 값을 P_ID 변수에 입력합니다.　◆ 4

예측 값과 예측 확률을 담을 변수를 V_PRED와 V_PROB로 각각 선언합니다.　◆ 7~8

치환변수 &P_ID에 입력된 환자 번호의 유방 종양이 양성(B)인지 악성(M)인지에 대한 예측값　◆ 10~14
과 그 예측값에 대한 예측 확률을 V_PRED와 V_PROB에 각각 입력합니다.

만약에 V_PRED의 값이 M이면 '유방암 환자입니다.'라는 메시지를 출력하고 예측 확률을 같이　◆ 16~19
출력합니다.

만약에 V_PRED의 값이 M이 아니면 '유방암 환자가 아닙니다.'라는 메시지와 함께 확률을 같　◆ 21~23
이 출력합니다.

IF문을 종료합니다.　◆ 25

PL/SQL문을 종료합니다.　◆ 27

PL/SQL 코드를 종료합니다.　◆ 28

SQL로 머신러닝 구현하기 ⑮ (REGRESSION)

실무 193

- **학습 내용:** 합격 기준에 가장 크게 영향을 미치는 변수가 ACADEMIC 점수인지 SPORTS 점수인지 MUSIC 점수인지를 확인하는 방법을 학습합니다.
- **힌트 내용:** DBMS_DATA_MINING 패키지를 활용합니다.

학과 점수, 체육 점수, 음악 점수 세 가지 중에서 어느 과목이 학교 입학에 영향을 주는 과목인지 회귀분석을 통해 알아보겠습니다. STUDENT_SCORE 테이블의 데이터에서 ST_ID는 식별자 컬럼이고 ACADEMIC(학과 점수), SPORT(체육 점수), MUSIC(음악 점수)는 독립 변수이고 ACCEPTANCE(입학 기준 점수)는 종속 변수입니다.

학생점수 테이블을 생성합니다.

📁 File: 예제_193.txt

```
1 DROP TABLE STUDENT_SCORE;
2
3 CREATE TABLE STUDENT_SCORE
4 ( ST_ID       NUMBER(10),
5   ACADEMIC    NUMBER(20,8),
6   SPORTS      NUMBER(30,10),
7   MUSIC       NUMBER(30,10),
8   ACCEPTANCE  NUMBER(30,10));
```

1 ◆ STUDENT_SCORE 테이블을 삭제합니다.

3~8 ◆ 학교 입학 성적 데이터를 저장할 테이블을 생성합니다.

컬럼명	설명	컬럼명	설명
ST_ID	학생 번호	MUSIC	음악 점수
ACADEMIC	학과 점수	ACCEPTANCE	입학 기준 점수
SPORTS	체육 점수		

SQL Developer를 이용해 student_score.csv를 STUDENT_SCORE 테이블에 입력합니다.

훈련 데이터와 테스트 데이터로 분리합니다.

```
 1 DROP TABLE STUDENT_SCORE_TRAINING;
 2
 3 CREATE TABLE STUDENT_SCORE_TRAINING
 4 AS
 5    SELECT *
 6       FROM STUDENT_SCORE
 7       WHERE ST_ID < 181;
 8
 9 DROP TABLE STUDENT_SCORE_TEST;
10
11 CREATE TABLE STUDENT_SCORE_TEST
12 AS
13    SELECT *
14       FROM STUDENT_SCORE
15       WHERE ST_ID >= 181;
```

STUDENT_SCORE_TRAINING 테이블을 삭제합니다. ◆ 1

STUDENT_SCORE_TRAINING 전체 데이터 중 90%를 머신러닝 회귀모델을 훈련시킬 훈련 ◆ 3~7
데이터로 생성합니다.

STUDENT_SCORE_TEST 테이블을 삭제합니다. ◆ 9

STUDENT_SCORE_TEST 전체 데이터 중 10%를 머신러닝 회귀모델의 성능을 테스트하기 위 ◆ 11~15
한 테스트 데이터로 생성합니다.

회귀분석을 위한 머신러닝 모델 구성 테이블을 생성합니다.

```
 1 DROP TABLE SETTINGS_REG1;
 2
 3 CREATE TABLE SETTINGS_REG1
 4 AS
 5 SELECT *
 6       FROM TABLE (DBMS_DATA_MINING.GET_DEFAULT_SETTINGS)
 7       WHERE SETTING_NAME LIKE '%GLM%';
```

```
 8
 9 BEGIN
10
11 INSERT INTO SETTINGS_REG1
12 VALUES (DBMS_DATA_MINING.ALGO_NAME, 'ALGO_GENERALIZED_LINEAR_MODEL');
13
14 INSERT INTO SETTINGS_REG1
15         VALUES (DBMS_DATA_MINING.PREP_SCALE_2DNUM, 'PREP_SCALE_RANGE');
16
17 COMMIT;
18
19 END;
20 /
```

1 ◆ SETTINGS_REG1 테이블을 삭제합니다.

3~7 ◆ 회귀분석에 필요한 환경 설정 정보를 저장하기 위한 테이블을 생성합니다.

11~12 ◆ DBMS_DATA_MINING 패키지의 ALGO_NAME 함수를 회귀분석을 위해 ALGO_
GENERALIZED_LINEAR_MODEL로 설정하여 입력합니다.

14~15 ◆ PREP_SCALE_2DNUM의 값을 PREP_SCALE_RANGE로 설정하여 훈련 데이터를 0 ~ 1 사이
의 숫자로 변환하여 정규화합니다.

회귀모델을 생성합니다.

```
 1 BEGIN
 2   DBMS_DATA_MINING.DROP_MODEL('MD_REG_MODEL1');
 3 END;
 4 /
 5
 6 BEGIN
 7   DBMS_DATA_MINING.CREATE_MODEL(
 8      MODEL_NAME           => 'MD_REG_MODEL1',
 9      MINING_FUNCTION      => DBMS_DATA_MINING.REGRESSION,
10      DATA_TABLE_NAME      => 'STUDENT_SCORE_TRAINING',
```

```
11        CASE_ID_COLUMN_NAME    => 'ST_ID',
12        TARGET_COLUMN_NAME     => 'ACCEPTANCE',
13        SETTINGS_TABLE_NAME    => 'SETTINGS_REG1');
14 END;
15 /
```

머신러닝 모델 MD_REG_MODEL1을 삭제합니다. ◆ 1~4

DBMS_DATA_MINING 패키지의 CREATE_MODEL 프로시저를 이용하여 머신러닝 모델을 ◆ 7
생성합니다.

머신러닝 모델 이름을 MD_REG_MODEL1로 지정합니다. ◆ 8

회귀분석을 수행하기 위해 DBMS_DATA_MINING.REGRESSION을 설정합니다. ◆ 9

훈련 데이터가 있는 테이블명을 지정합니다. ◆ 10

STUDENT_SCORE 테이블의 식별자 컬럼(ST_ID)을 지정합니다. ◆ 11

종속변수 컬럼(ACCEPTANCE)을 지정합니다. ◆ 12

머신러닝 환경 설정 정보가 들어 있는 SETTINGS_REG1를 지정합니다. ◆ 13

모델 생성 여부를 확인합니다.

```
1 SELECT MODEL_NAME,
2        ALGORITHM,
3        MINING_FUNCTION
4   FROM ALL_MINING_MODELS
5  WHERE MODEL_NAME = 'MD_REG_MODEL1';
```

출력 결과

MODEL_NAME	ALGORITHM	MINING_FUNCTION
MD_REG_MODEL1	GENERALIZED_LINEAR_MODEL	REGRESSION

모델 구성 정보를 확인합니다.

```
1 SELECT SETTING_NAME, SETTING_VALUE
2   FROM ALL_MINING_MODEL_SETTINGS
3   WHERE MODEL_NAME = 'MD_REG_MODEL1';
```

출력 결과

SETTING_NAME	SETTING_VALUE
ALGO_NAME	ALGO_GENERALIZED_LINEAR_MODEL
PREP_AUTO	ON
GLMS_FTR_GENERATION	GLMS_FTR_GENERATION_DISABLE
PREP_SCALE_2DNUM	PREP_SCALE_RANGE
GLMS_CONF_LEVEL	.95
ODMS_DETAILS	ODMS_ENABLE
GLMS_FTR_SELECTION	GLMS_FTR_SELECTION_DISABLE
ODMS_MISSING_VALUE_TREATMENT	ODMS_MISSING_VALUE_AUTO
ODMS_SAMPLING	ODMS_SAMPLING_DISABLE

테스트 데이터에 대해 회귀분석 모델이 예측한 예측 점수를 확인합니다.

```
1 SELECT ST_ID 학생 번호, ACADEMIC 학과 점수, ROUND(MUSIC,2) 음악 점수,
2   SPORTS 체육 점수, ROUND(ACCEPTANCE,2) AS 실제 점수,
3   ROUND(MODEL_PREDICT_RESPONSE,2) AS 예측 점수
4   FROM (
5 SELECT T.*,
6   PREDICTION (MD_REG_MODEL1 USING *) MODEL_PREDICT_RESPONSE
7   FROM STUDENT_SCORE_TEST T
8      );
```

출력 결과

학생 번호	학과 점수	음악 점수	체육 점수	실제 점수	예측 점수
181	156.6	7.55	2.6	38.89	38.08
182	218.5	24.91	5.4	45.19	51.18
183	56.2	27	5.7	32.22	25.99
184	287.6	65.27	43	97.04	87.69
185	253.8	65.19	21.3	65.19	69.9
186	205	83.7	45.1	83.7	77.72
187	139.5	24.18	2.1	38.15	36.76
188	191.1	64.07	28.7	64.07	64.15
189	286	3.36	13.9	58.89	64.54
190	18.7	21.27	12.1	24.81	23.18

훈련 데이터로 만든 모델 MD_REG_MODEL1을 이용하여 테스트 데이터 학생들의 ACCEPTANCE(입학 기준 점수)를 예측한 예측 점수가 테스트 데이터의 실제 점수와 유사하게 나타나고 있습니다.

회귀모델의 결정계수 R 스퀘어 값을 확인합니다.

```
1 SELECT *
2   FROM TABLE(DBMS_DATA_MINING.GET_MODEL_DETAILS_GLOBAL(MODEL_NAME
3   =>  'MD_REG_MODEL1'))
4   WHERE GLOBAL_DETAIL_NAME IN ('R_SQ','ADJUSTED_R_SQUARE');
```

출력 결과

GLOBAL_DETAIL_NAME	GLBAL_DETAIL_VALUE
R_SQ	0.90097217429970688
ADJUSTED_R_SQUARE	0.89928419999799736

결정계수란 회귀분석 모델이 학습한 데이터를 얼마나 잘 설명하는지를 나타내는 지표입니다. 이 설성셰수가 0.90으로 줄력되고 있습니다. 모델이 데이터에 대해 높은 설명력을 보이고 있습니다. 결정계수는 0~1 사이로 출력되며, 1에 가까울수록 설명력이 높다고 할 수 있습니다.

입학 점수에 영향력 있는 변수가 무엇인지 확인합니다.

```
1  SELECT ATTRIBUTE_NAME, COEFFICIENT
2  FROM
3  TABLE (DBMS_DATA_MINING.GET_MODEL_DETAILS_GLM ('MD_REG_MODEL1'));
```

출력 결과

ATTRIBUTE_NAME	COEFFICIENT
	11,490279943986193
ACADEMIC	0,15577373052044763
MUSIC	0,10460082710756327
SPORTS	0,572685936398655351

종속변수에 가장 영향을 크게 미친 독립변수는 SPORTS(체육 점수)가 0.57로 가장 높습니다. 그 다음 ACADEMIC(학과 점수), MUSIC(음악 점수) 순으로 종속변수에 영향을 주고 있습니다.

- **학습 내용:** 의료비에 영향을 미치는 변수가 어떤 것인지 예측하는 회귀분석 모델을 생성하는 방법을 학습합니다.
- **힌트 내용:** DBMS_DATA_MINING 패키지를 활용합니다.

미국 국민들의 의료비 지출에 영향력을 크게 미치는 요소가 무엇인지 회귀분석으로 알아보겠습니다.

의료비 데이터 테이블을 생성합니다.

📂 File: 예제_194.txt

```
 1 DROP TABLE INSURANCE;
 2
 3 CREATE TABLE INSURANCE
 4 (ID          NUMBER(10),
 5   AGE        NUMBER(3),
 6   SEX        VARCHAR2(10),
 7   BMI        NUMBER(10,2),
 8   CHILDREN   NUMBER(2),
 9   SMOKER     VARCHAR2(10),
10   REGION     VARCHAR2(20),
11   EXPENSES   NUMBER(10,2));
```

INSURANCE 테이블을 삭제합니다.   ◆ 1

미국 국민 의료 데이터를 저장할 테이블을 생성합니다. ID는 식별자이고 종속변수는   ◆ 3~11
EXPENSES입니다. AGE, SEX, BMI, CHILDREN, SMOKER, REGION은 독립변수입니다.

컬럼명	설명	컬럼명	설명
ID	고객번호	CHILDREN	자녀수
AGE	나이	SMOKER	흡연여부
SEX	성별	REGION	거주지역

컬럼명	설명	컬럼명	설명
BMI	체질량 지수	EXPENSES	의료 비용

출처: https://www.kaggle.com/sonujha090/insurance-prediction

SQL Developer를 이용해서 insurance.csv를 insurance 테이블에 입력합니다.

훈련 데이터와 테스트 데이터로 분리합니다.

```
1  DROP TABLE INSURANCE_TRAINING;
2
3  CREATE TABLE INSURANCE_TRAINING
4  AS
5    SELECT *
6      FROM INSURANCE
7      WHERE ID < 1114;
8
9  DROP TABLE INSURANCE_TEST;
10
11 CREATE TABLE INSURANCE_TEST
12 AS
13    SELECT *
14      FROM INSURANCE
15      WHERE ID >= 1114;
```

1 ◆ INSURANCE_TRAINING 테이블을 삭제합니다.

3~7 ◆ INSURANCE 전체 데이터 중 90%를 머신러닝 모델을 훈련시킬 훈련 데이터로 생성합니다.

9 ◆ INSURANCE_TEST 테이블을 삭제합니다.

11~15 ◆ INSURANCE 전체 데이터 중 10%를 머신러닝 모델을 훈련시킬 테스트 데이터로 생성합니다.

머신러닝 모델의 환경 구성 테이블을 생성합니다.

```
1  DROP TABLE SETTINGS_REG2;
2
3  CREATE TABLE SETTINGS_REG2
```

```
 4 AS
 5 SELECT *
 6     FROM TABLE (DBMS_DATA_MINING.GET_DEFAULT_SETTINGS)
 7     WHERE SETTING_NAME LIKE '%GLM%';
 8
 9 BEGIN
10
11 INSERT INTO SETTINGS_REG2
12  VALUES (DBMS_DATA_MINING.ALGO_NAME,'ALGO_GENERALIZED_LINEAR_MODEL');
13
14 INSERT INTO SETTINGS_REG2
15  VALUES (DBMS_DATA_MINING.PREP_AUTO, 'ON');
16
17 COMMIT;
18
19 END;
20 /
```

SETTINGS_REG2 테이블을 삭제합니다. ◆ 1

회귀분석에 필요한 환경 설정 정보를 저장하기 위한 테이블을 생성합니다. ◆ 3~7

DBMS_DATA_MINING 패키지의 ALGO_NAME 함수를 회귀분석을 위해 ALGO_ ◆ 11~12
GENERALIZED_LINEAR_MODEL로 설정하여 입력합니다.

회귀분석 머신러닝 모델의 구성 파라미터들을 자동으로 최적화시키기 위해 DBMS_DATA_ ◆ 14~15
MINING 패키지의 PREP_AUTO 함수를 ON으로 설정합니다.

머신러닝 모델을 생성합니다.

```
1 BEGIN
2  DBMS_DATA_MINING.DROP_MODEL('MD_REG_MODEL2');
3 END;
4 /
5
6 BEGIN
```

```
 7
 8    DBMS_DATA_MINING.CREATE_MODEL(
 9       MODEL_NAME            => 'MD_REG_MODEL2',
10       MINING_FUNCTION       => DBMS_DATA_MINING.REGRESSION,
11       DATA_TABLE_NAME       => 'INSURANCE_TRAINING',
12       CASE_ID_COLUMN_NAME   => 'ID',
13       TARGET_COLUMN_NAME    => 'EXPENSES',
14       SETTINGS_TABLE_NAME   => 'SETTINGS_REG2');
15 END;
16 /
```

1~3 ◆ 머신러닝 모델 MD_REG_MODEL2을 삭제합니다.

8 ◆ 패키지 DBMS_DATA_MINING의 프로시저 CREATE_MODEL를 이용하여 머신러닝 모델을 생성합니다.

9 ◆ 머신러닝 모델 이름을 MD_REG_MODEL2로 지정합니다.

10 ◆ 회귀분석을 수행하기 위해 DBMS_DATA_MINING.REGRESSION을 설정합니다.

11 ◆ 훈련 데이터가 있는 테이블명을 지정합니다.

12 ◆ INSURANCE_TRAINING 테이블에 식별자 컬럼인 ID를 지정합니다.

13 ◆ 훈련 데이터의 정답이 있는 라벨 컬럼인 EXPENSES를 지정합니다.

14 ◆ 머신러닝 환경 설정 정보가 들어 있는 SETTINGS_REG2를 지정합니다.

생성된 머신러닝 모델을 확인합니다.

```
1 SELECT MODEL_NAME,
2        ALGORITHM,
3        MINING_FUNCTION
4 FROM ALL_MINING_MODELS
5 WHERE MODEL_NAME = 'MD_REG_MODEL2';
```

출력 결과

MODEL_NAME	ALGORITHM	MINING_FUNCTION
MD_REG_MODEL2	GENERALIZED_LINEAR_MODEL	REGRESSION

머신러닝 모델 구성 정보를 확인합니다.

```
1 SELECT SETTING_NAME, SETTING_VALUE
2   FROM ALL_MINING_MODEL_SETTINGS
3   WHERE MODEL_NAME = 'MD_REG_MODEL2';
```

출력 결과

SETTING_NAME	SETTING_VALUE
PREP_AUTO	ON
GLMS_RIDGE_REGRESSION	GLMS_RIDGE_REG_DISABLE
GLMS_FTR_GENERATION	GLMS_FTR_GENERATION_DISABLE
GLMS_CONF_LEVEL	.95
ODMS_DETAILS	ODMS_ENABLE
GLMS_FTR_SELECTION	GLMS_FTR_SELECTION_DISABLE
ODMS_MISSING_VALUE_TREATMENT	ODMS_MISSING_VALUE_MEAN_MODE
ODMS_SAMPLING	ODMS_SAMPLING_DISABLE
ALGO_NAME	ALGO_GENERALIZED_LINEAR_MODEL

회귀분석 모델의 회귀계수를 확인합니다.

```
1 SELECT ATTRIBUTE_NAME, ATTRIBUTE_VALUE, ROUND(COEFFICIENT)
2 FROM
3 TABLE (DBMS_DATA_MINING.GET_MODEL_DETAILS_GLM ('MD_REG_MODEL2'));
```

ATTRIBUTE_NAME	ATTRIBUTE_VALUE	COEFFICIENT
		−13133
AGE		259
BMI		341
CHILDREN		389
REGION	Northeast	1108
REGION	Northwest	631
REGION	Southwest	−156
SEX	Female	173
SMOKER	Yes	23689

회귀모델은 SMOKER(흡연자) yes가 의료비 증가에 가장 큰 영향을 주는 변수로 확인되고 있습니다. 다음으로는 미국 북동부 지역(RESION northeast)에 거주하는 사람들의 의료 비용이 다른 지역에 비해 높다는 것을 확인할 수 있습니다.

예측값을 확인합니다.

```
1 SELECT ID, AGE, SEX, EXPENSES,
2  ROUND(PREDICTION (MD_REG_MODEL2 USING *),2) MODEL_PREDICT_RESPONSE
3  FROM INSURANCE_TEST T;
```

Id	Age	Sex	Expenses	MODEL_PREDICT_RESPONSE
1178	40	Female	6496.89	6949.75
1179	23	Female	2899.49	5982.95
1180	31	Male	19350.37	28722.31
1181	42	Female	7650.77	13464.96
1182	24	Female	2850.68	4061.42

1183	25	Female	2632.99	3669.89
1184	48	Female	9447.38	10281.62
1185	23	Female	18328.24	26772.9
1186	45	Female	8603.82	8427.8

테스트 데이터의 실제 의료 비용(expenses)과 머신러닝 모델이 예측한 의료 비용(MODEL_PREDICT_RESPONSE)을 같이 출력해서 비교합니다. 실제 값과 거의 유사하게 머신러닝 모델이 예측하고 있습니다.

결정계수 R 스퀘어 값을 확인합니다.

```
1 SELECT GLOBAL_DETAIL_NAME, ROUND(GLOBAL_DETAIL_VALUE,3)
2 FROM
3 TABLE(DBMS_DATA_MINING.GET_MODEL_DETAILS_GLOBAL(MODEL_NAME =>
4   'MD_REG_MODEL2'))
5 WHERE  GLOBAL_DETAIL_NAME IN ('R_SQ','ADJUSTED_R_SQUARE');
```

출력 결과

MODEL_NAME	ALGORITHM
R_SQ	0.75
ADJUSTED_R_SQUARE	0.749

머신러닝 모델 MD_REG_MODEL2의 설명력이 어떻게 되는지 알아보기 위해 결정계수(R_SQ)를 출력합니다. 결정계수(R_SQ)가 0.75이고 수정된 결정계수(ADJUSTED_R_SQUARE)가 0.749로이 머신러닝 모델은 75%의 설명력이 있다고 할 수 있습니다.

SQL로 머신러닝 구현하기 ⑰ (파생변수 생성)

- **학습 내용**: 보험회사에서 보험료 산정을 위해 의료비를 예측하는 회귀분석 모델의 설명력을 높이기 위한 방법을 학습합니다.
- **힌트 내용**: 회귀분석 모델의 설명력을 높이기 위한 파생변수를 생성합니다.

비만인 사람이 흡연까지 하게 되면 의료비가 더 증가되는지 미국 국민 데이터를 회귀분석 하여 알아보겠습니다.

학습 테이블에 파생변수 컬럼을 추가합니다.

📁 File: 예제_195.txt

```
1  ALTER TABLE INSURANCE
2     DROP COLUMN BMI30;
3
4  ALTER TABLE INSURANCE
5     ADD BMI30 NUMBER(10);
6
7  UPDATE INSURANCE    I
8     SET BMI30 = (SELECT CASE WHEN BMI >= 30 AND SMOKER='yes'
9                         THEN  1  ELSE  0  END
10                    FROM INSURANCE S
11                    WHERE S.ROWID = I.ROWID) ;
12 COMMIT;
```

1~2 ◆ INSURANCE 테이블에 BMI30 컬럼이 기존에 있는 경우에는 삭제됩니다.

4~5 ◆ INSURANCE 테이블에 BMI30 컬럼을 추가합니다. BMI30에는 회귀 머신러닝 모델이 더 잘 학습할 수 있도록 도와주는 데이터가 입력됩니다. **비만인 사람이 흡연까지 할 경우 의료비가 더 지출되는지**를 알아보는 데이터입니다.

7~11 ◆ BMI(비만지수)가 30 이상이면서 SMOKER='yes'(흡연자)이면 1로 갱신하고, 그렇지 않으면 0으로 갱신합니다. 이렇게 새로운 학습 데이터를 생성합니다. 이 컬럼을 파생변수라고 합니다.

훈련 데이터와 테스트 데이터를 9대 1로 분리합니다.

```
 1 DROP TABLE INSURANCE_TRAINING;
 2
 3 CREATE TABLE INSURANCE_TRAINING
 4 AS
 5   SELECT *
 6     FROM INSURANCE
 7     WHERE ID < 1114;
 8
 9 DROP TABLE INSURANCE_TEST;
10
11 CREATE TABLE INSURANCE_TEST
12 AS
13   SELECT *
14     FROM INSURANCE
15     WHERE ID >= 1114;
```

비만이면서 흡연을 하는지의 여부 데이터를 가지고 있는 BMI30 컬럼을 머신러닝 모델 힉습에 반영하기 위해 기존 INSURANCE_TRAINING 테이블을 삭제합니다. ◆ 1

INSURANCE 전체 데이터 중 90%를 머신러닝 모델을 훈련시킬 훈련 데이터로 생성합니다. ◆ 3~7

추가한 BMI30 컬럼을 INSURANCE_TEST 테이블에 반영하기 위해 기존의 INSURANCE_TEST 삭제합니다. ◆ 9

INSURANCE 전체 데이터 중 10%를 머신러닝 모델을 훈련시킬 테스트 데이터로 생성합니다. ◆ 11~15

머신러닝 모델을 생성합니다.

```
1 BEGIN
2  DBMS_DATA_MINING.DROP_MODEL('MD_REG_MODEL3');
3 END;
4 /
5
```

```
 6 BEGIN
 7
 8    DBMS_DATA_MINING.CREATE_MODEL(
 9       MODEL_NAME              => 'MD_REG_MODEL3',
10       MINING_FUNCTION         => DBMS_DATA_MINING.REGRESSION,
11       DATA_TABLE_NAME         => 'INSURANCE_TRAINING',
12       CASE_ID_COLUMN_NAME     => 'ID',
13       TARGET_COLUMN_NAME      => 'EXPENSES',
14       SETTINGS_TABLE_NAME     => 'SETTINGS_REG2');
15 END;
16 /
```

1~4 ◆ 머신러닝 모델 MD_REG_MODEL3을 삭제합니다.

8 ◆ DBMS_DATA_MINING 패키지의 CREATE_MODEL 프로시저를 이용하여 머신러닝 모델을 생성합니다.

9 ◆ 머신러닝 모델 이름을 MD_REG_MODEL3로 지정합니다.

10 ◆ 회귀분석을 수행하기 위해 MINING_FUNCTION 매개변수의 값을 DBMS_DATA_MINING. REGRESSION으로 설정합니다.

11 ◆ 훈련 데이터가 있는 테이블명을 지정합니다.

12 ◆ INSURANCE_TRAINING 테이블의 식별자 컬럼(ID)를 지정합니다.

13 ◆ 회귀분석의 종속변수 컬럼(EXPENSES)을 지정합니다.

14 ◆ 회귀분석 머신러닝 구성 정보가 들어 있는 테이블(SETTINGS_REG2)을 지정합니다.

생성된 모델을 확인합니다.

```
1 SELECT MODEL_NAME,
2        ALGORITHM,
3        MINING_FUNCTION
4   FROM ALL_MINING_MODELS
5  WHERE MODEL_NAME = 'MD_REG_MODEL3';
```

출력 결과

MODEL_NAME	ALGORITHM	MINING_FUNCTION
MD_REG_MODEL3	GENERALIZED_LINEAR_MODEL	REGRESSION

회귀 모수를 확인합니다.

```
1 SELECT ATTRIBUTE_NAME, ATTRIBUTE_VALUE, ROUND(COEFFICIENT)
2 FROM
3 TABLE (DBMS_DATA_MINING.GET_MODEL_DETAILS_GLM ('MD_REG_MODEL3'));
```

출력 결과

ATTRIBUTE_NAME	ATTRIBUTE_VALUE	ROUND(COEFFICIENT)
		−4793
AGE		265
BMI		57
BMI30		19525
CHILDREN		502
REGION	Northeast	762
REGION	Northwest	594
REGION	Southwest	−546
SEX	Female	588
SMOKER	Yes	13309

새롭게 추가한 파생 컬럼(파생변수) BMI30의 회귀 모수 COEFFICIENT가 19525로 의료비 지출에 가장 영향력 있는 변수임을 확인할 수 있습니다.

R 스퀘어 값을 확인합니다.

```
1 SELECT GLOBAL_DETAIL_NAME, ROUND(GLOBAL_DETAIL_VALUE,3)
2 FROM
3 TABLE(DBMS_DATA_MINING.GET_MODEL_DETAILS_GLOBAL(MODEL_NAME =>
4   'MD_REG_MODEL3'))
5 WHERE GLOBAL_DETAIL_NAME IN ('R_SQ','ADJUSTED_R_SQUARE');
```

출력 결과

MODEL_NAME	ALGORITHM
R_SQ	0.862
ADJUSTED_R_SQUARE	0.861

BMI30 파생변수 추가로 **결정계수가 0.75에서 0.862로 증가**하였음을 확인할 수 있습니다. 따라서 비만인 사람이 흡연을 했을 때 의료비가 더 증가된다고 볼 수 있습니다.

SQL로 머신러닝 구현하기 ⑱ (파생변수 생성)

- **학습 내용:** 보험료 산정을 위해 의료비를 예측하는 회귀분석 모델의 설명력을 높이기 위한 방법을 학습합니다.
- **힌트 내용:** 나이가 많을수록 의료 비용이 증가하는지 파생변수를 추가해서 확인합니다.

미국 국민 의료비 데이터를 회귀분석하여 나이가 들수록 의료비가 증가하는지 알아보겠습니다.

기존 나이의 제곱값인 새로운 파생변수를 추가합니다.

📁 File: 예제_196.txt

```
 1  ALTER TABLE INSURANCE
 2    DROP COLUMN AGE2;
 3
 4  ALTER TABLE INSURANCE
 5     ADD AGE2 NUMBER(10);
 6
 7   UPDATE INSURANCE
 8      SET AGE2 = AGE * AGE ;
 9
10  COMMIT;
```

INSURANCE 테이블에 AGE2 컬럼이 기존에 있는 경우에는 삭제가 됩니다.　　　　◆ 1~2

INSURANCE 테이블에 AGE2 컬럼을 추가합니다. AGE2에는 회귀 머신러닝 모델이 더 잘 학습　◆ 4~5
할 수 있도록 도와주는 데이터가 입력됩니다. **나이가 많을수록 의료비가 더 지출되는지**를 일아보기
위한 데이터입니다.

AGE2 컬럼에 나이를 제곱한 데이터로 값을 갱신합니다.　　　　　　　　　　　　◆ 7~8

훈련 데이터와 테스트 데이터를 9대 1로 분리합니다.

```
 1 DROP TABLE INSURANCE_TRAINING;
 2
 3 CREATE TABLE INSURANCE_TRAINING
 4 AS
 5    SELECT *
 6      FROM INSURANCE
 7      WHERE ID < 1114;
 8
 9 DROP TABLE INSURANCE_TEST;
10
11 CREATE TABLE INSURANCE_TEST
12 AS
13    SELECT *
14      FROM INSURANCE
15      WHERE ID >= 1114;
```

1 ◆ 추가한 AGE2 컬럼을 머신러닝 모델 학습에 반영하기 위해 기존 INSURANCE_TRAINING 테이블을 삭제합니다.

3~7 ◆ AGE2 컬럼을 추가한 INSURANCE 전체 데이터 중 90%를 머신러닝 모델을 훈련시킬 훈련 데이터로 생성합니다.

9 ◆ 추가한 AGE2 컬럼을 INSURANCE_TEST 테이블에 반영하기 위해 INSURANCE_TEST 삭제합니다.

11~15 ◆ INSURANCE 전체 데이터 중 10%를 머신러닝 모델을 훈련시킬 테스트 데이터로 생성합니다.

머신러닝 모델을 생성합니다.

```
 1 BEGIN
 2   DBMS_DATA_MINING.DROP_MODEL('MD_REG_MODEL4');
 3 END;
 4 /
 5
 6 BEGIN
```

```
 7
 8    DBMS_DATA_MINING.CREATE_MODEL(
 9        MODEL_NAME              => 'MD_REG_MODEL4',
10        MINING_FUNCTION         => DBMS_DATA_MINING.REGRESSION,
11        DATA_TABLE_NAME         => 'INSURANCE_TRAINING',
12        CASE_ID_COLUMN_NAME     => 'ID',
13        TARGET_COLUMN_NAME      => 'EXPENSES',
14        SETTINGS_TABLE_NAME     => 'SETTINGS_REG2');
15 END;
16 /
```

머신러닝 모델 MD_REG_MODEL4을 삭제합니다.   ◆ 1~4

DBMS_DATA_MINING 패키지의 CREATE_MODEL 프로시저를 이용하여 머신러닝 모델을   ◆ 8
생성합니다.

머신러닝 모델 이름을 MD_REG_MODEL3로 지정합니다.   ◆ 9

회귀분석을 수행하기 위해 MINING_FUNCTION 매개변수의 값을 DBMS_DATA_MINING.   ◆ 10
REGRESSION으로 설정합니다.

훈련 데이터 테이블명을 지정합니다.   ◆ 11

INSURANCE_TRAINING 테이블에 식별자 컬럼인 ID를 지정합니다.   ◆ 12

회귀분석의 종속변수 컬럼(EXPENSES)을 지정합니다.   ◆ 13

머신러닝 환경 설정 정보가 들어 있는 테이블(SETTINGS_REG2)을 지정합니다.   ◆ 14

머신러닝 모델이 잘 생성되었는지 확인합니다.

```
1 SELECT MODEL_NAME,
2        ALGORITHM,
3        CREATION_DATE,
4        MINING_FUNCTION
5   FROM ALL_MINING_MODELS
6  WHERE MODEL_NAME = 'MD_REG_MODEL4';
```

MODEL_NAME	ALGORITHM	CREATION_DATE	MINING_FUNCTION
MD_REG_MODEL4	GENERALIZED_LINEAR_MODEL	19/11/15	REGRESSION

1~6 ◆ 모델이 잘 생성되었는지 확인합니다.

회귀 계수를 확인합니다.

```
1 SELECT ATTRIBUTE_NAME, ATTRIBUTE_VALUE, ROUND(COEFFICIENT)
2 FROM
3 TABLE (DBMS_DATA_MINING.GET_MODEL_DETAILS_GLM ('MD_REG_MODEL4'));
```

출력 결과

ATTRIBUTE_NAME	ATTRIBUTE_VALUE	ROUND(COEFFICIENT)
		−216
AGE		−4
AGE2		3
BMI		54
BMI30		19513
CHILDREN		638
REGION	Northeast	780
REGION	Northwest	589
REGION	Southwest	−527
SEX	Female	596
SMOKER	Yes	13380

R 스퀘어 값을 확인합니다.

```
1 SELECT GLOBAL_DETAIL_NAME, ROUND(GLOBAL_DETAIL_VALUE,3)
2 FROM
3 TABLE (DBMS_DATA_MINING.GET_MODEL_DETAILS_GLOBAL(MODEL_NAME =>
4   'MD_REG_MODEL4'))
5 WHERE GLOBAL_DETAIL_NAME IN ('R_SQ','ADJUSTED_R_SQUARE');
```

출력 결과

MODEL_NAME	ALGORITHM
R_SQ	0.864
ADJUSTED_R_SQUARE	0.863

AGE2 파생변수 추가로 결정계수 값 0.862에서 0.864으로 약간 올라갔음을 확인할 수 있습니다. 따라서 나이의 증가는 의료비 증가에 영향을 미치는 것으로 확인됩니다.

SQL로 머신러닝 구현하기 ⑲ (APRIORI)

- **학습 내용:** 구매 패턴을 분석하여 상품 간의 연관성이 있는지를 Apriori 알고리즘으로 분석하는 방법을 학습합니다.
- **힌트 내용:** DBMS_DATA_MINING.ASSOCIATION를 활용합니다.

금요일 밤에 기저귀를 사러 마트에 온 남성은 맥주도 같이 산다는 빅데이터 분석 사례가 있습니다. APRIORI 알고리즘으로 마트에서 맥주를 사는 고객이 기저귀도 같이 사는지 연관성 분석을 해 보겠습니다.

5명의 고객이 마트에서 상품을 구매한 리스트를 테이블로 구성합니다.

📂 **File: 예제_197.txt**

```
1 DROP TABLE MARKET_TABLE;
2
3 CREATE TABLE MARKET_TABLE
4   (CUST_ID          NUMBER(10),
5    STOCK_CODE       NUMBER(10),
6    STOCK_NAME       VARCHAR2(30),
7    QUANTITY         NUMBER(10),
8    STOCK_PRICE      NUMBER(10,2),
9    BUY_DATE         DATE );
```

1 ◆ MARKET_TABLE 테이블을 삭제합니다.

3~9 ◆ 상품 구매 정보를 저장할 테이블을 생성합니다.

컬럼명	설명	컬럼명	설명
CUST_ID	고객번호	QUANTITY	상품 건수
STOCK_CODE	상품코드	STOCK_PRICE	상품 가격
STOCK_NAME	상품이름	BUY_DATE	구입 날짜

SQL Developer를 이용해서 market.csv를 maket_table 테이블에 입력합니다.

연관성 분석을 위한 환경 구성 테이블을 생성합니다.

```
 1 DROP TABLE SETTINGS_ASSOCIATION_RULES;
 2
 3 CREATE TABLE SETTINGS_ASSOCIATION_RULES
 4 AS
 5    SELECT *
 6      FROM TABLE (DBMS_DATA_MINING.GET_DEFAULT_SETTINGS)
 7      WHERE SETTING_NAME LIKE 'ASSO_%';
 8
 9 BEGIN
10    UPDATE SETTINGS_ASSOCIATION_RULES
11       SET SETTING_VALUE = 3
12     WHERE SETTING_NAME = DBMS_DATA_MINING.ASSO_MAX_RULE_LENGTH;
13
14    UPDATE SETTINGS_ASSOCIATION_RULES
15       SET SETTING_VALUE = 0.03
16     WHERE SETTING_NAME = DBMS_DATA_MINING.ASSO_MIN_SUPPORT;
17
18    UPDATE SETTINGS_ASSOCIATION_RULES
19       SET SETTING_VALUE = 0.03
20     WHERE SETTING_NAME = DBMS_DATA_MINING.ASSO_MIN_CONFIDENCE;
21
22    INSERT INTO SETTINGS_ASSOCIATION_RULES
23         VALUES (DBMS_DATA_MINING.ODMS_ITEM_ID_COLUMN_NAME, 'STOCK_CODE');
24
25    COMMIT;
26 END;
27 /
```

SETTINGS_ASSOCIATION_RULES 테이블을 삭제합니다. ◆ 1

아프리오리 알고리즘 머신러닝 모델 생성에 필요한 환경 설정 정보를 세팅하기 위한 테이블을 ◆ 3~7
SETTINGS_ASSOCIATION_RULES라는 이름으로 생성합니다.

연관 분석의 최대 연관 개수를 3으로 지정합니다. Default는 4입니다. ◆ 10~12

14~16 ◆ 연관 분석의 최소 지지도를 0.03으로 지정합니다. Default는 1입니다.

22~23 ◆ 연관 분석 연관성의 기준이 되는 컬럼을 지정합니다.

연관성 분석을 위한 머신러닝 모델을 생성합니다.

```
 1 BEGIN
 2   DBMS_DATA_MINING.DROP_MODEL('MD_ASSOC_ANLYSIS');
 3 END;
 4 /
 5
 6 CREATE OR REPLACE VIEW VW_MARKET_TABLE
 7 AS
 8 SELECT CUST_ID, STOCK_CODE
 9   FROM MARKET_TABLE;
10
11
12 BEGIN
13   DBMS_DATA_MINING.CREATE_MODEL(
14       MODEL_NAME            => 'MD_ASSOC_ANLYSIS',
15       MINING_FUNCTION       => DBMS_DATA_MINING.ASSOCIATION,
16       DATA_TABLE_NAME       => 'VW_MARKET_TABLE',
17       CASE_ID_COLUMN_NAME   => 'CUST_ID',
18       TARGET_COLUMN_NAME    => NULL,
19       SETTINGS_TABLE_NAME   => 'SETTINGS_ASSOCIATION_RULES');
20 END;
21 /
```

1~4 ◆ 머신러닝 모델 MD_ASSOC_ANLYSIS을 삭제합니다.

6~9 ◆ MARKET_TABLE에서 CUST_ID와 STOCK_CODE만 볼 수 있도록 뷰를 생성합니다.

15 ◆ 연관 분석을 수행하기 위해 MINING_FUNCTION 매개변수의 값을 DBMS_DATA_MINING. ASSOCIATION으로 설정합니다.

17 ◆ MARKET_TABLE에서 식별자 컬럼인 CUST_ID를 지정합니다.

19 ◆ 아프리오리 머신러닝 환경 정보가 들어 있는 SETTINGS_ASSOCIATION_RULES 테이블을 지정합니다.

머신러닝 모델을 확인합니다.

```
1 SELECT MODEL_NAME,
2        ALGORITHM,
3        MINING_FUNCTION
4   FROM ALL_MINING_MODELS
5   WHERE MODEL_NAME = 'MD_ASSOC_ANLYSIS';
```

출력 결과

MODEL_NAME	ALGORITHM	MINING_FUNCTION
MD_ASSOC_ANLYSIS	APRIORI_ASSOCIATION_RULES	ASSOCIATION_RULES

머신러닝 모델 구성 정보를 확인합니다.

```
1 SELECT SETTING_NAME, SETTING_VALUE
2   FROM ALL_MINING_MODEL_SETTINGS
3   WHERE MODEL_NAME = 'MD_ASSOC_ANLYSIS';
```

출력 결과

SETTING_NAME	SETTING_VALUE
ASSO_MIN_CONFIDENCE	.1
ASSO_MIN_REV_CONFIDENCE	0
PREP_AUTO	ON
ASSO_MIN_SUPPORT_INT	1
ASSO_MIN_SUPPORT	.1
ASSO_MAX_RULE_LENGTH	4
ODMS_DETAILS	ODMS_ENABLE
ODMS_ITEM_ID_COLUMN_NAME	STOCK_CODE
ODMS_SAMPLING	ODMS_MISSING_VALUE_AUTO

모델이 분석한 연관 분석 결과를 확인합니다.

```
 1 SELECT A.ATTRIBUTE_SUBNAME as ANTECEDENT,
 2        C.ATTRIBUTE_SUBNAME as CONSEQUENT,
 3        ROUND(RULE_SUPPORT,3) as SUPPORT,
 4        ROUND(RULE_CONFIDENCE,3) as CONFIDENCE,
 5        ROUND(RULE_LIFT,3) as LIFT
 6   FROM  TABLE(DBMS_DATA_MINING.GET_ASSOCIATION_RULES('MD_ASSOC_
 7              ANLYSIS',10)) T,
 8        TABLE(T.CONSEQUENT) C,
 9        TABLE(T.ANTECEDENT) A
10   ORDER BY SUPPORT DESC,LIFT  DESC;
```

출력 결과

ANTECEDENT	CONSEQUENT	SUPPORT	CONFIDENCE	LIFT
101	104	0.6	1	1,25
103	104	0.4	1	1,25
106	104	0.4	1	1,25
103	106	0.4	1	1,25
104	106	0.4	1	1,25
103	104	0.4	1	1,25
101	104	0.4	1	1,25
103	106	0.4	1	1,25
106	104	0.4	1	1,25
105	101	0.2	1	1,667
105	102	0.2	1	1,667
101	104	0.2	1	1,25
105	104	0.2	1	1,25
102	104	0.2	1	1,25

분석 결과로 ANTECEDENT 식별번호 101(맥주)과 CONSEQUENT의 식별번호 104(기저귀)가 가장 연관성이 높음을 확인할 수 있습니다.

SQL로 머신러닝 구현하기 ⑳ (APRIORI)

실무 198

- **학습 내용:** 구매 패턴을 분석하여 상품 간의 연관성이 있는지를 Apriori 알고리즘으로 분석하는 방법을 학습합니다.
- **힌트 내용:** DBMS_DATA_MINING.ASSOCIATION를 활용합니다.

아프리오리 알고리즘을 이용하여 온라인으로 물건을 구매하는 고객들에게 구매하고자 하는 상품과 연관성이 있는 상품을 추천하는 머신러닝 모델을 생성해 보겠습니다.

머신러닝 모델이 학습할 테이블을 생성합니다.

📁 File: 예제_198.txt

```
1  DROP TABLE ONLINE_RETAIL;
2
3  CREATE TABLE ONLINE_RETAIL
4  (INVOICENO      VARCHAR2(100),
5   STOCKCODE      VARCHAR2(100),
6   DESCRIPTION    VARCHAR2(200),
7   QUANTITY       NUMBER(10,2),
8   INVOICEDATE    DATE,
9   UNITPRICE      NUMBER(10,2),
10  CUSTOMERID     NUMBER(10,2),
11  COUNTRY        VARCHAR2(100));
```

ONLINE_RETAIL 테이블을 삭제합니다.　　　　　　　　　　　　　　◆ 1

상품 구매 정보를 저장할 테이블을 생성합니다.　　　　　　　　　◆ 3~11

컬럼명	설명	컬럼명	설명
INVOICENO	주문 번호	INVOICEDATE	주문 날짜
STOCKCODE	상품 코드	UNITPRICE	상품 가격
DESCRIPTION	상품 설명	CUSTOMERID	고객 번호
QUANTITY	상품 건수	COUNTRY	상품 구입 국가

출처: https://www.kaggle.com/vijayuv/onlineretail

SQL Developer를 이용해서 Online Retail.csv를 ONLINE_RETAIL 테이블에 입력합니다.

연관성 분석을 위한 머신러닝 환경을 설정합니다.

```
 1 DROP TABLE SETTINGS_ASSOCIATION_RULES2;
 2
 3 CREATE TABLE SETTINGS_ASSOCIATION_RULES2
 4 AS
 5   SELECT *
 6     FROM TABLE (DBMS_DATA_MINING.GET_DEFAULT_SETTINGS)
 7     WHERE SETTING_NAME LIKE 'ASSO_%';
 8
 9 BEGIN
10   UPDATE SETTINGS_ASSOCIATION_RULES2
11     SET SETTING_VALUE = 3
12   WHERE SETTING_NAME = DBMS_DATA_MINING.ASSO_MAX_RULE_LENGTH;
13
14   UPDATE SETTINGS_ASSOCIATION_RULES2
15     SET SETTING_VALUE = 0.03
16   WHERE SETTING_NAME = DBMS_DATA_MINING.ASSO_MIN_SUPPORT;
17
18   UPDATE SETTINGS_ASSOCIATION_RULES2
19     SET SETTING_VALUE = 0.03
20   WHERE SETTING_NAME = DBMS_DATA_MINING.ASSO_MIN_CONFIDENCE;
21
22   INSERT INTO SETTINGS_ASSOCIATION_RULES2
23       VALUES (DBMS_DATA_MINING.ODMS_ITEM_ID_COLUMN_NAME,
24             ' INVOICENO');
25   COMMIT;
26 END;
27 /
```

1 ◆ SETTINGS_ASSOCIATION_RULES2 테이블을 삭제합니다.

3~7 ◆ 아프리오리 알고리즘 머신러닝 모델 생성에 필요한 환경 설정 정보를 저장하기 위한 테이블을
SETTINGS_ASSOCIATION_RULES2라는 이름으로 생성합니다.

10~12 ◆ 연관 분석의 최대 연관 개수를 3으로 지정합니다. Default는 4입니다.

연관 분석의 최소 지지도는 0.03으로 지정합니다. Default는 1입니다. ◆ 14~16

연관 분석의 연관성에 기준이 되는 컬럼을 지정합니다. ◆ 22~24

학습할 데이터만 선별하여 머신러닝 모델을 생성합니다.

```
 1 BEGIN
 2   DBMS_DATA_MINING.DROP_MODEL('MD_ASSOC_ANLYSIS2');
 3 END;
 4 /
 5
 6 CREATE OR REPLACE VIEW VW_ONLINE_RETAIL
 7  AS SELECT INVOICENO, STOCKCODE FROM ONLINE_RETAIL;
 8
 9 BEGIN
10   DBMS_DATA_MINING.CREATE_MODEL(
11       MODEL_NAME            => 'MD_ASSOC_ANLYSIS2',
12       MINING_FUNCTION       => DBMS_DATA_MINING.ASSOCIATION,
13       DATA_TABLE_NAME       => 'VW_ONLINE_RETAIL',
14       CASE_ID_COLUMN_NAME   => 'STOCKCODE',
15       TARGET_COLUMN_NAME    => NULL,
16       SETTINGS_TABLE_NAME   => 'SETTINGS_ASSOCIATION_RULES2');
17 END;
18 /
```

머신러닝 모델 MD_ASSOC_ANLYSIS2을 삭제합니다. ◆ 1~4

ONLINE_RETAIL에서 INVOICENO와 STOCKCODE만 볼 수 있도록 뷰를 생성합니다. ◆ 6~7

연관성 분석 머신러닝 모델의 이름을 MD_ASSOC_ANLYSIS2로 지정합니다. ◆ 11

DBMS_DATA_MINING.ASSOCIATION 지정함으로써 연관성 분석을 위한 머신러닝 학습임 ◆ 12
을 세팅합니다.

아프리오리 머신러닝 환경 정보가 들어 있는 SETTINGS_ASSOCIATION_RULES2 테이블을 ◆ 16
지정합니다.

생성된 머신러닝 모델을 확인합니다.

```
1 SELECT MODEL_NAME,
2        ALGORITHM,
3        MINING_FUNCTION
4   FROM ALL_MINING_MODELS
5   WHERE MODEL_NAME = 'MD_ASSOC_ANLYSIS2';
```

출력 결과

MODEL_NAME	ALGORITHM	MINING_FUNCTION
MD_ASSOC_ANLYSIS2	APRIORI_ASSOCIATION_RULES	ASSOCIATION_RULES

머신러닝 모델의 환경 설정을 확인합니다.

```
1 SELECT SETTING_NAME, SETTING_VALUE
2   FROM ALL_MINING_MODEL_SETTINGS
3   WHERE MODEL_NAME = 'MD_ASSOC_ANLYSIS2';
```

출력 결과

SETTING_NAME	SETTING_VALUE
ASSO_MIN_CONFIDENCE	.1
ASSO_MIN_REV_CONFIDENCE	0
PREP_AUTO	ON
ASSO_MIN_SUPPORT_INT	1
ASSO_MIN_SUPPORT	.1
ASSO_MAX_RULE_LENGTH	4
ODMS_DETAILS	ODMS_ENABLE
ODMS_ITEM_ID_COLUMN_NAME	STOCKCODE
ODMS_MISSING_VALUE_TREATMENT	ODMS_MISSING_VALUE_AUTO
ODMS_SAMPLING	ODMS_SAMPLING_DISABLE

모델이 분석한 상품 간의 연관성을 확인합니다.

```
1 SELECT A.ATTRIBUTE_SUBNAME as ANTECEDENT,
2        C.ATTRIBUTE_SUBNAME as CONSEQUENT,
3        ROUND(RULE_SUPPORT,3) as SUPPORT,
4        ROUND(RULE_CONFIDENCE,3) as CONFIDENCE,
5        ROUND(RULE_LIFT,3) as LIFT
6   FROM
7 TABLE(DBMS_DATA_MINING.GET_ASSOCIATION_RULES('MD_ASSOC_ANLYSIS2',10)) T,
8        TABLE(T.CONSEQUENT) C,
9        TABLE(T.ANTECEDENT) A
10  ORDER BY SUPPORT DESC, LIFT DESC;
```

출력 결과

ANTECEDENT	CONSEQUENT	SUPPORT	CONFIDENCE	LIFT
580367	573585	0.117	0.731	2.679
580115	573585	0.115	0.724	2.655
581439	573585	0.114	0.728	2.668
578344	573585	0.111	0.723	2.653
576837	573585	0.108	0.75	2.752
578347	573585	0.108	0.733	2.687
576618	573585	0.103	0.763	2.796
577358	573585	0.103	0.75	2.752
579508	573585	0.103	0.723	2.652
577078	573585	0.101	0.719	2.635

ANTECEDENT의 식별번호 580367(상품)과 CONSEQUENT의 식별번호 573585(상품)가 가장 연관이 있음을 확인할 수 있습니다.

SQL로 머신러닝 구현하기 ㉑ (K-MEANS)

K-means는 비지도 학습 머신러닝입니다. 비지도 학습은 지도 학습과는 다르게 데이터에 대한 정답이 없습니다. 데이터의 정답이 없다는 것은 유방암 데이터에서의 diagnosis 컬럼과 같이 악성인지 양성인지에 대한 라벨이 없다는 것입니다. 지도 학습 시에는 정답이 있으므로 머신러닝이 훈련 단계에서 정답을 보면서 공부했습니다. 그러나 비지도 학습은 정답 없이 데이터의 특성만으로 데이터를 분류합니다. K-means 알고리즘은 유클리드 거리 공식을 이용해 가장 가까운 거리에 있는 데이터로 판단해야 할 데이터를 분류합니다. 토마토가 채소와 과일, 단백질 중 어느 클래스에 속하는지 k-means 머신러닝 모델로 분류하면서 이해해 보겠습니다.

머신러닝 모델이 학습할 테이블을 생성합니다.

📁 File: 예제_199.txt

```
1  DROP TABLE FRUIT;
2
3  CREATE TABLE FRUIT
4  (F_ID    NUMBER(10),
5   F_NAME  VARCHAR2(10),
6   SWEET   NUMBER(10),
7   CRISPY  NUMBER(10),
8   F_CLASS VARCHAR2(10));
9
10 INSERT INTO FRUIT VALUES(1, '사과', 10, 9, '과일');
11 INSERT INTO FRUIT VALUES(2, '베이컨', 1, 4, '단백질');
12 INSERT INTO FRUIT VALUES(3, '바나나', 10, 1, '과일');
13 INSERT INTO FRUIT VALUES(4, '당근', 7, 10, '채소');
14 INSERT INTO FRUIT VALUES(5, '셀러리', 3, 10, '채소');
15 INSERT INTO FRUIT VALUES(6, '치즈', 1, 1, '단백질');
16 INSERT INTO FRUIT VALUES(7, '토마토', 6, 7, NULL);
17 COMMIT;
```

사과, 베이컨, 바나나, 당근, 셀러리, 치즈의 단맛과 아삭한 맛의 정도를 FRUIT 테이블에 저장합니다.

컬럼명	설명	컬럼명	설명
F_ID	식품 번호	CRISPY	아삭한 정도
F_NAME	식품 이름	F_CLASS	식품 종류
SWEET	단맛 정도		

여기서 단맛과 아삭함 정도가 데이터를 분류하는 기준이 됩니다.

F_ID	F_NAME	SWEET	CRISPY	F_CLASS
1	사과	10	9	과일
2	베이컨	1	4	단백질
3	바나나	10	1	과일
4	당근	7	10	채소
5	셀러리	3	10	채소
6	치즈	1	1	단백질
7	토마토	6	7	?

토마토는 단맛(SWEET)이 6이고 아삭거림(CRISPY)가 7입니다. 이 두 가지 정보로 토마토가 과일, 단백질, 채소 세 가지 중 어디에 속하는지 분류해 보겠습니다.

머신러닝 환경 구성 테이블을 생성합니다.

```
1 DROP TABLE SETTINGS_KM1;
2
3 CREATE TABLE SETTINGS_KM1
4 AS
5 SELECT *
6   FROM TABLE (DBMS_DATA_MINING.GET_DEFAULT_SETTINGS)
7   WHERE SETTING_NAME LIKE '%GLM%';
8
9 BEGIN
10
11   INSERT INTO SETTINGS_KM1
```

```
12          VALUES (DBMS_DATA_MINING.ALGO_NAME, 'ALGO_KMEANS');
13
14    INSERT INTO SETTINGS_KM1
15          VALUES (DBMS_DATA_MINING.PREP_AUTO, 'ON');
16
17     INSERT INTO SETTINGS_KM1
18          VALUES (DBMS_DATA_MINING.CLUS_NUM_CLUSTERS, 3);
19
20     COMMIT;
21
22  END;
23  /
```

1 ◆ SETTINGS_KM1 테이블을 삭제합니다.

3~7 ◆ 비지도 학습 머신러닝 모델인 K-means 생성에 필요한 환경 설정 정보를 세팅하기 위한 테이블을 SETTINGS_KM1라는 이름으로 생성합니다.

11~12 ◆ ALGO_NAME을 ALGO_KMEANS로 지정합니다.

14~15 ◆ 머신러닝 모델을 최적화하기 위해 PREP_AUTO를 ON으로 지정합니다.

17~18 ◆ F_CLASS가 세 가지(과일, 채소, 단백질)이므로 K-means 클러스터 군집의 개수를 3개로 지정합니다.

머신러닝 모델을 생성합니다.

```
1  BEGIN
2    DBMS_DATA_MINING.DROP_MODEL('MD_KM_MODEL1');
3  END;
4  /
5
6  BEGIN
7
8     DBMS_DATA_MINING.CREATE_MODEL(
9        MODEL_NAME              => 'MD_KM_MODEL1',
```

```
10        MINING_FUNCTION      => DBMS_DATA_MINING.CLUSTERING,
11        DATA_TABLE_NAME      => 'FRUIT',
12        CASE_ID_COLUMN_NAME  => 'F_ID',
13        TARGET_COLUMN_NAME   => NULL,
14        SETTINGS_TABLE_NAME  => 'SETTINGS_KM1');
15 END;
16 /
17
18 DROP TABLE KMEANS_RESULT1;
19
20 BEGIN
21    DBMS_DATA_MINING.APPLY (MODEL_NAME => 'MD_KM_MODEL1',
22                            DATA_TABLE_NAME => 'FRUIT',
23                            CASE_ID_COLUMN_NAME => 'F_ID',
24                            RESULT_TABLE_NAME => 'KMEANS_RESULT1');
25 END;
26 /
```

기존에 존재하고 있는 머신러닝 모델 MD_KM_MODEL1을 삭제합니다.   ◆ 1~4

K-means 머신러닝 모델의 이름을 MD_KM_MODEL1로 지정합니다.   ◆ 9

학습 데이터가 있는 테이블(FRUIT)를 지정합니다.   ◆ 11

학습 데이터 테이블의 식별자 컬럼(F_ID)을 지정합니다.   ◆ 12

머신러닝 구성 정보가 들어 있는 테이블(SETTINGS_KM1)을 지정합니다.   ◆ 14

머신러닝 모델이 군집화한 데이터를 저장할 테이블을 지정하기 위해 기존의 KMEANS_   ◆ 18
RESULT1 테이블을 삭제합니다.

DBMS_DATA_MINING.APPLY 패키지를 수행하여 머신러닝 모델을 실행합니다.   ◆ 21

머신러닝 학습 데이터가 있는 테이블(FRUIT)을 지정합니다.   ◆ 22

학습 데이터 테이블(FRUIT)의 식별자 컬럼(F_ID)을 지정합니다.   ◆ 23

머신러닝 모델이 분류한 데이터를 저장할 테이블(KMEANS_RESULT1)을 지정합니다.   ◆ 24

머신러닝 모델이 분류한 결과를 확인합니다.

```
1 SELECT T2.F_NAME,
2 T2.F_CLASS,
3        T1.CLUSTER_ID,
4        T1.PROBABILITY,
5        T2.SWEET,
6        T2.CRISPY
7   FROM (SELECT F_ID, CLUSTER_ID, PROBABILITY
8           FROM (SELECT T.*,
9                        MAX (PROBABILITY)
10                        OVER (PARTITION BY F_ID
11                                  ORDER BY PROBABILITY DESC)
12                        MAXP
13                   FROM KMEANS_RESULT1 T)
14          WHERE MAXP = PROBABILITY) T1,
15         FRUIT T2
16  WHERE T1.F_ID = T2.F_ID ORDER BY CLUSTER_ID;
```

출력 결과

F_NAME	F_CLASS	CLUSTER_ID	PROBABILITY	SWEET	CRISPY
치즈	단백질	3	0.958554796299656	1	1
베이컨	단백질	3	0.9044508424215156	1	4
당근	채소	4	0.8422391866932365	7	10
셀러리	채소	4	0.8925246943744571	3	10
사과	과일	5	0.8392343362257478	10	9
토마토		5	0.7325828585186911	6	7
바나나	과일	5	0.9359537687095132	10	1

결과를 보면 토마토 CLSUTER_ID가 5로 K-means 머신러닝 모델이 과일로 분류하였습니다.

SQL로 머신러닝 구현하기 ㉒ (K-MEANS)

실무 200

- **학습 내용:** 비지도 학습인 k-means 머신러닝 알고리즘을 SQL로 구현하는 방법을 학습합니다.
- **힌트 내용:** DBMS_DATA_MINING.CLUSTERING를 활용합니다.

k-means 머신러닝 알고리즘을 이용하여 미국 시카고 지역의 범죄 발생지의 위도, 경도 데이터를 이용하여 순찰 지역의 범위를 지정해 보겠습니다. 다음의 그림은 k-means의 k 값을 5로 지정했을 때와 14로 지정했을 때의 순찰 범위를 시각화한 결과입니다.

출처: https://arkadiuszkondas.com/clustering-chicago-robberies-locations-with-k-means-algorithm/

머신러닝 모델이 학습할 테이블을 생성합니다.

📁 File: 예제_200.txt

```
1 DROP TABLE CHICAGO_CRIME;
2
3 CREATE TABLE CHICAGO_CRIME
4 (C_ID      NUMBER(10),
5  CASE_NUMBER              VARCHAR2(10),
```

```
   6   CRIME_DATE              VARCHAR2(40),
   7   PRIMARY_TYPE            VARCHAR2(40),
   8   DESCRIPTION             VARCHAR2(80),
   9   LOCATION_DESCRIPTION    VARCHAR2(50),
  10   ARREST_YN               VARCHAR2(10),
  11   DOMESTIC                VARCHAR2(10),
  12   FBI_CODE                VARCHAR2(10),
  13   CRIME_YEAR              VARCHAR2(10),
  14   LATITUDE                NUMBER(20,10),
  15   LONGITUDE               NUMBER(20,10)
  16  );
```

1 ◆ CHICAGO_CRIME 테이블을 삭제합니다.

3~15 ◆ 미국 시카고 범죄 지역 데이터에 대한 정보를 저장할 테이블을 생성합니다.

컬럼명	설명	컬럼명	설명
C_ID	범죄 발생 번호	ARREST_YN	검거 여부
CASE_NUMBER	범죄 종류 번호	DOMESTIC	가정 폭력 여부
CRIME_DATE	범죄 날짜	FBI_CODE	FBI 코드
PRIMARY_TYPE	범죄	CRIME_YEAR	범죄 연도
DESCRIPTION	범죄 상세 설명	LATITUDE	위도
LOCATION_DESCRIPTION	범죄 장소	LONGITUDE	경도

출처: https://www.kaggle.com/chicago/chicago-crime

SQL Developer를 이용해서 Chicago_Crimes_2012_to_2017.csv를 CHICAGO_CRIME 테이블에 입력합니다.

머신러닝 구성 정보 테이블을 생성합니다.

```
1 DROP TABLE SETTINGS_KM2;
2
3 CREATE TABLE SETTINGS_KM2
4 AS
5 SELECT *
```

```
 6     FROM TABLE (DBMS_DATA_MINING.GET_DEFAULT_SETTINGS)
 7     WHERE SETTING_NAME LIKE '%GLM%';
 8
 9 BEGIN
10
11   INSERT INTO SETTINGS_KM2
12       VALUES (DBMS_DATA_MINING.ALGO_NAME, 'ALGO_KMEANS');
13
14   INSERT INTO SETTINGS_KM2
15       VALUES (DBMS_DATA_MINING.PREP_AUTO, 'ON');
16
17    INSERT INTO SETTINGS_KM2
18       VALUES (DBMS_DATA_MINING.CLUS_NUM_CLUSTERS, 14);
19
20   COMMIT;
21
22 END;
23 /
```

SETTINGS_KM2 테이블을 삭제합니다. ◆ 1

비지도 학습 머신러닝 모델인 K-means 생성에 필요한 환경 설정 정보를 세팅하기 위한 테이블 ◆ 3~7
을 SETTINGS_KM2라는 이름으로 생성합니다.

모델이 사용할 머신러닝 알고리즘을 K-means로 지정하기 위해 ALGO_NAME 함수의 매개변 ◆ 11~12
수를 ALGO_KMEANS로 지정합니다.

머신러닝 모넬을 최적화하기 위해 PREP_AUTO를 ON으로 지정합니다. ◆ 14~15

순찰 범위를 14군데로 정하기 위해 K-means 클러스터 군집의 개수를 14로 지정합니다. ◆ 17~18

머신러닝 모델을 생성합니다.

```
1 BEGIN
2   DBMS_DATA_MINING.DROP_MODEL('MD_GLM_MODEL2');
3 END;
```

```
 4 /
 5
 6 DROP TABLE KMEANS_RESULT2;
 7
 8 CREATE OR REPLACE VIEW VW_CHICAGO_CRIME
 9 AS
10 SELECT C_ID, LATITUDE, LONGITUDE
11   FROM CHICAGO_CRIME;
12
13 BEGIN
14
15    DBMS_DATA_MINING.CREATE_MODEL(
16       MODEL_NAME            => 'MD_GLM_MODEL2',
17       MINING_FUNCTION       => DBMS_DATA_MINING.CLUSTERING,
18       DATA_TABLE_NAME       => 'VW_CHICAGO_CRIME',
19       CASE_ID_COLUMN_NAME   => 'C_ID',
20       TARGET_COLUMN_NAME    => NULL,
21       SETTINGS_TABLE_NAME   => 'SETTINGS_KM2');
22 END;
23 /
```

1~4 ◆ 머신러닝 모델 MD_KM_MODEL2를 삭제합니다.

6 ◆ KMEANS_RESULT2 테이블을 삭제합니다.

8~11 ◆ 머신러닝 데이터를 분류할 때 필요한 정보는 범죄 발생 번호(C_ID)와 위도(LATITUDE), 경도 (LONGITUDE) 컬럼이므로 이 세 가지만 볼 수 있도록 뷰를 생성합니다.

16 ◆ K-means 머신러닝 모델 이름을 MD_KM_MODEL2로 지정합니다.

17 ◆ DBMS_DATA_MINING.CLUSTERING를 지정함으로써 머신러닝의 목표가 군집화(분류)임을 지정합니다.

18 ◆ 머신러닝 모델이 학습할 데이터가 있는 뷰인 VW_CHICAGO_CRIME를 지정합니다.

19 ◆ 훈련 데이터 테이블의 식별자 컬럼을 지정합니다.

21 ◆ 머신러닝 구성 정보가 들어 있는 테이블 SETTINGS_KM2을 지정합니다.

생성한 머신러닝 모델로 군집화를 진행합니다.

```
1 BEGIN
2   DBMS_DATA_MINING.APPLY (MODEL_NAME => 'MD_GLM_MODEL2',
3                          DATA_TABLE_NAME => 'VW_CHICAGO_CRIME',
4                          CASE_ID_COLUMN_NAME => 'C_ID',
5                          RESULT_TABLE_NAME => 'KMEANS_RESULT2');
6 END;
7 /
```

DBMS_DATA_MINING.APPLY를 이용하여 머신러닝 모델을 실행합니다. ◆ 2

학습 데이터가 있는 테이블 또는 뷰(VIEW)를 지정합니다. ◆ 3

학습 데이터 테이블의 식별자 컬럼(C_ID)을 지정합니다. ◆ 4

머신러닝 모델이 군집화한 결과를 저장할 테이블(KMEANS_RESULT2)을 지정합니다. ◆ 5

미신러닝 모델이 군집화한 결과를 확인합니다.

```
 1 SELECT T1.C_ID,
 2        T1.CLUSTER_ID,
 3        T1.PROBABILITY,
 4        T2.LATITUDE,
 5        T2.LONGITUDE
 6 FROM (SELECT C_ID, CLUSTER_ID, PROBABILITY
 7         FROM (SELECT T.*,
 8                      MAX (PROBABILITY)
 9                      OVER (PARTITION BY C_ID
10                            ORDER BY PROBABILITY DESC)
11                      MAXP
12               FROM KMEANS_RESULT2 T)
13       WHERE MAXP = PROBABILITY) T1,
14       CHICAGO_CRIME T2
15 WHERE T1.C_ID = T2.C_ID ORDER BY CLUSTER_ID;
```

C_ID	CLUSTER_ID	PROBABILITY	LATITUDE	LONGITUDE
10543548	5	0.9999999984940333	41.97629041	−87.90522722
10543830	5	0.9999999989983894	41.9790063	−87.90646316
10543887	5	0.6133208508807894	41.93798857	−87.80849642
10543958	5	0.6363271165090043	41.9515939	−87.80479318
10544737	5	0.9999999976131464	41.97499829	−87.90313231
10544837	5	0.9999999704776472	41.98043579	−87.88692046
10545804	5	0.9734839234285282	41.94616855	−87.82298219
10546680	5	0.9866006882053342	41.99702124	−87.81496094
10547323	5	0.9859002791171012	41.99248394	−87.81531779
10547373	5	0.9999999984940333	41.97629041	−87.90522722
10532080	5	0.9921827204412613	41.95121028	−87.82808127

결과 중 일부분만 가져왔습니다. 위도와 경도 데이터를 이용하여 14개의 지역으로 군집화하였습니다. CLSUTER_ID 컬럼이 군집화한 번호입니다. 위 결과는 CLUSTER_ID의 5번 데이터 중 일부분만 출력하였습니다.

14개의 군집 번호와 군집 번호별 건수를 확인합니다.

```
1  SELECT    T1.CLUSTER_ID, COUNT(*)
2  FROM (SELECT C_ID, CLUSTER_ID, PROBABILITY
3           FROM (SELECT T.*,
4                        MAX (PROBABILITY)
5                        OVER (PARTITION BY C_ID
6                                ORDER BY PROBABILITY DESC)
7                        MAXP
8                FROM KMEANS_RESULT2 T)
9         WHERE MAXP = PROBABILITY) T1,
10        CHICAGO_CRIME T2
11   WHERE T1.C_ID = T2.C_ID
12   GROUP BY T1.CLUSTER_ID;
```

출력 결과

CLUSTER_ID	COUNT(*)
27	74325
23	76634
15	64095
21	125715
11	78678
5	13532
20	113227
9	54649
22	103872
26	118945
3	77
19	82111
25	86260
24	56455

머신러닝 모델이 알아서 범죄 지역의 위도, 경도 데이터만을 이용해서 14개의 지역으로 군집화를 진행하였습니다. 부록에서는 지금까지 배운 예제를 이용하여 캐글 데이터 분석 대회 상위권에 도전해 보겠습니다.

부록 001
Kaggle 상위권에 도전하기 ①

- **학습 내용 :** 캐글(Kaggle)에 참여하여 데이터 분석 결과를 제출하는 과정을 학습합니다.
- **힌트 내용 :** 지금까지 배운 오라클 머신러닝 패키지를 사용합니다.

캐글은 2010년에 설립된 예측 모델 및 분석 대회 플랫폼입니다. 수많은 기업과 단체에서 데이터와 해결 과제를 캐글에 등록하면 세계의 데이터 과학자들이 이를 해결하는 모델을 개발하고 경쟁을 합니다. 캐글에 올라온 해결 과제는 누구든지 분석하여 결과물을 올릴 수 있으며, 순위로 바로 피드백됩니다. 이 책에서 다룬 SQL로 머신러닝을 구현하는 예제들을 캐글 데이터셋에 적용해보고자 합니다. 현재 진행 중인 competition인 타이타닉호의 생존자/사망자 예측에 참여하여 예측 모델을 생성해보겠습니다.

https://www.kaggle.com/c/titanic

캐글(Kaggle) 홈페이지에 접속하여 회원가입을 한 후 타이타닉 competition으로 들어갑니다. data 탭의 data source에서 trian.csv, test.csv, submission_gender.csv를 내려받습니다. train.csv는 머신러닝 모델을 훈련시킬 훈련 데이터이고. 타이타닉 승객 891명의 승객 정보가 있습니다. test.csv는 418명의 승객 데이터입니다. 여기에는 생존 여부에 대한 정답 컬럼이 없습니다. 훈련 데이터(train.csv)를 가지고 예측 모델을 만들고, 테스트 데이터(test.csv)에 대한 생존 여부를 예측하여 승객 번호와 생존 여부 데이터를 submission_gender.csv로 제출하면 됩니다. 먼저 train.csv 데이터를 저장할 테이블을 생성합니다.

머신러닝 모델이 학습할 테이블을 생성합니다.

📁 File: 부록_예제_1.txt

```
 1  CREATE TABLE TITANIC
 2  (PASSENGERID NUMBER(5),
 3  SURVIVED   NUMBER(5),
 4  PCLASS      NUMBER(5),
 5  NAME        VARCHAR2(100),
 6  SEX         VARCHAR2(20),
 7  AGE         NUMBER(5,2),
 8  SIBSP       NUMBER(5),
 9  PARCH       NUMBER(5),
10  TICKET      VARCHAR2(20),
11  FARE        NUMBER(18,5),
12  CABIN       VARCHAR2(50),
13  EMBARKED    VARCHAR2(5));
```

훈련 데이더를 저장할 titanic 테이블을 생성합니다.

◆ 1~13

컬럼명	설명	컬럼명	설명
PASSENGERID	승객번호	SIBSP	동반한 형제자매, 배우자 수
SURVIVED	생존여부(생존:1, 사망:0)	PARCH	동반한 부모, 자식 수
PCLASS	운임 클래스	TICKET	티켓의 고유 넘버
NAME	승객 이름	FARE	티켓의 요금
SEX	성별	CABIN	객실번호
AGE	나이	EMBARKED	승선한 항구명

출처: https://www.kaggle.com/c/titanic/data

SQL Developer를 이용해서 train.csv를 titanic 테이블에 입력합니다.

머신러닝 모델을 구성하기 위한 환경 설정 테이블을 생성합니다.

```
1  DROP TABLE SETTINGS_GLM;
2
3  CREATE TABLE SETTINGS_GLM
```

```
 4 AS
 5 SELECT *
 6     FROM TABLE (DBMS_DATA_MINING.GET_DEFAULT_SETTINGS)
 7     WHERE SETTING_NAME LIKE '%GLM%';
 8
 9 BEGIN
10
11   INSERT INTO SETTINGS_GLM
12       VALUES (DBMS_DATA_MINING.ALGO_NAME, 'ALGO_RANDOM_FOREST');
13
14   INSERT INTO SETTINGS_GLM
15       VALUES (DBMS_DATA_MINING.PREP_AUTO, 'ON');
16
17   INSERT INTO SETTINGS_GLM
18       VALUES (DBMS_DATA_MINING.GLMS_REFERENCE_CLASS_NAME,
19                   'GLMS_RIDGE_REG_DISABLE');
20
21   INSERT INTO SETTINGS_GLM
22       VALUES (DBMS_DATA_MINING.ODMS_MISSING_VALUE_TREATMENT,
23                   'ODMS_MISSING_VALUE_MEAN_MODE');
24
25   COMMIT;
26 END;
27 /
```

1 ◆ SETTINGS_GLM 테이블을 삭제합니다.

3~7 ◆ 지도 학습 머신러닝 모델인 RANDOM_FOREST 생성에 필요한 환경 설정 정보를 세팅하기 위한 테이블을 SETTINGS_GLM 이름으로 생성합니다.

11~12 ◆ 모델이 사용할 머신러닝 알고리즘을 RANDOM FOREST로 지정하기 위해 ALGO_NAME 함수의 매개변수를 RANDOM_FOREST로 지정합니다.

14~15 ◆ 머신러닝 모델의 환경 설정을 자동화할 수 있도록 PREP_AUTO를 ON으로 지정합니다.

랜덤 포레스트 모델의 결과로 출력되는 예측 값의 형태는 크게 두 가지로 회귀(regression) 또는 ◆ 17~19
분류(classification)입니다. 예측 결과가 생존자(1)와 사망자(0) 예측이므로 분류(classification)로
지정하기 위해 'GLMS_RIDGE_REG_DISABLE'로 지정합니다.

데이터 중 결측치는 그 데이터의 평균값으로 치환합니다. ◆ 21~23

머신러닝 모델을 삭제합니다.

```
1 BEGIN
2    DBMS_DATA_MINING.DROP_MODEL('MD_CLASSIFICATION_MODEL');
3 END;
4 /
```

타이타닉 훈련 데이터에 대한 머신러닝 모델을 생성합니다.

```
 1 BEGIN
 2    DBMS_DATA_MINING.CREATE_MODEL(
 3       MODEL_NAME              => 'MD_CLASSIFICATION_MODEL',
 4       MINING_FUNCTION         => DBMS_DATA_MINING.CLASSIFICATION,
 5       DATA_TABLE_NAME         => 'TITANIC',
 6       CASE_ID_COLUMN_NAME     => 'PASSENGERID',
 7       TARGET_COLUMN_NAME      => 'SURVIVED',
 8       SETTINGS_TABLE_NAME     => 'SETTINGS_GLM');
 9 END;
10 /
```

생성된 머신러닝 모델을 확인합니다.

```
1 SELECT MODEL_NAME,
2        ALGORITHM,
3        MINING_FUNCTION
4   FROM ALL_MINING_MODELS
5  WHERE MODEL_NAME = 'MD_CLASSIFICATION_MODEL';
```

MODEL_NAME	ALGORITHM	MINING_FUNCTION
MD_CLASSIFICATION_MODEL	RANDOM_FOREST	CLASSIFICATION

머신러닝 모델 설정 정보를 확인합니다.

```
1 SELECT SETTING_NAME, SETTING_VALUE
2   FROM ALL_MINING_MODEL_SETTINGS
3  WHERE MODEL_NAME = 'MD_CLASSIFICATION_MODEL';
```

출력 결과

SETTING_NAME	SETTING_VALUE
PREP_AUTO	ON
TREE_TERM_MINPCT_NODE	.05
TREE_TERM_MINREC_SPLIT	20
GLMS_REFERENCE_CLASS_NAME	GLMS_RIDGE_REG_DISABLE
ODMS_RANDOM_SEED	0
TREE_IMPURITY_METRIC	TREE_IMPURITY_GINI
CLAS_MAX_SUP_BINS	32
CLAS_WEIGHTS_BALANCED	OFF
TREE_TERM_MINPCT_SPLIT	.1
TREE_TERM_MAX_DEPTH	16
ODMS_DETAILS	ODMS_ENABLE
RFOR_NUM_TREES	20
ODMS_MISSING_VALUE_TREATMENT	ODMS_MISSING_VALUE_MEAN_MODE
ODMS_SAMPLING	ODMS_SAMPLING_DISABLE
TREE_TERM_MINREC_NODE	10

테스트 데이터를 저장할 테이블을 생성합니다.

```
 1  CREATE TABLE TITANIC_TEST
 2  (PASSENGERID     NUMBER(5),
 3  PCLASS          NUMBER(5),
 4  NAME            VARCHAR2(100),
 5  SEX             VARCHAR2(20),
 6  AGE             NUMBER(5,2),
 7  SIBSP           NUMBER(5),
 8  PARCH           NUMBER(5),
 9  TICKET          VARCHAR2(20),
10  FARE            NUMBER(18,5),
11  CABIN           VARCHAR2(50),
12  EMBARKED        VARCHAR2(5));
```

테스트 데이터에는 생존 유무를 예측해야 하므로 SURVIVED 컬럼은 없습니다.

SQL Developer를 이용해서 test.csv를 titanic_test 테이블에 입력합니다.

테스트 데이터에 대하여 모델이 예측한 결과를 확인합니다.

```
 1  SELECT PASSENGERID,
 2   PREDICTION (MD_CLASSIFICATION_MODEL USING *) MODEL_PREDICT_RESPONSE
 3  FROM TITANIC_TEST
 4  ORDER BY PASSENGERID;
```

위 쿼리의 결과로 gender_submission.csv을 생성합니다. gender_submission.csv 파일은 실습 파일 부록 폴더에 있습니다.

캐글 Submit Predictions 탭을 클릭합니다.

Step1에 submission.csv 파일을 올립니다.

제출과 동시에 테스트 데이터에 대한 점수와 자신의 순위를 확인할 수 있습니다.

Kaggle 상위권에 도전하기 ②

- **학습 내용**: 타이타닉 데이터의 전처리를 통해 모델의 성능을 높입니다.
- **힌트 내용**: 누락 데이터 처리, 이상치 제거, 파생변수 추가 등을 통해 모델의 성능을 높입니다.

캐글 타이타닉 데이터에서 생존자를 예측하는 모델의 성능을 높여보겠습니다. 머신러닝 모델의 성능을 높이기 위해서는 머신러닝 모델이 잘 학습(공부)할 수 있도록 좋은 데이터를 제공해주어야 합니다. 좋은 데이터는 **기존의 데이터를 가지고 만든 파생변수**입니다.

타이타닉호에는 여자와 아이의 생존율이 더 높았습니다. **여자와 아이 먼저** 보트에 탈 수 있도록 배려했기 때문입니다. 이 사실을 가지고 파생변수를 만들어 보겠습니다. 훈련 데이터에서 여자와 아이는 1로 하고, 나머지 승객들은 0으로 하는 파생변수를 생성해 보겠습니다. 성능을 높이는 또 다른 방법은 **결측치를 채우는 것**입니다.

타이타닉호에서 생존율은 나이와 밀접한 연관이 있습니다. 그런데 훈련 데이터에는 나이의 결측치가 177건이나 존재합니다. 이 나이의 결측치를 이름의 호칭으로 추정하여 채워보겠습니다. 훈련 데이터 **나이의 결측치를 호칭(Mrs, Msis, Mr, Other)별 평균 나이로 치환**하여 머신러닝 모델이 더 잘 학습할 수 있도록 해보겠습니다. 마지막으로 **훈련 데이터에서 운임의 이상치를 제거**하고 학습시켜보겠습니다. 그럼 먼저 파생변수를 생성해보겠습니다.

여자와 아이를 구분하기 위한 파생 변수를 생성할 컬럼을 추가합니다.

📁 File: 부록_예제_2.txt

```
1 ALTER TABLE TITANIC
2   ADD WOMEN_CHILD NUMBER(5);
```

추가한 파생변수에 여자와 10세 미만의 아이들은 값을 1로 갱신하고, 아니면 0으로 합니다.

```
1 UPDATE TITANIC T1
2 SET WOMEN_CHILD = ( SELECT CASE WHEN AGE < 10 OR SEX='FEMALE'
3                     THEN 1 ELSE 0 END
```

```
4                                   FROM TITANIC T2
5                                   WHERE T2.PASSENGERID = T1.PASSENGERID );
6
7 COMMIT;
```

테스트 테이블에도 똑같은 컬럼을 추가합니다.

```
1 ALTER TABLE TITANIC_TEST
2   ADD WOMEN_CHILD NUMBER(5);
```

추가한 파생변수에 여자와 10세 미만의 아이들은 값을 1로 아니면 0으로 갱신합니다.

```
1 UUPDATE TITANIC_TEST T1
2 SET WOMEN_CHILD = ( SELECT CASE  WHEN  AGE < 10  OR  SEX='FEMALE'
3                            THEN  1  ELSE 0  END
4                            FROM   TITANIC_TEST    T2
5                            WHERE  T2.PASSENGERID = T1.PASSENGERID  );
6
7 COMMIT;
```

1과 0의 빈도수를 확인합니다.

```
1 SELECT WOMEN_CHILD, COUNT(*)
2   FROM TITANIC
3   GROUP BY WOMEN_CHILD;
```

출력 결과

WOMEN_CHILD	COUNT(*)
1	62
0	829

566

훈련 데이터에서 여자와 아이는 62명이고 여자와 아이가 아닌 사람들은 829명입니다.

나이(AGE)의 결측치를 확인합니다.

```
1 SELECT COUNT(*) FROM TITANIC WHERE AGE IS NULL;
```

출력 결과

COUNT(*)
177

타이타닉 전체 데이터가 891건인데, 그중 나이의 결측치가 177건 있습니다.

나이의 결측치를 호칭의 평균값으로 채우기 위해 이름에서 호칭만 출력합니다.

```
1 SELECT name, SUBSTR(name, (instr(name, ',')+1), instr(name, '.')-instr
2                    (name, ',')-1) as 호칭
3 FROM titanic;
```

출력 결과

NAME	호칭
Braund, Mr. Owen Harris	Mr
Cumings, Mrs. John Bradley (Florence Briggs Thayer)	Mrs
Heikkinen, Miss. Laina	Miss
Futrelle, Mrs. Jacques Heath (Lily May Peel)	Mrs
Allen, Mr. William Henry	Mr
Moran, Mr. James	Mr
:	:

titanic 테이블에 title(호칭) 컬럼을 추가합니다.

```
 1  ALTER TABLE TITANIC
 2   ADD TITLE VARCHAR2(20);
```

titanic 테이블에 추가한 title(호칭) 컬럼을 호칭값으로 갱신합니다.

```
 1  MERGE INTO TITANIC T
 2  USING ( SELECT PASSENGERID, NAME,
 3                     SUBSTR( NAME, INSTR( NAME, ',')+2,
 4                           INSTR( NAME, '.')-INSTR( NAME, ',')-2 ) AS 호칭
 5           FROM TITANIC ) A
 6    ON ( T.PASSENGERID = A.PASSENGERID )
 7    WHEN MATCHED THEN
 8    UPDATE SET T.TITLE = A.호칭 ;
 9
10  COMMIT;
```

title(호칭) 컬럼의 값이 잘 변경되었는지 확인합니다.

```
 1  SELECT name, title FROM titanic;
```

출력 결과

NAME	TITITLE
Braund, Mr. Owen Harris	Mr
Cumings, Mrs. John Bradley (Florence Briggs Thayer)	Mrs
Heikkinen, Miss. Laina	Miss
Futrelle, Mrs. Jacques Heath (Lily May Peel)	Mrs
Allen, Mr. William Henry	Mr
Moran, Mr. James	Mr
:	:

568

titanic 테이블에 title2(호칭2) 컬럼을 추가합니다.

```
1 ALTER TABLE TITANIC
2   ADD TITLE2 VARCHAR2(20);
```

title2(호칭2) 컬럼을 추가한 이유는 여러 호칭을 다음과 같이 통일시키기 위함입니다.

변경 전	Mlle	Mme	Ms	Dr	Major	Lady	the Countess	Jonkheer
변경 후	Miss	Miss	Miss	Mr	Mr	Mrs	Mrs	Other

변경 전	Col	Rev	Capt	Sir	Don
변경 후	Other	Other	Mr	Mr	Mr

변경 전 호칭을 변경 후 호칭으로 대체한 쿼리문을 실행합니다.

```
1 SELECT title,
2        CASE WHEN title in ('Mlle','Mme','Ms') then 'Miss'
3             WHEN title in ('Dr','Major','Rev','Sir','Don','Master','Capt') then 'Mr'
4             WHEN title in('Lady','the Countess') then 'Mrs'
5             WHEN title in ('Jonkheer','Col') then 'Other'
6             ELSE title END 호칭2
7 FROM titanic;
```

출력 결과

TITLE	호칭2
Mr	Mr
Mrs	Mrs
Miss	Miss
Mrs	Mrs
Mr	Mr
Mr	Mr
Mr	Mr

Master	Mr
:	:

title2(호칭2) 컬럼을 변경 후 호칭으로 변경합니다.

```
 1 MERGE INTO titanic t
 2 USING titanic i
 3 On (t.passengerid = i.passengerid)
 4 WHEN MATCHED Then
 5 UPDATE SET title2 =  CASE WHEN title in ('Mlle','Mme','Ms') then 'Miss'
 6                           WHEN title in ('Dr','Major','Capt','Sir','Don','Master')
 7                           THEN 'Mr'
 8                           WHEN title in ('the Countess', 'Lady') then 'Mrs'
 9                           WHEN title in ('Jonkheer', 'Col', 'Rev') then 'Other'
10                           ELSE title END;
11
12 COMMIT;
```

title2를 출력하고 title2별 평균 나이를 출력합니다.

```
 1 SELECT  title2, round(avg(age))
 2   FROM  titanic
 3   GROUP  BY  title2;
```

출력 결과

TITLE2	ROUND(AVG(AGE))
Mrs	36
Miss	22
Other	46
Mr	30

위의 평균값으로 나이의 결측치를 채우겠습니다.

title2별로 age의 null값이 몇개 있는지 카운트하여 확인합니다.

```
1 SELECT title2 ,count(*)
2   FROM  titanic
3   WHERE age is null
4   GROUP BY title2;
```

출력 결과

TITLE2	COUNT(*)
Mrs	17
Miss	36
Mr	124

나이의 결측치를 해당 title2의 평균 나이로 값을 갱신해서 채워넣습니다.

```
 1 MERGE INTO titanic t
 2 USING ( SELECT title2, round(avg(age)) 평균나이
 3             FROM titanic
 4             GROUP BY title2 ) tt
 5 ON ( t.title2 = tt.title2 )
 6 WHEN MATCHED THEN
 7 UPDATE SET t.age = tt.평균나이
 8 WHERE t.age is null ;
 9
10 COMMIT;
```

테스트 데이터에 대해서도 훈련 데이터와 똑같이 수행하여 테스트 데이터 나이의 결측치를 호칭별 평균값으로 갱신합니다.

titanic_test 테이블에 title(호칭) 컬럼을 추가합니다.

```
1 ALTER TABLE TITANIC_TEST
2   ADD TITLE VARCHAR2(20);
```

추가한 title 컬럼에 호칭을 갱신합니다.

```
 1 MERGE INTO titanic_test t
 2 USING ( SELECT passengerid, name,
 3                 SUBSTR( name, instr( name, ',')+2,
 4                          instr( name, '.')-instr( name, ',')-2 ) as 호칭
 5           FROM titanic_test ) a
 6   ON ( t.passengerid = a.passengerid )
 7   WHEN MATCHED THEN
 8 UPDATE SET t.title = a.호칭 ;
 9
10 COMMIT;
```

titanic_test 테이블에 title2 컬럼을 추가합니다.

```
1 ALTER TABLE TITANIC_TEST
2   ADD TITLE2  VARCHAR2(20);
```

title2(호칭2) 컬럼을 변경 후 호칭으로 변경합니다.

```
1 MERGE INTO titanic_test t
2 USING titanic_test i
3 ON (t.passengerid = i.passengerid)
4 WHEN MATCHED THEN
5 UPDATE SET title2 =  CASE WHEN title in ('Mlle','Mme','Ms') then 'Miss'
6                          WHEN title in ('Dr','Major','Capt','Sir','Don','Master')
7                          THEN 'Mr'
8                          WHEN title in ('the Countess', 'Lady') then 'Mrs'
9                          WHEN title in ('Jonkheer', 'Col', 'Rev') then 'Other'
```

```
10                            ELSE title END;
11
12 COMMIT;
```

나이의 결측치를 해당 title2의 평균 나이로 값을 갱신하여 채웁니다.

```
 1 MERGE INTO titanic_test t
 2 USING ( SELECT title2, round(avg(age)) 평균나이
 3              FROM titanic_test
 4              GROUP BY title2 ) tt
 5 ON ( t.title2 = tt.title2 )
 6 WHEN MATCHED THEN
 7 UPDATE SET t.age = tt.평균나이
 8 WHERE t.age is null ;
 9
10 COMMIT;
```

운임의 이상치(Outlier)를 확인합니다.

```
1 SELECT PASSENGERID, FARE, 이상치기준
2   FROM( SELECT T.*,
3             ROUND( AVG(FARE) OVER () + 5 * STDDEV(FARE) OVER ()) "이상치기준"
4             FROM TITANIC  T
5         )
6   WHERE FARE > 이상치기준;
```

출력 결과

PASSENGERID	FARE	이상치기준
259	512.3292	281
680	512.3292	281
738	512.3292	281

이상치가 3건 확인되고 있습니다.

운임의 이상치를 제거하고 훈련 데이터를 구성하기 위해 VIEW를 생성합니다.

```
1 CREATE OR REPLACE VIEW TT_VIEW
2 AS
3 SELECT *
4     FROM( SELECT T.*,
5             ROUND( AVG(FARE) OVER () + 5 * STDDEV(FARE) OVER ()) "이상치기준"
6               FROM TITANIC  T
7         )
8     WHERE FARE < 이상치기준;
```

머신러닝 모델을 구성하기 위한 환경 설정 테이블을 생성합니다.

```
 1 DROP TABLE SETTINGS_GLM3;
 2
 3 CREATE TABLE SETTINGS_GLM3
 4 AS
 5 SELECT *
 6     FROM TABLE (DBMS_DATA_MINING.GET_DEFAULT_SETTINGS)
 7    WHERE SETTING_NAME LIKE '%GLM%';
 8
 9 BEGIN
10
11   INSERT INTO SETTINGS_GLM3
12       VALUES (DBMS_DATA_MINING.ALGO_NAME, 'ALGO_RANDOM_FOREST');
13
14   INSERT INTO SETTINGS_GLM3
15       VALUES (DBMS_DATA_MINING.PREP_AUTO, 'ON');
16
17   INSERT INTO SETTINGS_GLM3
18     VALUES (DBMS_DATA_MINING.CLAS_MAX_SUP_BINS, 254);
19
20   COMMIT;
21
22 END;
23 /
```

기존의 머신러닝 모델을 삭제합니다.

```
1 BEGIN
2    DBMS_DATA_MINING.DROP_MODEL( 'MD_CLASSIFICATION_MODEL3');
3 END;
4 /
```

머신러닝 모델을 생성합니다.

```
1  BEGIN
2    DBMS_DATA_MINING.CREATE_MODEL(
3      MODEL_NAME              => 'MD_CLASSIFICATION_MODEL3',
4      MINING_FUNCTION         => DBMS_DATA_MINING.CLASSIFICATION,
5      DATA_TABLE_NAME         => 'TT_VIEW',
6      CASE_ID_COLUMN_NAME     => 'PASSENGERID',
7      TARGET_COLUMN_NAME      => 'SURVIVED',
8      SETTINGS_TABLE_NAME     => 'SETTINGS_GLM3');
9  FND;
10 /
```

머신러닝 모델을 확인합니다.

```
1 BSELECT MODEL_NAME,
2        ALGORITHM,
3        MINING_FUNCTION
4   FROM ALL_MINING_MODELS
5  WHERE MODEL_NAME = 'MD_CLASSIFICATION_MODEL3';
```

출력 결과

MODEL_NAME	ALGORITHM	MINING_FUNCTION
MD_CLASSIFICATION_MODEL3	RANDOM_FOREST	CLASSIFICATION

테스트 데이터로 예측값을 확인합니다.

```
1 SELECT PASSENGERID ,
2  PREDICTION (MD_CLASSIFICATION_MODEL3 USING *) MODEL_PREDICT_RESPONSE
3 FROM TITANIC_TEST
4 ORDER BY PASSENGERID;
```

위 쿼리의 결과로 gender_submission.csv을 생성합니다.

캐글 Submit Predictions 탭을 클릭합니다. Step1에 gender_submission.csv 파일을 올립니다.

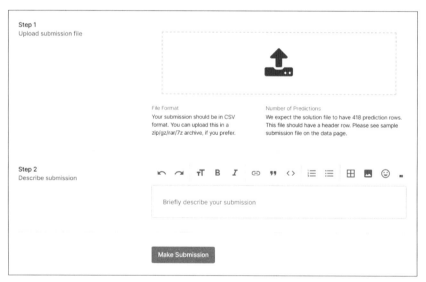

제출과 동시에 테스트 데이터에 대한 점수와 자신의 순위를 확인할 수 있습니다. 위와 같이 수행하면 다음과 같이 상위 4%까지 진입이 가능합니다.

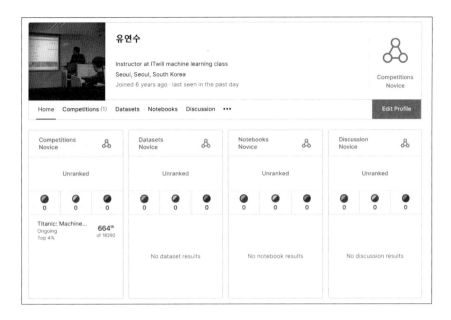

이번 예제에서 만든 WOMEN_CHILD 파생변수 외에도 머신러닝 모델의 성능을 높일 수 있는 좋은 파생변수가 있다면 모델의 정확도는 더 올라갈 수 있습니다. 상위 1% 안에 드는 파생변수가 있습니다. 과연 어떤 파생변수일까요? 상위 1%에 도전해보세요.

찾아보기